商务谈判

李 晶 著

苏州大学出版社

图书在版编目(CIP)数据

商务谈判 / 李晶著. —苏州：苏州大学出版社，2019.1
ISBN 978-7-5672-2693-7

Ⅰ.①商… Ⅱ.①李… Ⅲ.①商务谈判 Ⅳ.①F715.4

中国版本图书馆 CIP 数据核字(2018)第 277347 号

商务谈判

李 晶 著

责任编辑 周建国

苏州大学出版社出版发行
(地址:苏州市十梓街1号 邮编:215006)
宜兴市盛世文化印刷有限公司印装
(地址:宜兴市万石镇南漕河滨路58号 邮编:214217)

开本 880mm×1230mm 1/16 印张 17.25 字数 472 千
2019 年 1 月第 1 版 2019 年 1 月第 1 次印刷
ISBN 978-7-5672-2693-7 定价:59.00 元

苏州大学版图书若有印装错误，本社负责调换
苏州大学出版社营销部 电话:0512-67481020
苏州大学出版社网址 http://www.sudapress.com
苏州大学出版社邮箱:sdcbs@suda.edu.cn

- 第一章 商务谈判概述 /1
  - 第一节 谈判的含义 /2
    - 一、正确认识谈判 /2
    - 二、谈判的定义 /5
    - 三、谈判的动因 /6
  - 第二节 商务谈判的概念与特征 /8
    - 一、商务谈判的概念 /8
    - 二、商务谈判的特征 /9
  - 第三节 商务谈判的基本要素 /9
    - 一、商务谈判当事人 /9
    - 二、商务谈判议题 /10
    - 三、商务谈判背景 /10
  - 第四节 商务谈判的类型 /11
    - 一、按商务谈判参与方数量划分 /11
    - 二、按商务谈判进行的地点划分 /12
    - 三、按商务谈判地区范围划分 /12
    - 四、按商务谈判规模划分 /13
  - 本章小结 /14
  - 重要概念 /14
  - 习题 /14
  - 课外练习 /16
- 第二章 商务谈判相关理论 /17
  - 第一节 需求理论 /18
    - 一、马斯洛的需求层次理论 /18
    - 二、尼尔伦伯格的谈判需求理论 /20
  - 第二节 原则式谈判理论 /23
    - 一、原则式谈判与传统谈判方式的比较 /23
    - 二、原则式谈判理论的基本内容 /23

第三节 博弈理论 /27
    一、博弈论简介 /27
    二、博弈理论在商务谈判中的运用 /29
第四节 风险决策理论 /31
    一、风险决策理论简介 /31
    二、风险决策理论对商务谈判的启示 /32
本章小结 /33
重要概念 /33
习题 /34
谈判实践 /35

第三章 商务谈判内容 /36
第一节 商品贸易谈判 /37
    一、商品贸易谈判的定义与特点 /37
    二、商品贸易谈判的主要内容 /37
第二节 技术贸易谈判 /44
    一、技术与技术贸易 /44
    二、技术贸易的方式与特点 /45
    三、技术贸易谈判的主要内容 /46
第三节 其他常见的商务谈判 /48
本章小结 /49
重要概念 /50
习题 /50
课外阅读 /51

第四章 商务谈判心理与伦理 /60
第一节 商务谈判心理 /61
    一、商务谈判心理概述 /61
    二、成功谈判者的心理素质 /64
第二节 商务谈判中的认知和情绪 /66
    一、谈判中的认知偏差 /66
    二、情绪、情感与谈判 /73
    三、管理谈判中的认知偏差和情绪问题 /75
第三节 商务谈判伦理 /76
    一、商务谈判伦理概述 /76
    二、商务谈判中的伦理行为问题 /78
本章小结 /80
重要概念 /81
习题 /81
课外练习 /83

第五章　商务谈判的准备　/84

第一节　商务谈判目标的确定　/85
一、企业战略目标　/85
二、商务谈判目标　/86

第二节　商务谈判背景调查　/89
一、商务谈判背景调查的内容　/89
二、商务谈判背景调查的方法　/97

第三节　商务谈判团队构建　/99
一、谈判人员的选择　/99
二、谈判团队的构成　/102

第四节　商务谈判计划书制订　/106
一、商务谈判计划的内容　/106
二、商务谈判计划书实例　/108

本章小结　/113
重要概念　/113
习题　/113

第六章　商务谈判的过程与策略选择　/122

第一节　商务谈判开局阶段　/123
一、商务谈判开局界定　/123
二、商务谈判开局的任务　/124
三、商务谈判开局的策略　/126

第二节　磋商阶段　/128
一、商务谈判僵局的处理　/128
二、商务谈判让步策略　/133

第三节　成交阶段　/136
一、商务谈判结束的判定　/136
二、结束谈判时的技术准备　/138
三、商务谈判结束的方式　/139

本章小结　/139
重要概念　/140
习题　/140
实训设计　/142

第七章　价格谈判　/143

第一节　报价的依据　/144
一、影响价格的因素　/144
二、价格谈判中的价格关系　/145
三、价格谈判的合理范围　/147

第二节 报价策略 / 148
 一、报价时机策略 / 149
 二、报价起点策略 / 150
 三、报价差别策略 / 151
 四、报价分割策略 / 152

第三节 价格磋商 / 152
 一、价格解释与价格评论 / 152
 二、讨价还价 / 153
 三、讨价还价中的让步策略 / 157

本章小结 / 160

重要概念 / 161

习题 / 161

第八章 商务谈判的后续工作 / 164

第一节 商务谈判总结 / 165
 一、商务谈判总结的作用与步骤 / 165
 二、谈判总结的内容 / 166
 三、谈判总结后的实施与管理 / 166

第二节 合同的签订 / 166
 一、合同概述 / 167
 二、签约前的准备工作 / 169
 三、合同的签订 / 172

第三节 合同的履行 / 176
 一、合同的履行的原则 / 176
 二、合同的担保 / 177
 三、合同的变动 / 177

第四节 再谈判 / 179
 一、再谈判的含义 / 179
 二、再谈判的原因 / 181

本章小结 / 182

重要概念 / 183

习题 / 183

课外阅读 / 184

第九章 商务谈判沟通 / 186

第一节 商务谈判沟通的内涵 / 187
 一、商务沟通的定义 / 187
 二、商务沟通与商务谈判 / 187
 三、有效商务沟通的特征和原则 / 189

第二节 有效商务沟通的技巧 / 193
　　一、有效商务沟通技巧 / 193
　　二、商务沟通的障碍 / 196
第三节 有效沟通的途径 / 197
　　一、商务沟通的分类 / 197
　　二、有效商务沟通的对策 / 203
本章小结 / 206
重要概念 / 207
习题 / 207
课外练习 / 208

第十章 商务谈判礼仪 / 210

第一节 商务谈判礼仪的含义与作用 / 211
　　一、礼仪与商务谈判礼仪 / 211
　　二、商务谈判礼仪的作用与原则 / 212
第二节 商务谈判中的常见礼仪 / 216
　　一、谈判前礼仪 / 216
　　二、谈判中礼仪 / 217
　　三、谈判后礼仪 / 222
本章小结 / 225
重要概念 / 226
习题 / 226
课外练习 / 229

第十一章 国际商务谈判 / 230

第一节 国际商务谈判的特征与要求 / 232
　　一、国际商务谈判的含义 / 232
　　二、国际商务谈判的特征 / 233
　　三、国际商务谈判的基本要求 / 234
第二节 文化差异对国际商务谈判的影响 / 235
　　一、影响国际商务谈判的文化因素 / 235
　　二、文化差异对国际商务谈判的影响 / 240
第三节 国际商务谈判风格的比较 / 243
　　一、商务谈判风格的含义 / 243
　　二、不同国家商人的谈判风格 / 244
本章小结 / 258
重要概念 / 259
习题 / 259
课外阅读 / 263

参考文献 / 265

第一章

商务谈判概述

学习目标

◆ 掌握谈判的概念
◆ 掌握商务谈判的概念、特征、基本要素
◆ 了解商务谈判的类型

 引 例

琼文和苏卡的一天

琼文和苏卡是一对年轻的夫妻。一大早，他们就起来了，他们家的热水器制热效果不好，昨天已经修过了，换了两个零件，共花去413元，但制热效果还是不好。于是琼文拿着更换下来的零件去做鉴定，结果是零件并未损坏。琼文知道上了当，还好零件在自己手里，明天维修人员过来取零件。琼文心里明白，明天要讨回413元可能需要一场艰难的谈判，必要时还可能需要采取一些诸如情绪爆发的谈判策略。

琼文是一家制造厂设计部的负责人。他在办公室门口遇到了采购部经理艾笛。艾笛提醒琼文，他必须解决一个问题，那就是琼文主管的部门中，工程师们没有通过采购部而直接与供应商进行了联系。琼文知道，采购部希望所有与供应商的接触都通过他们进行，但他也知道他的工程师们为更快完成设计，需要第一时间获得技术信息，而等着从采购部反馈信息将大大延长设计过程。琼文与艾笛都意识到了上司不希望他们部门经理之间存在分歧。如果这个问题被提交到总经理那里，对他们双方来说都没有好处。看来，琼文得准备和艾笛进行一次内部谈判，以解决艾笛提出的问题。

临近中午时，琼文接到一个汽车销售商打来的电话。琼文想买一辆好车，但怕苏卡不同意花钱太多。琼文对销售商的报价很满意，但他认为他能让销售商的价格再优惠一些，因此他把他的顾虑告诉销售商，希望给销售商增加压力，从而压低车价。

琼文下午的大部分时间被一个年度预算会议所占用。在会上，财务部门随意将各部门的预算都削减30%，会议上所有的部门经理都不得不与财务部门进行无休止的争论，以努力恢复他们在一些新项目方面的预算。琼文已经确定了所能退让的限度（即谈判的底线），而且决定一旦这个限度被超过，他就要进行抗争。

傍晚时苏卡和琼文去逛商店。他们看到一款新潮大衣，标价是 590 元人民币。苏卡反复看了这件大衣后，对店主说："能不能便宜点儿？"店主说："那你给个价吧。"苏卡想了一下说："480 元，怎么样？"店主二话没说，取下大衣往苏卡手里一送："衣服归你了，付钱吧。"苏卡犹豫了，她想走。店主很生气："你给的价格怎能不要？你今天一定得要。"苏卡也要面对一场艰难的谈判。

资料来源：龚荒. 商务谈判——理论·策略·实训［M］. 北京：清华大学出版社，2010：2.

"谈判"一词对于人们来说并不陌生，自有人类社会以来，各种形式的谈判就存在于人类社会活动之中。谈判是现代社会无处不在、随时发生的活动。在人们的日常生活与工作中，企业之间的货物买卖、技术引进与输出、利用外资与对外投资等国际经济合作活动中，各种类型的谈判活动无时无刻不在进行着。谈判已经成为人们交往、改善关系、协商问题、进行各种经贸活动的媒介与手段，它构成了现代人生活与工作的一个极其重要的方面。

第一节　谈判的含义

一、正确认识谈判

1. 人人都是谈判者

在生活中，每个人几乎每天都在进行着各种各样的谈判：有了钱的丈夫说应先买辆小汽车，妻子却认为先买住房划得来，两人各抒己见；家庭主妇在上街买菜过程中与小商贩们唇枪舌剑，讨价还价；在办公室里，您也许正和某公司老总吹胡子瞪眼睛，抗议他提供了冒牌货；在法院，原告和被告正进行着法庭辩论；人才市场求职者和单位部门负责人正在讨论工作要求及待遇；回到家中，您一天的怨气未消可能是您的邻居或街上的卡拉 OK 厅大声放着音乐，令疲惫一天的您心烦意乱，难以入眠，又不得不与他们"谈判"以让他们放低声音。故孙子兵法曰："上兵伐谋，其次伐交，其次伐兵，其下攻城。"不战而屈人之兵者善之善者也。

谈判已成为我们生活中的重要内容，社会实践中的诸多合作、开发、生产、经营都是通过谈判行为实现的，为了更好地进行谈判，更有效地通过谈判磋商解决实际生产和生活中存在的问题，更好地发挥谈判在社会生活中的重要作用，有必要对谈判进行研究，推动和促进谈判理论的形成与发展，进一步加深对谈判活动的认识。

2. 谈判是科学也是艺术

一方面来看，有关谈判的研究是建立在诸多相关学科的基础上的，被认为是经济学、管理学、行为科学、技术科学、社会科学、心理学、法学等学科的交叉产物。

对谈判活动的科学性或规律的分析可以借鉴许多学科的研究成果。例如，买卖双方的讨价还价实质上就是博弈。在博弈理论中，经典博弈，如囚徒困境、田忌赛马等都可以用来研究谈判者的交易结果或讨价还价的过程，并建立一些博弈模型。而谈判活动的交易成本问题更是今天诸多谈判学家关注并研究的热点问题，从谈判学的发展趋势看，由于众多学者采用经营、管理和计量方法研究谈判问题，建立各种谈判模型，有关谈判学的研究已由传统的注重社会学、心理学方法研究转向各种方法并重，谈判理论及其实践应用成果亦不断涌现。这不仅丰富和发展了谈判理论，进一步增加了谈判学的科学性，而且其在实践中的应用也取得了很好的效果。从这个方面来看，谈判学是一门综合性较强的交叉应用学科，具有科学性。

另一方面来看，谈判又是一种复杂的、需要运用多种技能与方法的专项活动，故有人称之为艺术。谈判的艺术性首先表现在对谈判策略的运用上。艺术化的策略是谈判双方或多方聪明智慧的竞赛，许多策略也是实现商务谈判目标的润滑剂。商务谈判是"合作的利己主义"的过程。在这个过程中，参与谈判的双方或多方都要为自己获得尽可能多的利益而绞尽脑汁。谈判人员可能会根据有关情况，或显示自己的智慧，或摆出自己的实力，或借助天时、地利以及经过思考选择的方法、措施来开展谈判。作为一项复杂的智力竞争活动，谈判高手无不借助谈判策略的运用来显示其才华，实现其目的。

◉ [案例1-1]
科恩是美国一位著名的谈判大师，他的谈判生涯富有传奇色彩，为世人提供了无数成功的经验与失败的教训。有一次，他同妻子去墨西哥市，一天，他们正在马路上观光，妻子突然碰了一下科恩的胳膊说："科恩看看那边有什么东西在闪光。"科恩说："咳，不，我们不去那儿。那是一个坑骗旅游者的商业区，我们来游玩并不是要到它那儿去。我们来这里是为了领略一种不同的文化风俗，参观一些未见过的东西，接触一些尚未被污染的人性，亲身体会一下真实，遛遛人如潮涌的街道。如果你想去那个商业区的话，你就去吧，我在旅馆里等你。"

科恩的妻子一贯是不听劝说、独立自主的人，于是挥手告别，她一个人去了。科恩穿过人潮起伏的马路，在相距很远的地方看见一个真正的土著人。当科恩走近以后，看到他在大热的天气里仍披着一件披肩毛毯，实际上他披了好几件，并呼叫道："1 200比索。""他在向谁讲话呢？"科恩问自己，"绝对不是向我讲，首先，他怎能知道我是个旅游者呢？其次，他不会知道我在暗中注意他，甚至在潜意识里想要一件披肩毛毯。"科恩加快脚步，尽量装出没有看见他的样子，甚至用他的语言说："朋友，我确实敬佩你的主动、勤奋和坚持不懈的精神。但是我不想买披肩毛毯，请你到别处卖吧，你听懂我的话吗？""是。"土著人答道。这说明他完全听懂了。科恩继续往前走，只听得背后有土著人的脚步声。

土著人一直跟着科恩，好像他们系在一条链子上了。他一次又一次说道："800比索！"科恩有点生气开始小跑。但土著人紧跟着一步不落，这时他已降到600比索了。到了十字路口，因车辆横断了马路，科恩不得不停住了脚，土著人仍唱他的独角戏。"600比索？500比索？好吧，400比索，怎么样？"当车辆走过之后，科恩迅速穿过马路，希望把土著人甩在路那边。但是科恩还没来得及转过身，就听到土著人笨重的脚步声和说话声了："先生，400比索！"这时候，科恩又热又累，身上一直冒汗，土著人紧跟着科恩使科恩很生气。他气呼呼地冲着土著人，从牙缝里挤出一句话："我告诉你我不买，别跟着我了！"

土著人从科恩的态度和声调上懂了科恩的话。"好吧，你胜利了。"土著人答道，"只对你，200比索。""你说什么？"科恩叫道。科恩对他自己的话吃了一惊。"200，比索。"土著人重复道。"给我一件，让我看看。"

科恩为什么要看披肩毛毯呢？科恩需要吗？科恩想要吗？或科恩喜欢吗？不，科恩认为都不是。但是，也许是科恩改变了主意。别忘记，这个卖披肩毛毯的土著人最初可是要1 200比索，而现在他只要200比索了。当科恩通过讨价还价最终以170比索买下土著人的一件披件后，他从一位小贩处得知，在墨西哥市的历史上以最低价格买到一件披肩毛毯的人是一个来自加拿大温尼培格的人，他花了175比索。

而科恩买的这件花了170比索,这使科恩在墨西哥市历史上创造了买披肩毛毯的新纪录。科恩将把披肩毛毯带回家去参加美国200周年纪念。

那天天气很热,科恩一直在冒汗。尽管如此,科恩还是把披肩毛毯披到了身上,感到很洋气。把它摆弄得当后,这样就突出了科恩的身体轮廓,甚为优雅。在溜达着回旅馆的路上,科恩一直欣赏着从商店橱窗里反映出来的身影。当科恩回到旅馆房间,妻子正躺在床上读杂志。科恩抱歉地说道:"嗨!看我弄到什么了。"

"你弄到什么了?一件漂亮的披肩毛毯?你花了多少钱?"妻子顺口问。"是这么回事,"科恩充满信心地说,"一个土著谈判家要1 200比索,而一个国际谈判家,170比索就买到了。"妻子讪笑道:"太有趣了。我买了同样一件,花了150比索,在壁橱里。"科恩沉下脸来,细细查看了壁橱,然后脱下披肩,坐下来细想着刚才发生的事。

案例分析:

科恩在谈判中输给了墨西哥的小贩,说明谈判既是一门科学也是一门艺术,谈判大师未必就一定会在生活中场场赢得谈判。成功的谈判结果离不开前期的调研、谈判中的策略运用以及谈判中的心理战等诸多因素的共同作用。

案例思考:

1. 土著人为什么能发现科恩并认定他是自己的买主?
2. 为什么科恩被勾起了购买欲望?什么手段使科恩没有与土著人之间断了联系?或者说究竟有哪些明着和暗着的理由,使科恩买下了披肩毛毯?

谈判的艺术性还体现在沟通和语言的运用上。谈判是一种交际活动,语言则是交际工具。要想清晰而准确地表达自己的立场、观点,了解对方的需要、利益,巧妙地说服对方,以及体现各种社交场合的礼仪、礼貌,都需要良好的语言表达技巧。此外,谈判双方的信任与合作也是建立在良好的沟通基础上的。沟通的内容十分广泛,包括交流双方的情况,反馈市场信息,维护双方的面子,运用幽默语言,活跃谈判气氛,倾听对方的讲话,控制自己的情绪,建立双方的友谊与信任,等等。谈判专家认为只有善于沟通的谈判者才是真正的谈判高手,所以,谙熟沟通谋略、善用沟通手段也是谈判者必备的专业素养。

● **[案例1-2]**

一席话胜过雄兵百万

《新序·杂事篇》中记载了这样一个故事:秦国和魏国结成军事同盟,当齐楚联军进犯魏国的时候,魏王深感寡不敌众而屡次向秦王求救。可是,秦王老是按兵不动,魏王急得像热锅上的蚂蚁。在魏国官兵束手待毙的危急关头,魏国有个年过九旬、须发银白名叫唐且的老人自告奋勇地对魏王说:"老朽请求前去说服秦王,让他在我回国之前就出兵。"魏王喜出望外,立即派车马送他出使秦国。

唐且拜见秦王,秦王说:"老人家竟然糊涂到了这种地步!何苦白跑一趟呢?魏王多次请求救兵,我已经知道贵国危在旦夕!"唐且说:"大王既然知道魏国有燃眉之急,而不肯出兵相救,这不是秦王的过错,而是您手下谋臣的失策。"秦王不禁为之一震,忙问:"万全之策,何以有之?"唐且老人说:"在实力上,魏国拥有万辆战车;在地理上,是秦国的天然屏障;在军事上,跟秦国同盟;在礼仪上,定期与秦国互访,魏国和秦国已经情同手足了。现在齐楚联军兵临城下,大王的援军却没有到。魏王急不可耐了,只好割地求和,跟齐楚订立城下之盟。到那时,即使想救魏国,也来不及了。这样秦国就失去了万辆战车的盟友，而增强了齐楚劲敌的实力。这难道不是大王您的谋臣们的失策吗？"

秦王听了恍然大悟，立刻发兵救魏，齐楚联军得到情报后，撤兵而去。

唐且的一席话，收到了一箭三雕的功效：奠定了秦国出兵救魏的基础；吓退了齐楚联军的进犯；解除了魏国兵临城下的危难。短短一席话，字字珠玑，层层递进，真是"三寸不烂之舌，胜过雄师百万"。

综上所述，谈判既是科学，又是艺术。它的科学性是因为它广泛地运用和借鉴了多门学科理论与研究成果，总结适合于谈判活动的原则与方法，从而形成了较为完整的学科体系。它的艺术性则充分表现在谈判策略、谈判者的语言及各种方法的综合运用与发挥的技巧上。

▶▶ 二、谈判的定义

要给谈判下一个定义，既简单又困难。谈判作为一种行为活动的实践，存在于人们生活和工作的各个层面。世界谈判大师赫伯·柯恩曾说："人生就是一大张谈判桌，不管喜不喜欢，你已经置身其中了。"然而，谈判的内容又极为广泛，人们很难用一两句话准确地、充分地表达谈判的含义。

《现代汉语词典》将"谈判"释义为："有关方面对有待解决的重大问题进行会谈。"国内外尚无关于谈判的统一和权威的定义，各位谈判专家和学者分别从不同角度解释了谈判的概念，阐明了对谈判的理解。比较有代表性的可列举如下：

美国谈判协会会长、著名律师杰勒德·I. 尼尔伦伯格（Gerard I. Nierenberg）在《谈判的艺术》（*The Art of Negotiation*）一书中指出："谈判的定义最为简单，而涉及的范围却最为广泛，每一个要求满足的愿望和每一次要求满足的需要，至少都是诱发人们展开谈判过程的潜因。只要人们为了改变相互关系而交换观点，只要人们为了取得一致而磋商协议，他们就是在进行谈判。"

美国法学教授罗杰·费希尔和谈判专家威廉·尤瑞合著的《谈判技巧》一书把谈判定义为："谈判是为达成某种协议而进行的交往。"在他们看来，谈判是作为人与人之间的交往活动而存在的。

英国学者 P. D. V. 马什（P. D. V. Marsh）在《合同谈判手册》（*Contract Negotiation Handbook*）一书中，从经济贸易的角度给谈判所下的定义是："所谓谈判是指有关各方为了自身的目的，在一项涉及各方利益的事务中进行磋商，并通过调整各自提出的条件，最终达成一项各方较为满意的协议这样一个不断协调的过程。"

法国谈判学家克里斯托夫·杜邦（Christophe Dupont）全面研究了欧美许多谈判专家的著述后在《谈判的行为、理论与应用》（*La Negotiation：Conduite, Theorie, Applications*）中，从社会关系的角度将谈判定义为："谈判是使两个或数个角色处于面对面位置上的一项活动。各个角色因持有分歧而相互对立，但他们彼此又互为依存。他们选择谋求达成协议的实际态度，以便终止分歧，并在他们之间（即使是暂时性的）创造、维持、发展某种关系。"

香港中文大学企业管理系邓东滨教授认为：广义地说，谈判是指人类为满足各自的需要而进行的交易。

樊建廷等编著的《商务谈判》一书中将谈判定义为：人们为了各自目的而相互协商的活动。

李品媛编著的《现代商务谈判》中谈判的定义是：参与各方出于某种需要，在一定的时空条件下，采取协调行为的过程。

张隆华、王荣生编著的《经济谈判》中把谈判定义为：所谓谈判，是指在特质力量、人格、地位等方面具有相对独立或对等资格的双方，由于在观点、基本利益和行为方式等方面存在着既相互联系又相互冲突或差别的现象，并且双方各自都企图说服对方或理解或允许或接受自己的观点、基本利益和行为方式，从而在双方之间展开的一个借助于思维——语言链来传递和交换信息的过程，这是争取实现双方协调一致的社会现象。

尽管上述对谈判的定义，从表述上看不尽相同，但其内涵包含着一些相近或相通的基本点。这些基本点有：

第一，谈判的目的性。上述定义都强调了谈判的目的性，即谈判各方均有各自的需求、愿望或利益目标，谈判是目的性很强的活动。如"满足愿望""满足需要""为了自身的目的""满足各自的需要"等。没有明确的谈判目的，只能称为"谈"，即说话、讨论或聊天，仅是当事人阐述自己的意愿，发表自己的看法。

第二，谈判的相互性。上述定义中都指出谈判的相互性，即谈判是一种双边或多边的社会交往和互动过程，需要有谈判对象。如"为了改变相互关系""协调彼此之间的关系""双方致力于说服对方"等。

第三，谈判的协商性。上述定义中都提到谈判是通过协调相互关系实现各自目标的行为方式，如"交换观点""利用协调手段""进行相互协调"等。英语中谈判与协商是同一个词——negotiation。谈判不是命令或通知，不能由一方说了算，所以在谈判中一方既要清楚地表达己方立场和观点，又必须认真地听取他方的陈述和要求并不断调整己方的对策，以沟通信息、增进了解、减少冲突、达成共识。这就是"判"。

综上所述，可以将谈判概念归纳为：所谓谈判，是指人们为了满足各自需求，彼此交换信息，协调相互关系，最终获得各自利益的行为过程。

▶▶ 三、谈判的动因

谈判发生的一般动因是什么？人们为什么要谈判？为回答这些问题，应该对谈判的内涵进行深度分析。

1. 追求利益

谈判是一种具有明确目的性的行为。其最基本的目的就是追求自身的利益。人们的利益需求是多种多样的。从内容看，有物质需求、精神需求；从时间看，有短期需求、长期需求；从主体看，有个人需求、组织需求、国家需求等。人们的种种利益需求，有些是可以依靠自身及其努力来满足的，但是更多的则必须与他人进行交换。在利益需求的交换中，双方或各方都是为了追求自身的利益目标。就一方而言，当然是要追求自身利益的最大化，但是这种自身利益的扩大如果侵害或者不能保证对方的最低利益，对方势必退出，利益交换便不能实现。可见，在利益交换中，有关各方追求并维护自身的利益需求，不仅成为谈判之必要，而且是谈判的首要动因。

◉ [专栏1-1]

分橙子的故事

世界谈判大师、美国前总统克林顿的首席谈判顾问、美国国家演说协会首席演说家罗杰·道森在他所著的《优势谈判》一书中曾提到一个分橙子的故事：

有一天，A和B在为一个橙子而争抢。

A说：我来切。

B说：你会切成一大一小，从而对你有利。

A说：你来切也会有这种问题，我也不能信任你。

于是两人开始争执，进入了谈判交易空间。这是谈判中的一个基本步骤，能产生超出各自"次优"选择的谈判结果。

经过几次不相上下的唇舌之战，最终两人达成了表面上的皆大欢喜，即由A来切橙，由B先选择切好的橙。但事实上，这种结果并不能保证双方都能取得最佳收益，甚至是一个双败的选择。

当谈判结束后，他们开始交流自己最初的目的，双方却发现，原来其中一个人是想榨橙汁，而另外一个人却想做香料，即A只要橙肉，B只要橙皮。这样，A将B要的橙皮丢掉，浪费了资源；B将A要的橙肉丢掉，也浪费了资源。

资料来源：袁良．赢合谈判［M］．北京：中国经济出版社，2010：14.

这个故事带来诸多启示：其一，为什么会产生资源浪费的现象？正是因为谈判双方在谈判中未表明彼此真正的需求期望，只解决了表面上的公平性，达到了表面上的皆大欢喜，并未达到真正的双赢。在现实世界里，大部分谈判都是这种只看表面不重实际的"利益组合"，所以我们必须采用不同的策略，彼此尽可能地多些深度的了解和挖掘。深度地进行彼此之间的互动，才能尽量创造双赢的局面。其二，其实还有其他的方法来分橙子。跳出"分蛋糕"的零和博弈的思维，从非零和博弈的角度来分析，A和B可以把橙子种了，多年后会长出橙子，会结出更多的橙子。但这里必须考虑短期利益、长期利益和风险了。

2. 谋求合作

随着科学技术的发展和社会的进步，社会分工日益明显，生产和劳动的专业化日益提高。同时社会协作日益紧密，人们之间的相互依赖性日益增强。在这种社会生活相互依赖关系不断增强的客观趋势下，人们的某种利益目标的实现和实现的程度，不仅取决于自身的努力，还取决于与自身利益目标相关方面的态度和行为，取决于彼此之间的互补合作。相互之间的依赖程度越强，就越需要加强相互的合作。在这种相互依赖的可能中谋求合作的必要，成了谈判的又一重要动因。

◉ ［专栏1-2］

福特与分工

福特公司一开始生产出来的汽车几乎卖不出去，原因有两个：一个是成本太高；另一个是生产太复杂，产能太低。于是福特公司开始把制造一辆汽车的工序分解开来，进行分工，分工给福特公司带来的好处是：

很多工作可以并行，而且因为事情变得简单后，执行力也变强了。

一套非常复杂和高深的汽车制造流程在分工后，很多工作不需要专业的人来干了，只需要一般劳动者经过简单的培训就可以干。而且，越干越熟练，越干越专业，最终实现让合适的人干合适的事。

分工后导致了很多重复劳动可以用技术来解决，于是福特公司出现生产流水线的技术（你是否还记得卓别林《摩登时代》里的工业生产流水线的场景，那便取自福特公司）。

于是，福特公司的生产效率大大提高，最终实现了让每个美国家庭都能买得起汽车的理想，同时让美国成为"车轮上的国家"。

不过，我们需要注意的是，在《国富论》中，作者Adam同时也提到，分工如果过细，同样会带来问题——简单重复的劳动会让人变成一个不会思考的机器，从而越来越笨，进而变成平庸的无技能的人。自"分工"出现以后，对它的争论就没有停止过。

3. 寻求共识

谈判行为的特征是平等协商，即在相互依赖的社会关系中有关各方的地位相对平等，并在此基础上通过彼此商讨与相互沟通来寻求互利合作中各方都能认可和自愿接受的交换条件与实施程序。伴随着社会的进步以及社会生活的依法有序，利益主体维护自身权益的意识自觉增强并且日益受到社会的尊重与保护。在这种社会环境下，只有通过谈判来寻求相互合作，对于共同利益才能达成共识、形成协议，才能使互利互惠成为客观现实。因此，寻求共识而实现互利合作同样是谈判的动因之一。[①]

第二节　商务谈判的概念与特征

一、商务谈判的概念

商务谈判有两层含义：一是"商务"；二是"谈判"。前者表明行为目标和内容性质；后者表明运作过程和活动方式。广义的"商务"概念是指一切与买卖商品服务相关的商业事务；狭义的商务概念是指商业或贸易。按照国际惯例的划分，商务行为可分为四种：第一，直接媒介商品的交易活动，如批发、零售商直接从事商品的收购与销售活动，称为"买卖商"；第二，为"买卖商"直接服务的商业活动，如运输、仓储、加工整理等称为"辅助商"；第三，间接为商业活动服务的，如金融、保险、售托、租赁、网络平台等，称为"第三商"；第四，具有劳务性质的活动，如旅店、饭店、理发、浴池、影剧院以及商品信息、咨询、广告等劳务，称为"第四商"。

在"商务谈判"中，没有"商务"，就不能说明谈判的特定目标和内容性质；没有"谈判"，就不能说明商务的运作过程和活动方式。可见，商务谈判正是这样一种在经济领域中，参与方为实现商品交易目标，而就交易条件进行相互协商的活动，从而达到交易或合作的目的。

随着商品经济的不断发展，商品范畴的不断扩大，经贸活动内容的不断丰富，商务谈判范围的日益扩大，商务谈判概念的外延越来越广，具体包括商品买卖谈判、技术贸易谈判、投资谈判、劳务输出与输入谈判、工程承包谈判等。

◉ [案例1-3]

罗培兹的采购谈判

美国通用汽车公司是世界上最大的汽车公司之一，早期通用汽车公司曾经雇用了一名叫罗培兹的采购部经理，他上任半年，就帮通用汽车公司增加了净利润20亿美金。他是如何做到的呢？汽车由许许多多的零部件组成，其中大多是外购件的，罗培兹上任的半年时间里只做一件事，就是把所有供应配件的厂商请来谈判。他说："我们公司信用这样好，用量这样大，所以我们认为，现在要重新评估价格，如果你们不能给出更低的价格，我们打算更换供应的厂商。"这样的谈判下来之后，罗培兹在半年的时间里就为通用省下了20亿美金！

---

① 樊建廷，等. 商务谈判［M］. 大连：东北财经大学出版社，2001：8.

难怪美国前总统克林顿的首席谈判顾问罗杰·道森说："全世界赚钱最快的方法就是谈判！"

二、商务谈判的特征

1. 商务谈判主体的普遍性

所谓谈判的主体是指谈判的当事人。商务谈判的买卖或供求双方的当事人构成了商务谈判的主体。商务谈判中谈判主体可以是国家之间，甚至是国际组织之间。商务谈判主体也可以是企业或其他经济法人，或者是自然人。作为商务谈判主体的当事各方，涉及政治、经济、文化等各类社会组织，这就是商务谈判主体构成的普遍性特征。这一特征是商务谈判成为人们参与的各种谈判活动中最为普遍、与人们息息相关的原因之所在。

2. 商务谈判内容的交易性

所谓交易，即买卖商品。各类社会组织之所以进行或参与商务谈判，其根本原因是因各自需要而产生的交易愿望及交易目标。可以说，商务谈判产生于商品交换。根据马克思主义政治经济学，商品交换的实质是商品价值和使用价值的转换。谈判各方在谈判中签订合同，商品随之由卖方转让给买方，便实现了价值的转换。在市场经济条件下，货物、技术、劳动力、奖金、资源、信息等，都具有使用价值和价值，都是有形商品或无形商品的不同形式，因而都可以成为交易内容即谈判标的。商务谈判就是针对商品交易的谈判，这就是商务谈判内容的交易性特征。

3. 商务谈判目的的利益性

不同的谈判者参加谈判的目的是不同的。外交谈判涉及的是国家利益；政治谈判关心的是政党、团体的根本利益；军事谈判多是为了维持和争取一定的政治、军事利益。任何谈判都有利益追求，而在商务谈判中，谈判当事人的谈判计划和策略，都是以追求和实现交易的经济利益为出发点与归宿的，这是商务谈判与其他谈判不同之处。在商务谈判过程中，谈判者可以调动和运用各种因素，而各种非经济的因素也会影响谈判结果，但其最终目标仍是经济利益。因此，商务谈判就是以经济利益为目的谈判，不讲求经济利益的商务谈判就失去了价值和意义。需要指出的是，商务谈判中的经济利益是谈判各方的共同追求，所以，这种利益性应当是"合作的利己主义"，即应当在相互合作中实现自身利益最大化。

第三节 商务谈判的基本要素

构成商务谈判活动的基本因素。包括商务谈判当事人、商务谈判议题和商务谈判背景。

一、商务谈判当事人

商务谈判当事人，是指在谈判活动中有关各方的所有参与者。商务谈判是人的行为，是谈判当事各方为了达成某笔交易或合作，实现一定经济目的的谈判活动，是人与人之间的经济关系的一种特殊现象。商务谈判进程把握得如何，谈判的目标实现得怎样，其很大程度上取决于谈判中个人的谈判素质。因此，商务谈判当事人是商务谈判活动的基本要素之一。

● [案例1-4]

霍华·休斯购买飞机谈判中的先苦后甜

美国大富豪霍华·休斯是一位成功的企业家,但他也是个脾气暴躁、性格执拗的人。一次他要购买一批飞机,由于数额巨大,对飞机制造商来说是一笔大买卖。但霍华·休斯提出要在协议上写明他的具体要求,内容多达三十四项。而其中十一项要求必须得到满足。由于他态度飞扬跋扈,立场强硬,方式简单,拒不考虑对方的面子和利益,也激起了飞机制造商的愤怒,对方也拒不相让。谈判始终冲突激烈。最后,飞机制造商宣布不再与他进行谈判。霍华·休斯不得不派他的私人代表出面洽商,条件是只要能满足他们要求的十一项基本条件,就可以达成他认为十分满意的协议。该代表与飞机制造商洽谈后,竟然取得了霍华·休斯希望登入协议三十四项要求中的三十项,当然其中的那十一项目标也全部达到了。当霍华·休斯问他的私人代表如何取得这样辉煌的战果时,他的私人代表说:"那很简单,在每次谈不拢时,我就问对方,你到底是希望与我一起解决这个问题,还是留待与霍华·休斯来解决。"结果对方自然愿意与他的私人代表协商,条款就这样逐项地谈妥了。

二、商务谈判议题

商务谈判议题,是指商务谈判双方共同关心并希望解决的问题。商务谈判议题是谈判的动因、内容和目的,也决定了参与谈判各方人员的组成和策略。因而商务谈判议题是商务谈判活动的基本要素之一。

商务谈判议题必须与谈判当事各方利益相关,只有各方共同关心的内容才可能成为提案。不同类型的商务谈判有不同内容的谈判议题。例如,商品进出口谈判所涉及的谈判议题包括标的品质、数量、运输、价格术语、支付方式、保险、索赔、不可抗力等。

三、商务谈判背景

任何经济活动都不是孤立发生的,而是与外界环境各因素有千丝万缕的联系。商务谈判背景是指影响商务谈判活动的外界客观因素。商务谈判背景对谈判的发生、发展、结局均有重要的影响,是谈判不可忽视的要件,也是商务谈判的基本要素之一。总体上来看,商务谈判背景主要包括环境背景、组织背景和人员背景。

环境背景一般包括政治背景、经济背景、文化背景以及地理、自然等客观环境因素。环境背景是影响商务谈判进行的宏观因素,会对商务谈判进程和结果产生直接或间接的影响。组织背景包括组织的发展历程、组织文化、规模实力、组织结构、战略目标、财务状况、资信状况等。组织背景会直接影响商务谈判议题的确立,也影响商务谈判策略的选择和谈判结果。人员背景包括谈判人员的教育背景、谈判经验、谈判风格、个性特点、心理素质、职称职别等,因为商务谈判是谈判人员的直接行为,因而人员背景会直接影响谈判的进程和结果。

● [案例1-5]

商务谈判基本要素案例

欧洲A公司的代理B工程公司到中国,与中国C公司谈判出口工程设备的交易。中方根据其报价提出了批评,并建议对方考虑中国市场的竞争性和该公司第一次进入市场,认真考虑改善价格。该代理商做了一番解释后仍不降价并阐述其委托人的价格是如何合理。中方对其条件又做了分析，该代理商又做解释，一上午谈判下来，毫无结果。中方认为其过于傲慢固执，而该代理商认为中方毫无购买诚意且没有理解力。双方相互埋怨之后，谈判不欢而散。

想一想：

（1）构成该谈判的基本要素有哪些？

（2）该谈判是否有可能不散？若要不散，欧洲代理人应如何谈判？

（3）欧洲代理人进行的是哪类谈判？

第四节 商务谈判的类型

认识商务谈判的不同类型，有助于我们更好地掌握商务谈判的内容与特点，从而根据其不同的特征和要求更好地参与谈判并采取有效的谈判策略，以便在实际经济生活中加以灵活运用。按谈判内容划分，商务谈判可分为商品贸易谈判和非商品贸易谈判。非商品贸易谈判包括：技术贸易谈判、劳务买卖谈判、工程承包谈判、租赁谈判、投资谈判、合作谈判、损害及违约赔偿谈判等。这部分的内容将在本书第三章进行具体的阐述，这里不再赘述。

▶▶ 一、按商务谈判参与方数量划分

按商务谈判参与方数量可以将商务谈判划分为双方商务谈判和多方商务谈判。双方商务谈判，顾名思义，是指只有两个当事方参加的谈判。多方商务谈判的谈判当事方涉及三方及以上。一般情况下，双方商务谈判中利益关系比较明确具体，涉及的责、权、利的划分较简单，因而较易达成一致。而多方谈判中，参与方越多，所涉及的利益关系就越复杂，也就更难以协调，故而谈判难度增加。

◉ [专栏1-3]

谈判中的第三方

斯图尔特·戴蒙德在《沃顿商学院最受欢迎的谈判课》一书中写道，几乎在任何一场谈判中都至少会有三个人——即使有时只有两个人在场。第三个人或者第三方通常指的是这样的人，无论是真实存在或想象中的，即谈判者认为自己必须以某种方式遵从的对象。这些对象也许是鬼魂和过去的精灵，也许是谈判者告之以谈判的对象——配偶、同事、朋友，在这些人面前，谈判者需要保全面子。他也有可能是老板。问题的关键是，要想实现你的目标并获得更多，你必须对这人负责。

现实生活中，很少有人会忽视对自己很重要的第三方的意见。当我们需要对某人施加影响，而又自认为没有足够影响力时，想一想，对于对方很重要，而我们又能接触到甚至影响到的人能有谁。比如小朋友想搞定爸爸的时候，总是会搬出爷爷。第三方，可以是对方需要考虑和顾及的某一条行业、公司级法规，也可以是权威性的机构，或是对对方可以施加影响的某个人。

▶▶ 二、按商务谈判进行的地点划分

按商务谈判进行的地点，可以将商务谈判分为主场谈判、客场谈判和第三地谈判。主场谈判占有"天时、地利、人和"的优势，例如熟悉的工作和生活环境、利于谈判的各项准备工作、便于问题的请示和磋商。如果善于利于谈判地点的主场优势，往往会给谈判带来有利的影响。当然，作为东道主，谈判的主场一方需要花费一定的时间、精力和费用进行谈判的各项准备工作以及对方谈判人员的接待工作。此外，作为谈判主场的一方，也失去了利用商务谈判近距离调研和考察对方的机会。

客场谈判，是指在商务谈判对手所在地进行的谈判。显然，在客场谈判失去了"天时、地利、人和"的天然优势，因而需要谈判者对谈判对手有更加深入细致的了解，认真分析谈判背景、对方的优势与不足，发挥己方优势，争取满意结果。客场谈判的优势在于，不仅节约了招待谈判对手所需的时间和费用成本，还可以利用到客场之便对谈判对手进行全方位的细致了解。

第三地谈判是指在谈判双方（或各方）以外的地点所进行的谈判。为避免主、客场对商务谈判的影响，为谈判提供公平、和谐的氛围，谈判双方（或各方）有时也会选择在第三地谈判。在这一类的谈判中，第三地的选择尤为重要，否则可能因第三方的介入而使谈判各方的关系发生微妙变化，甚至导致谈判破裂。

▶▶ 三、按商务谈判地区范围划分

按商务谈判的地区范围，可以将商务谈判划分为国内商务谈判和国际商务谈判。国内商务谈判指国内各种经济组织及个人之间所进行的商务谈判，谈判参与方均在同一个国家内部。国际商务谈判是指本国政府及各种经济组织、外国政府及各种经济组织之间所进行的商务谈判，谈判参与方属于两个及两个以上的国家或地区。随着全球经济一体化的进程，中国企业有越来越多的机会参与到国际商务谈判中。在国际商务谈判中，因谈判人员来自不同的国家或地区，其文化背景、价值观、语言、信仰、生活习惯、法律法规、道德标准、行为规范等都存在较大差异。因而，不论从谈判形式还是谈判内容来讲，国际商务谈判远比国内商务谈判复杂得多。

◉ [专栏1-4]

一个澳大利亚商人眼中的中国机会

"速度301km/h"。盯着G179次列车显示屏上的信息，澳大利亚阿德莱德36人队的球员们兴奋起来，一些人更是笑着比画出了剪刀手。正在山东参加2016年中澳篮球争霸赛的这些彪形大汉，真真切切地感受到了中国高铁的速度。

对于曾在澳大利亚昆士兰州留学的武红伟来说，球员们坐高铁时的反应太正常了。"在澳大利亚，火车的平均速度是每小时83千米，从墨尔本到南澳洲首府阿德莱德的铁路平均时速只有50千米。从布里斯班到悉尼全程不到280千米，我坐的特快客运列车却跑过16个小时，途中还差点撞上两头牛。"武红伟告诉记者，在2015年10月得知中国高铁"走出去"首单花落俄罗斯之后，他便一直盼望着澳大利亚也能成为中国高铁的出口市场，让他在那里的朋友感受到"日行千里"。

不过，虽然中国是澳大利亚的第一大贸易伙伴、第一大出口市场和第一大外资来源国，中国高铁却始终未能进入两国投资者的视线。

"除关注农产品食品贸易、矿业投资外，希望澳大利亚的商贸人士能在中国坐坐高铁，更全面地了

解中国。"在得知澳大利亚最大贸易代表团将访问中国后,武红伟如是说。

虽然中澳高铁合作还没有眉目,两国之间的贸易投资往来却已经大大提速。澳大利亚贸易和投资部2016年4月4日发表声明说,部长斯蒂文·乔博将率澳大利亚史上最大规模贸易代表团前往中国,参加4月11日至15日在北京、上海、广州、深圳、成都、香港等10个城市举行的"澳大利亚周·中国2016"活动。

代表团由1 000多名工商业领袖组成,将与中方在农业、国际教育、金融服务、医疗健康、高端食品饮料及消费品、科技创新、城市可持续发展及水资源管理、旅游业八大重点领域寻求合作,量身定制的经贸活动包括研讨会、洽谈会、实地考察及其他交流活动。预计本次活动将为澳大利亚带来超过10亿澳元的出口及30亿澳元的投资。

对澳企业界与中国开展合作所表现出的热情,澳大利亚家族企业Oakwood(奥克伍德)的董事总经理加斯·塞尔(Garth Searl)感同身受。他告诉《中国贸易报》记者,虽然国际经济前景尚不明朗,但Oakwood对自身产品以及中国消费者对高质量天然产品的持续需求有信心,对中国市场有信心。

Oakwood成立于澳大利亚的马都斯昆(Scone),主要生产家用皮革、木具、皮鞋、汽车养护产品以及宠物护理用品。2012年,Oakwood进入中国市场入驻天猫商城,没想到短短几个月便在市场上引起强烈反响,成为淘宝等电商平台及家居卖场销售火爆的产品之一。此后,Oakwood指定一家苏州的进出口公司为其中国总代理,由其建立营销渠道和销售网络。

"由于中国消费者的强大需求,2015年,Oakwood的家用皮革和木具保养产品在中国的销售量比2014年增加了逾50%。2015年下半年,Oakwood向中国的出口量增加了129%。中国也成为Oakwood最大的海外市场。"加斯·塞尔在接受记者采访时表示,对于中国市场来说,有三大重要趋势支撑着像他一样的澳大利亚企业家的信心:

一是中国的消费者会继续对婴幼儿配方奶粉、维生素保健品以及家用护理产品等天然和值得信赖的产品有需求。

二是中国市场规模庞大,蕴藏着巨大商机。除了北京、上海等一线城市以外,杭州、成都和宁波等二线城市对Oakwood也充满着吸引力。

三是有越来越多的中国消费者选择网上购物,这将极大地便利澳大利亚产品进入中国市场。电商正成为澳大利企业在中国的重要营销渠道。

中国—澳大利亚自由贸易协定的实施将会为更多的澳大利亚企业提供商机。"虽然中澳自贸协定常被认为只会有助于大公司,但是像Oakwood这类较小的品牌也会从中受益。协定会通过降低关税来帮助Oakwood的产品在中国市场上更具竞争力。"加斯·塞尔说。

资料来源:中国国际贸易促进委员会网站.[EB/OL].(2016-04-07)[2018-02-27]. http://www.ccpit.org/Contents/Channel_3429/2016/0407/626246/content_626246.htm.

▶▶ 四、按商务谈判规模划分

按商务谈判规模的不同,可以将商务谈判划分为大型谈判、中型谈判和小型谈判。谈判规模主要取决于谈判议题及相应的谈判人员的数量。一般而言,谈判议题越复杂,涉及的内容越多,各方参加谈判的人员数量也就越多。根据比尔·斯科特提出的贸易洽谈的划分方式,谈判项目较多,内容复杂,各方参与人数超过12人时,即可称为大型谈判;如果各方参与人数在4到12人之间,即可称为中型谈判;

各方参与人数在4人以下,则称为小型谈判。如果各方只有一人参与谈判,就是"一对一"的单人谈判;如果各方参与人数为两人或两人以上,就是小组谈判。

本章小结

- 谈判是长期且普遍存在的社会现象,人人都是谈判者,谈判是科学,也是艺术。
- 追求利益、谋求合作、寻求共识是谈判发生的基本动因。
- 商务谈判是在经济领域中,参与方为实现商品交易目标而就交易条件进行相互协商的活动,从而达到交易或合作的目的。
- 商务谈判的特征,包括主体的普遍性、内容的交易性、目的的利益性。
- 商务谈判的基本要素,包括商务谈判当事人、商务谈判议题和商务谈判背景。
- 根据不同的标准可以将商务谈判划分成不同的类型。按商务谈判内容划分成技术贸易谈判、劳务买卖谈判、工程承包谈判、租赁谈判、投资谈判、合作谈判、损害及违约赔偿谈判等。按商务谈判参与方数量划分为双方商务谈判和多方商务谈判。按商务谈判进行的地点划分为主场谈判、客场谈判和第三地谈判。按商务谈判地区范围划分为国内商务谈判和国际商务谈判。按商务谈判规模划分为大型谈判、中型谈判和小型谈判。

重要概念

谈判、商务谈判、商务谈判当事人、商务谈判议题、商务谈判背景、商品贸易谈判、非商品贸易谈判、双方商务谈判、多方商务谈判、主场商务谈判、客场商务谈判、第三地商务谈判、国内商务谈判、国际商务谈判、大型商务谈判、中型商务谈判、小型商务谈判、单人谈判、小组谈判

习 题

1. 选择题

1)以下哪一个不属于谈判概念的基本点: ( )
  A. 谈判的目的性　　　　　　　　　　B. 谈判的相互性
  C. 谈判的经济性　　　　　　　　　　D. 谈判的协商性

2)商务谈判内容的特征是: ( )
  A. 普遍性　　　B. 交易性　　　C. 利益性　　　D. 需求性

3)商务谈判必须有议题吗? ( )

A. 必须有 B. 最好有 C. 不一定有 D. 不需要有

4）以下哪一个不属于商务谈判的议题？ （   ）
A. 今天晚上去哪个餐厅吃饭 B. 一件衣服的价格
C. 一次性付款，还是分期支付 D. 技术的售后服务支持

5）国内商务谈判与国际商务谈判最大差异体现在： （   ）
A. 国域界限 B. 双方语言 C. 谈判背景 D. 需求特征

6）主场谈判、客场谈判和第三地谈判划分依据是什么？ （   ）
A. 谈判的内容 B. 谈判参与方数量
C. 谈判进行的地点 D. 谈判规模

2. 判断题

1）谈判是通过相互协商实现互利。 （   ）
2）追求利益是谈判的必要，而且是谈判的内在动因。 （   ）
3）谈判议题即谈判所处的客观条件。 （   ）
4）商务谈判的主要特征是互利。 （   ）
5）商务谈判是商品交易双方进行的谈判。 （   ）

3. 思考题

1）谈判概念包括哪些基本点？什么是谈判？
2）如何理解谈判的一般动因？
3）构成商务谈判的基本要素有哪些？
4）商务谈判的概念和基本特征是什么？
5）简述商务谈判的主要类型。
6）你同意"谈判可以解决任何问题"的观点吗？

4. 案例分析

2008年世界金融危机之后，以美国为代表的发达国家对现有的经济秩序失去兴趣，停止了改革国际金融体制以及对世界银行和国际货币组织的调整，也不积极推动WTO多哈回合谈判。因为美国认为这会影响自身利益，使自己不能主导全球多边经济规则。目前，全球的贸易投资规则处于剧烈变动中，美国的强势地位更加明显，他们非常明确地要自己主导未来世界经济规则。

在WTO的谈判中，美国的利益难以最大化，发展中成员有各种各样的诉求，美国要做出很大的让步。由于多国参与WTO谈判，就要照顾各种利益，否则，难以实现公平，美国主张的高标准规则就难以建立。特别是在农产品谈判上，美国想让交易更加自由化，但是，印度、中国、巴西甚至法国等国，都认为对农产品贸易要有适当的保护。此外，对环境、劳工标准等，各个成员国都有自己的主张，美国很难按照自己的意图来推进。这也是多哈谈判陷入僵局的重要原因。

美国目前采取的措施有三个。第一个是TPP谈判，即跨太平洋伙伴关系协议，宗旨是建立跨太平洋战略伙伴关系，在其成员国之间建立一个在贸易、服务、投资领域更高标准、更自由化的超级自由贸易区。中国在亚太地区大部分重要的贸易伙伴都被邀请参加了谈判。第二个措施是美国跟欧盟已经启动的TTIP谈判，即跨大西洋贸易与投资伙伴关系协定。第三个是在2012年出台的"2012双边投资协定范本"，即BIT。这个范本是在2004年基础上修订的。在20世纪80年代后期，发达国家想建立一个多边投资规则，即高度自由化的投资协定，主要是实行事先国民待遇，对投资者高度保护。但26个发达国家

在谈判的时候，大家列举的负面清单高达1 000多项，各国都有各自想保护的区域，而谈判本身不想保留灰色区域，所有的事情都实行统一标准，这使得整个谈判难度非常大，最后不了了之。

因此，美国决定单独行动，出台了这个修改版，2012年又修订成范本。美国拿这个范本与各个国家逐一谈判，跟对方签署适应这个范本的双边投资协定，进而使美国掌握了主导全球投资规则的制定权。

在TPP谈判中，中国在亚太地区的主要贸易伙伴都参与了，在这些参与国之间会产生贸易创造和贸易转移效应，如果中国再游离于TPP之外，参与国过去跟中国做的贸易，由于不能享受零关税，还要继续审查审批，可能就会被转移走，中国将面临贸易流失的风险。

资料来源：桑百川，李伟，刘敏. 上海自由贸易试验区：新一轮全球化下的改革突破口[J]. 三联生活周刊，2013(42).

思考题：你认为中国应该加入TPP谈判吗？如果你参与谈判，中国应该在哪些方面确保利益不受损失？

课外练习

请上网查阅"商务谈判的作用"，收集和整理相关案例、新闻报道等资料，从中体味商务谈判的本质以及重要性。

第二章 商务谈判相关理论

学习目标

- ◆ 了解商务谈判相关理论
- ◆ 掌握商务谈判相关理论的基本内涵
- ◆ 分析商务谈判相关理论在实际谈判中的应用

一个犯人被单独监禁,监狱当局已经拿走了他的鞋带和腰带,因为担心他会伤害自己。这个囚犯整日无所事事,在单人牢房里无精打采地走来走去。他提着裤子,不仅是因为他失去了腰带,而且因为他失去了15磅的体重。从铁门下面塞进来的食物是些残羹剩饭,他拒绝吃。但是现在,当他用手摸着自己的肋骨的时候,他嗅到了一种万宝路香烟的味道。他喜欢万宝路这种牌子。通过门上一个很小的窗口,他看到门廊里一个卫兵正在吸烟,只见他深深地吸一口烟,然后慢悠悠地吐出来。这勾起了囚犯的烟瘾。所以,他用他的右手指关节客气地敲了敲门。

卫兵慢慢地走过来,傲慢地哼道:"你要干什么?"囚犯回答说:"对不起,请给我一支烟,就是你抽的那种万宝路。"

卫兵感到很惊异,囚犯还想要烟抽,真是异想天开。他嘲弄地"哼"了一声,就转身走开了。

这个囚犯却不这么看待自己的处境。他认为自己有选择权,他愿意冒险检验一下他的判断,所以他又用右手指关节敲了敲门,这一次,他的态度是威严的。那个卫兵吐出一口烟雾,恼怒地扭过头,问道:"你又想要什么?"囚犯回答道:"对不起。请你在30秒之内把你的烟给我一支,否则,我就用头撞这混凝土墙,直到弄得自己血肉模糊,失去知觉为止。如果监狱当局把我从地板上弄起来,让我醒过来,我就发誓说这是你干的。当然,他们绝不会相信我。但是,想一想你必须出席每一次听证会,你必须向每一个听证委员会证明你自己是无辜的;想一想你必须填写一式三份的报告;想一想你将卷入的事件吧——所有这些都只是因为你拒绝给我一支劣质的万宝路!就一支烟,我保证不再给你添麻烦了。"

卫兵会从小窗里塞给他一支烟吗?当然给了。他替囚犯点上烟了吗?当然点上。因为这个卫兵马上明白了事情的利弊得失。不管你的境遇如何,总比那个用左手使劲提着裤子的囚犯好一些。尽管这一囚犯与卫兵处于不平等的地位,但他有效地利用了自己的权力改变了双方的实力对比,达到了他的目的。

想一想:囚犯是如何获胜的?

第一节 需求理论

▶▶ 一、马斯洛的需求层次理论

马斯洛需求层次理论是人本主义科学的理论之一，由美国心理学家亚伯拉罕·马斯洛（Abraham·H. Maslow）1943年在《人类激励理论》一书中提出。书中马斯洛将人类需求像阶梯一样从低到高按层次分为五种，分别是：生理需求（Physiological needs）、安全需求（Safety needs）、社交需求（Social needs）、尊重需求（Esteem needs）和自我实现需求（Self-actualization needs）（具体如图2-1所示）。在自我实现需求之后，还有自我超越需求（Self-transcendence needs），但通常不作为马斯洛需求层次理论中必要的层次，研究者大多将自我超越需求合并至自我实现需求当中。

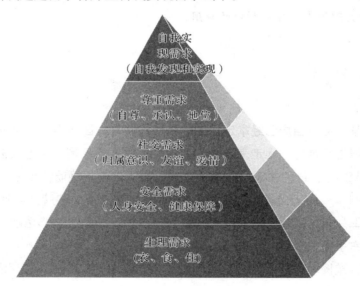

图2-1　马斯洛需要层次理论图

资料来源：姚凤云，苑成存，朱光．商务谈判与管理沟通［M］．北京：清华大学出版社，2011：64-65．

1. 生理需求

生理需求即满足个人生理正常运转的空气、水、食物、睡眠等，这些需求得不到满足，人类的生命就会因此受到威胁。在这个意义上说，生理需求是推动人们行动的最首要的动力。马斯洛认为，只有这些最基本的需要满足到维持生存所必需的程度后，其他需要才能成为新的激励因素，而到了此时，这些已相对满足的需要也就不再成为激励因素了。

2. 安全需求

马斯洛认为，当人类的生理需求得到基本满足，并逐步改善之后，就会想要获得人身安全、健康保障、资源所有性、财产所有性、道德保障、家庭安全等。人们需要通过努力达到生活与工作的舒适、稳定和安全。

3. 社交需求

马斯洛认为，当人的生理和安全需求获得相对的满足之后，就会产生一种社交需求，人人都希望得到相互的关心和照顾。社交需求属于较高层次的需求，如：对友谊、爱情和隶属关系的需求。感情上的需求比生理上的需求来得细致，它和一个人的生理特性、经历、教育、宗教信仰都有关系。

4. 尊重需求

马斯洛认为，人类一旦在生理、安全和社交需求方面都得到相对的满足之后，就会非常注重自己的尊严了。人人都希望自己有稳定的社会地位，要求个人的能力和成就得到社会的承认，这就是尊重需求。尊重需求可分为内部尊重需求和外部尊重需求。内部尊重需求是指一个人希望在各种不同情境中有实力、能胜任、充满信心、能独立自主。总之，内部尊重需求就是人的自尊需求。外部尊重需求是指一个人希望有地位、有威信，受到别人的尊重、信赖和高度评价。马斯洛认为，尊重需求得到满足，能使人对自己充满信心，对社会满腔热情，体验到自己活着的价值。

5. 自我实现需求

马斯洛认为，人类的生理、安全、社交、尊重需求得到满足之后，还会产生一种新的需求，即自我实现需求。自我实现需求是人类最高层次的需求，是指实现个人理想、抱负，最大限度地发挥个人的能力，达到自我实现境界的人，接受自己也接受他人，解决问题能力增强，自觉性提高，善于独立处事，要求不受打扰地独处，完成与自己能力相称的一切事情的需求。也就是说，人必须干称职的工作，这样才会使他们感到最大的快乐。马斯洛提出，为满足自我实现需求所采取的途径是因人而异的。自我实现的需求是在努力实现自己的潜力，使自己越来越成为自己所期望的角色。

马斯洛需求层次理论中的五种需求呈阶梯状从低到高依次排列，一般来说，某一层次的需求得到相对满足后，就会向高一层次发展，追求更高一层次的需求就成为其行为的动力。相应的，获得基本满足的需求就不再是一股激励力量。但次序并不完全固定，可以变化。同一时期，一个人可能有几种需求，但每一时期总有一种需求占支配地位，对行为起决定作用。任何一种需求都不会因为更高层次需求的发展而消失。各层次的需求相互依赖和重叠，高层次的需求发展后，低层次的需求仍然存在，只是对行为影响的程度大大减小。

◉ [案例2-1]

让旅客自愿跳海的船长

在茫茫大海之中有一艘客轮在慢慢地航行。突然，客轮不知什么原因开始快速下沉，情况十分紧急，船长让客运经理立刻通知旅客穿起救生衣跳海保命。可是由于这位客运经理不善言辞，不懂沟通艺术，三番五次地通知也无济于事。各个客舱的旅客一是有害怕心理，怕跳到海里淹死；二是有侥幸心理，想拖延时间可能有人搭救，所以迟迟不愿跳海。

客轮下沉得更快了。在这紧急关头，船长从容不迫地亲自到各个客舱动员不同国籍的旅客跳海。他首先见到的是意大利的旅客，一想他们可能是教徒，于是就很认真地说："女士们，先生们！请你们侧耳静听，在大海的深处，主在呼唤我们跳海！"话没落音，这群意大利旅客就虔诚地跳到海里去了。

接着，船长来到另一个客舱，一看都是年轻的英国人——大家知道英国人，尤其是年轻的英国人非常喜欢运动——船长就面带诡秘的笑容说道："年轻人，你们怎么这么孤陋寡闻呢？现在跳板跳水、跳台跳水都过时了，不刺激了。近来最流行也是最刺激的水上项目就是甲板跳海了……"没等船长把话说完，这群性急的爱好体育的英国年轻人就向海里跳去。

一个客舱接着一个客舱的旅客很快都在船长的说服下自愿地跳到海里去了，船长松了一口气，可是他一回头却发现还有一群德国老人躲在客舱里死活不愿跳海。船长让他们跳，他们跑向船的二层；再让他们跳，老人们则急忙向三层跑。怎么办？这时船长急中生智，加重语气，大声说："跳！这是命令！"这群七八十岁的老头一听是命令，来不及反应就跳下去了。为什么会出现这种情况？原来第二次世界大战期间这群老头都在军队服役，对于军人来说，服从命令就是天职，所以来不及多想，下意识地就服从了船长的"命令"。

请问，船长对中国旅客说了什么，中国旅客会愿意跳下去？

二、尼尔伦伯格的谈判需求理论

商务谈判需求理论是目前最具代表性的三种谈判理论之一（另两种分别为比尔·斯科特的"谈判三方针"和哈佛大学的"原则谈判法"），是在20世纪70年代末，美国谈判学会会长，著名律师杰勒德·I.尼尔伦伯格（Gerard I Niemberg）在他所著的《谈判艺术》一书中提出的，这个理论可以用图形概括为126方块策略。

尼尔伦伯格认为："需要和对需要的满足是一切谈判的共同基础和动力。要是不存在尚未满足的需要，人们就不会进行谈判。谈判进行的前提是，谈判双方都要求得到某些东西；否则，他们就会对另一方的要求充耳不闻，双方也就不会有什么讨价还价发生了。"

谈判需求理论将谈判分为三个层次，即个人与个人之间的谈判、大的组织与大的组织之间的谈判、国家与国家之间的谈判。尼尔伦伯格认为，"需求理论"适用于所有层次的谈判，而且，在每一层次中采用的方法所针对的需求越具体，就越有可能取得成功。他将适合于不同需求的谈判方法分为六种类型：

（1）谈判者服从对方的需要

作为一个谈判者，在谈判过程中站在对方的立场上，设身处地替对方着想，从而最终达到一致的协议。这种方法一般比较容易获得谈判的成功。

（2）谈判者使对方服从其需要

谈判者在谈判过程中通过种种启示，使对方最终明了他的特定需要而情愿达成谈判协议，其结局通常是双方都获得利益。①

● [案例2-2]

为尊严罢工

1964年9月29日，《纽约时报》以半版篇幅刊载了全美汽车工人联合会的一则公告。大号字的标题赫然醒目："通用为什么罢工？"副标题是："事由——为更多的尊严，而不是为更多的钱。"眼下的这次罢工，已不是为工资问题而发生争执了。因为，通过汽车公司已提供与克莱斯勒公司和福特公司的劳工合同基本相同的工资利益，其中包括汽车工人在历次单独谈判中都未曾得到过的最有吸引力的经济利益。工人尚未满足的需要，比计时报酬问题更深刻、更基本。这则公告写道："通用汽车公司的工人在工作场所得不到体面的待遇，得不到做人的尊严。对此他们从心底感到愤愤不平……罢工的根由不在于钱，问题的核心在于通用汽车公司如何对待兢兢业业为它干活的工人。"接着，工会列举了通用公司拒不接受仲裁或调解的争议要点：最起码的人道和体面工作的条件；公平合理的生产标准；通情达理和开明的纪律章程；取消过量的和任意的加班工作；健全保证公司合同义务履行的充分的代表制；改善工人

---

① 姚凤云，苑成存，朱光. 商务谈判与管理沟通 [M]. 北京：清华大学出版社，2011：66.

职业保险的条件。[①]

工会试图通过强调工人安全、获得尊重和自我实现等方面的需要来对通用汽车公司施加压力。工人这些方面的需求得到满足，会提高工作积极性和效率，使通用汽车获益。

（3）谈判者同时服从对方和自己的需要

谈判双方从彼此的共同利益要求出发，为满足双方每一方面的共同需要进行谈判协商，进而采取符合双方共同愿望的谈判策略。谈判者在谈判中采用既符合自己的需要，又符合对方的需要的方法是一种上策。

● [案例2-3]

那是你所能提供的最优惠的条件了吗？

一位顾客想买一台新的电脑，他问推销员："1 299美元是最低价了吗？"推销员回答说："一周后这款电脑会降到1 199美元，让我去问问我们经理看他是否同意今天就以这个价卖给你。"这样，只是多问了一下，这位顾客便省下了100美元。

在这个事例中，这位推销员为人诚实、正直，事情也做得很对。针对那位顾客的策略和双方的需求，有效的应对策略是通过比较。推销员可以这样应对："那是这一款的最低价了，但如果你不需要DVD光驱的话，那边的一款可以便宜100美元卖给你。你更喜欢哪一款呢？"

（4）谈判者违背自己的需要

谈判者为了争取长远利益需要，抛弃某些眼前无关紧要的利益与需要而采取的一种谈判策略。谈判者违背自己的需要去寻求理想谈判目标的本质就是妥协。

● [案例2-4]

持之以恒

我女儿在连续不断地要求某件东西时很有一套，她会从不同的角度对你发问，问问题的方式也颇具匠心，如果达不到目的她是不会罢休的。我记得有一段时间她全部的生活目标就是为了得到一款网络游戏，在连续两个月的时间内她几乎每天都向我提这个要求。她那些颇具匠心的问题包括："我能用我自己的钱买吗？""我能不能先买一个掌中游戏宝。以后再买那个可以在电视机上玩的大型版的游戏？"她还问为什么其他家长都会给他们的孩子买。这样的问题她一直问个不停。我一直没有答应，甚至还对她说："我们家就是不能买。"但是女儿还是不放弃，有一天她居然拐弯抹角地问出了下面这个很有水平的问题："妈妈，如果我能够在复杂的形势下迅速做出正确的决定，你和爸爸会不会认为是一件好事？"当我回答"是"的时候，她就趁势说："太好了！我相信这款游戏能够帮助孩子们在复杂的形势下迅速做出正确的决定。"就这样，经过了两个月持之以恒的反复要求之后，她终于得到了这款游戏。当我回想这件事的时候，我知道了持之以恒为什么会是一条引向成功的策略。

我的最好的防守办法可能同样也是持之以恒，坚决不向女儿妥协。第二条策略是使用"不再做好好先生"这一策略，让女儿在和我的谈判中已经到手的优势泡汤。举例来说，我可以说："这个礼拜你要是再提游戏的要求，那你就会连电视也看不成。"由于动画片和游戏一样都是我女儿生活中优先的需求，这一策略可能会有效。

---

① 姚凤云，苑成存，朱光. 商务谈判与管理沟通 [M]. 北京：清华大学出版社. 2011：67.

(5) 谈判者损害对方的需要

这是一种强硬策略，即谈判者只顾自己的利益，完全忽视或不顾对方的需要而实施"鱼死网破"的手法。采用这种策略的一方往往依仗自身的强者地位，以强欺弱。这很容易导致谈判出现僵局或破裂，也违背了谈判双方对等与互惠互利的原则。历史上有许多不平等条约、协议的签订，都是一些强国在谈判中实施损害弱国利益的方法而形成的。

(6) 谈判者同时损害对方和自己的需要

谈判者为了达到某种特定的预期目的，完全不顾双方的需要与利益，实施一种双方"自杀"型的谈判方法。例如在商品贸易洽谈中，谈判双方展开价格战，买卖双方都甘冒亏本甚至破产的危险，竞相压低价格以挤垮竞争对手。

尼尔伦伯格将马斯洛提出的七种需求①，谈判的三个层次和六种不同的适用方法加以组合排列，就可以得到126种谈判策略（7×3×6），也就是126个方块，每个方块代表一种类型的谈判策略。并且是按每种策略的作用大小和控制的难易程度进行排列的，在基本需要相同的情况下，数字编号越小的策略，对谈判取得成功的作用越大，也越容易控制。也就是说，能抓住的需要越基本，在谈判中获得成功的可能性越大（详见图2-2）。

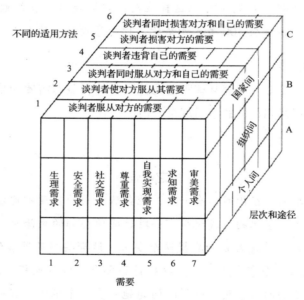

图2-2 尼尔伦伯格的需求谈判策略图

资料来源：蒋三庚，张弘. 商务谈判［M］. 北京：首都经济贸易大学出版社，2006：79.

● [专栏2-1]

比尔·斯科特的"谈判三方针"

英国谈判专家比尔·斯科特的"谈判三方针"是指：

1）谋求一致的方针：谋求双方共同利益、创造最大可能一致性，是使谈判形式、气氛尽量具有建设性的一种积极的谈判方针。

2）皆大欢喜的方针：主要是以寻求谈判各方都能接受的、折中的谈判结果为目的的谈判方针。

---

① 1954年马斯洛在《激励与个性》一书中探讨了他早期著作中没有提及人类的另外两个需求：求知需求和审美需求。但这两种需求没有被列入需求层次排列中，他认为这二者应位于尊重需求与自我实现需求之间。

3）以战取胜的方针：主要是以战胜对方为最终目的的谈判方针。

比尔·斯科特认为，商务谈判是指存在利益双方差异和利益互补关系的商务活动当事双方（或多方）为谋求各自目标的实现所进行的公平磋商。在其提出的三大谈判方针中，谋求一致和皆大欢喜的方针都属于平等互利方针的范畴，都是平等互利方针的具体体现；而以战取胜的方针则完全是与平等互利方针相反、相悖的一种方针。比尔·斯科特的"谈判三方针"作为谈判技巧理论，与中国儒家的"和为贵""中庸之道"等有异曲同工之妙，因而倍受我国谈判理论界推崇。

第二节 原则式谈判理论

20世纪70年代末，哈佛谈判研究中心的罗杰·D.费舍尔所著的《赢得协议》一书中在总结了各种谈判理论的基础上，提出了原则式谈判理论，后人将其称为"哈佛大学原则谈判法"。

▶▶ 一、原则式谈判与传统式谈判的比较

按照费舍尔的观点，任何谈判的方法都可以通过三个标准来进行比较，即谈判是否能达成明确的协议；是否是有效率的谈判；是否能改善（至少不损害）双方的关系。好的谈判是指谈判结果尽可能保障了双方的利益，公平地解决了双方的矛盾冲突，并考虑了双方的关系。在原则式谈判理论提出之前，传统式谈判（立场式谈判）无法达到上述标准。立场式谈判的双方往往站在各自的立场，为自己争辩，最后做出一定妥协，找到双方都能接受的折中办法。这样的谈判，也许会达成共识，也许毫无结果。

人们通常将立场式谈判划分为软式谈判和硬式谈判两种风格。其中，软式谈判又称友好型谈判，谈判者可以为达成协议而让步，尽量避免冲突，总是希望通过谈判签订一个皆大欢喜的协议，或者至少能够签订一个满足彼此基本利益的协议而不至于空手而归。硬式谈判又称立场型谈判，谈判者将谈判看作一场意志力的竞争，认为在这种竞争中，立场越强硬的一方最后获得的收益也会越多。硬式风格的谈判者往往更多地关注如何维护自身的立场、抬高和加强自己的地位，总是处心积虑地要压倒对方。

根据罗杰·费舍尔的观点，立场式谈判的这两种谈判风格都是错误的，正确的谈判风格应该是所谓的原则式谈判风格。与软式谈判相比，原则式谈判也注意与对方保持良好的关系，但是并不像软式谈判那样只强调双方的关系而忽视利益的公平。与硬式谈判相比，原则式谈判理论主张注重调和双方的利益，而不是在立场上纠缠不清。因此，原则式谈判既不是软式谈判，也不是硬式谈判，介于两者之间。原则式谈判注重基本利益、互惠方案和公平标准，这通常导致更明智的谈判结果。它使谈判者有效地在一系列问题中逐渐与对方达成共识，而无须在死守立场和放弃立场之间徒耗精力。把人和事分割开来，谈判者才能真正把对方当作一个有血有肉的人而直接有效地同他打交道，最终得到友善的结果。

▶▶ 二、原则式谈判理论的基本内容

罗杰·费舍尔等人提出的原则式谈判理论有以下四个基本谈判要点。

1. 把人与事分开

把人与事分开，就是谈判者在谈判过程中将人的因素与谈判的具体问题区别开，对事实要强硬，对

人要温和，要将对手视为并肩作战的合作伙伴，只争论事实问题，而不攻击对方。原则式谈判理论认为，谈判对手也是人，是有感情、有深层次价值观的，长期建立起来的个人友谊值得珍惜。但是，谈判者必须正确处理实际利益和人际关系，两者并不矛盾，但不试图通过牺牲实际利益来换取友谊。

为此，原则式谈判理论提出以下建议：

第一，试图理解对手。试着"穿一下别人的鞋子"，站在对方的角度看问题。切忌猜疑对方，不要用自己的问题指责对方。公开各自的想法并与对方坦诚地讨论，寻找可以不依赖对方观点而谈判的机会。给谈判对手留足面子，提案要与对方观念相符。

第二，稳定情绪。了解自己和对方的情绪，把自己的情绪表白出来。通过一定方式疏通对方情绪，不要对感情冲击给予反击。任何一方都不能无视对方的情感体验，任何一方都应该对对方的感情做出积极的反应。控制自己的情绪并了解对方的情绪，有助于防止谈判陷入毫无成效的相互指责中。

第三，真诚沟通。努力地听别人说并理解其内容，同时让别人理解自己。互相交流对问题的看法，寻找彼此的共同点。沟通的目的是讲清双方的利益关系，共同讨论和解决谈判问题。谈判时应言简意赅，建立良好的合作关系，对事不对人。

● [案例2-5]

老同学的托情

A、B两家公司通过前期的交流，初步达成协议，A公司同意以120万元/套的价格购入B公司的某款设备。在进行面谈与签约前，A公司谈判代表张先生突然发现B公司的销售主管王先生是自己大学时要好的同学。于是，张先生提出暂缓签约，并私下对王先生说："既然我们是老同学，关系还那么铁，那这次谈判你得帮我一个忙，把设备单价降到100万元。"张先生声称这笔生意对自己在公司的发展有很大影响，很可能会牵涉到他近期在公司的一个晋升机会。面对老同学的要求，王先生很苦恼。在个人感情和公司利益之间，王先生该如何选择？

2. 关注利益而不是立场

商务谈判时的基本问题并非是表面上的立场问题，而是实质上的利益问题。因而不要只注重协调立场，而应该去调节双方的基本利益。任何一个利害冲突，都有多个令人满意的解决方案或途径，而并非只有表面的一个立场或方案。共同的利益比冲突的立场或利益要大得多。然而，在谈判中"集中精力于利益，而不是立场"，对于谈判者来说是不容易做到的。立场具体而明确，但隐藏在立场后面的利益可能是不清晰、不具体的。为此，原则式谈判理论提出以下建议：

第一，寻求双方立场背后的利益。在谈判中，双方的立场往往是对立的，当双方立场对立时，往往会产生利益对立的错觉。此时如果双方都去捍卫自己的立场，会导致产生争论或陷入僵局。而对利益来说，双方不仅存在冲突性利益，更重要的是存在共同性利益，而且同一利益存在多种可以实现的方案，因此调和利益比调和立场更容易达成共识。

第二，辨析双方利益。探求对方的利益，分析对方的意图，了解双方都有多重利益。最强烈的利益是人的基本需求。

第三，通过一张表格将双方利益列出来。讨论共同的利益，重视对方的利益，对利益强硬，而对谈判对手态度友好。

● [案例2-6]

图书馆的争执

一天,图书馆的阅览室内发生一次争执。A先生想要打开窗户,B先生坚持要关闭窗户,为此二人争吵半天也没有结果。这时,管理员走进来,问A先生为什么要开窗,A先生回答道:"关窗太闷,我想要呼吸新鲜的空气。"管理员又问B先生为什么坚持要关窗,B先生说:"外面太冷,我不想被冷风吹。"管理员想了一会,便去打开较远处的窗户。结果是,外面的冷风没有直接吹进来,室内也有了新鲜空气,A、B二人都得到了满足。

在此次争吵中,A、B二人各自坚持的立场分别是什么?各自的实际利益又分别是什么?管理员的行动为什么能使争执的A、B双方都得到满足?

3. 为共同利益设计方案

原则式谈判理论认为,在现实谈判中,影响人们对多种方案选择的障碍有:

1)过早的判断:没有经过深思熟虑就断定某个方案可行或者不行。

2)寻求唯一的答案:由于思维定势等原因,人们往往认为问题的解决方案只有一个,提出建设性的可选方案并不是谈判中的必要步骤。

3)固定的分配模式:谈判双方往往认为谈判就是在分一个大小固定的蛋糕,一方得到的多,另一方得到的必然少,分配模式被固化了。

4)认为对方的问题应由对方解决,与己无关。

原则式谈判理论建议从以下几方面着手,克服上述四种障碍,为谈判双方的共同利益设计方案:

第一,将方案设计与方案评价分开。因为存在过早判断的障碍,谈判双方往往会轻易地将新方案否定。所以,在进行方案设计时,应该先进行头脑风暴,构思多种方案,然后再决定是否采用。鼓励不成熟的方案,避免干扰正常的创造性思维。

第二,扩大选择的范围。设计多种供选择方案,这包括四种类型的思维:考虑一个特殊问题,即双方争论的焦点问题;描述型分析,即从总体中分析存在的问题,分别分析各自的成因;从全局出发考虑,具体该做什么、有什么问题、如何解决;得出一些详细可行的行动建议。往往谈判双方能否达成协议的关键就在于有无多种多样的选择方案供双方多角度地评估和判断。

第三,寻求共同利益。共同利益往往不是显而易见的,而是潜藏在谈判立场中的。找到共同利益,并作为双方的共同目标,有助于谈判取得进展。强调共同利益也可以使谈判变得顺利。从寻找双方的共同利益着手,是寻求满足双方利益方案的捷径。

第四,让对方的决策变得容易。在谈判中,要想达成协议,就要使双方都能满足各自的利益。谈判者如果站在对方的角度考虑方案,提出适合双方利益的方案,研究出易于使对方做出决定的方案,使对方做出己方所预期的决定。

4. 坚持运用客观标准分析谈判结果

现实经济活动中,不论谈判者有多了解对方利益,不管双方利益有多契合,双方利益冲突可能仍然存在。为了解决双方利益方面的矛盾,较好的方法就是坚持使用客观标准。所谓客观标准,就是公正、有效、科学化的先例、惯例、案例、模式等,具有公平性、有效性和科学性的特点。具体来说,它应符合以下三个条件:应该独立于各方主观意志之外,这样,对标准的看法可以不受情绪的影响;具有合法性且切合实际;客观标准至少在理论上适用于双方。

原则谈判理论强调,在用客观标准进行谈判时要注意:每个问题都以双方共同寻求的客观标准来确定;以理性来确定标准及标准的应用;绝不屈服于压力,而只服从于原则。

◉ [案例2-7]

汽车保险赔偿谈判

汤姆的汽车意外地被一部大卡车整个撞毁了,幸亏他的汽车保过险,可是确切的赔偿金额却要由保险公司的调查员鉴定后确定,于是双方有了下面的对话。

调查员:我们研究过你的案件,我们决定采用保险单的条款。这表示你可以得到3 300美元的赔偿。

汤姆:我知道。你们是怎么算出这个数字的?

调查员:我们是依据这辆汽车的现有价值。

汤姆:我了解,可是你们是按照什么标准算出这个数目的?你知道我现在要花多少钱才能买到同样的车吗?

调查员:你想要多少钱?

汤姆:我想得到按照保单所应该得到的金额,我找到一部类似的二手车,价钱是3 350美元,加上营业和货物税之后,大概是4 000美元。

调查员:4 000美元太多了吧?

汤姆:我所要求的不是某个数目,而是公平的赔偿。你不认为我得到足够的赔偿来换一部车是公平的吗?

调查员:好,我们赔偿你3 500美元,这是我们可以出的最高价。公司的政策是如此规定的。

汤姆:你们公司是怎么算出这个数字的?

调查员:你要知道3 500是你得到的最高数,你如果不想要,我就爱莫能助了。

汤姆:3 500美元可能是公道的,但是我敢确定我的车价值超过这个数。如果你受公司的政策约束,我当然知道你的立场。可是除非你能客观地说出我能得到这个数目的理由,不然我想我还是最好诉诸法律途径,我们为什么不研究一下这件事,然后再谈?星期三上午11点我们可以见面谈谈吗?

调查员:好的。我今天在报上看到一部1978年的菲亚特汽车,出价3 400元。

汤姆:噢!上面有没有提到行车里数?

调查员:49 000千米。你为什么问这件事?

汤姆:因为我的车只跑了25 000千米,你认为我的车子可以值多少钱?

调查员:让我想想。

汤姆:假如3 400美元是合理的话,那么我就可以得到更多了。广告上提到收音机了吗?

调查员:没有。

汤姆:你认为一部收音机值多少钱?

调查员:125美元。

汤姆:冷气呢?

……

两个半小时之后,汤姆拿到了4 012美元。

资料来源:费雪,尤瑞. 哈佛谈判技巧 [M]. 兰州:甘肃人民出版社,1987:148-150.

上述案例采取了以客观根据为公平的标准,结果双方都满意。运用客观标准的好处是,它将双方主观意志的较量转换为双方共同解决问题的努力。

综上所述，原则式谈判理论是一种科学的、理性的谈判方法，它集中于实质利益的原则、谈判协议的替代方案原则以及客观标准原则，使谈判者在谈判议题上逐渐与对方达成共识，避免了死守单一立场方案不放而最终导致谈判破裂的局面，从而提高了谈判效率。

原则式谈判理论是美国谈判专家对商务谈判活动实践规律的总结，是一种比较理想的谈判模式。该理论依赖于成熟的市场经济机制原则，谈判双方对谈判有同样的价值理解，并对谈判信息进行了充分的准备。因而，原则式谈判理论并不能作为所有商务谈判活动的行为标准。

第三节 博弈理论

一、博弈论简介

（一）博弈论的起源与发展

博弈论又称对策论（Game theory），是二人在平等的对局中各自利用对方的策略变换自己的对抗策略，达到取胜的目的。博弈论思想古已有之，中国古代的《孙子兵法》一书就不仅是一部军事著作，而且算是最早的一部博弈论著作。博弈论最初主要研究象棋、桥牌、赌博中的胜负问题，考虑游戏中的个体的预测行为和实际行为，并研究它们的优化策略。只是最初人们对博弈局势的把握仅仅停留在经验上，没有向理论化发展。

近代对于博弈论的研究，开始于策梅洛（Zermelo）、波莱尔（Borel）及冯·诺依曼（Von Neumann）。1928年，冯·诺依曼证明了博弈论的基本原理，从而宣告了博弈论的正式诞生。1944年，冯·诺依曼和摩根斯坦共著的划时代巨著《博弈论与经济行为》将二人博弈推广到n人博弈结构并将博弈论系统地应用于经济领域，从而奠定了这一学科的基础和理论体系。1950—1951年，约翰·福布斯·纳什（John Forbes Nash）利用不动点定理证明了均衡点的存在，为博弈论的一般化奠定了坚实的基础。纳什的开创性论文《n人博弈的均衡点》（1950）、《非合作博弈》（1951）等，给出了纳什均衡的概念和均衡存在定理。此外，莱因哈德·泽尔腾、约翰·海萨尼的研究也对博弈论的发展起到推动作用。[1]

当今博弈论已发展成一门较完善的学科。它是现代数学的分支之一，也是运筹学的重要组成内容之一。博弈论是研究某个个人或组织，面对一定的环境条件，在一定的规则约束下，依靠所掌握的信息，利用对方的策略变换自己的对抗策略，取得相应结果或收益的过程。随着博弈论运用的领域越来越广泛，博弈理论在谈判活动中的应用也越来越受到人们的关注，是现代商务谈判中常用的关键理论之一。

（二）囚徒困境

博弈按不同的标准可以分成不同的类型，按当事人之间是否有约束协议，博弈可以分为合作博弈和非合作博弈两类。前者指人们达成合作时如何分配合作得到的收益，即收益分配问题，强调团体理性；而后者是人们在利益相互影响的局势中如何决策以使自己的收益最大，即策略选择问题，强调个人理性。"囚徒困境"就是著名的非合作博弈的例子。

---

[1] 白远. 国际商务谈判：理论、案例分析与实践 [M]. 北京：中国人民大学出版社，2012：113.

"囚徒困境"是1950年数学家阿尔伯特·塔克任斯坦福大学客座教授时，在一次演讲中举的一个十分形象的例子。他运用两个囚犯的故事对博弈论做了生动而贴切的描述，大致如下：

甲乙两人在大楼里面放了一把火，准备等大火燃烧起来时偷东西。当大火点燃后两人便进去偷东西，但当他们准备离开时被警察发现，并因犯偷窃罪而被抓了起来。警方怀疑，大火可能是他们放的，但没有证据。于是警方分别囚禁两人，使他们不能交流，同时对他们分别进行审讯，告诉他们相同的内容："你有两个选择，坦白或不坦白。如果你坦白火是你们放的，而你的同伴没有坦白，你就会被释放，而你的同伴将被判10年徒刑；同样，如果你不坦白，而你的同伴坦白的话，他就会被释放，而你将会被判10年徒刑；但如果你坦白而对方也坦白的话，那么两人都被判8年徒刑；如果两人都不坦白，那么你们都将被判1年徒刑。"① 见表2-1。

表2-1 囚徒困境

	甲坦白	甲不坦白
乙坦白	甲8乙8（双输）	甲10乙0
乙不坦白	甲0乙10	甲1乙1（双赢）

在这种情形下，坦白和不坦白就变成了囚犯的选择，要么坦白，自己将被释放或被判8年徒刑，要么不坦白，自己将被判1年或10年徒刑。当然，最好的选择是两人都不坦白，将获得双方利益最大的双赢，但由于他们不能互通信息，无法形成一种合作的协议，两个囚徒就陷入了困境。从表2-1可以看出，不管对方坦白还是不坦白，自己坦白都是个人利益最大化的最佳选择，所以这时两个理性的囚徒都会选择指控自己的同伙——坦白，形成了双输的局面。

在谈判中同样存在"囚徒困境"（如表2-2所示）。谈判方选择合作充满了风险，谈判的结果取决于对方的选择。当然，谈判中双方完全可以互相沟通，避免囚徒那样的困境。通过沟通能克服选择合作的主要障碍，但沟通并不能完全消除困境。1990年，汤普森和海斯蒂发现了一种在谈判中非常隐匿却广泛的效应：双输效应。谈判双方往往在一部分议题上有着可以并存的利益，但大部分谈判者不能意识到对方有着与自己兼容的利益。这种未能利用可兼容利益的情况下达成的协议，就是一个双输协议。比如在一次工人罢工中，工会和管理层都倾向于相同的加薪幅度，然而，在罢工的那段时间里，双方都没有意识到这个事实，最终导致双输结果。在一项对5 000人的32次不同谈判进行的实验研究中发现，谈判者不能意识到兼容议题的情况占50%，而其中20%的谈判陷入双输效应的境地②。从博弈的角度分析，只有双方合作的谈判，才会有剩余，双方才会有利益上的双赢。

表2-2 谈判困境

	A竞争	A合作
B竞争	A、B均获得中等收益（双输）	A获得低收益，B获得高收益
B合作	B获得低收益，A获得高收益	A、B均获得高收益（双赢）

---

① 白远. 国际商务谈判：理论、案例分析与实践［M］. 北京：中国人民大学出版社，2012：117.
② Thompson L., Hrebec D. Lose-lose agreements in interdependent decision making［J］. Psychological Bulletin，1996，120（3）.

二、博弈理论在商务谈判中的运用

为了分析博弈理论在商务谈判中的运用,首先建立一个简单的谈判模型:A公司是设备生产商,B公司是设备批发商,B公司想从A公司购得一批设备。A公司认为这批设备至少价值100万人民币,而B公司认为这批设备的市场价值120万元。根据上述情况,如果两公司要进行交易,A公司的要价在100万元以上,B公司只愿付120万以内的价格。双方之间的差额就有了谈判成功的可能性。

在博弈论基础上将谈判过程分为以下三个步骤,具体来分析上述案例。

(一) 合理确定风险值

确定风险值是指打算合作的双方对所要进行的交易内容的评估确定。例如,要购买某一商品,估计可能的价格是多少?最理想的价格是什么?最后的撤退价是多少?总共需要多少资金?其他的附带条件是什么?这其中包括产品风险、资金风险、社会风险、舆论风险等。在上述案例中,A公司对这批设备的估值100万元和B公司对这批设备的估值120万元,就是他们各自确定的交易风险值。由于买方估值高于卖方,所以存在交易的可能,即存在谈判空间。如果两个公司进行了不合理的估值,A公司的估值是150万元,B公司的估值仍是120万元,买方估值低于卖方,就不可能进行谈判和交易。在实际谈判中,情况要复杂得多。许多合作项目的风险值的确定,本身就是一个庞大的系统工程,收益也是长远的,短期内难以确定。此外,还取决于谈判双方是合作者还是竞争者,如果双方合作,利益是一致的,风险值就比较容易确定。

(二) 确立合作的剩余

风险值确定之后,会形成谈判双方合作的剩余。在上例中,谈判双方存在"不合作"和"合作"两种结果。"不合作"就是A公司与B公司没有达成协议,谈判破裂,则A公司保留它的设备,其利益仍为100万元,B公司仍保留它的资金,利益为120万元,双方的利益总值是为220万元。"合作"就是指A公司和B公司在交易价格上达成了一致意见,即在100万元~120万元之间成交,从而使设备交易顺利完成。如果交易价格是110万元,由于成交价分别高于和低于两公司各自的风险值,它们都获得了由谈判增加的利益,双方增加的利益之和是20万,即A公司赚得了10万元,B公司节约了10万元。这时双方的利益总值是240万元。"合作"比"不合作"增加了20万元的利益,这就是"合作的剩余"。实际上,在大多数谈判中,谈判双方对合作剩余是很难确定的,只能有一个大概的估算。但可以肯定的是,只要谈判成功,就一定存在合作剩余。

● [案例2-8]

合作剩余之外的收益

我国江苏仪征化纤工程上马,实行对外招标,德方公司中标标的是1亿美元,但其合作剩余不仅限于此。由于在世界上最大的化纤基地中标,为德国企业带来了巨大的国际声望,后来其得以连续15次在世界性招标活动中中标,仪征化纤项目为该公司带来了许多项目以外的附加利益。

资料来源:蒋三庚,张弘. 商务谈判 [M]. 北京:首都经济贸易大学出版社,2006:90.

(三) 达成分享剩余的协议

确定分享合作剩余的一个最基本的问题就是如何分配参与博弈各方的利益。在许多情况下,一方收益的增加必定是另一方收益的减少,但不论怎么分配,都不影响总的结果,这种情况在博弈中被称为

"零和博弈"。现代谈判观念认为,谈判各方的利益都不是相互对立的,谈判也不仅仅是分一块大小固定的蛋糕,而是要想办法让蛋糕变大,总体收益变多从而让每一方获益更多,即"非零和博弈"。

正是由于"合作剩余"的存在,谈判双方才进行激烈的谈判,在谈判中尽力为己方争取更大的剩余。但如果谈判各方只追求各自的最大利益,就难以在如何分享剩余问题上达成一致性的协议,双方就不能形成合作,从而不存在合作剩余。当谈判只有两方参与时,谈判博弈相对简单。当谈判有多方参与时,谈判博弈的复杂度陡升。谈判参与者只有充分了解谈判中的博弈过程和利益格局,才能获得最大利益。商务谈判的过程,尤其是价格谈判的过程,实际上就是一个博弈的过程:谈判双方处在双方轮流出价的博弈中。双方具有不完全的信息,都对成交价格有一个预期,也就是他们各方的心理价位。但是,归根结底,只有双方通过合作博弈,才能获得对交易剩余的分享。从博弈论的角度来看,只有通过合作博弈,谈判双方才会有剩余并分享剩余,从交易中获得最大收益,获得双赢的结果。

◉ [专栏2-2]

博弈论的理性分析

谈判的各种结果都可以从其对谈判各方的效用角度加以识别。在图2-3中,例如,第一方的效用函数用 U_1 来表示,第二方的效用函数用 U_2 来表示。效用代表各方从特定的商品或结果中获得的满意度,而不是真正的货币结果或收益。图2-3中的谈判情形有一个可行的效用结果集,用F来表示,定义为第一方和第二方所有可能的效用结果,并由冲突点c来定义,其中c=(c_1,c_2)来定义。c代表双方宁愿不达成协议的那个点——双方的保留点。

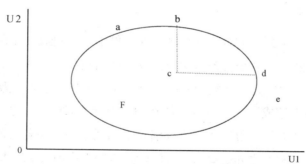

图2-3 博弈论的理性分析图

资料来源:J. Eatwell,M. Milgate,P. Newman. The new palgrave dictionary of economics [M]. London:MacMillan Press,1987:191-192.

在谈判桌上有两个主要议题会涉及理性:一是关于馅饼分割的议题,二是关于馅饼扩大的议题。首先,人们不会同意效用小于自己的保留点;其次,谈判者不会就一个结果达成一致意见——如果存在另一个帕累托更优的结果的话。帕累托最优结果即其中一方更中意,又不降低另一方的效用的结果。

例如,在图2-3中,F区域是以每个谈判者的效用函数来表示的可行性结果的集合。bcd三角形区域是满足个人理性要求的所有点的集合。F区域的右上方abde是满足共同理性需要的所有点的集合。bcd区域与abde的边界线的效集是弧bd:它是满足双方的理性要求的所有点的集合。我们可以从中看出,b是第一方最不乐意接受的结果,d是第二方最不乐意接受的结果。

个人理性和共同理性的设想并未告诉我们谈判者是如何分割馅饼的。相反,它们只是告诉我们,谈判者在分割馅饼之前应该尽量将馅饼做大。

第四节 风险决策理论

一、风险决策理论简介

心理学界和经济学界有一个共同的研究领域，那就是如何对个人所做的风险决策做出正确的解释。这类研究的目标就是解释并且预测在特定的环境和条件下的风险决策。一般而言，收益与概率呈负相关，与风险呈正相关。人们要获得较高的收益就必须承担较大的风险，因此完成的可能性较低；低风险则往往伴随着低收益，完成的可能性也较高。因此，这就导致了人们内心的冲突，从而需要权衡各种可能出现的结果，进而做出决策。这就是我们所说的风险决策。一直以来，研究者都致力于寻找一种理论来探讨人们是如何做出风险决策的。一个决策者应该怎样做风险决策？关于风险决策的研究已经有一个很长的、非常有特点的、综合了经济学和心理学研究知识的历史。

早期的风险决策理论研究中，视人为理性决策者，认为人总是在追求个人利益的最大化，从而是在有限的资源条件下努力做出最佳决策。这类风险决策理论如期望值理论、期望效用理论等。期望值理论是指人们面对相似条件的备选选项，先计算每种选项的数学期望值，然后选择期望值最大的选项。而期望效用理论则认为，决策的依据是效用最大化原则，而不是期望值最大化原则，该理论认为人们在决策时考虑的是收益效用和收益概率的乘积。

当代风险决策理论的基本出发点是人类决策的有限理性。美国经济学家丹尼尔·卡尼曼是当代风险决策理论研究的重要代表人物，他是2002年诺贝尔经济学奖获得者之一。卡尼曼的主要贡献在于将心理学研究引入经济学领域，特别是对在不确定状态下人们如何做出判断和决策方面的研究，从而为创立一个新的学科——行为经济学奠定了基础。1979年，卡尼曼和特沃斯基在《计量经济学》（*Econometrical*）期刊上发表了"展望理论"（prospect theory），并在展望理论中提出参照点效应。传统的期望效用理论是通过理性偏好的公理来演绎出推论，而展望理论则采用了通过实验观察进行描述和归纳的方法。期望效用理论试图告诉人们应该怎样做或者告诉人们什么是理性行为的标准，而展望理论则描述了人们在决策中的实际行为。展望理论认为决策者是依据参照点（决策者现有的财富状况）来估算风险决策结果的。在这个过程中，风险决策以及未来效应的变化都会影响决策中的效用。在低风险的情况下，人们倾向于规避风险；而在损失的情况下，人们又是偏爱风险的。也就是说，在风险低的时候，如果确定有收益，人们会倾向于避免冒险；而在损失的情况下，人们又会赌一把，偏好冒险。

参照点效应对风险决策的影响后来也成为很多心理学者研究风险决策心理机制的重点之一。其实，在生活中，我们就经常会在做风险决策的时候以风险高低和收益大小作为参照，在低风险获益稳定时规避风险，在高风险获益不稳定的时候追逐风险。

◉ [专栏2-3]

评估你的风险倾向

假如你要从下面两个选项中做出选择：

选择A：接受一张5 000美元的银行支票。

选择B：碰碰运气——走运的话会赢得一张1万美元的银行支票，其可能性为50%；不走运的话什么都得不到，其可能性同样为50%。

要在一件确定的事情和一次价值等同的冒险之间做出选择的话，大多数都会选择选项A，即选择那件确定的事情。请注意，每个选项的期望值都是5 000美元，这就意味着谈判者对两个选项应该是不偏不倚的（或风险中性）。但是，人们偏好选项A远远胜过选项B，这反映了谈判者行为的一个基本原则：风险厌恶。尤其是涉及收益时。

现在，想象一下你不得不对下面两个选项做出选择：

选项C：因支付意外费用而损失5 000美元。

选项D：碰碰运气——走运的话一分钱都不会损失，其可能性为50%；不走运的话会损失1万美元，其可能性同样是50%。

大多数人很难在选项C和选项D之间做出选择，因为这两者都是情非得已的。如果不得不二选一时，尽管选项C与D的期望值是一样的，都是5 000美元，多数谈判者会选择选项D。选项D代表的是"有风险的"替代方案。这反映了人类心理的一个基本原则：涉及损失时，人们是追逐风险的。

▶▶ 二、风险决策理论对商务谈判的启示

（一）对谈判对手降低风险的提议和举措的有效性较高

正是由于规避风险的趋向以及对待风险和收益态度的非对称性，多数企业偏向于规避风险，因此在商务谈判中能够降低风险的提议和举措往往可以换取对方较大幅度的让步。另外，企业更倾向于防范风险，表现在谈判中的不信任和不合作态度。基于规避风险的潜意识和制度规定，有时会令谈判对手觉得难以沟通，不可理喻。在通常情况下，简单地晓之以合作能够产生的利益并不足以吸引对方，这是商务谈判步履艰难之所在。企业决策的本质是风险—收益不对称，反映在谈判中第一位的是避免决策失误而产生的后悔，第二位的才是利益的最大化。深谙此道的谈判者会放大风险因素对对方进行恐吓，以获取超额利益。

（二）诚信和沟通是商务谈判的基础

基于大多数人具有厌恶风险的心理倾向，并倾向于采取规避风险的决策，信用就成了合作的关键。商务谈判中，有些谈判者不惜采取不正当，甚至是欺诈的手段达成交易，尽管暂时或一次性地获取了更多的经济利益，但同时却树立了"不守信用"的形象。如果人们都如此为之，则会造成整个社会人际信任度的降低，并由此引发社会经济状况恶化。在人际信任度低的社会中，人们为了规避上当受骗的风险，在商务谈判中会异常谨慎，即使估测到既得利益，谈判也很难达成共识。因此，商务谈判当事人首先应该加强诚信的自我约束，树立良好的诚信形象。采取切实可行的策略和技巧，减少合作者不诚信的机会。选择与信誉好的合作者谈判，孤立不讲诚信者。

此外，如果没有沟通，谈判双方在不熟悉对手的情况下，会互相猜忌。这样就增大了谈判双方各自估测的谈判风险系数，而为了规避风险，可能会导致谈判消极行为出现。因而，商务谈判需要有效的沟通，这样才可能使谈判双方相互熟悉，减小谈判双方各自估测的谈判风险系数，避免出现谈判消极行为，沟通是实现商务谈判双赢的手段。

（三）对真实的风险进行客观评估

在非合作型的谈判中，因为人们在面临确定损失时有冒险倾向，这就需要己方冷静分析，在谈判中

坚持利益谈判而非立场对立，同时为了实现自己的利益，对谈判对手可以使用一些策略性防范技巧。应对这种类型谈判的根本性策略还是基于双方非谈判的选择。谈判的底线可以从以下两个方面加以考虑：或是中止合同和与对方的经济合作关系，给对方造成难以承受的经济损失；或是利用商誉损失方面的约束，使其付出长期性的代价。需要说明的是，前者是要付出不菲代价的，而后者的约束力较弱，通常两者可以结合起来使用。如果对方明白你有这样的选择，则更可能选择通过谈判的方式加以解决。在此基础上，处于劣势的当事人通过前期的谈判获得足够的信息，在拟定合同时可以采用签短约的方式避免被频繁敲诈和因信息失灵而造成的损失。

从谈判中能够取得的利益往往靠事先的充分准备和运用非谈判途径作为配合与保障。在实践中，为了防范在专业化方面的大量投资因对方中止合作和不能续约而遭受重大损失，降低投资和重复谈判的风险，在每一次谈判时都应该要求对方签订有"担保"的额外保证，或者共同对专门化的项目或资产进行投资。

本章小结

- 马斯洛的需求层次理论：人类需求像阶梯一样从低到高按层次分为五种，分别是：生理需求、安全需求、社交需求、尊重需求和自我实现需求。同一时期，一个人可能有几种需求，但每一时期总有一种需求占支配地位，对行为起决定作用。任何一种需求都不会因为更高层次需求的发展而消失。各层次的需求相互依赖和重叠，高层次的需求发展后，低层次的需求仍然存在，只是对行为影响的程度大大减小。
- 尼尔伦伯格的谈判需求理论：需求和对需求的满足是一切谈判的共同基础与动力。将马斯洛提出的七种需求、谈判的三个层次和六种不同的适用方法加以组合排列，就可以得到126种谈判策略。
- 原则式谈判理论：罗杰·D. 费舍尔等人提出的原则式谈判理论有四个基本谈判要点，即把人与事分开；集中精力于利益，而不是立场；为共同利益设计方案；坚持运用客观标准分析谈判结果。
- 在博弈论基础上可以将商务谈判过程分为三个步骤：合理确定风险值；确立合作的剩余；达成分享剩余的协议。
- 卡尼曼的核心理论是展望理论，这个理论有以下三个基本原理：大多数人在面临获得的时候是风险规避的；大多数人在面临损失时是风险偏爱的；人们对损失比对获得更敏感。

重要概念

需求层次理论、谈判需求理论、原则式谈判理论、博弈理论、风险决策理论

习 题

1. 选择题

1）马斯洛的需求层次理论中，最高层次的需求是 （   ）
   A. 安全需求　　　　B. 自我实现需求　　　C. 社交需求　　　　D. 尊重需求

2）以下哪一个不属于谈判需求理论划分的谈判三个层次 （   ）
   A. 人与人间的谈判　　　　　　　　B. 组织与组织间的谈判
   C. 国与国间的谈判　　　　　　　　D. 政府与政府间的谈判

3）利用博弈理论建立的谈判模式，其核心是 （   ）
   A. 确立风险值　　　　　　　　　　B. 确定合作剩余
   C. 达成分享剩余的协议　　　　　　D. 制定合作规则

4）合作博弈的前提是 （   ）
   A. 双方实力相等　　　　　　　　　B. 同为竞争对手
   C. 充分的信息沟通　　　　　　　　D. 良好的合作愿望

5）原则式谈判理论的基本谈判要点，包括 （   ）
   A. 把人与事分开　　　　　　　　　B. 关注立场
   C. 获得己方最大的经济利益　　　　D. 坚持主观标准

6）当代风险决策理论的基本出发点是 （   ）
   A. 效用最大化　　　　　　　　　　B. 期望值最大化
   C. 人类决策的有限理性　　　　　　D. 规避风险

2. 判断题

1）"囚徒困境"的博弈向我们展示一种双方争取最好的结果就能获得最好结果的可能。（   ）
2）运用博弈理论中的零和博弈指导谈判，就是使谈判各方的利益相互对立，你多我少。（   ）
3）马斯洛的需求层次理论中需求呈阶梯状从高到低依次排列。（   ）
4）谈判需求理论认为，谈判者可以违背自己的需要进行谈判。（   ）
5）原则式谈判理论主张发挥谈判者在谈判中的重要作用。（   ）
6）展望理论认为人们在不同情境下的风险偏好是有差异的。（   ）

3. 思考题

1）马斯洛的需求层次理论的基本内容是什么？
2）尼尔伦伯格提出的适合于不同需求的谈判方法分为哪六种类型？
3）原则式谈判理论的四个基本谈判要点是什么？
4）如何看待博弈论在商务谈判中的应用？
5）风险决策理论对商务谈判有何启示？

4. 案例分析

有一位不出名的美国商人，巧施连环计，击败了比他强大百倍的竞争对手，获得了成功。这个商人叫图德拉。在20世纪60年代中期，他只是一家玻璃制造公司的老板。他喜欢石油行业，自学成才成为石油工程师，他希望能做石油生意。偶然的一天，他从朋友那里得知阿根廷即将在市场上购买×××万美元的丁烷气体，他立刻决定去那里看看是否能拿下这份合同。当他这个玻璃制造商到达阿根廷时，在石油方面既无老关系，也无经验可言，只能凭着一股勇气硬闯。当时他的竞争对手是非常强大的英国石油公司和壳牌石油公司。在做了一番摸底以后，他发现了一件事，阿根廷牛肉供应过剩，正想不顾一切地卖掉牛肉。单凭知道这一事实，他就已获得了竞争的第一个优势。于是，他告诉阿根廷政府："如果你们向我买×××万美元的丁烷气体，我一定向你们购买×××万美元的牛肉。"阿根廷政府欣然同意，他以买牛肉为条件，争取到了阿根廷政府的合同。图德拉随即飞往西班牙，发现那里有一家主要的造船厂因缺少订货而濒于关闭。它是西班牙政府所面临的一个政治上棘手而又特别敏感的问题。他告诉西班牙人："如果你们向我买×××万美元的牛肉，我就在你们造船厂订购一艘造价×××万美元的超级油轮。"西班牙人不胜欣喜，便通过他们的大使传话给阿根廷，要将图德拉的×××万美元的牛肉直接运往西班牙。图德拉的最后一站是美国费城的太阳石油公司。他对他们说："如果你们租用我正在西班牙建造的价值×××万美元的超级油轮，我将向你们购买×××万美元的丁烷气体。"太阳石油公司同意了。就这样，一个玻璃商成功地做成了×××万美元的石油交易，他的竞争对手只能自叹不如。图德拉正是凭借掌握对方的需求信息，全面、准确、清楚地了解对方的利益需求，击败了比他强大百倍的竞争对手，获得了成功，在竞争中取胜。

可见，谁能更全面、准确、清楚地了解对方的利益需要，谁就有可能在竞争中取胜。参与谈判的各方利益需求是谈判的基本动因。

思考题：
1. 上述案例体现了谈判的什么理论？
2. 尼尔伦伯格总结出的谈判需求理论有哪六种不同的适用方法？

谈判实践

一个大学毕业才三个月的女秘书，工作表现还不错。突然有一天跑去找主管要求加薪，并且对主管说，如果不加薪她就辞职不干了。如果你是主管，你该怎么办？

第三章 商务谈判内容

学习目标

- 了解货物买卖谈判的特点，掌握货物买卖谈判的主要内容
- 了解技术贸易的对象、方式、特点，掌握技术贸易谈判的主要内容
- 了解其他谈判的主要内容

引 例

中海油某公司欲从澳大利亚某研发公司（以下简称 C 公司）引进地层测试仪，双方就该技术交易在 2000 至 2002 年期间举行了多次谈判。地层测试仪是石油勘探开发领域的一项核心技术，掌控在国外少数几个石油巨头公司手中，如斯伦贝谢公司、哈利伯顿公司等。它们对中国实行严格的技术封锁，不出售技术和设备，只提供服务，以此来占领中国广阔的市场，赚取高额垄断利润。澳大利亚 C 公司因缺乏后续研究和开发资金，曾在 2000 年之前主动带着他们独立开发的、处于国际领先水平的该设备来中国寻求合作者，并先后在中国的渤海和南海进行现场作业，效果很好。

中方于 2000 年年初到澳方 C 公司进行全面考察，对该公司的技术设备很满意，并就技术引进事宜与 C 公司进行正式谈判。考虑到这项技术的重要性以及公司未来发展的需要，中方谈判的目标是出高价买断该技术。但 C 公司坚持只给中方技术使用权，允许中方制造该设备，技术专利仍掌控在 C 公司手中。C 公司不同意将其赖以生存的核心技术卖掉，以免变成中方的海外子公司或研发机构。双方巨大的原则立场分歧使谈判在一开始就陷入僵局。

中方向 C 公司表明了立场之后，对谈判进行"冷处理"，回国等待。迫于资金短缺的巨大压力，C 公司无法拖延谈判时间，在 2000—2002 年期间，就交易条件多次找中方磋商，试图打破僵局。由于种种原因，中澳双方最终没能达成协议，谈判以失败告终。但中海油科技工作者走出了一条自力更生的技术创新之路。

中澳双方争议的焦点不是价格或技术转让费，而是技术所有权，并因此使谈判在一开始就陷入僵局。澳方认为，出卖技术所有权就相当于卖掉了自己的公司；中方认为，如果澳方保留所有权，制造出来的设备只能在中国海域作业不能到国外作业，还要长期依赖澳方不断更新技术，中方就变成了澳方的"提款机"。双方从各自的立场观点出发，试图说服和改变对方，而不愿换位思考，不愿站在对手的立场上寻找双赢的解决方案。

资料来源：[EB/OL]．(2017-06-09)[2018-08-01]．http://www.xspic.com/koucai/tanpanjiqiao/735251.htm．

商务谈判是为了实现商品交易而就交易条件进行相互协商的活动,由于经济活动的内容多种多样,因此商务谈判的内容也复杂而广泛。如前文所述,商务谈判按谈判内容划分,可分为商品贸易谈判和非商品贸易谈判。非商品贸易谈判包括技术贸易谈判、劳务买卖谈判、工程承包谈判、租赁谈判、投资谈判、合作谈判、损害及违约赔偿谈判等。

第一节 商品贸易谈判

一、商品贸易谈判的定义与特点

1. 商品贸易谈判的定义

商品贸易谈判即货物买卖谈判,是指针对有形商品即货物的买卖而进行的谈判。它主要是买卖双方就买卖货物本身的有关内容,如质量、数量、价格、支付方式、运输方式等交易过程中双方的权利、责任和义务等问题进行的谈判。商品贸易谈判是商务谈判中出现频率最多的一种谈判。按买卖双方所处地位的不同,商品贸易谈判可以分为采购谈判和推销谈判;按谈判地域的不同,商品贸易谈判可以分为国内谈判和国际谈判。

2. 商品贸易谈判的特点

相对于其他类型的商务谈判,商品贸易谈判有如下特点:

1)难度相对简单。商品贸易谈判的难度较小,有如下原因:一是大多数商品有通行的技术标准;二是大多数商品贸易谈判为重复谈判,内容既定;三是谈判内容大多围绕与实物商品有关的权利和义务。但绝不能因此而轻视商品贸易谈判,特别对初次合作、大宗交易、国际货物买卖的谈判更是如此。

2)条款比较全面。货物买卖是商品交易的基本形式,货物买卖谈判是商务贸易谈判的基本形态。在货物买卖谈判中,通常要包括货物部分的谈判,如标的、品质、数量、包装、检验等;商务部分的谈判,如价格、交货、支付、索赔等;法律部分的谈判,如不可抗力、仲裁与法律适用等。在这些内容中,习惯上将货物部分和商务部分的条款列为主要条款,它们属于每笔交易的个别性条款;而将其他条款列为一般条款,它们是适用于每笔交易的共同性条款。商品贸易谈判的条款内容往往可以作为其他商务谈判的参考基础。

二、商品贸易谈判的主要内容

商品贸易谈判的内容是以商品为中心的。它主要包括商品的品质、数量、包装、价格、货款结算支付方式、交货、商品检验及索赔、仲裁和不可抗力等议题。

1. 商品品质

商品品质是指商品的内在质量和外观形态。它往往是交易双方最关心的问题,也是洽谈的主要问题。商品品质取决于商品本身的自然属性,其内在质量指商品的物理性能、机械性能、化学成分、生物特性等自然属性,表现为气味、滋味、成分、性能、组织结构等;其外观形态指商品的外形,表现为颜色、光泽、透明度、款色、花色、造型等。商品品质的表示方法有:样品表示法、规格等级、品牌商标、产地名称、标准表示法、说明书和图样表示法等。

2. 商品的数量

商品交易的数量是商务谈判的主要内容。成交商品数量的多少,不仅关系到卖方的销售计划和买方的采购计划能否完成,而且与商品的价格有关,直接影响到交易双方的经济利益。谈判中应根据商品的性质和交易需要选用适当的计量单位。在国际贸易中,由于各国采用的度量衡制度不同,同一计量单位所代表的数量也各不相同,因而在谈判中应明确规定使用哪一种度量衡制度,以免造成误会和争议。

商品交易的数量确定买卖商品的数量,首先要根据商品的性质,明确所采用的计量单位。其次,要明确重量的计算方法。在贸易实践中,容易引起争议的是商品的重量。商品重量会受自然界的影响而发生变化,许多商品本身就有包装重量的问题,因而谈判时双方需要明确商品的毛重、净重及皮重的扣除方法等。

3. 商品的包装

商品的包装主要指产品的外在保护,分为销售包装和运输包装。包装具有宣传商品、保护商品、便于储运、方便消费的作用。谈判双方一般根据交易商品本身的特征,对其包装的种类、材料、规格、成本、技术和方法进行磋商。此外,还需要根据谈判对方或用户对同类商品在包装种类、材料、规格、装潢上的不同要求和特殊要求及不同时期的变化趋势进行磋商并认定。

4. 商品的价格

商品价格是商务谈判中最重要的内容,它的高低直接影响着贸易双方的经济利益。商品贸易谈判中价格条款主要涉及:

1)价格水平。价格水平即商品的单价,价格水平由双方讨价还价后最终达成一致,受商品质量、成交数量、供求关系、运输方式、价格政策、双方关系等诸多因素影响。

2)价格术语。价格术语又称价格条件,是国际贸易中各国贸易习惯所形成和认可的代表不同价格构成与表示买卖双方各自应负的责任、费用、风险以及划分货币所有权转移的一种术语。在国际商务谈判中,应在合同中对价格术语予以明确。常见的价格术语有:离岸价(FOB),又称装运港船上交货价;离岸加运费价,又称成本加运费价(C&F);到岸价(CIF),又称成本加保险、运费价等。

5. 结算支付方式

在商品贸易中,货款的结算与支付是一个重要问题,直接关系到交易双方的利益,影响双方的生存与发展。在商务谈判中应注意货款结算支付的方式、期限、货币等。

1)支付方式。国内贸易货款结算方式分为现金结算和转账结算。现金结算,即一手交货,一手交钱,直接以现金支付货款的结算方式;转账结算,是通过银行在双方账户上划拨的非现金结算。非现金结算的付款方式有两种:一种是先货后款,包括异地托收承付、异地委托收款、同城收款;另一种是先款后货,包括汇款、限额结算、信用证、支票结算等。根据国家规定,各单位之间的商品交易,除按照现金管理办法外,都必须通过银行办理转账结算。转账结算可分为异地结算和同城结算。前者的主要方式有托收承付、信用证、汇兑等;后者的主要方式有支票、付款委托书、限额结算等。

2)支付期限。支付时间的早晚影响到交易双方的实际收益和风险分担,商务谈判中双方应根据自身资金周转状况商定具体的支付时间。对分期付款,须明确首付时间及金额,之后的分期次数及各期的时间与金额;对延期付款,应明确具体的付款时间和进度。

3)支付货币。在国际商务谈判中,谈判双方还应该明确规定使用何种货币和货币单位,需要考虑货币的安全性及币值的稳定性、可兑换性。一般来讲,出口贸易时要争取采用"硬货币",进口贸易时则要力求使用"软货币"或在结算期不会升值的货币。所谓硬货币，指在国际金融市场上汇价坚挺并能自由兑换、币值稳定、可以作为国际支付手段或流通手段的货币，如美元、欧元等。软货币是指在国际金融市场上汇价疲软，不能自由兑换他国货币，信用程度低的国家货币，如印度卢比、越南盾等。硬货币和软货币是相对而言的，它会随着一国经济状况和金融状况的变化而变化。

6. 商品的交货

商品贸易的交货议题，主要涉及货物的运输方式、装运时间、装运地和目的地等内容。

1）运输方式。商品的运输方式是指将商品转移到目的地所采用的方法和形式。谈判双方需要根据商品的特点、运货量大小、自然条件、装卸地点等方面的具体情况，结合各运输方式的特点，选择合理的运输方式使商品能够多快好省地到达目的地。

2）运输费用。谈判中双方需对货物的重量、体积、件数、商品的贵重情况进行全盘考虑，合理规划，选用合理的计算标准，论证并确定附加费用变动的合理性，明确双方交货条件，划清各自承担的费用范围和界限。

3）装运时间、地点和交货时间、地点。谈判中应根据运输条件、市场需求、运输距离、运输工具、码头、车站、港口、机场等设施，以及货物的自然属性、气候条件做综合分析，明确装运、交货地点，装运、交货的具体截止日期。

7. 检验

商品检验是对交易商品的品种、质量、数量、包装等项目按照合同规定的标准进行检查或鉴定。通过检验，由有关检验部门出具证明，作为买卖双方交接货物、支付货款和处理索赔的依据。谈判中关于商品检验的磋商主要有检验内容和方法、检验时间和地点、检验机构等。

8. 不可抗力

不可抗力，又称人力不可抗力。通常是指合同签订后，不是由于当事人的疏忽过失，而是由于当事人所不可预见，也无法事先采取预防措施的事故，如地震、水灾、旱灾等自然原因或战争、政府封锁、禁运、罢工等社会原因造成的不能履行或不能如期履行合同的全部或部分。在不可抗力发生时，遭受事故的一方可以根据合同条款免除或推迟履行合同。商务谈判中双方需要磋商不可抗力的范围、不可抗力事件的证明机构、事件发生后通知对方的期限、合同的履行和处理等。

9. 索赔和仲裁

索赔是一方认为对方未能全部或部分履行合同规定的责任时，向对方提出索取赔偿的要求。仲裁是双方当事人在谈判中磋商约定，在本合同履行过程中发生争议，经协商或调解不成时，自愿把争议提交给双方约定的第三者（仲裁机构）运行裁决的行为。

在商品交易中，买卖双方常常会因彼此的权利和义务引起争议，并由此引起索赔、仲裁等情况的发生。为了使争议得到顺利的处理，买卖双方在洽谈交易中，对由争议提出的索赔和解决争议的仲裁方式，事先应进行充分商谈，并做出明确的规定。商务谈判中双方需要对索赔和仲裁的相关条款进行磋商，如索赔的依据、索赔的有效期、损失计算办法；仲裁地点、仲裁机构、仲裁程序、仲裁费用等。

◉ [专栏3-1]

一般商品买卖合同

合同编号：

买方（甲方）：_____

卖方（乙方）：_____

根据《中华人民共和国合同法》及相关法律法规的规定，在平等、自愿、公平和诚实信用的基础上，甲乙双方经充分协商，特订立本合同。

第一条 名称、品种、规格和质量

1. 名称、品种、规格：_____。

（提示：应注明产品的牌号或商标，也可以采用表格方式列出）。

2. 质量，按下列第_____项执行：

（1）按照_____标准执行。

（提示：有国家标准的，须注明按国家标准；无国家标准但有部颁标准的，须注明部颁标准；既无国家标准，又无部颁标准的，须注明企业标准。注明标准代号、编号和标准名称等）

（2）按样本。样本作为合同的附件（应注明样本封存及保管方式）。

（3）按双方商定要求执行。具体为：_____。

（提示：应具体约定产品质量要求）。

第二条 数量和计量单位、计量方法

1. 数量：_____。该数量为暂定数量，甲方可根据实际需要进行数量增减。甲方减少数量的，不属于违约；甲方增加数量的，乙方应按合同其他条款执行。

2. 计量单位和方法：_____。

（提示：国家或主管部门有计量方法规定的，按国家或主管部门的规定执行；国家或主管部门无计量方法规定的，由甲乙双方约定。对机电设备，必要时应当在合同中明确规定随主机的辅机、附件、配套的产品、配件和安装修理工具等。对成套供应的产品，应当明确成套供应的范围，并形成成套供应清单）

3. 交货数量的正负尾差、合理磅差和在途自然增（减）量规定及计算方法：_____。

4. 包装方式和包装品的处理：_____。包装材料由乙方提供，包装费用由乙方承担。

（提示：应尽可能注明所采用的包装标准是否为国家或主管部门标准，自行约定的包装标准应具体可行）

第三条 合同履行期限

本合同履行期限自_____年____月____日至_____年____月____日；该期限为暂定期限，甲方有权根据施工需要单方调整合同履行期限，但应提前_____日通知乙方。

第四条 运输方式和交货地点

1. 交货时间：每批次交货时间以甲方书面通知为准。

2. 交货地点：由乙方负责运输至甲方指定地点交货。运输费用及风险由乙方承担。

3. 运输方式：_____（如汽车）。卸货由_____方负责，卸货费用由_____方承担。

4. 保险：_____。

（提示：可按实际需要，约定由谁负责投保并具体规定投保金额和投保险种）

5. 与买卖相关的单证的转移：_____。

6. 货物交付前，货物的灭失、毁损风险由乙方承担。

第五条 验收

1. 验收时间：货物运输至甲方指定地点后，双方在 24 小时内对货物的品种、型号、规格、数量进行初步验收。如品种、型号、规格、数量不符合规定和合同约定的，甲方在验收完毕后的 2 日内向乙方提出异议和处理意见。对货物质量的异议不受时间限制，随时发现可以随时提出异议。乙方在收到甲方提出的异议后，应在 2 日内负责处理。如果乙方逾期不予处理或收到异议通知后置之不理的，视为同意甲方提出的异议和处理意见，甲方有权将收到的货物自行处理，因此发生的费用和损失由乙方承担。

2. 验收方式：_____。

（提示：如采用抽样检验，应注明抽样标准或方法和比例）

3. 验收如发生争议，由_____检验机构按_____检验标准和方法，对产品进行检验。

4. 甲方指定验收人为_____（手机号：_____），除该指定收货人外，其他人员签认的单据不具有签收的效力。

5. 本合同约定货物的质保期为_____个月，自验收合格之日起计算。如果乙方对货物有另外承诺的质保期且与本合同约定不一致的，双方同意以期限较长的为准。

第六条 价格与货款支付

1. 单价：_____；暂定总价：_____（大写：_____）。

此单价在合同履行期限内可以/不可以调整，调整方式为：_____。

（提示：单价在合同履行期间内是否调整，由签订单位自行约定，如约定调整的，应明确具体调整方法）

本合同价格为乙方将货物运送至甲方指定地点后的综合价格，包含乙方成本、税费、运输、装卸、检测、售后服务等为履行本合同义务所支付的一切费用及承担的风险。

2. 每月的_____日为当月的结算截止日期，根据甲方检验合格及双方共同签认的凭证计算当月实际收货数量，除此外任何证明、收条、欠条、信函等文件，都不得作为结算、支付依据。

（提示：本条结算日期可根据合同实际情况结合本单位结算管理进行约定）

3. 货款支付采用下列第_____项：

1）货款一次性支付。结算完成后，甲方收到乙方开具的正式增值税专用发票后_____日内，向乙方支付货款的_____%，剩余_____% 作为质保金，待质保期满后_____个月内无息支付，如发生纠纷，则延后至纠纷最终解决后_____天内付清。质量保证金的支付不免除乙方对交付货物质量的保证责任。

（提示：如不适用一次性支付货款情况，则本项删除）

2）货款分期支付。结算完成后，甲方在收到乙方开具的正式的增值税专用发票后_____日内，甲方按当月业主向其拨付的工程进度款比例，同比例向乙方支付货款，最高支付比例不得高于当月货款结算金额的_____%，剩余_____%作为质保金，在质保期满后_____个月内无息支付，如发生纠纷，则延后至纠纷最终解决后_____天内付清。质量保证金的支付并不免除乙方对交付货物质量的保证责任。

（提示：如不适用分期支付货款情况，则本款删除）

4. 货款支付方式：_____。

（提示：根据项目实际情况，选择银行转账、信用证支付等方式，但在约定承兑汇票方式时，应注

明在此价格基础上甲方不另外支付承兑贴息)

5. 乙方指定联系人_____，联系方式_____。

乙方指定收款单位名称_____，

开户行_____及账号_____

6. 如甲方出现资金困难，乙方同意给予 __3__ 个月的付款宽限期，在此宽期间内不视为甲方违约，且乙方不得以此为由中断本项目的货物供应。

第七条 双方权利义务

（一）甲方的权利义务

1. 甲方负责提供供货计划和准确的交货地点。
2. 按合同约定支付合同价款。
3. 甲方不得无故拒绝接收供货计划范围内的货物。
4. 按合同约定对货物进行检验和验收。
5. 接受乙方提供的培训和保修服务。

（二）乙方的权利义务

1. 按合同约定的技术标准和质量要求供应货物；同时乙方应考虑甲方的施工特点，精心组织、配备足够的运输能力和必要的储存场地以保证甲方需要。
2. 及时向甲方提供货物合格证书及甲方要求的其他相关资料。
3. 乙方与第三方发生的任何经济往来和债务纠纷均与甲方无关，乙方保证货物无权属上的瑕疵、无知识产权争议，如给甲方造成任何损失均由乙方承担。
4. 乙方对甲方相关人员提供免费技术培训，培训时间为_____；培训内容包括货物安装、调试、操作、维护保养、故障处理等。

（提示：可根据实际情况选择适用本款）

5. 本合同质保期_____个月，自验收合格之日起计算。为在质保期内，因货物使用过程中出现任何问题影响到甲方正常使用的，乙方须在收到甲方通知后_____日内进行维修或更换，因此产生的费用由乙方承担。质保期满后，乙方接到甲方通知后_____日内进行维修等服务，乙方应对甲方合理收费。

第八条 甲方违约责任

1. 乙方按甲方的供货计划供货并已实际交付甲方后，如甲方违反合同中途退货的，应向乙方赔偿退货部分货款的_____%违约金。
2. 甲方无故拒绝接收货物的，应承担因此给乙方造成的损失。
3. 超过第六条第5款约定的宽限期后甲方仍不能付款的，甲方对逾期付款部分从宽限期满的次日按中国人民银行活期存款利率标准向乙方支付利息。

第九条 乙方的违约责任

1. 乙方不能交货的，应向甲方偿付不能交货部分货款_____%的违约金。
2. 乙方所交货物种类、型号、规格、花色、包装不符合同规定的，如甲方同意使用，应按质论价；如甲方不同意使用，应根据具体情况，由乙方负责包换或包修，并承担修理、调换或退货而支付的实际费用。因此给甲方造成的一切损失均由乙方承担。
3. 乙方逾期交货的，每逾期一日，应按照合同总金额_____%向甲方支付违约金，并赔偿甲方因此所遭受的损失；如逾期超过_____日，甲方有权终止合同并可就遭受的损失向乙方索赔。同时，甲方有权向第三人采购同种类货物，因此增加的费用由乙方承担。

4. 乙方提前交付货物的，甲方无须提前付款，如因乙方提前交付货物导致甲方增加费用的，该增加的费用由乙方承担。

5. 乙方不能随车提供货物合格证书或其他单证的，甲方有权拒绝收货，因此产生的费用和损失由乙方负责。

6. 在质保期内，乙方未按要求进行维修或更换的，乙方应向甲方支付违约金_____元/次，甲方有权交由第三方进行维修，由此产生的费用和损失亦由乙方承担。

第十条 不可抗力

任何一方由于不可抗力原因不能履行合同时，应在不可抗力事件发生后_____小时内通知对方，并在不可抗力事件结束后_____日将有权机构出具的不可抗力证明提交对方后，允许延期履行、部分履行或者不履行合同，并根据情况可部分或全部免予承担违约责任。

第十一条 争议解决

甲乙双方在履行合同时发生争议的，应协商解决。协商不成的，选择以下第_____种方式：

1) 提交_____法院进行诉讼；（如争议与铁路工程相关，建议约定为：依据争议标的额的大小由成都铁路运输法院或成都铁路运输中级人民法院管辖）

2) 由_____仲裁机构进行仲裁。

（提示：管辖条款由法律事务部门根据合同实际情况确定一种。无论诉讼还是仲裁解决，均应选择与甲方最密切联系的法院或者仲裁机构。如果选择仲裁方式，机构名称必须准确，符合仲裁法的有关规定）

第十二条 其他事项

1. 本合同项下的债权均不得转让，也不得用于担保。

2. 合同如有未尽事宜，由双方协商解决，签订补协议。

3. 双方来往函件，按照合同规定的地址或传真号码以<u>书面</u>方式送达对方。如一方地址、电话、传真号码有变更，应在变更后的 <u>7</u> 日内书面通知对方，否则，应承担相应责任。

4. 本合同自双方签章之日起生效。本合同一式_____份，双方各执_____份。

签订时间：_____年_____月_____日

签订地点：_____。

甲方：（公章）　　　　　　　　　　乙方：（公章）

法定代表人/委托代理人：　　　　　法定代表人/委托代理人：

地址：　　　　　　　　　　　　　　地址：

电话：　　　　　　　　　　　　　　电话：

传真：　　　　　　　　　　　　　　传真：

（提示：末页不能只有双方签字盖章，也不能有"此页无正文"字样，遇有此情况要调整文档，加盖骑缝章，每页要由负责人小签）

资料来源：百度文库［EB/OL］.（2016-06-30）［2018-08-02］. https://wenku.baidu.com/view/83425734974bcf84b9d528ea81c758f5f61f296d.html.

第二节 技术贸易谈判

▶▶ 一、技术与技术贸易

1. 技术

世界知识产权组织在1977年版的《供发展中国家使用的许可证贸易手册》中，将技术界定为："技术是制造一种产品的系统知识，所采用的一种工艺或提供的一项服务，不论这种知识是否反映在一项发明、一项外形设计、一项实用新型或者一种植物新品种，或者反映在技术情报或技能中，或者反映在专家为设计、安装、开办或维修一个工厂或为管理一个工商业企业或其活动而提供的服务或协助等方面。"[①] 实际上世界知识产权组织把世界上所有能带来经济效益的科学知识都定义为技术。

2. 技术贸易

技术贸易是指以技术为对象的买卖交易活动。技术贸易中有两个相关概念，即技术转让和技术引进。技术转让是指拥有技术的一方通过某种方式将其技术出让给另一方使用的行为；技术引进是一个特定的概念，是一种跨国行为，指一个国家或企业引入国外的技术知识和经验，以及所必需附带的设备、仪器和器材等。技术贸易中的买方又称为"技术引进方""引进方""受让方"，卖方又称为"技术转让方""转让方""许可方"。

3. 技术贸易的对象

技术按其表现形态，可分为：① 技能化的技术，即潜存于人体之中的技术，如厨师的厨艺、修车技师的修车技能等。技能化的技术无法独立于人而单独存在，需要通过人来演示和传授。② 知识化的技术，即借助于技术资料，如图纸、公式、配方、工艺说明等，物质载体而存在的技术。人们可以借助这些载体了解和掌握知识化的技术。③ 物化的技术，即用相关技术生产出来的机器设备。前两种通常称为"技术软件"，后一种称为"技术硬件"。单纯"技术硬件"的买卖具有货物买卖的特点，可归于货物买卖。因而，技术贸易的对象一般是"技术软件"，即买方要求卖方提供相应的技术资料、技术指导和人员培训，有时也包括提供与掌握软件技术配套的硬件设备。

知识化的技术，按其公开程度和受法律保护的程度，可以分为：① 公开技术，指在传播和利用方面不受限制的技术，如报纸杂志发表的科技论文或各种学术报告、超过时效的专利技术或秘密已经公开的专有技术等。② 专利技术，也称为半公开技术。技术所有者向国家或国际知识产权保护组织提交申请，并准予授权之后，方可成为专利技术。一般情况下，专利技术需按一般专利法的规定将其部分向公众公开，但专利技术的所有者为了自身利益，可以将其最为关键和核心的部分隐藏起来。专利技术受知识产权保护法的保护，在一定地域和一定期限内他人未经许可不得使用，侵权者将受到法律的制裁。但专利技术按其技术创新程度的不同，有不同的法律保护年限，超过保护年限的专利技术就可以被公众无偿使用。③ 专有技术，也称为秘密技术，指没有取得专利权的技术秘诀、技术诀窍。此项技术依靠保密手段

[①] 百度文库"技术"词条 [EB/OL]. (2015-07-02) [2018-08-01]. https：//wenku.baidu.com/view/98f372e61eb91a37f0115c3e.html.

而不是法律手段来保护，一旦泄密或破译，则他人可无偿使用。众所周知的可口可乐的配方，同仁堂逍遥丸的药方就是专有技术。

在实际技术贸易中，贸易对象通常以专利技术和专有技术的形式出现。另外，商标也是技术贸易的对象之一。商标本质上不是技术，但商标作为无形资产，代表了产品的技术、质量、信誉，因而商标的买卖也归于技术贸易中。

◉ [专栏3-2]

放弃专利的特斯拉

尼古拉·特斯拉一生的发明见证着他对社会无私的贡献。虽然他一生不断致力研究，并取得约1 000个专利发明，但他晚年穷困潦倒，长年经济拮据。虽然有不少企业家利用了这位天才科学家的爱心和才华，骗取了他的研究成果和荣誉，可是晚年的他依然为着人类的幸福而努力研究和发明。在特斯拉众多的发明里，最惠及大众的莫过于其发明的各种交流电机了。在世界每一个角落，经贸的发展、科学的进步和生活的享受都离不开交流电的帮助。2003年年末的美国大停电和欧洲大停电，就曾陷社会和经济于大瘫痪。早在1882年，特斯拉已经发明了世界上第一台高频交流电机，更于1885年发明多相电流和多相传电技术。爱迪生发明直流电后，电器得到广泛应用，而同时电费却十分高昂，所以经营输出直流电成为当时最赚钱的生意。1885年，特斯拉脱离爱迪生公司，遇上西屋公司负责人乔治·威斯汀豪斯，并在其支持下于1888年正式将交流电带给当时的社会。在1893年5月的哥伦比亚博览会上，特斯拉展示了交流电照明，成为"电流之战"的赢家。事后，特斯拉取得了尼亚加拉水电站电力设计的承办权。

从此交流电取代了直流电成为供电的主流。而特斯拉拥有着交流电的专利权，在当时，每销售一马力交流电就必须向特斯拉缴纳2.5美元的版税。在强大的利益驱动下，当时一股财团势力要挟特斯拉放弃此项专利权，并意图独占牟利。经过多番交涉后，特斯拉决定放弃交流电的专利权，条件是交流电的专利将永久公开。从此他便撕掉了交流电的专利，损失了收取版税的权利。此后交流电再没有专利，成为一项免费的发明。如果交流电的发明专利不送给全人类免费使用，则每一马力交流电就将给他带来2.5美元的"专利费"，他将会是世界上最富有的人。至今塞尔维亚的纸币上仍然印有尼古拉·特斯拉的头像。

资料来源：玛格丽特·切尼. 被埋没的天才：科学发明家特拉斯传记 [M]. 唐建文，译. 北京：科学普及出版社，1985：86 – 103.

▶▶ 二、技术贸易的方式与特点

1. 技术贸易的方式

技术贸易的主要方式有：① 技术买卖，即技术所有权的转移，这种所有权的转让，在技术贸易中是极少见的。② 许可贸易，即技术使用权的转移，是指由交易双方通过签订许可协议，技术的转让方有偿地转让给引进方的一种交易。技术转让方许可技术的引进方享有技术的使用权、产品的制造权和销售权。许可贸易范围主要包括专利许可、商标许可、专有技术许可、组合许可等。③ 有偿技术咨询。④ 技术服务与技术协助。⑤ 合作开发经营。⑥ 国际直接投资。⑦ 成套工程承包。其中许可贸易是技术贸易的基本形式，因而技术贸易也被称为许可贸易。

2. 技术贸易的特点

与一般货物买卖不同，技术贸易有如下特点：

1）技术贸易较复杂。技术是无形商品。一般货物具有一定的物质形体，可通过实物对比与其他手段衡量其质量和价格；而技术本身并没有独立的物质形体，无法像货物那样评估其质量和价格。技术贸易涉及技术评审、转让方式、法律、贸易、合同期限和政府的管制等多方面的问题，要比商品贸易复杂得多。

2）技术价格不确定。一般货物的价值由其社会必要劳动时间决定，价格围绕价值上下波动；但在技术贸易中，技术的价格往往很难确定。一是技术价格无法以价值为基础。二是技术价格并不反映成本，技术价格往往不取决于生产此项技术的劳动耗费，而主要取决于其使用后所获得的经济效益。三是技术增值。商品在消费的过程中逐渐丧失其价值，而一项技术在使用中可以使其更完善，甚至发展出新的技术，使原有技术增值。因而，技术价格具有不确定性。

3）技术贸易的实质是使用权的转让。货物买卖是使用权和所有权的同时转让；而技术的交易一般是使用权的转让，引进方签订许可协议后获得了某项技术的使用权，但转让方并没有失去对这项技术的所有权。

4）技术贸易的交易关系具有持续性。货物买卖双方关系比较简单，交易双方钱货两清，交易关系即结束；而技术贸易往往是企业或个人之间的一个较长时间的合作关系。技术转让之后，转让方可能还需要提供技术支持、人员培训、技术更新等服务，技术转让费支付可能也是持续的过程。

三、技术贸易谈判的主要内容

技术贸易谈判是指技术的引进方与技术的转让方就技术的形式、内容、质量规定、使用范围、价格条件、支付方式等双方在转让中的一些权利、责任、义务关系问题所进行的谈判。技术本身的特点使得技术贸易谈判与一般商品买卖谈判有较大的差别。技术贸易谈判内容一般包括三个方面：技术部分的谈判、商务部分的谈判和法律部分的谈判，每一部分又包括若干具体条款。

（一）技术部分谈判的主要内容

1. 标的

标的是指技术贸易中当事人权利义务指向的对象，对具体的技术名称、规格等关键术语应做出明确界定。

2. 技术性能

技术性能是指技术要求达到的性能和技术指标。在技术贸易中，技术性能的规定相当于技术商品的质量要求。谈判中需确定评价技术真正水平与特性的指标。

3. 技术资料交付

包括技术资料交付的时间、地点和方式，对技术资料包装的要求，技术文件短损的补救办法，技术资料使用文字和技术参数的度量衡制度等内容。

4. 技术考核验收

这是技术贸易的"交货"过程，实际上是技术转让方向技术引进方传递与传授技术知识、经验和技能的过程，而不仅仅是移交技术资料。"交货"是否完成？所交之"货"是否符合合同要求？在技术贸易中这些问题只能通过技术验收来解决。在谈判中，需磋商考核验收的产品型号、规格、数量，考核验收的内容、标准、方法、次数，考核验收的地点、时间，所用关键专用测试仪器及设备的提供，双方参加考核验收人员的安排和责任，考核费用的负担，考核结果的处理，考核不合格的责任归属，经济、法律责任归属，等等。

5. 技术咨询和人员培训

技术引进方往往难以根据技术资料完全掌握某项技术，转让方可以根据引进方的要求，派遣技术专家到引进方给予技术指导和技术服务，并为引进方提供人员培训。在谈判中技术咨询条款需商讨技术专家的人选、工作条件和生活待遇等。人员培训通常有两种方式：一是转让方派技术专家为引进方的技术人员、管理人员、操作人员进行培训；二是引进方派员到转让方进修学习。在谈判中需对人员培训的方式、培训目的、内容、时间、人数、要求及培训费用等有关双方的义务与责任，进行具体磋商。

6. 技术改进和交换

在合同期限内，技术转让双方都有可能对原转让的技术进行改进和改善。一般来说，改进和发展的技术的所有权应归做出改进和发展的一方所有。双方均应承担不断交换这种改进技术的义务。对这种改进或发展了的技术的交换办法应在合同中加以明确规定。通常将规定许可方向被许可方提供改进和发展技术的条款称为"继续提供技术援助条款"，将被许可方向许可方提供改进和发展技术的条款称为费用互惠、交换期限一致的原则。

（二）商务部分谈判的主要内容

1. 技术使用范围

技术使用的范围，是技术的使用权、制造权和销售权问题。包括三个方面：一是确定技术使用的组织范围。引进方使用某技术的组织范围越大，可能获得的收益就越大，转让方要求的价格也会越高。二是确定技术使用的产品范围。引进方使用某技术制造的产品范围越大，可能获得的收益就越大，转让方的要价也会越高。商标使用的产品范围，也有类似问题。三是确定使用某技术生产的产品的销售地区范围。引进方的销售地区越大，可以利用的市场空间越大，可能获得的收益就越大，转让方的要价也就越高。

2. 许可的程度

按照许可权利的程度，可分为五种类型：① 独占许可，指技术的转让方给予引进方在规定地区与时间内拥有技术使用、制造和销售的独占权或垄断权，而转让方和任何第三方在该地区与时间内均无这一技术的使用权。② 排他许可，指技术的转让方给予引进方在规定地区与时间拥有使用、制造和销售权，而在该时间段内转让方在该地区除自己保留这种权利外不得再将该权利给予其他第三方。③ 普通许可，指技术的转让方给予引进方在规定地区与时间内拥有技术使用、制造和销售权，但转让方在该地区仍享有自己保留这种权利或再转让给任何第三方的权利。④ 可转售许可，也称"分许可"，指技术的引进方有权将所得到的权利在其所在的地区内转售给第三方。⑤ 互换许可，指双方以各自的技术互相交换、互不收费。互换许可可以是独占的，也可以是非独占的。不同的许可程度，对技术贸易双方权利和义务的要求不同，技术价格也就不同。

3. 技术价格

技术价格是指技术引进方为取得技术使用权所愿支付的、转让方可以接受的技术使用费的货币表现。技术价格直接影响着交易双方的经济利益，是技术贸易的核心的议题。技术贸易不是技术所有权的转移，只是使用权的许可，技术价格仅仅是引进方对获得技术使用权的一种酬金或使用费。

技术定价是一个复杂的问题，一般由技术使用基本费、项目设计费、技术资料费、技术咨询费、人员培训费等构成。技术价格受多种因素影响，主要有转让方为完成交易所垫支的直接费用；转让方的利润损失补偿；转让方所提供技术服务量；技术使用的目的和范围；转让方对技术的担保和引进方的接受能力；技术许可的类型；技术的生命周期和技术所处的周期阶段；技术的供求状况；技术的经济效益；技术价款的支付方式；引进方国家的政治环境和对产权保护的状况；等等。

4. 价款支付

技术价款的支付办法也与有形商品价款的支付不同，常用的做法有三种：一是一次总付，即将技术使用费、技术资料费和技术服务费等费用一次算清加总，其总金额一次付清或分期支付；二是提成支付，即当技术实施后，逐年按生产产品的产量或销售额或所获利润提取一定比例来支付技术价款；三是入门费加提成支付，即当合同生效或引进方收到技术资料后，先支付一笔约定的金额，然后转让方再逐年提成费用。

（三）法律部分谈判的主要内容

1. 侵权

侵权是针对专利技术贸易而言。在专利技术贸易谈判中，转让方需对引进方保证，包括权利保证和技术保证两项内容。权利保证主要是指转让方应保证其是所转让技术的合法拥有者，并有权进行技术转让，这种转让在合同规定的地域和时间内没有侵犯任何第三方的权利。在合同期内若发生第三方指控侵权，转让方需承担全部法律责任。技术保证是指转让方保证按合同规定提供技术，其提供的技术是安全实用的，可以生产出合格的合同产品。保证条款主要是规定技术保证的内容。权利保证则主要在鉴于条款、侵权等条款中加以规定。

2. 保密

保密是针对专有技术贸易而言，由于专有技术的特性，在专有技术贸易中，引进方应承担保密的义务和责任，只能在合同规定的范围内使用这一技术，不能传播扩散。谈判中，双方应就保密的内容、范围、期限等相关问题进行磋商。

3. 其他条款

除上述内容外，技术贸易谈判还涉及索赔、不可抗力、税费、法律的适用和争议的解决等内容。这些内容的谈判与货物买卖谈判大同小异，故此处不再赘述。

第三节　其他常见的商务谈判

在现实经济活动中，除了商品贸易谈判和技术贸易谈判外，还有一些其他常见的商务谈判形式，如劳务买卖谈判、工程承包谈判、租赁谈判、投资谈判、合作谈判、损害及违约赔偿谈判等。

劳务买卖谈判是劳务买卖双方就劳务提供的形式、内容、时间，劳务的价格、计算方式及劳务费的支付方式等有关买卖双方的权利、责任、义务关系进行的谈判。由于劳务本身不是物质商品，而是通过人的特殊劳动来满足人们一定需要的劳动过程。因此，劳务买卖谈判与一般商品贸易谈判是不尽相同的。

工程承包是一种综合性交易，指承包人通过投标或接受委托等方式，与发包人签订合同或协议，完成所规定的工程任务，并按规定的价格向发包人收取费用。工程承包谈判涉及的内容有：材料、设备的品种、规格、数量与价格，技术、劳务价格，工程条件，工期，工程质量与验收等。

租赁是指出租方将财产交给承租方使用，由承租方交付租金，在租赁关系终止时将原财产归还给出租方。租赁有融资性租赁、服务性租赁、出售与回租租赁、综合性租赁等类型。租赁谈判中，主要围绕租赁的动产或不动产特性、租金、租赁标的交割、租赁期终止时设备的归还等进行谈判。

投资谈判是谈判双方就双方共同参与或涉及的某项投资活动，对该投资活动所涉及的有关投资的周期、投资方向、投资方式、投资的内容与条件、投资项目经营与管理，以及投资者在投资活动中的权利、义务、责任和相互之间的关系所进行的谈判。

合作是指按照契约式运作的各种类型、各种方式的商务协作，如"三来一补"。"三来一补"谈判中的"三来"是指从国外来料加工、来样加工和来件装配业务，这方面的谈判内容主要包括来料、来件的时间、质量认定，加工标准，成品的交货时间及质量认定，原材料的损耗率的确定，加工费用的计算及支付方式等。"一补"是指补偿贸易。补偿贸易的谈判主要涉及技术设备的作价、质量保证、补偿产品的选定及作价、补偿时间、支付方式等方面的问题。

损害及违约赔偿谈判中，损害是指在商务活动中，由于一方当事人的过失给另一方造成名誉损害、人身伤害和财产损失；违约是指在商务活动中，非不可抗力引起的合同一方的当事人不履行或违反合同的行为。在上述两种情况下，负有责任的一方要向另一方赔偿经济损失。损害及违约赔偿谈判与前面几种类型的商务谈判相比，是一种较为特殊的谈判类型。其特殊性表现在：在这类谈判中，首先必须根据事实和合同规定分清责任的归属，这是讨论其他事项的前提。在分清责任归属和大小的基础上，才能再根据损害的程度，协商谈判赔偿的范围和金额以及某些善后工作的处理。

本 章 小 结

- 商品贸易谈判即货物买卖谈判，是指针对有形商品即货物的买卖而进行的谈判。它主要是买卖双方就买卖货物本身的有关内容，如质量、数量、价格、支付方式、运输方式等交易过程中双方的权利、责任和义务等问题所进行的谈判。商品贸易谈判是商务谈判中数量最多的一种谈判。
- 相对于其他类型的商务谈判，商品贸易谈判有如下特点：难度相对简单；条款比较全面。
- 商品贸易谈判的内容是以商品为中心的。它主要包括商品的品质、数量、包装、价格、货款结算支付方式、交货、商品检验及索赔、仲裁和不可抗力等议题。
- 世界知识产权组织把世界上所有能带来经济效益的科学知识都定义为技术。技术贸易是指以技术为对象的买卖交易活动。技术贸易中的买方又称为"技术引进方"或"引进方""受让方"，卖方又称为"技术转让方""转让方""许可方"。
- 技术按其表现形态，可分为技能化的技术、知识化的技术、物化的技术。其中知识化的技术，按其公开程度和受法律保护的程度，又可以分为公开技术、专利技术、专有技术。在实际技术贸易中，贸易对象通常以专利技术和专有技术的形式出现。另外，商标也是技术贸易的对象之一。
- 技术贸易的主要方式有：技术买卖、许可贸易、有偿技术咨询、技术服务与技术协助、合作开发经营、国际直接投资、成套工程承包。其中许可贸易是技术贸易的基本形式，因而技术贸易也被称为许可贸易。
- 与一般货物买卖不同，技术贸易有如下特点：技术贸易较复杂、技术价格不确定、技术贸易的实质是使用权的转让、技术贸易的交易关系具有持续性。

- 技术贸易谈判内容一般包括三个方面：技术部分的谈判、商务部分的谈判和法律部分的谈判，每一部分又包括若干具体条款。技术部分谈判内容主要包括：标的、技术性能、技术资料交付、技术考核验收、技术咨询和人员培训、技术改进和交换。商务部分谈判内容主要包括：技术使用范围、许可的程度、技术价格、价款支付。法律部分谈判内容主要包括：侵权、保密和其他条款。
- 在现实经济活动中，还有一些其他常见的商务谈判形式，如劳务买卖谈判、工程承包谈判、租赁谈判、投资谈判、合作谈判、损害及违约赔偿谈判等。

重要概念

商品贸易谈判、技术、技术贸易、专利技术、专有技术、许可贸易、技术价格、劳务买卖谈判、工程承包谈判、租赁谈判、投资谈判、合作谈判、损害及违约赔偿谈判

习 题

1. 选择题

1）商品贸易谈判的难度相对简单，是因为　　　　　　　　　　　　　　　　　　　　　　（　）
  A. 大多数商品有通行的技术标准　　　　B. 合同条款较为简单
  C. 商品价格好确定　　　　　　　　　　D. 谈判双方关系较好

2）在国际货物买卖谈判的支付条款中，出口谈判一般选用支付的货币是　　　　　　　　（　）
  A. 本国货币　　　B. 他国货币　　　C. 硬货币　　　D. 软货币

3）技术贸易的对象，一般是　　　　　　　　　　　　　　　　　　　　　　　　　　　（　）
  A. 技能化技术　　　B. 物化技术　　　C. 公开技术　　　D. 半公开技术

4）技术贸易的基本方式是　　　　　　　　　　　　　　　　　　　　　　　　　　　　（　）
  A. 技术硬件所有权的买卖　　　　　　　B. 技术硬件使用权的买卖
  C. 技术软件所有权的买卖　　　　　　　D. 技术软件使用权的买卖

5）技术贸易中，技术价格的实质是　　　　　　　　　　　　　　　　　　　　　　　　（　）
  A. 技术的价值的货币表现　　　　　　　B. 技术使用费的货币表现
  C. 转让方利润损失补偿　　　　　　　　D. 技术转移交易费用

6）排他许可与独占许可的区别在于　　　　　　　　　　　　　　　　　　　　　　　　（　）
  A. 转让方有无技术使用权　　　　　　　B. 引进方有无技术使用权
  C. 引进方有无技术所有权　　　　　　　D. 第三方有无技术使用权

2. 判断题

1）在货物买卖合同中，标的必须是规范化的商品名称。　　　　　　　　　　　　　　　（　）
2）商品贸易谈判议题的核心是货物的品质。　　　　　　　　　　　　　　　　　　　　（　）

3) 技术贸易的对象一般是单纯技术硬件的买卖。（　　）
4) 技术贸易的基本方式是许可贸易，它的实质是所有权的转让。（　　）
5) 普通许可，指技术的转让方给予引进方在规定地区和时间拥有使用、制造和销售权，而在该时间段内转让方在该地区除自己保留这种权利外不得再将该权利给予其他第三方。（　　）

3. 思考题

1) 商品贸易谈判的主要内容是什么？
2) 技术贸易的主要对象是什么？
3) 许可贸易的主要类型有哪些？
4) 技术贸易的特点主要是什么？
5) 技术贸易中技术价格受哪些因素的影响？有哪些主要的支付方式？

课外阅读

中美贸易谈判，美国"要价"是什么？

从特朗普政府以"301调查"为由宣布对中国500亿美元商品加征关税，再到中国政府予以重拳反击，"加征关税"实际上是中美在贸易谈判前互持筹码、"互亮肌肉"的需要，而美国对中国真正的核心诉求集中在强制技术转让等产业政策、知识产权保护、服务市场准入、对美农业进口开放等领域。

考虑到全面贸易战并非中国占优策略，特朗普加征关税在党内孤立无援，预计本次中美谈判能够在缩减贸易逆差方面取得一定进展，短期要价并不高。但鉴于美国政府的核心诉求涉及在美方看来是显性或隐性贸易壁垒的实质消除以及产业政策等更为宽泛的领域，其中长期要价并不低，中美在经贸关系上的博弈将是一个长期的过程。

一、美国政府核心诉求是什么：产业政策、知识产权保护、服务贸易、数字贸易、农业贸易

中美贸易摩擦即将从造势阶段迈入实质谈判阶段。2018年4月30日白宫发布文件称，美国代表团将在5月3日抵达北京与中国就经贸问题进行磋商，在公布的代表团名单中，除了此前媒体报道的对华"鹰派"的财政部部长姆努钦、贸易代表莱特希泽、首席经济顾问库德洛和贸易顾问纳瓦罗之外，最新公布的代表团成员还加入了对华态度相对温和的商务部长罗斯和国际经济事务副顾问埃森斯塔特、美国驻华大使布兰斯塔德。代表团成员的大幅扩充和人员对华态度的重新平衡，表明中美经贸摩擦从此前的挑起争端、创造筹码的激烈对抗阶段，进入务实谈判阶段。

在此背景下，中国了解特朗普政府在贸易规则上的核心诉求和主要看法，结合国内实际情况和自身改革开放需要，才能在贸易谈判中做到知己知彼、有进有退、游刃有余。

1.1 美国贸易代表办公室：中国存在7大类47小类贸易壁垒

美国贸易代表办公室（USTR）作为总统的内阁机构，负责制定和协调美国贸易规则，目前其办公室首脑莱特希泽也是此次赴华谈判的关键人物。USTR每年都会公布国别贸易壁垒的评估报告，向国会详细阐述美国主要贸易伙伴过去一年存在的贸易壁垒情况，《2018年度国别贸易壁垒评估报告》列举了中国可能存在的破坏公平贸易或违反WTO规则的主要贸易壁垒，涉及产业政策、知识产权保护、服务贸易、数字贸易、农业、政策透明度、法律框架7大类47小类。USTR对中国在贸易规则上的"指责"

与实际中美贸易关系必定存在误解甚至偏颇，但能够反映真实的、美国政府对中美贸易规则的担忧或者看法。

2018年强制技术转让等产业政策在美国的关注名单中的重要性提升。相较于《2017年度国别贸易壁垒评估报告》，2018年USTR将产业政策放在了更加重要的位置，在报告中的顺序由第二大类提升至第一类；同时，在产业政策内部，强制技术转让、中国制造2025计划、投资限制的顺序被大幅提前。

表3-1 《2017年度国别贸易壁垒评估报告》和《2018年度国别贸易壁垒评估报告》对比

资料来源：华创证券，《2017年度国别贸易壁垒评估报告》和《2018年度国别贸易壁垒评估报告》。

1.2 彼得森国际经济研究所（PIIE）：美国需要中国的贸易协议而不是"救济"

PIIE近期文章"US Needs China Trade Deals, Not 'Remedies'"在标题中明确指出，美国需要的是中国的贸易协议而不是补偿。该文章要求中国按照世界通行规则行事，包括对知识产权、国有企业、海外投资像发达国家一样设置更加严格的规定。

1.3 布鲁金斯学会：农产品进口、知识产权保护、强制技术转让、减少产能过剩和服务业开放承诺

布鲁金斯学会在其"How to avert a trade war with China"一文中指出，特朗普政府应该向中国政府提出明确的、详细的诉求清单，其中包括：① 中国市场对美国农产品出口的重大开放；② 中国政府加强知识产权保护的新承诺；③ 禁止将强制技术转让作为市场准入条件的新的、具有权威性的、可执行的承诺；④ 新的、可量化的削减过剩产能的保证，尤其是钢和铝行业；⑤ 在金融服务、医疗保健、娱乐和汽车等关键服务领域的有截止日期的开放承诺。最终要求中国做出有准确时间限制的关于市场准入和公平贸易的谈判承诺。同时，从表述来看，布鲁金斯学会也更加强调了承诺或者措施的可量化、可执行性和有明确截止日期。

无论是美国政府的内阁机构USTR还是美国核心智库PIIE，对中国在贸易规则上的诉求均集中在产业政策、知识产权保护、服务贸易市场准入、数字贸易壁垒和农业贸易领域。而其中最核心的诉求是强

制技术转让、投资限制等产业政策和知识产权保护、服务市场准入等规则的修正和实际落地。

二、如何理解美国政府核心诉求：关注政策更关注手段、关注规则修正更关注落地

我们基于USTR和美国核心智库对7大类47小类问题的看法，理解美国政府对中国贸易规则核心诉求的具体要求。部分涉及具体政策和规则条款的修正诉求，例如，《外商产业投资指导目录》对相关产业的限制和禁止投资；部分涉及对行政审批隐性壁垒的消除提出要求，例如，USTR认为海外金融机构在中国境内设置分支机构的行政审批可能存在拖延现象；部分涉及对此前承诺兑现的要求，例如，USTR认为将中国各级政府的本土创新政策与政府采购优待脱钩的承诺尚未兑现等。

2.1 产业政策

2018年USTR将产业政策放在了中国贸易壁垒的首要问题，并且提出强制技术转让、中国制造2025计划、本土创新、投资限制等14个问题，也是7大类壁垒中细项问题最多的领域。

1）强制技术转让：主要存在于汽车、金融和通信行业

美国认为中国什么行为构成强制技术转让？USTR指出，强制技术转让是美国政府持续并且高度关注的问题，包括2017年对中国发起的"301调查"，重点关注中国在技术转让方面存在的以下四种行为：① 使用多种政策工具或者强制要求向中国企业转让技术或知识产权；② 剥夺美国企业与中国企业在许可谈判中设置市场化条款的能力；③ 通过引导或不公平地促成中国企业并购或收购资产来获取最前沿的技术和知识产权；④ 通过引导或者支持未经授权侵入美国商业电脑网络获取商业利益。

中国知识产权保护在大幅改善，但制度标准可能仍然低于国际水平。过去十几年，中国在知识产权保护方面的不断改善也得到美国的认可，美国彼得森国际经济研究所（PIIE）在"China: Forced Technology Transfer and Theft?"一文中指出，过去几年中国向海外支付的知识产权使用许可费规模快速增长，2017年已经接近300亿美元；2016年中国支付的知识产权使用许可费规模在全球排名第五，但考虑到爱尔兰和荷兰支付的费用主要是发生在一些海外控股公司为了避税成立的子公司，实际上中国政府的知识产权使用许可费在全球排名将达到第二位。PIIE认为西方国家可能高估了中国强制技术转让的规模并忽略了中国在知识产权保护方面的不断改善趋势，认为中国对知识产权保护的标准可能仍然低于国际水平。

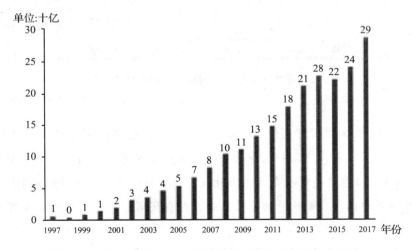

图3-1 中国对外支付知识产权使用许可费（1997—2017年）

资料来源：The State Administration of Foreign Exchange of China, PIIE.

强制技术转让问题的关键在于存在投资限制，主要存在于汽车、金融和通信行业。PIIE在其近期发布的"US Needs China Trade Deals, Not 'Remedies'"一文中指出，中国是美国通用汽车最大的市场，但中国没有通用汽车中国公司（GM China），只有上汽通用汽车（SAIC-GM），中国对部分行业的法律的或非正

式法律条文的准入限制使得美国企业在进入中国市场的过程中只能选择以合资公司的形式,要么放弃中国市场,要么成立合资公司与合作伙伴分享利润和技术。这种限制除了在汽车行业存在外,还存在于金融和通信行业。

2)中国制造 2025 计划:对政策工具和可能造成的市场扭曲表示担忧

在美国贸易代表办公室《2017 年度国别贸易壁垒评估报告》中,中国制造 2025 计划只是作为战略性新兴产业中的一部分,而在《2018 年度国别贸易壁垒评估报告》中,直接将中国制造 2025 计划作为产业政策中的一个标题内容重点强调,足见美国对于这个问题的重视程度。但从具体表述来看,美国政府主要担忧中国在实现该计划的过程中可能出现使用不公平手段和可能造成相关行业产能过剩的问题。

美国对中国制造 2025 计划的担忧主要集中在目的性、政策工具和结果三方面:

目的性方面,USTR 认为,中国制造业 2025 计划表面上是为了实现"自主创新",背后的真实目的是,通过各种可能的手段在中国市场上用中国技术、产品和服务取代国外技术、产品和服务,最终帮助中国企业主导国际市场。美国外交关系委员会(Council on Foreign Relations,CFR)也在报告中指出,中国制造 2025 计划的意向并不是像德国、美国、韩国和日本那样加入高科技经济体的行列,而是完全取代它们。表明美国政府和智库对于中国制造 2025 计划的看法与国内政策方向存在严重误解。

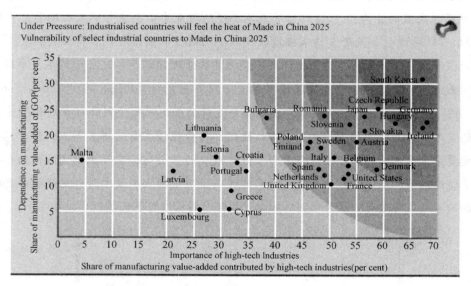

图 3-2 可能对中国制造 2025 计划感到威胁的国家

资料来源:华创证券,墨卡托中国研究学院(MERICS)。

政策工具方面,USTR 认为中国可能使用一系列政策工具,包括广泛的国家干预和支持,通过限制、利用、歧视外国企业、外国技术、产品和服务来支持国内产业发展。美国外交关系委员会(CFR)报告认为中国在 2015 年以来积极推进高科技企业的海外收购、强制技术转让和商业间谍活动以获取尖端技术与专有技术。美国政府对中国在政策扶持的手段上是否存在误解,恰恰是本次中美贸易谈判需要重点弥合的分歧。

在结果方面,USTR 认为,鉴于中国制造 2025 计划的战略高度和可能进行的大规模政府资源投入,有可能加剧市场扭曲并带来相关行业的产能过剩问题。

3)本土创新:关注本土创新导向下的政府采购偏好

从 USTR 关于中国本土创新的表述来看,美国主要关注的是在"本土创新"政策下,对中国拥有和发展的知识产权提供了优待(优先权),特别是在政府采购方面存在偏好本土技术和企业的可能。并且,

USTR 提出，中国在 2012 和 2014 年、2016 年中美商贸联委会（JCCT）上承诺了将中国各级政府的本土创新政策与政府采购优待脱钩，USTR 认为这一承诺目前没有完全兑现。

4) 投资限制：关键服务领域、农业、采掘业和特定制造领域存在投资限制

USTR 认为，中国为了保护国内产业存在许多投资限制措施，主要存在于关键服务领域、农业、采掘业和特定制造业领域。并列举了中国存在的四类限制措施：① 没有实质性放开外资股持股比例上限限制和合资公司要求；② 在广泛的投资领域仍然保持个案（case-by-case）的行政审批制度；③ 潜在的、过于宽泛的国家安全审查机制；④《网络安全法》和相关实施措施带来日益增长的负面影响。

有海外企业向美国政府反馈，认为中国政府官员可能会设定相应的投资批准条件，要求外国企业转让技术，在中国进行研发生产，满足与出口或使用当地物料有关的经营要求，或做出有价值的、特定交易的商业让步。对于中国在 2017 年宣布放松银行、寿险服务、证券和资产管理服务投资限制，USTR 指出还需观察是否会得到落实。

传统基金会在 "Beyond Technology Transfer: Reducing Investment Restrictions in China" 报告中指出，中国最新版本的《外商产业投资指导目录》对 35 个行业的外商投资进行了限制和要求以合资公司的形式，包括保险、市场调查、电影、汽车和船舶制造等，还直接禁止包括矿产勘探、烟草销售和出版等 28 个行业投资。传统基金会建议姆努钦在与中国的贸易谈判过程中，要求中国取消 28 个行业的禁止投资限制，除非为了国家安全的需要；要求中国取消对 35 个行业要求以合资形式投资的限制。

5) 安全可控的信息技术政策："安全可控"条款可能限制非中国企业 ICT 产品

USTR 认为，中国 2016 年 11 月通过的《网络安全法》要求信息通信技术设备和关键部门的其他信息通信技术产品与服务要"安全可控"，这一要求使得政府可以以多种方式对非中国企业造成不利影响。

从 2013 年开始，中国在各种措施中都提到了"安全可控"的要求，规定信息技术用户购买中国产品和支持中国服务供应商，强加当地成分要求、当地研发要求和以国家安全为由要求海外企业披露源代码或其他知识产权。在具体的行业中，相关"安全可控"的规定不断提出，具体就包括 2014 年中国银监会宣布到 2019 年银行系统使用的 75% 的 ICT 产品是"安全可控"的。USTR 认为这实际上是在银行系统对海外 ICT 提供商的限制。此后，中国保监会也出台了类似的要求。

中方曾在 2015 年美中战略和经济对话会议、中美商贸联委会以及 2016 年中美商贸联委会上承诺在"安全可控"政策不会不必要地限制或阻碍信息通信技术产品、服务或技术（ICT 产品）外国供应商的商业销售机会，或对商业企业购买、销售、使用 ICT 产品不必要地施加基于国别的条件和限制。USTR 认为，众多草案和 2017 年《网络安全法》的最终实施可能反映了中国不打算兑现承诺的态度。

6) 补贴：中国对国内部分产业的补贴可能违反世贸组织规定

USTR 认为中国继续向国内产业提供大量补贴，这对美国工业造成了损害，一些补贴可能不符合世贸组织的规定。在程序上，美国认为中国自 16 年前加入世贸组织以来，尚未向世贸组织提交一份由中央政府提供的补贴的完整通报，直到 2016 年 7 月，中国才向 WTO 首次提交关于地方政府补贴的通报。

7) 产能过剩：中国过剩产能扭曲全球市场，中国制造 2025 计划可能造成产能过剩

在钢铁和铝等制造业，中国生产过剩扭曲全球市场，一方面是对美直接出口，另一方面全球价格下降和供应过剩，使得即使是最具竞争力的外国生产商也难以维持生存。例如，2011—2015 年，中国的原铝产量增长超过 50%，2015 年开始全球原铝价格出现大幅下跌，但新的大型设施在中国政府的支持下大量建成，目前中国原铝产量占全球的比重超过 50%。纯碱方面，目前中国产能快速增长但国内需求停滞，预计到 2020 年产量年均增速 3%，而中国国内需求年均增速仅为 1.2%，进而导致出口快速增长。

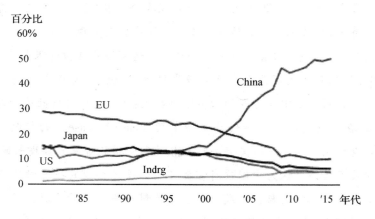

图 3-3　Share of global steel production

资料来源：Word steel association.

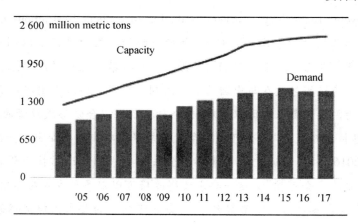

图 3-4　Global steel capacity far exceeds what the word needs

资料来源：OECD capacity figures, Word steel association true steel use & outlook.

中国制造 2025 计划可能导致部分相关行业出现产能过剩的问题。根据中国制造 2025 年的工业计划，中国政府将发放数千亿美元资金，以支持中国企业，并要求它们实现国内市场份额的预先设定目标，USTR 认为政府的政策鼓励和资源投入可能造成相关产业出现产能过剩的可能。

8）出口限制：对关键原材料的出口限制影响海外下游生产商

USTR 认为，中国结合使用出口配额、出口许可证、出口最低限价、出口关税和其他限制措施，对一些在世界具有重要地位的原材料的出口进行限制，以牺牲外国下游生产商为代价，为中国的下游生产商提供巨大的经济优势，同时迫使海外下游生产商将业务、技术和就业岗位转移到中国。

目前美国主要通过世贸组织争端解决机制下的磋商请求来解决，2013 年、2014 年美国先后让中国放开了对稀土、钨和钼等原材料的出口限制，2016 年美国发起第三次 WTO 争端解决机制下的磋商请求，要求中国放开锑、铬、钴、铜、石墨、铟、铅、镁、滑石、钽和锡 11 种原材料的出口配额和出口关税。

9）增值税退税和相关政策：通过出口增值税退税政策管理出口

USTR 认为，中国政府在 2017 年试图通过提高或降低出口可获得的增值税退税来管理许多初级、中级和下游产品的出口，在国际市场上造成巨大的破坏、不确定性和不公平，尤其是一些中国在国际市场上占据重大比重的出口产品。同时，增值税退税相关政策和其他政府过度补贴，也会导致严重的产能过剩问题。在 2014 年中美战略与经济对话上，中国承诺改善增值税退税制度，包括积极研究国际最佳实践，深化与美国在这一问题上的沟通，美国认为中方目前的进展较小。

10）标准和政府采购等其他问题

表3-2 美国政府认为中国存在进口禁令、政府采购等其他贸易壁垒

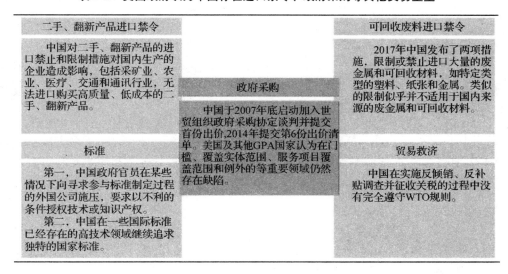

资料来源：华创证券，《2018年度国别贸易壁垒评估报告》。

2.2 知识产权

1）商业秘密保护：对商业秘密法律保护不足

近年来，通过窃取商业秘密为中国企业谋取利益的活动在中国国内和国外都时有发生，但罪犯继续逍遥法外，中国对窃取商业秘密行为的法律打击力度还远远不足；同时，USTR认为，中国政府可能存在支持窃取商业秘密或积极地阻挠对商业秘密进行有效保护的可能。与此同时，USTR也肯定了2017年中国《反不正当竞争法》正式版发布，在保护商业秘密方面相对于先前的法律有所改善。

2）恶意商标注册：对恶意商标抢注的打击力度不够

2016年11月的JCCT会议上，中国证实正在采取进一步措施打击恶意商标抢注。尽管如此，美国企业仍在面临中国申请人注册商标并为赎金而持有这一恶意注册行为。

3）生物制药：药品专利保护、药品注册与价格承诺分开等具体问题

USTR对中国在生物制药领域提出了以下四点重要内容：

补交实验数据：2017年中国修订《专利审查指南》，允许专利申请人在申请专利期间补交实验数据，但有报道指出审查员在运用这一规则时不一致并且范围太窄，使得专利申请人补交实验数据变得几乎不可能。

药品专利的有效保护：中国需要提供有效保护来防止不公平的商业使用未经披露的测试，还有提供有效的执法以防止侵犯药品专利。2017年，中国在这一领域发布了草案，但尚未最终确定。

通过监管为国内创新药提供快速审批：美国贸易代表办公室认为，中国通过提供监管优惠，寻求促进政府主导的自主创新和技术转让。2016年国务院未经公开征求意见发布一项措施，为创新药的审批过程提供快速的审批程序。

药品注册与价格承诺挂钩问题：2016年中美商贸联委会上，在执行药品价格承诺中，中方表示药品注册审批不会与价格承诺挂钩，也不要求提供具体价格信息。美国仍然担心这些承诺是否会兑现。

4）网络侵权：外国影视作品内容审查等具体规则修正

网络盗版打击的执法问题：网络盗版在中国仍大规模进行，影响着广泛的行业，包括那些从事合法音乐、电影、书籍和杂志、软件和视频游戏的行业。

外国影视作品内容审查制度：USTR 认为美国政府应该敦促中国修改现有的一些规则，这些规则被证明是适得其反的。例如，对外国影视作品的内容审查制度，可能无意中创造了允许盗版内容在网上取代合法内容的条件。

电子商务立法问题：2016 年 JCCT 会议上，中国同意积极推进与电子商务相关的立法，加强对网络侵权和假冒产品的监管，并与美国合作，探索利用新方法加强网络执法能力。中国 2016 年公布了《电子商务法（草案）》，美国认为最终版本应该以有效的"通知—删除"规则以解决网络侵权问题，同时为互联网服务提供商提供适当的保护措施。

5）假冒商品：重点关注药品仿冒问题

中国需要加大对假冒产品的执法力度，美国特别关注的是药品领域，尤其是在打击假冒伪劣药物活性成分上。2017 年中国公布《〈药品管理法〉修正案（征求意见稿）》，目前来看很多内容是积极的，美国将密切关注后续的发展。

2.3 服务

在服务领域，USTR 重点提出了中国金融服务、电影等视听服务、通信服务、快递服务和法律服务领域存在市场准入限制、持股比例限制、具体业务限制和设立分支机构等审批拖延的隐性壁垒。

表 3-3 USTR 认为中国在服务领域存在的贸易壁垒

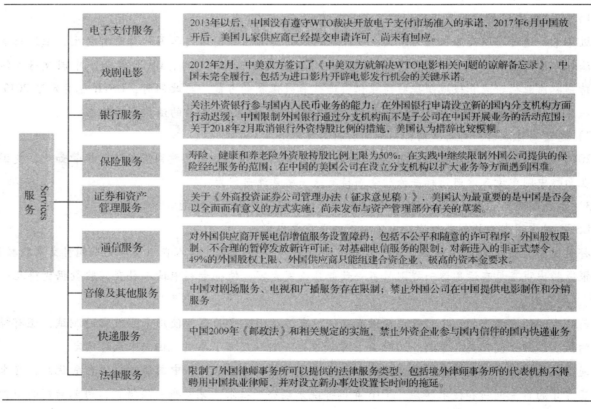

资料来源：华创证券，《2018 年度国别贸易壁垒评估报告》。

2.4 数字贸易壁垒

针对数字贸易领域，USTR 重点关注了禁止外资参与云计算、网页过滤和屏蔽、网络语音服务协议、域名规则、禁止跨境数据传输、视频平台必须国有、强制使用本地加密算法、外资参与互联网支付服务的限制等贸易壁垒。

表3-4 USTR认为中国在数字贸易领域存在的贸易壁垒

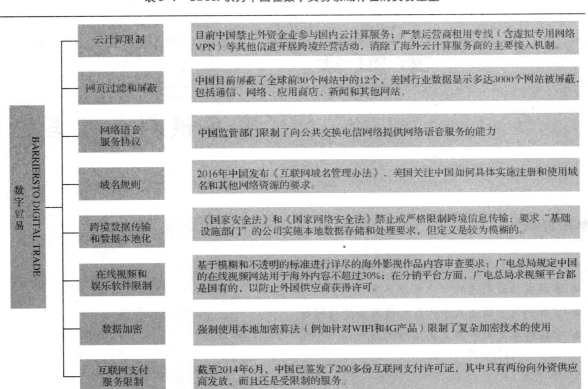

资料来源：华创证券，《2018年度国别贸易壁垒评估报告》。

2.5 农业

USTR认为中国食品安全法要求出口官方认证是控制出口的一种方式，对牛肉、家禽和猪肉进口仍然存在限制，对大米、小麦和玉米的政府补贴超过WTO框架的补贴限额，生物技术批准的拖延，以及对大米、小麦和玉米关税配额每年都没有充分使用。

资料来源：牛播坤，王丹. 中美贸易谈判，美国"要价"是什么？[EB/OL].（2018-05-04）[2018-06-18]. http://www.cneo.com.cn/article-70138-1.html.

第四章 商务谈判心理与伦理

学习目标

◆ 理解心理与伦理在商务谈判中所扮演的重要角色
◆ 掌握成功谈判者的心理素质要求
◆ 了解如何管理谈判中的认知偏差和情绪问题
◆ 了解商务谈判中涉及的伦理问题

引 例

一天晚上,一对夫妻在浏览杂志时,看到一幅老式时钟的广告,广告上没有标明价格。经过商量,夫妻都同意购买广告上的这座时钟并挂在家里。研究之后,他们决定要在古董店找寻那座钟,并且商定假如找到那座钟只能出800元以内的价格。

经过三个月的搜寻后,他们终于在一家古董展示会场的橱窗里看到那座钟,妻子兴奋地叫起来:"就是这座钟!没错,就是这座钟。"丈夫说:"记住,我们绝不能超过800元的预算。"他们走近那个展示摊位。"哎哟!"妻子说道:"时钟上的标价是1 500元,我们还是回家算了,我们说过只有800元的预算,记得吗?""我记得,"丈夫说,"不过还是试一试吧,我们已经找了那么久,不差这一下子。"

两人商定由丈夫作为谈判者,争取800元买下。随后,丈夫鼓起勇气对售货员说:"我们注意到你们有座钟要卖,定价就贴在钟座上,而又蒙了不少灰尘,显得的确很古老。"又说,"告诉你我的打算吧,我给你出个价,只出一次价买那座钟,就这么说定。想你可能会吓一跳,你准备好了吧?"他停了一下以增加效果,"你听着——400元。"那个售货员连眼都不眨一下,说道:"那座钟是你的了。"

丈夫的第一反应是什么?得意扬扬?"我真是棒极了,不但获得了优惠,而且得到了我想要的东西。"我们都曾经碰到过类似的情况,但他的最初反应必然是:"我真蠢!我该对那家伙出价200元才对!"你也知道他的第二个反应:"这座钟应该很重才对,怎么那么轻呢?我敢说里面一定有些零件不见了。"然而,他仍然把那座钟放在家里的客厅中,看起来非常美丽,而钟也似乎没什么毛病,但是他和太太却始终感觉不安。那晚他们睡下之后,半夜曾三度起来,为什么?因为他们没有听到时钟的声响。这种情形持续了无数个不眠的夜晚,也影响了他们的健康。为什么?只因为那个售货员不经交涉就以400元钱把钟卖给了他们。

资料来源:陈爱国. 商务谈判[M]. 郑州:郑州大学出版社,2008:46-47.

为什么夫妻俩以比其心理价位还低的价格买下那座钟，还会有那样痛苦的感觉？问题出在哪里？

第一节　商务谈判心理

商务谈判说到底是人的行为，受谈判者的心理和个性的影响。因此，了解和研究谈判者的心理与个性，才能正确判断谈判的发展趋势，占据谈判主动和优势，合理调整策略，控制谈判进程，准确引导谈判，获得最佳的谈判效果。

一、商务谈判心理概述

商务谈判心理是指围绕商务谈判活动所形成的各种心理现象及心态反应。它是商务谈判者在谈判活动中对各种情况、条件等客观现实的主观能动的反映。譬如，当谈判人员在商务谈判中第一次与谈判对手会晤时，对手彬彬有礼，态度诚恳，易于沟通，谈判人员就会对对方产生好的印象，从而对谈判取得成功抱有希望和信心；反之，如果谈判对手态度狂妄，盛气凌人，难以友好相处，谈判人员就会对其留下坏的印象，从而对谈判的顺利开展心存忧虑。商务谈判心理不仅影响谈判当事人的行为活动，也直接关系到交易协议的达成和合同的履行。

1. 商务谈判心理活动的特点

第一，谈判者的心理特性与行为特征是相对固定的，这既由谈判者与生俱来的个性差异决定，也由谈判者后天的学习和经历决定。但一旦形成之后，心理特征在一定时期内会相对稳定下来，可以称为心理定式。这种定式会表现在两个方面，一是遇到相同的事或相近的场景，其产生的心理反应和采取的行动方式都会大致相同；二是任何一种心理定式都会配合相应的行为习惯与行为惯例，并且这种行为习惯或行为惯例还会代表某些特定的含义。

第二，谈判往往存在一个过程，就是隐藏自己的底牌，而努力挖掘对方的底牌。人类的普通心理特性之一就是喜欢猎奇，但在谈判中是有计划的猎奇，双方都通过试探、否定、再试、再否定的方式打听对方的资讯乃至底牌。这种心理特征告诉我们，对方的前几次出牌一定都存在虚假的成分，是在试探我们的需求程度。

第三，谈判心理受影响的因素多、转换快、频率高、强度大，换言之，谈判心理是需要随时把握和调控并且伴随着较强的心理压力的内心活动。在谈判中往往事与愿违，意外频出，比如你的对手突然改换成了你的亲人，你的心理还会平稳吗？你的谈判对手掌握了对你不利的证据，使你陷入被动局面，你还能在谈判中谈笑风生吗？每一次意外情况的出现，都会使你面临更大的心理压力，只有善于把握自身心理的谈判者才能更加稳健地打开局面，控制局势。

◉ [专栏4-1]

钞票竞拍的游戏

假设你自己正跟其他几十位经理人一起上高层主管进修班。有一天，教授从口袋里掏出一张10元的钞票当众宣布：我要拍卖这张钞票，你们可以参加拍卖，也可以只看人家竞拍。愿意竞拍者，可以按1元的倍数叫价，直到没有人继续出价为止。这时候，出价最高者将支付自己报出的金额，赢得这10元钞票。本次拍卖，有一条规则，那就是出价第二的人必须支付自己所报出的金额，虽然那个人不能赢得这10元。比如说，张三出价3元，而李四出价4元，如果此时不再有人出价，我就付给李四6元（10元减去4元），而出价第二的张三则要付给我3元。

竞拍开始的时候，你会举手出价吗？

尽管课堂中集聚了众人的智力和经验，但教授却总是能赚到钱。每次拍卖中，一开始竞价会很热烈，学员们跃跃欲试，竞相加入游戏。出价一旦达到4~7元，通常大家都会退出拍卖，只剩下两个出价最高者。此时，这两个竞价者开始感觉到陷阱的存在。设想其中一个人出价5元，而另一个人出价6元，出价5元的人必须出价至7元，否则就要遭受5元的损失。继续出价虽然前景未卜，但似乎比马上遭受确定无疑的损失要有吸引力，于是他会继续出价。接下来，出价6元的人会出价到8元。竞价一路进行，直至分别达到9元和10元，此时，课堂上一片寂静。大家都注视着出价9元的人，他是接受9元的损失，还是接着出价，指望对手认赔出局？当竞价超过10元时（总是会这样），大家哄堂大笑。竞价通常会在10~60元之间。在该教授所主持的拍卖中，有11场突破100元大关，最高拍卖金额达到204元。

资料来源：郭秀君. 商务谈判 [M]. 北京：中国林业出版社. 2008：130.

2. 商务谈判心理的作用

商务谈判，既是商务问题的谈判，又是心理的较量。它不仅被商务实际条件所左右，也受到商务谈判心理的影响。认识并掌握商务谈判心理在商务谈判中的作用，对于培养良好的商务谈判心理意识，正确地运用商务谈判的心理技巧，有着十分重要的意义。

第一，有助于培养谈判人员自身良好的心理素质。

谈判人员对商务谈判心理有正确的认识，就可以有意识地培养并提高自身优良的心理素质，摒弃不良的心理行为习惯，从而把自己造就成从事商务谈判方面的人才。谈判人员良好的心理素质是谈判取得成功的重要基础条件。谈判人员对谈判成功的坚定信心，对谈判的诚意，在谈判中的耐心等都是保证谈判成功不可或缺的心理素质。谈判人员加强自身心理素质的培养，可以把握谈判的心理适应。良好的心理素质有助于谈判成功，也有助于抵御谈判心理挫折的影响。

第二，有助于揣摩谈判对手的心理，实施心理诱导。

人的心理与行为是相互联系的，心理引导行为。而心理是可诱导的，通过对人的心理诱导，可引导人的行为。了解谈判对手的心理，可以针对对手不同的心理状况采用不同的策略。了解对手的谈判思维特点、对谈判问题的态度等，可以有针对性地开展谈判准备工作和采取相应的对策，把握谈判的主动权，使谈判向有利于我方的方向转化。比如，需要是人的兴趣产生和发展的基础，谈判人员可以观察对方在谈判过程中的兴趣表现，分析了解其需要所在；相反，谈判人员也可以根据对手的需要对其进行心理的诱导，激发其对某一事物的兴趣，促成商务谈判的成功。

● [案例4-1]

买 戒 指

贾先生想为女朋友买一枚戒指。他已经攒了大约800元钱，并且每星期还继续攒20元。一天，他在东方明珠珠宝店，一下子被一枚标价1 200元的戒指吸引住了。他认为这就是他想送给女朋友的礼物。但他买不起！该店老板说，你可以数星期后来买，但不能保证这枚戒指那时未被人买去。贾先生很沮丧。随后，他偶然进入另一家珠宝店，见有一枚与前一家店的那枚很相似的戒指，标价800元。他想买，但仍惦记着东方明珠的那枚标价1 200元的戒指。数星期后,东方明珠的那枚戒指仍未售出,还降价20%,减为960元,但贾先生的钱仍然不够。他把情况向老板讲了。老板很乐意帮助他,再向他提供10%的特别优惠现金折扣,只需付864元。贾先生当即付款,怀着喜悦的心情离开了。

其实两店戒指是完全相同的,都是从批发商那里以每枚700元进的货。但东方明珠获纯利164元,而另一店标价虽低,却未能吸引贾先生。贾先生为自己聪明地等待了数星期后获得减价的好处而感到愉快,还为与老板讨价还价后又得到10%的特别优惠而高兴。这不是皆大欢喜吗?

确实,获得优惠无论如何都会使人感到高兴!

第三,有助于营造谈判氛围。

商务谈判心理的知识还有助于谈判人员处理与对方的交际和谈判,形成一种良好的交际和谈判氛围。为了使商务谈判能顺利地达到预期的目的,需要适当的谈判氛围的配合。

◉ [案例4-2]

美丽的亚美利加

1972年2月,美国总统尼克松访华,中美双方将要展开一场具有重大历史意义的国际谈判。为了创造一种融洽和谐的谈判环境与气氛,中国方面在周恩来总理的亲自领导下,对谈判过程中的各种环境都做了精心而又周密的准备和安排,甚至对宴会上要演奏的中美两国民间乐曲都进行了精心挑选。在欢迎尼克松一行的国宴上,当军乐队熟练地演奏起由周总理亲自选定的乐曲《美丽的亚美利加》时,尼克松总统简直听呆了,他绝没有想到能在中国的北京听到他如此熟悉的乐曲,因为,这是他平生最喜爱的并且指定在他的就职典礼上演奏的家乡乐曲。敬酒时,他特地到乐队前表示感谢,此时,国宴达到了高潮,而一种融洽而热烈的气氛也同时感染了美国客人。一个小小的精心安排,赢得了和谐融洽的谈判气氛,这不能不说是一种高超的谈判艺术。

适当的谈判氛围可以有效地影响谈判人员的情绪、态度,使谈判顺利推进。一个商务谈判的高手,也是营造谈判氛围的高手,会对不利的谈判气氛加以控制。对谈判气氛的调控往往根据双方谈判态度和采取的策略、方法而变。一般地,谈判者都应尽可能地营造出友好和谐的谈判气氛以促成双方的谈判。但适当的谈判氛围,并不一味都是温馨和谐的气氛。出于谈判利益和谈判情境的需要,必要时也会有意制造紧张甚至不和谐的气氛,以对抗对方的胁迫,给对方施加压力,迫使对方做出让步。

◉ [案例4-3]

不要教老奶奶怎样煮鸡蛋

在某次多边国际商务谈判中,某大国的首席谈判代表在发言中非常傲慢,颐指气使,常采用"你们必须""你们不能""我奉劝你们"等教训的口气说话。当他发言完毕,轮到中方代表发言时,我国代表不紧不慢地说:"中国有句俗话说,不要教老奶奶怎样煮鸡蛋。"如此回应,使得那位谈判代表在窘迫中回味了好久。谈判对手的这种傲慢的态度和情绪,任其发展下去,所形成的谈判气氛将会不利于中方。中方代表不失修养地做了有针对性的批评、反驳,这种处理谈判的做法,既针锋相对,遏制了对方的嚣张气焰,又给自己留有余地。

3. 商务谈判的心理动机

动机是促成人们去满足需要的一种驱使和冲动,是推动人从事某种活动,并朝一个方向前进的内部动力,是为实现一定目的而行动的原因。动机是个体的内在过程,行为是这种内在过程的表现。引起动机的内在条件是需要，引起动机的外在条件是诱因。诱因是驱使有机体产生一定行为的外部因素。凡是个体趋向诱因而得到满足时，这种诱因称为正诱因；凡是个体因逃离或躲避诱因而得到满足时，这种诱因称为负诱因。

在上一章内容中，需求理论指出需求就是人的自然和社会的客观需求在其头脑中的反映，即人对一定客观事物的需求的表现。同时，强调了需求和对需求的满足构成谈判的基本动力，谈判是满足各方需求的过程。谈判者应善于对参与谈判的对手动机进行认真的分析考察，搞清对手从事谈判活动的动机，动机中的最基本的需求是什么。对于共同利益的追求是谈判双方进行谈判的巨大动力。

期望理论指出，人的期望心理对于调动人的积极性，推动人的行为有着一定的影响作用。一个人对目标的把握越大，估计达到目标的概率越高，激发起的动机越强烈，积极性就越大。对于谈判活动来讲，若谈判的某一方认为争取谈判成功的可能性很大，而且谈判达成协议对他来讲十分重要，那么，他参与谈判的积极性就越高，就会千方百计设法达成协议；但如果他认为达成协议的可能性很小，或达成协议对他来讲不是很重要，那么，激励力量就小得多，他就不会那么积极地参与谈判或达成协议，甚至有意拖延。

◉ [专栏4-2]

期望理论

期望理论是由美国心理学家弗罗姆提出来的，他认为，激励力量=期望值×效价。其中，激励力量指的是调动人的积极性，激发人内部潜力的强度。期望值是根据个人的经验判断达到目标的把握程度。效价是达到目标满足个人需要的价值。

激励作用对人的行为的推动，主要表现在目标激励和奖惩激励两方面。

1）目标激励。设立适当的目标，对于调动人的积极性作用显著。在谈判活动中，每一方都有总体目标和具体目标。如果目标制定得切实可行，又有一定的挑战性，就能激发和调动谈判人员的积极性，如果目标值过小，没有挑战性，或目标制定得过高，难以实现，都会使谈判人员缺乏工作积极性、主动性，从而失去激励作用。

2）奖惩激励。奖励和惩罚是从正反两个方面分别激发人的积极性，使行为活动取得更好的效果。奖励是对人的某种行为给予肯定与表扬，使人保持这种行为。奖励得当，对调动人的积极性有良好的作用。奖励包括精神奖励和物质奖励两个方面。惩罚是对人的某种行为通过批评、处罚予以否定，使人中止和消除这种行为。惩罚得当，可以化消极因素为积极因素，但要注意其副作用。

需要指出的是，期望理论重视激发对象的心理特性，这在谈判实际工作中具有一定的指导意义。但是，影响激励作用大小的期望因素还要受到社会、经济、道德等因素的制约和影响。例如，有的人认为谈判的成功就意味着其在交易中赚大头，这种人认为只要能保证我方的利益，牺牲对方利益是理所当然的。那么，他很可能把自己的期望值建立在损害对方利益的基础上，其激励的结果是不理想的。

▶▶ 二、成功谈判者的心理素质

谈判人员良好的心理素质是谈判取得成功的重要基础条件。谈判人员对谈判成功的坚定信心、对谈判的诚意、在谈判中的耐心等都是保证谈判成功不可或缺的心理素质。良好的心理素质，是谈判者抵御谈判心理挫折的条件和铺设谈判成功之路的基石。谈判人员加强自身心理素质的培养，可以把握谈判的心理适应。想要使谈判心理达到最优状态，需要两个层次的准备，而且这是一个连续的、长期的积累过程，同时还需要历练、阅历和经验作为保证。

第一个层次是基础层次。这个层次所需要强化的是选手的基本素质，比如自信、坚毅的心理素质，沉稳、淡定的风格气质，洞察事物内涵的分析能力，良好的身体素质，等等，这些基本素质可以称为谈判选手的基本功，只有基本功扎实，才具备在各种战斗中取得胜利的可能。在这个层次里，我们需要的是不断地学习、训练、积累，特别是对于基本功不好的选手，要尽快补上这一课，如果没有做足功课，就会遭遇无准备之仗。但是基本功绝不是一朝一夕能够养成的，很多优秀的谈判选手都是经过很多年的历练才将基本功掌握得炉火纯青。因此这个层次的准备是永远没有止境的，其点滴积累都会反映在实战之中。

第二个层次是实战层次，是针对每一场具体谈判的心理准备。这种准备就像战斗打响前的备战，具有针对性、预防性和策略性的特点。具体包括以下两个方面的内容：一是针对对手加以研究，制订针对对手的心理攻防方案。针对性表现在具体的谈判上，就是要了解对方的优势与短板，不但要了解对方企业，还要了解对方选手，有时在重大谈判中，甚至还应对对方选手的首席、骨干等重要人员全部进行有针对性的研判，只要多找到对手的一处弱项，就多一分主动。二是提前预防，特别要做好心理调整的预案。预案要做两方面的准备，即被激怒引起冲动时怎么克制，陷于被动而引起沮丧情绪和挫折感怎么办。除了通过心理暗示、角色转换等方案调整情绪之外，还应把重点放在谈判内容本身上。商务谈判是一场心理战，但其核心还是双方企业核心竞争力的较量，不能只顾形式而放弃本质。因此在预案中，要充分考虑己方的强弱局势，引导对方需求，并准备好替代和备用方案，这也是获得成功的重要途径。

● [专栏4-3]

中国古代名家的观人术——《六韬》

1）问之以言，以观其详。即向对方多谈问题，从中观察对方知道多少。现代社会中的招聘面试就是采用这种方法，可知其真情探其内心。

2）穷之以辞，以观其变。即不断盘问，越问越深，越问越广。观察对方的反应如何，虚言以对的人，眼珠会滴溜乱转，前言不搭后语，自相矛盾。

3）与之间谍，以观其诚。即暗中派间谍引诱，看其是否不忠不仁。

4）明白显问，以观其德。即坦率地说出秘密，借以观察一下对方的品德。听到秘密就转告第三者的人是不宜深交的，能保守秘密的人也是一个重视责任与荣誉的人。

5）使之以财，以观其廉。即贪财占便宜、财务方面不清白的人不可委以重托。

6）试之以色，以观其贞。即用美人计来考验其忠贞度。

7）告之以难，以观其勇。即分配给他困难的工作，借以观察他的胆识、勇气。

8）醉之以酒，以观其态。一般人酒后会吐真言。

第二节 商务谈判中的认知和情绪

人的行为受到其对他人、所处的情境以及自身利益和立场等的认知、分析与感觉的影响，认知和情绪形成了一切人际互动的基本组成模块。谈判达不到理想效果甚至产生冲突的核心原因之一，就在于没能克服因认知、情感等因素的负面影响形成的心理障碍。因而，了解如何处理信息以及表达情绪，对于谈判者在谈判中的行为方式十分重要。

一、谈判中的认知偏差

1. 认知与认知过程

认知是指人们获得知识及应用知识的过程，或者指人们进行信息加工的过程，这是人的最基本的心理过程。它包括感觉、知觉、记忆、思维、想象和语言等。人脑接受外界输入的信息，经过头脑的加工处理，转换成内在的心理活动，进而支配人的行为，这个过程就是信息加工的过程，也就是认知过程（如图4-1所示）。① 谈判的目标之一就是要准确感知和解释另一方所表达的内容及其含义。谈判者对于谈判情境的理解，受其对以往谈判情境的感知、对谈判对手当前态度以及行为的感知的引导和支配。

H. 西蒙认为，人类认知有三个基本过程：第一，问题解决。采用启发式、手段-目的分析和计划过程法。第二，模式识别能力。人要建立事物的模式，就必须认识构成事物的各元素之间的关系。如等同关系、连续关系等。根据元素之间的关系，就可构成模式。第三，学习。学习就是获取信息并将其贮存起来，便于以后使用。学习有不同的形式，如辨别学习、阅读、理解、范例学习等。②

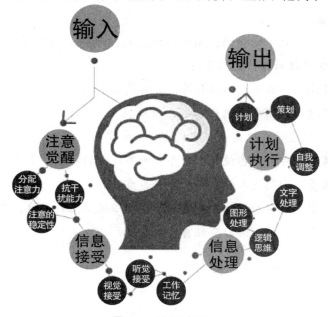

图4-1 认知过程图

---

① 谷振伟. 普通心理学教程［M］. 哈尔滨：哈尔滨地图出版社，2009：3.
② 车文博. 当代西方心理学新词典［M］. 长春：吉林人民出版社，2001：301.

2. 认知偏差

认知偏差是人们在知觉自身、他人或外部环境时，常因自身主观的原因或客观情境的原因使得知觉结果出现失真的现象。经验丰富的谈判人员在准备与运用谈判策略时也会犯错误。不管多么老练，谈判人员始终是人，都很容易受到心理偏见的影响，即便是好的谈判策略也会在这种偏见的影响下失去作用。1978年诺贝尔经济学奖获得者西蒙对决策理论的研究表明，人们由于认知资源的有限性以及真实决策环境的不完备性和复杂性，使得决策在判断和选择时出现系统性偏差，加之心理因素的影响，不可能完全理性，因而往往并不是做出最优决策，而是做出满意决策。这里主要讨论四种常见的认知偏差。

（1）首因效应

首因效应是由美国心理学家洛钦斯首先提出的，也叫首次效应、优先效应或第一印象效应，指当人与人接触后彼此进行认知的时候，首先被反映的信息对于形成印象起着强烈的作用。简单地说，首因效应即是对他人的第一印象。尽管首因效应留下的印象是深刻的，但往往是不准确的或者与现实不相符合的。首因效应之所以会引起认知偏差，就在于该认知是根据不完全信息而对交往对象做出判断。在许多情况下，人对他人的看法、见解、喜欢与不喜欢，往往来自第一印象。如果第一印象感觉良好，很可能就会形成对对方的肯定态度，否则，很可能就此形成否定态度。首因效应一旦形成，就会直接影响人们在交往中的态度，从而影响到人们的行为。正因为首因效应的存在，谈判者应注重双方的初次接触，仪表端正，着装得体，举止大方稳重，这些都会在第一次交往中给对方留下好印象，赢得对方的信任，使接下来的谈判顺利进行。

◉ [专栏4-4]

首因效应实验

美国社会心理学家洛钦斯（A. S. Lochins）1957年以实验证明了首因效应的存在。他用两段杜撰的故事做实验材料，描写的是一个叫詹姆的学生生活片段。一段故事把詹姆描写成一个热情并且外向的人，另一段故事则把他写成一个冷淡而内向的人。这两段故事分别列于下方：

詹姆走出家门去买文具，他和他的两个伙伴一起走在充满阳光的马路上，他们一边走一边晒太阳。詹姆走进一家文具店，店里挤满了人，他一边等待着店员对他的注意，一边和一个熟人聊天。他买好文具在向外走的途中遇到了朋友，就停下来和朋友打招呼，后来告别了朋友就走向学校。在路上他又遇到了一个前天晚上刚认识的女孩子，他们说了几句话后就分手告别了。

放学后，詹姆独自离开教室走出了校门，他走在回家的路上，路上阳光非常耀眼，詹姆走在马路阴凉的一边，他看见路上迎面而来的是前天晚上遇到过的那个漂亮的女孩。詹姆穿过马路进了一家饮食店，店里挤满了学生，他注意到那儿有几张熟悉的面孔，詹姆安静地等待着，直到引起柜台服务员的注意之后才买了饮料。他坐在一张靠墙边的椅子上喝着饮料，喝完之后他就回家去了。

洛钦斯把这两段故事进行了排列组合：

一种是将描述詹姆性格热情外向的材料放在前面，描写他性格内向的材料放在后面；
一种是将描述詹姆性格冷淡内向的材料放在前面，描写他性格外向的材料放在后面；
一种是只出示那段描写热情外向的詹姆的故事；
一种是只出示那段描写冷淡内向的詹姆的故事。

洛钦斯将组合不同的材料，分别让水平相当的中学生阅读，并让他们对詹姆的性格进行评价。结果表明，第一组被试中有78%的人认为詹姆是个比较热情而外向的人；第二组被试中只有18%的人认为詹姆是个外向的人；第三组被试中有95%的人认为詹姆是外向的人；第四组只有3%的人认为詹姆是外向的人。

研究证明了第一印象对认知的影响。在首因效应中，对情感因素的认知常常起着十分重要的作用。人们一般都喜欢那些流露出友好、大方、随和态度的人，因为在生活中，我们都需要被他人尊重和注意，这个特点在儿童身上表现得最为明显。小孩子都喜欢第一次见了他就笑呵呵的人，如果再给予相应的赞扬，那么儿童就会更加的高兴。

资料来源：首因效应的经典实验. 微笑在线——中国科学技术大学心理教育中心.

(2) 晕轮效应

晕轮效应也是社会交往中一种十分普遍的认知偏见。晕轮效应最早是由美国著名心理学家爱德华·桑戴克于20世纪20年代提出的。他认为，人们对人的认知和判断往往只从局部出发，扩散而得出整体印象，也即常常以偏概全。在认知时，人们常常因认知对象具有某个特征而泛化到具有其他一系列有关特征，也就是从所知觉到的特征泛化推及其他未知觉的特征，从局部信息而形成一个完整的印象。这就好像晕轮一样，是从一个中心点而逐渐向外扩散成越来越大的圆圈，所以称为晕轮效应。这种爱屋及乌的强烈知觉的品质或特点，就像月晕的光环一样，向周围弥漫、扩散，所以人们就形象地称这一心理效应为光环效应。和光环效应相反的是恶魔效应，即对人的某一品质或对物品的某一特性有坏的印象，会使人对这个人的其他品质或对这一物品的其他特性的评价偏低。名人效应是一种典型的光环效应。不难发现，拍广告片的多数是那些有名的歌星、影星，而很少见到那些名不见经传的小人物。因为明星推出的商品更容易得到大家的认同。

晕轮效应在谈判中的作用既有积极的一面，又有消极的一面。如果谈判的一方给另一方的感觉或印象较好，那么，这一方提出的要求、建议就会引起对方积极的响应，其从而需求也较容易得到满足。如果一方能引起另一方的尊敬甚至是崇拜，这一方就可能具有威慑力量，完全掌握谈判的主动权。反过来，如果一方给另一方的首要印象不好，这种晕轮效应就会向相反的方向扩大，一方提出的一切，其对手都表示怀疑、不信任或反感，并寻找借口拒绝，甚至对那些对于双方都有利的建议也会拒绝。

◉ [专栏4-5]

晕轮效应实验

美国心理学家凯利以麻省理工学院的两个班级的学生为研究对象分别做试验。上课之前，实验者向学生宣布，临时请一位研究生来代课。接着告知学生有关这位研究生的一些情况。其中，向第一个班的学生介绍这位研究生具有热情、勤奋、务实、果断等项品质，向另一班的学生介绍该研究生的信息除了将"热情"换成了"冷漠"之外，其余各项都相同。而学生们并不知情。两种介绍所造成结果之间的差别是：下课之后，前一班的学生与研究生一见如故，亲密攀谈；另一个班的学生对这位研究生却敬而远之，冷淡回避。可见，仅介绍中的一词之差，竟会影响到人们所形成的整体的印象。学生们戴着这种有色眼镜去观察代课者，而这位研究生也就被罩上了不同色彩的晕轮。

在20世纪70年代，著名社会心理学家Richard Nisbett也用一个案例论证了"光环效应"。Nisbett和Wilson希望调查听课的学生是如何评判讲师的（Nisbett和Wilson，1977）。学生们被告知这是一项对于评价老师的研究。他们还特别被告知，实验研究不同的评价是否依赖于学生与某一讲师接触的多少。这纯粹是一个谎言。实际上学生们被分为两组，他们会分别看两段关于同一位讲师的不同视频。而这位讲师正好有很重的比利时口音（这和实验是很有关的）。其中一组学生看了这位讲师和蔼而友好地回答了一系列的问题;另一组学生看了同一位讲师用冷酷而疏远的语气回答了同样的问题。实验让我们明确到底哪一种人格更讨人喜欢。其中,具有一种人格的讲师显得热爱教学和学生,而具有另一种人格的他看上去更像是一个完全不喜爱教学的权威人物。

在每组学生看完视频之后,他们被要求给这位教师的外表、特殊语言习惯(特殊语言习惯在两段视频中是一样的),甚至还有他的口音打分。与光环效应相一致,看到讲师"和蔼"形象的学生认为他更有吸引力,他的语言习惯更令人喜爱,甚至他的口音也更加有魅力。这并不奇怪,因为这支持了之前关于光环效应的研究。

资料来源:百度百科"晕轮效应"词条[EB/OL]. (2004-02-27)[2018-08-04]. https://baike.baidu.com/item/%E6%99%95%E8%BD%AE%E6%95%88%E5%BA%94/93548?fr=aladdin.

(3) 选择性知觉

选择性知觉是指个体根据自己的需要与兴趣,有目的地把某些刺激信息或刺激的某些方面作为知觉对象,而把其他事物作为背景进行知觉的组织加工的过程。从广义上来讲,我们每个人都或多或少有这种感知行为,因为在我们"看事情"的时候都基于我们自己的理解和参考。也可以理解为我们如何将感知类的信息依据喜好程度进行分类和理解,也就是说,选择性感知从某种程度上来说是一种偏见。因为我们用我们自己的方式来理解信息。心理学家认为这个过程实际上是自动的,也就是说,是潜意识的。[①] 有一种解释认为人们在日常生活中接收到太多的刺激信息,因此他们不可能对每一个事物都付出同样的注意力,所以只能选择对自己有用的信息。

一般来说,人的知觉选择与个体的需要、任务、愿望、兴趣、爱好、情绪状态相关。另外,信息刺激本身的特点也影响知觉,信息的强度大、对比明显,就容易先知觉。如天空中有一架飞机飞过,我们总是先看到飞机,然后才注意到其周围的白云和天空。尽管选择性知觉可以使个体用有限的资源去关注那些对自己重要的信息,但同时又很容易造成知觉偏差。比如,当要求企业管理人员阅读一份某工厂的案例时,销售经理认为案例中最重要的问题是销售,生产经理则认为最重要的问题是生产,其他人也分别认为自己负责的领域是案例中最重要的。

● [案例4-4]

查尔斯大街的故事

有一次,一位医生、一位商人和一位艺术家三位朋友一同沿着一条繁华的街道走着,他们要去神父家吃晚饭。到了神父家以后,神父的小女儿请艺术家讲个故事。

"今天,我沿街而行。"艺术家说,"看见在天空的映衬下,整个城市就像一个巨大的穹隆,它那暗暗的金红色在落日的余晖中泛着激光,愈加猩红了。看着看着,穹隆底部现出一缕光线。接着,一缕又一缕,仿佛晚风正在星星点点地吹着蓟花之焰。终于,满街通明,猩红的穹隆消失了。那时我多么想画下这一切,真想让那些认为我们的城市并不美丽的人们看看。"

小姑娘想了一会儿,然后就像其他孩子一样,转向商人,让他也讲个故事。

于是,商人讲道:"我也可以讲一个大街的故事。我一路走来,恰好听到两个小男孩在谈论他们长大后要从事的事业。一个男孩子说他想摆一个冰激凌小摊,并且要在两条街道的交汇处,紧挨地铁的入口处摆。'这样,两条街上的人都可以来买我的冰激凌,那些乘坐地铁的人们也会买。'这个男孩子具有

---

① 郭念锋. 心理咨询师(基础知识)[M]. 北京:民族出版社,2005:407-408.

成为一名好商人的素质，因为他认识到了经营位置的价值，而且在无人告知的情况下选择了街道上做生意的最佳地点。我毫不怀疑他长大以后会成为一名非常成功的商人。"这就是商人的故事。

医生的故事是关于药店橱窗的。

"这个橱窗从上到下都摆满了各种药品的瓶子，这些药品用于治疗各种消化不良的症状，同时橱窗里还排列着一长串清单，上面写满了如果不及时治疗可能发生的听起来可怕的后果。我看见许多男男女女停留在橱窗前，我知道他们正在考虑这种药对他们是否有效。我明白他们真正所要的并不是GGE（一种药品），而是两种根本不可能用五彩缤纷的纸张包裹的药，它们是新鲜空气与睡眠。但是我却没有办法告诉他们。"

"这个药房是在查尔斯大街上吗？"小姑娘问道。医生点了点头。

"你说的街道在哪里呢？"她问商人。"查尔斯大街。"商人回答说。"我说的也是那儿。"艺术家说。

这三个人同一时间内走过同一条街道，看到的应该也是同样的事物，但是，他们眼中的街道却是各不相同的。艺术家眼中的街道是个美丽的地方，线条、形状和色彩在此共同构成了一幅图画；商人眼中的街道是一个与地点、位置、生意场所有关的地方，在此，机会只为那些眼光锐利、能够捕捉到它的人们而存在；医生眼中的街道是那些不懂得调理自己健康而造成自身不适的人群所在，猩红色的天空同样停留在另外两个人的视野中，但他们却没有注意。每一个人都没有注意到那些对于他人来说很显而易见的事物，在同样的环境中，他们的注意力却停留在不同的事物上。

资料来源：上海乐天心理咨询中心网站. 查尔斯大街的故事［EB/OL］.（2015-10-27）［2018-08-18］. http://www.wzright.com/psychological-counseling/2635.html.

（4）投射效应

投射效应是指在认知时或对他人形成印象时，以为他人也具备与自己相似的特性。这种推己及人的情形，在人际交往中也是常见的。"以小人之心，度君子之腹"就是一种典型的投射效应。投射使人们倾向于按照自己是什么样的人来知觉他人，而不是按照被观察者的真实情况进行知觉。当观察者与观察对象十分相像时，观察者会很准确，但这并不是因为他们的知觉准确，而是因为此时的被观察者与自己相似。

投射效应的表现形式是多种多样的，主要有两种：一是感情投射，即认为别人的好恶与自己的相同，把他人的特性硬纳入自己既定的框框中，按照自己的思维方式加以理解。比如，自己喜欢某一事物，跟他人谈论的话题总是离不开这件事，不管别人是不是感兴趣、能不能听进去。引不起别人共鸣，就认为是别人不给面子，或不理解自己。二是认知缺乏客观性，比如，有的人对自己所喜欢的人或事越来越喜欢，越看优点越多；对自己所不喜欢的人或事越来越讨厌，越看缺点越多。因而表现出过分地赞扬和吹捧自己喜欢的人或事，过分地指责甚至中伤自己所厌恶的人或事。这种认为自己喜欢的人或事是美好的，自己讨厌的人或事是丑恶的，并且把自己的感情投射到这些人或事上进行美化或丑化的心理倾向，失去了人际沟通中认知的客观性，从而导致主观臆断并陷入偏见的泥潭。

投射效应是一种严重的认知心理偏差，辩证地、一分为二地去看待别人和看待自己，是克服投射效应的方法。在商务谈判中，应尊重双方的差异，不要把己方的想法强加于对方身上，要积极沟通，不要凭主观推断对方的需求，要客观而具体地进行分析，以了解对方的真实想法和需求，并且站在对方的角度考虑问题，从而取得谈判的成功。

3. 信息处理过程中的系统性偏误

谈判过程也是一个信息处理的过程，谈判者需要正确处理从谈判对手处获得的信息。然而，在谈判者进行信息处理的过程中存在着很多系统性偏误，这些错误将会影响谈判的结果。2002年获诺贝尔经济学奖的美国行为学家卡尼曼等人的研究成果表明，决策者最容易发生的非理性行为的特征是——框架效应、损失厌恶、锚定效应、过度自信和证实偏好等。在这里将列举一些信息处理过程中常见的系统性偏误。

（1）框架效应

框架是人们借以评估情境和认识情境，引导他们采取或避免随后行为的主观机制。框架的确定和重新确定，与信息的处理过程、信息的形式、语言暗示、社会构建的意义等密切相关。理性决策理论的观点是，对于内容一致的备选方案，其描述方式的变化不应改变决策者的判断。但现实中人们常常因为问题的表达方式不同而有不同的选择，这就是框架效应。

谈判各方出于各种因素的考虑可能采用某种特定的框架，框架不匹配是导致冲突的根源。了解框架和框架效应，理解框架确定的动态过程，有助于谈判者有意识地改善框架的形成过程。谈判者如果懂得如何针对某个问题确定框架，如何根据实际而不是心理的结果评价选项，可能会更全面地理解自己和对方的行为，为决策方案构建客观的决策框架，从而更好地掌控谈判的过程。

◉ [专栏4-6]

中国式谈判框架

虽然老练的谈判者知道自己与对手的谈判框架是由经验和文化所塑造形成的，但只有很少的人能够仔细审视塑造他人谈判框架的文化因素。例如，乔治城大学的凯瑟琳·廷斯利（Catherine Tinsley）从中国文化中归纳出了5个概念，对于那些尝试在中国进行谈判的谈判者来说应当识别这5个概念：

- 社会联系。中国人相信应该立足于更大的社会群体背景来看待一个人，而不应该将其看作独立的个体。
- 和谐。由于人是生来便处于一定的社会关系中的，因此应该非常推崇和谐共处。
- 角色。为了保持社会和谐，人们必须理解和遵守他们在关系网络中分别所要扮演角色的要求。角色在详细指出个体所处的关系等级的同时，也详细指明了个体的义务、权力和特权。
- 相互的责任。每个角色都明确了人们在社会关系网络中应该接受和承担的责任。这些责任将一直传承下去，从而巩固一代又一代之间的社会关系网。
- 面子。中国人对于"留面子"的重视，是他们对社会交往感知的中心。如果一个人的行为举止与其角色不相称或者未能履行相互的责任，便会失去面子。中国人是看重面子的，丢掉面子的威胁是人们履行责任的动力之一，从而维持了关系等级。

同中国人进行谈判时，如果考虑了这些文化现实所塑造的关于冲突的观点，将可能做得更好。例如，个体谈判者通常借助于个人关系网来取得他所渴望的结果。这被廷斯利称为"关系型谈判框架"。然而，来自崇尚个人主义文化的谈判者，可能会断然拒绝接受，并以所提的建议不受欢迎为理由，这种理由在中国有着一定的说服力。同样，处于关系型框架中的谈判各方很可能征求外部意见。一种非常有效的战略，可能就是调整个人立场，使之与社会集体的目标相一致。

（2）零和博弈

零和博弈（zero-sum game），又称零和游戏，与非零和博弈相对，是博弈论的一个概念，属非合作博弈。指参与博弈的各方，在严格竞争下，一方的收益必然意味着另一方的损失，博弈各方的收益和损失相加总和永远为零，双方不存在合作的可能。许多谈判者都认定在一切谈判中"蛋糕"大小是固定的，将谈判视作零和谈判或者我赢你输的谈判来对待。在零和博弈谈判中，谈判参与者的利益是对立的。

从博弈论的视角，商务谈判可以分为零和博弈谈判和非零和博弈谈判。零和博弈谈判又称为对立型谈判，非零和博弈谈判又称为合作型谈判。在零和博弈谈判和非零和博弈谈判中所用到的战略战术是不同的。在零和博弈谈判中，谈判双方的利益之和是一个固定的数值。谈判双方通过谈判来分割这个固定利益。讨价还价谈判通常都是零和博弈谈判。买方利益的增加建立在卖方利益降低的基础上，卖方利益的增加建立在买方利益降低的基础上。在非零和博弈中，交易各方的关系十分复杂，特别是当谈判有多个参与者时，谈判参与者之间的相互博弈关系是复杂多变的。双方具有不完全的信息，都对成交价有一个预期，该预期即他们各方的心理价位。只有双方通过合作博弈，才能获得对交易剩余的分享。

（3）锚定效应

所谓锚定效应（anchoring effect）是指当人们需要对某个事件做定量估测时，会将某些特定数值作为起始值，起始值像锚一样制约着估测值。关于谈判中锚定点的典型例子就是谈判者聆听对方的第一次报价后想："哎呀，这个出价比我期望的低多了，或许我曲解了这里的价值，我应该重新考虑我的目标和策略。"这样的锚定点给谈判者在信息的接收端设置了一个潜在的危险的圈套，因为对于锚定点（例如，初始报价或者一个预期目标）的选择可能正好基于错误的或者不全面的信息，因此其本身可能会使人产生误解。但是，锚定点一旦确定，谈判各方倾向于将其作为一个真实有效的基准。这个基准将被用来调整其他的判断。谈判各方在做决策的时候，一般会不自觉地给予最初获得的信息以过多的重视。

● [案例4-5]

锚定效应案例

罗贯中在《三国演义》中给我们讲述了一个锚定效应的经典案例：关羽战败后，"降汉不降曹"，进入曹操麾下。对关羽青睐有加的曹操偶与关羽论及天下英雄，关羽说自己的三弟张飞：于百万军中取上将首级，如探囊取物。及至曹操在荆州击败刘备欲追而歼之，在当阳遭遇张飞时，我们看罗贯中的精彩描述：

张飞睁圆环眼，隐隐见后军青罗伞盖、旄钺旌旗来到，料得是曹操心疑，亲自来看。飞乃厉声大喝曰："我乃燕人张翼德也！谁敢与我决一死战？"声如巨雷。曹军闻之，尽皆股栗。曹操急令去其伞盖，回顾左右曰："我向曾闻云长言：翼德于百万军中，取上将之首，如探囊取物。今日相逢，不可轻敌。"言未已，张飞睁目又喝曰："燕人张翼德在此！谁敢来决死战？"曹操见张飞如此气概，颇有退心。飞望见曹操后军阵脚移动，乃挺矛又喝曰："战又不战，退又不退，却是何故！"喊声未绝，曹操身边夏侯杰惊得肝胆碎裂，倒撞于马下。曹便回马而走。于是诸军众将一起望西奔走。

这里，曹操便犯了先入为主的毛病，落入了"沉锚效应"的怪圈。首先，对关羽的钟爱导致他对关羽的话不加分析地接受；其次，关羽勇武绝伦，连他都激赞张飞，可见张飞之勇猛。这两个先入为主的信息直接左右了曹操的判断，决定了他的行动。多智、多诈、多疑如曹丞相，尚且如此，足见"沉锚效应"之威力。

资料来源：百度百科"沉锚效应"词条 [EB/OL]. (2004-03-12) [2018-06-18]. https://baike.baidu.com/item/%E6%B2%89%E9%94%9A%E6%95%88%E5%BA%94/11010988?fr=aladdin&fromid=5726509&fromtitle=%E9%94%9A%E5%AE%9A%E6%95%88%E5%BA%94.html.

（4）过度自信

过度自信不同于我们经常说的自负或者信任，而是在特定条件下的概念，是指决策者往往过于相信自己的判断能力，高估成功的机会。例如，当一个人只有70%的成功率时，却认为自己还有90%的成功率。过度自信反映了决策者认识自我的偏差。实证研究表明，过度自信的决策者更倾向采用比较激进的政策，并且消极采取风险管理措施。这在谈判行为中比较常见。

这一现象在维克托·克里蒙克所著的《国际谈判》一书中有较为详细的分析。由于人们倾向于低估问题的复杂性而高估自己的认知能力，谈判环境的不确定性越高，决策者对他们自己做出判断的过分自信就越明显，越固执地认为自己知道对方将如何思考或行动。所以，他们喜欢假设对方会按照自己设想的方式来接受和解释他们的信息。如果对方忽略了某个信号，他们就认为这是遭到了对方的拒绝，但事实可能是对方根本就没有收到这个信号。

二、情绪、情感与谈判

理性的和经济的观点主导着谈判学研究，此类研究往往对谈判进行理性分析，审视谈判者由于理性方面的原因而导致的决策失误，或者评估谈判者如何才能优化谈判结果。谈判者也被描述成完全理性的经济人，忽视了情感在谈判中的作用。然而人是有感情的，丰富的情感影响着每一个人的行为。情绪的变化即使微小，也会影响谈判计划的制订、谈判中的表现和谈判结果。人们所追求的不仅有利益的满足，也有情感的需求。在两件产品的质量和售价分别不相上下的情况下，感情就成了决策天平上具有决定意义的砝码。因此，谈判的成功，不仅有赖于双方利益的互惠，也有赖于双方情感上的一致和融洽。目前越来越多的理论和实践研究关注于情绪与情感在谈判中的作用。

1. 情感与情绪的定义

什么是情绪和情感呢？从19世纪以来，心理学家对此进行了长期而深入的研究，对情绪和情感的实质提出了各种不同的看法。但是，由于情绪和情感的极端复杂性，至今还没有得到一致的结论。当前比较流行的一种看法是，情绪和情感是人对客观事物的态度体验及相应的行为反应。情绪，是对一系列主观认知经验的通称，是多种感觉、思想和行为综合产生的心理和生理状态。[1] 人们常说的情商就是指情绪商数，而并非情感商数。情感是态度中的一部分，它与态度中的内向感受、意向具有协调一致性，是态度在生理上一种较复杂而又稳定的生理评价和体验。[2] 情绪和情感是有区别的，但又相互依存、不可分离。稳定的情感是在情绪的基础上形成的，而且它又通过情绪来表达。情绪也离不开情感，情绪的变化反映情感的深度，在情绪中蕴含着情感。心理学主要研究感情的发生、发展的过程和规律，因此较多使用的是情绪这一概念。

情绪和情感是伴随着认知与意识过程产生的对外界事物态度的体验，是人脑对客观外界事物与主体需求之间关系的反应，是以个体需要为中介的一种心理活动。当客观事物或情境符合主体的需要和愿望时，就能引起积极的、肯定的情绪和情感。比如，渴求知识的人得到了一本好书会感到满意；生活中遇到知己会感到欣慰；看到助人为乐的行为会产生敬慕；找到了志同道合的情侣会感到幸福；等等。当客观事物或情境不符合主体的需要和愿望时，就会产生消极、否定的情绪和情感，如失去亲人会引起悲痛，无端遭到攻击会产生愤怒，工作失误会出现内疚和苦恼等。

---

[1] 冯娟娟，孙秀兰. 谈判与社会心理 [M]. 北京：经济科学出版社，1995：73-74.
[2] 车文博. 当代西方心理学新词典 [M]. 长春：吉林人民出版社，2001：271、276.

● [专栏4-7]

情感智商

美国心理学教授彼得·沙洛维和约翰·梅耶认为情商反映情绪的知觉能力、情绪的调节能力与对情绪的思考能力。其具体包括以下四个方面的内容：① 情绪的知觉、评估和表达能力；② 思维过程中的情绪促进能力；③ 理解与分析情绪，可获得情绪知识的能力；④ 对情绪进行成熟调节的能力。

情商反映了情绪、情感与理性认知行为的协调联结，反映了由情绪引起激发和促进心智良性发展的可能性。

资料来源：海云明. 情感智商[M]. 北京：中国城市出版社，1997：38-41.

2. 情绪、情感与谈判

谈判者保持什么样的情绪状态，对谈判的效率会有很大影响。心理学家赫布的研究成果表明：当谈判者的情绪激活水平极低，例如萎靡不振时，谈判的效率也非常低。随着谈判者情绪激活水平不断提高，例如精神振奋、积极思考时，谈判的效率也就不断提高。当谈判者的情绪激活水平调整到一个最佳状态时（例如积极思考、研究对策、精神饱满、思维活跃，就是最佳状态的标志），谈判效率达到最高。这时，如果谈判者的情绪激活水平再提高的话（例如过于兴奋、过于紧张），谈判的效率会随之下降。这表明，这些情绪对谈判者造成了负面影响（如图4-2所示）。因此，谈判者在谈判中应注意自己的情绪状态，调适自己的情绪激活水平，力争把自己的情绪调整到最佳状态的区间，使自己在谈判效率上的潜力充分发挥出来。

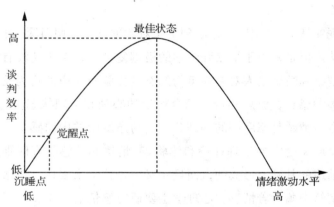

图4-2 "赫布曲线"——情绪激活水平与谈判效率的关系

资料来源：甘华鸣，许立东. 谈判[M]. 北京：中国国际广播出版社，2001：306.

谈判过程中的公平程序和良好的社会比较，可能会产生积极情绪。比如当一位谈判者取得的谈判成果比其他谈判者在类似情境下取得的结果更好时，谈判者对谈判的满意度更高。反过来，谈判中的竞争心态、僵局和对谈判的过高期望均可能产生消极情绪。许多研究结果表明，积极情绪的谈判者，容易设定更高的目标，对未来谈判形成更有抱负的预期，制订更具合作性、可能带来整合性效益的行动计划。而且，在实际谈判中表现得更合作，更愿意达成协议，更愿意回报对方的让步，取得更成功的谈判结果。消极情绪，会减少整合性利益，增加对最终报价的拒绝，增加竞争策略的使用。因为，消极情绪会选择性地引发消极想法及相关的消极联合，而积极情绪会引发积极想法及相关的积极联合。但消极情绪可以促进谈判者的认知动机，不过因对方的愤怒信息而产生的恐惧会降低认知动机，使让步变得容易。然而，当谈判者带着更确定的目标、动机进入谈判时，情绪对谈判策略的影响会减弱，因为这时目标会代替情绪引导谈判者的信息处理与谈判行为。

三、管理谈判中的认知偏差和情绪问题

在实际谈判中，认知、动机与情绪因素相互作用，影响谈判行为及结果（如图 4-3 所示）。动机，可以激发、引导或结束认知活动，还可能带来情绪反应，如强烈的竞争动机会使谈判者容易去搜索对方的竞争相关信息，并对对方产生敌意。而认知活动也可以激发动机并促成情感反应，如知觉到信息与既有信念不一致，会强化谈判者的认知动机。复杂的信息处理会使谈判者产生负面情绪。作为社会冲突的刺激物与副产品的情感，则既可能激发主体相应的动机，也可能影响主体的认知活动，如悲伤会激发谈判者的认知动机并促进系统的信息处理。

为了避免谈判中谈判者认知偏差与情绪问题对谈判过程和结果的影响，费舍尔等人提出了"哈佛原则谈判法"，即把人和事分开、集中精力于利益而非立场、为共同利益设计方案、坚持利用客观标准分析谈判结果。这一原则在本书第二章中已经进行了比较具体的阐述。

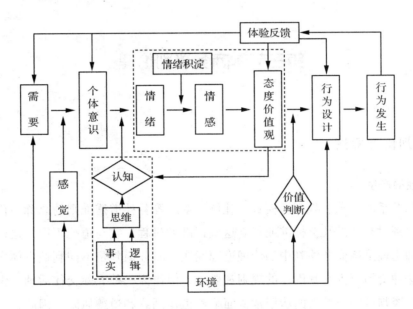

图 4-3　认知、情绪与行为关系图

好的谈判者都会自觉地控制自己的情绪，不被激动的情绪左右，尽量使自己的情绪听从理智和意志的安排，这也体现了谈判者的个人修养。在谈判中除了要控制好自己的情绪外，还要懂得如何与对方情绪明智地相处。具体来说，需要注意以下几点：① 要充分利用他人高昂的情绪，可以趁机提出你的想法、要求或者打算，从他们的好心情中得到好处。② 如果某人情绪明显低落，这时你最好不要提到某种大胆的计划，要耐心等待，做一点对方喜欢的事情。如果遭到拒绝，不要大惊小怪，记住，情绪是会变的。③ 如果某人情绪明显低落，不要自作多情以为他的情绪不好是由你引起的，也不要有意去注意他的坏情绪，要表现得友好而又彬彬有礼。[①]

---

① 罗伯特·怀特沙特. 脸部语言 [M]. 刘文荣，今夫，译. 天津：百花文艺出版社，2001：105 – 106.

[案例4-6]

平息对方愤怒的案例

第一次世界大战后，土耳其与希腊发生冲突。英国准备教训土耳其，纠集法、美、意、日、俄、希腊等国代表与土耳其在洛桑谈判，企图胁迫土耳其签订不平等条约。英国谈判代表是外交大臣刻遵。刻遵是当时一位颇有名气的外交家。他身材魁梧，声音洪亮。土耳其派伊斯美参加谈判。伊斯美身材矮小，有点耳聋，是个名不见经传的人。刻遵轻视伊斯美，在谈判中常常表现出嚣张、傲慢、不可一世的态度。其他列强也盛气凌人，以势压人。在这种十分不利的谈判条件下，伊斯美从容不迫，不卑不亢，镇定自若。每当英国外交大臣刻遵大发雷霆、声色俱厉、咆哮如雷时，伊斯美总是若无其事地坐在那里静听。等刻遵声嘶力竭地叫骂完了，伊斯美才不慌不忙地张开右手，靠在耳边，把身体移向刻遵，十分温和地说："您说什么？我还没听明白呢！"意思是请刻遵再说一遍。伊斯美正是用漠视战术与列强在谈判席上苦苦周旋了三个月，最后在不伤大英帝国面子的同时，维护了土耳其的利益。

资料来源：郭秀君. 商务谈判[M]. 北京：中国林业出版社，2008：156.

第三节 商务谈判伦理

一、商务谈判伦理概述

1. 商务谈判伦理的产生

伦理指处理人际关系的规范、规则、模式、礼仪、章法等各种道德准则的总称。伦理是在具体的情景下，被广泛用于评判对与错的社会标准或建立这些标准的过程。它与道德不同，道德是个人评判对与错的信仰。商务谈判伦理是指商务谈判中的伦理道德问题。商务谈判是不同利益主体之间进行的一种市场交易行为，虽然这种交易行为有其内在的规则和要求，但作为一种人际交往活动，伦理道德往往制约着谈判者的行为，使谈判策略与技巧的运用常常面临着道德困惑和道德风险。因此，正确认识商务谈判中的伦理道德，是运用谈判策略、谋取谈判效益不可忽视的一个问题。

[案例4-7]

伦理困境实例

1）为了给即将到来的海外旅行筹资，你正尝试着把你的立体声音响推销出去。这套音响质量很好，而且有位玩转高级音响的朋友告诉你，如果在市场上购买这些设备（当然他并没有这么做），他会出500美元。几天后，第一位潜在顾客来看这套音响，他仔细地观摩并问了一些有关音响状况的问题。你向顾客保证说这套音响的质量非常好。当他问及开价多少时，你告诉他已经有人出价500美元了。这位顾客最后用550美元买走了音响。

你说已经有人出价了，这种说法合乎伦理吗？

2）你是一位企业家，对竞争对手拥有的一家公司很感兴趣，想要收购它。可是，竞争对手并没有表现出卖掉公司（或者与你公司合并）的意愿。为了获得竞争对手公司的内情，你雇用了一位熟悉的顾问，让他给对手公司的联络人打电话，来询问他们公司是否遇到了严重威胁公司生存的问题。如果对手的公司遇到了这种问题，你也许就有可能利用这些信息来挖走对方的员工或者使对手卖掉公司。

这个做法合乎伦理吗？为什么？

3）你是人力资源部的副总裁，正在为新劳动合同的问题与工会代表谈判。工会代表拒绝签订新的劳动合同，除非公司把带薪休假从6周增加至7周。管理部门估算每次带薪休假大约会花费220 000美元，并争辩说公司没有能力满足这种要求。而实际上你知道经费不是问题，只是公司认为工会的要求不合理。为了使工会代表撤回他们的要求，你考虑了几种可选方案：① 只是告诉工会，公司无力满足他们的要求，不做更多的解释；② 备好虚假的财务报表来表明每次带薪休假大约会花掉30 000美元，公司无力承担；③ 只要工会放弃要求，公司就会安排费用全由公司承担的佛罗里达州"工作"旅行。

这几种策略存在伦理问题吗？为什么？

4）你马上就要从一所名牌大学毕业了，你所学的专业是信息系统管理，并且希望能在一家从事网页开发的公司工作。现在你有一台已经用了好几年的个人电脑，而且决定卖掉这台电脑，并在了解雇主有什么项目需要你完成后就买一台新的。所以你在校园的公告栏里贴出了出售电脑的广告。你已经决定，不会把这台电脑的硬盘崩溃问题和偶尔突然死机的情况告诉潜在买主。

这样做符合伦理吗？为什么？

5）你买了一双促销的新鞋，打印出来的收据清楚地写着这双鞋不能退换。但回家后你穿了一天，感觉这双鞋并不合脚。所以你拿着鞋回到店里，销售员指着收据上不能退换的信息，可你并不会为此而中断退鞋的想法。你开始生气地批评这家店服务质量差，于是店里的其他顾客开始围观。销售员把商店经理叫来，经过争论，经理同意退钱给你。

这样做符合伦理吗？为什么？

伦理是商务谈判的准则，这是商务谈判伦理在运用中首先要明确的问题。谈判的伦理观不提倡通过不诚实或欺骗的手段来达到更有利于自己利益的谈判行为，但也不反对在谈判中运用适量的狡诈与精明，因为这并不违反伦理规则。谈判双方都在运用谈判的伦理准则争取达到最佳的谈判结果。谈判者以维护谈判的伦理为目的，亦不失其进取性。在对待分歧的态度上以及在对待谈判破裂的结局处理上都反映了基本的谈判伦理——诚意与善意。因此，维护谈判的伦理是发挥伦理规则作用的重要方面。

2. 谈判者的职业道德

谈判者应具有商业谈判中的职业道德和人文内涵，需要做到"礼、诚、信"。所谓"礼"，就是说要礼貌待人，处事有分寸，有修养。商务谈判中的"礼"还包括认同和尊重对方的文化习俗，接受和适应对方所特有的文化模式，没有傲慢和偏见。所谓"诚"，是指谈判者要光明正大、诚心诚意地谈判。在谈判动机上没有不可告人的目的，如极端损人利己、嫁祸于人、转嫁危机等。所谓"信"，是指谈判者对于谈判过程中所做出的承诺要言而有信。在曲折的谈判过程中，在反复多变的辩论中，言必信、行必果，这是"信"的突出表现。诚信是立足之本。

当然，一个优秀的谈判手应该具有的商务谈判职业道德还有很多，如责任感和集体感。企业或某个法人的委托人都不是孤立的，他必须在谈判的过程中为企业赢得更多的利益。同时，在谈判过程中，对方也会根据谈判的实际情况补充自己的要求。这就要求谈判手既要服从委托人的要求，又要考虑对方的诉求，以期达到最佳的谈判效果。在遇到困难时，既要千方百计地去实现谈判目标，又要不满足于现状，要在共赢的基础上不断扩大自己的利益，增加自己的战果。

3. 商务谈判伦理与法律约束

商务谈判的法律约束，是由通行的法律和各种国际商务惯例所确定的商务方法与行为规范构成的对谈判行为的约束。商务谈判是一种人际交往行为，但同时又是不同理性主体之间进行的交易行为。商务谈判伦理约束，虽然不是普遍的、平等的约束，但是它是激发谈判参与者积极进取的动力。谈判的伦理约束不是谈判进取的障碍，它绝不制止谈判策略与技巧的运用，合法的谈判策略与伦理道德是不矛盾的。商务谈判伦理的主体精神是谈判参与者的进取精神。谈判中的伦理观不提倡通过不诚实或欺诈的行为来达到自己的目的，但也不反对在谈判中运用策略时的精明与灵活，因为这并不违反伦理规则。

法律与道德的根本区别在于实施的手段不同。法律义务是由国家以法律的形式规定的，在内容和形式上都有确切的集体规定，如不履行这种义务，就要受到相应的法律制裁。而道德义务不是由国家以法律形式规定的，往往只是对行为的一种原则性的要求，没有确切的具体规定。

谈判的行为既受到伦理的约束，又受到法律的制约。在一定范围内是伦理问题，在一定条件下超出了伦理的范围就可能是法律问题。因此，谈判者首先应该充分认识谈判伦理观与法律的界限，准确地把握自己谈判言行的分寸。

二、商务谈判中的伦理行为问题

1. 商务谈判中的伦理问题

在谈判的过程中，可能会涉及的伦理问题分为四类：

第一，最终结果伦理或者行为实用主义原则。基于自己所预期的结果来选择行动路线（如投资的最大回报）。坚持这一伦理的人们认为结果证明方法正确。他们通常是从幸福、愉快或者效用的角度来考虑，最高的道德行为是使最大数量的人们获得利益最大化。

第二，规则伦理或者规则实用主义原则。根据自己对遵守规则和原则的责任来选择行动路线（如遵从法律）。强调个体应该将自身约束在一系列的道德规范之下，并且以那些规则为基础做出抉择。最终的利益是美德，而不是愉快的延续。

第三，社会契约伦理或者以团队为基础的社会可接受行为原则。基于自己所在的组织或团体的规范，价值观以及战略来选择行动路线。支持这类伦理的人们认为行为的正确性由团体的习俗和规范决定。人们为了生存必须在社会、团体的环境中履行职责。

第四，个人伦理或者通过求助个人的是非观念来判断伦理对错。根据自己的个人信念（如凭良心该怎么办）来选择行动路线。人们只应该询问自己的善恶观念，个人的决策规则是最终标准。

2. 伦理的灰色地带：边缘策略

边缘即某种解释含糊或不确定。边缘策略指那些经个体的伦理推理之后，发现有可能恰当也有可能不恰当的策略。[①] 在伦理的领域里，没有绝对的对错。但是对于哪些是可理解、可接受的行为，人们已经分别形成了各不相同的意见。研究者和理论家们将不可取的手段与能大致被接受的、传统的、竞争的谈判技巧区分了开来。前者包括提供错误的信息、欺诈和给对方的同事施加影响等；后者则包括夸大需求、假装不着急和隐藏底线。

大多数谈判者可能会很重视自己在诚实方面的声誉，然而，诚实的含义是什么呢？表面来看答案非常简单明了，但实际上却不是很明确。首先，什么是真实性？是遵守了一套明确的规则，还是遵从组织团体中的社会契约，或者是凭良心来做事？其次，人们应该如何界定与真实之间的偏差？无论与真实之间的偏差多少也都算是谎话吗？最后，给这些问题添加一个相对维度，即一个人应该时时刻刻都讲真话

---

① 车文博. 当代西方心理学新词典 [M]. 长春：吉林人民出版社，2001：18-19.

吗？或者有时候不讲真话也是可以接受的（甚至是必须的）行为吗？这些问题对于那些想要确定什么能说、什么不能说，并且还要保证行为符合伦理的谈判者来说，都是应该考虑的主要问题。

◉ [专栏4-8]

说谎在什么时候是合法的

尽管人们在谈及谈判中的伦理问题时，谈论的焦点总是放在欺骗手段所带来的道德问题上，但有效的谈判者也应该熟悉有关这方面的法律问题。理查德·谢尔（Richard Shell）是一位律师兼谈判学教授，他在一篇题为"谈判中说谎在什么时候是合法的"的文章中对美国法律表达了自己的见解。

首先，谢尔提出了"习惯法"中对诈骗罪所做的定义："对于受害方所必须依赖的重要事实给予有意误传，并使受害方造成损失的。"

对上述定义中的关键词进行分析，可以使我们对谈判中有关说谎的问题有一个清晰的认识。

误传：对某事情进行虚假的陈述。

有意误传：谢尔认为，当你知道自己所言虚假却仍要这样说时就是有意误传。难道这就意味着你能够通过避免接触事实来回避责任吗？谢尔的回答是"不可以"——法院将把这视为不顾后果的漠视事实。

事实：从理论上讲，要构成违法，被误传的事情一般来说一定是客观事实。但谢尔指出，在实际中，错误地呈现一种看法或者意图，并且构成了事实误传，那么也会令人陷入困境，尤其是当你明知是谎言却仍然进行陈述或者做出承诺时。

重要事实：并不是所有的"事实"都很客观或者很重要。谢尔认为依据美国的法律实践标准，需要和底线这两项对交易来说并不被认为是重要的，因此就这两项内容所做的虚张声势不能被起诉为诈骗罪。然而谢尔也告诫说，对备选报价或者已有其他买主或者已有其他人出价为内容进行欺骗说谎则可能会给你带来麻烦。对于这些信息是否永远都很重要并不明确，这将留给陪审团来决定能否构成诈骗罪。

因果关系：虚假陈述要想在法律上被认定是欺骗，那么受骗方必须证明自己有赖于这些信息，并因此而受到了伤害。

这是否就意味着不合法的诈骗行为必须包含明确的虚假陈述呢？沉默能让你免去法律责任吗？谢尔对此问题的回答是否定的：在有些情况下，法律会要求你必须分享真实的信息。比如，在这些情景中你有义务揭示真实的信息：

- 当只披露部分信息会引起误导时。
- 当各方之间是信托关系时。
- 当不披露信息的一方拥有"至关重要"的"高级信息"时。
- 当涉及某些特殊交易比如签订保险合同时。

资料来源：G. Richard Shell. When is it legal to lie in negotiations? [J]. Sloan Management Rview, 1991, 32（2）.

表4-1总结了六种主要的边缘策略，其中"情绪操纵"和"传统的竞争型谈判"策略，被认为是基本恰当和可能被使用的。而其余四种策略则被视为谈判中的不恰当和不合伦理的行为。许多学者认为，面对不道德的对手，谈判者有权进行自卫，但必须把握好火候。比方说，如果不道德的一方隐瞒了关键信息，或者在达到理想目的后仍摆出一副被欺骗了的架势，那么很多人就会认为，在这种情况下"以彼之道，还施彼身"完全是正当行为。可是，如果被欺骗的一方采用谎言、空头承诺或完全的欺诈行为进行反击，他们往往会被指责跨越了道德底线。人们认为，即使其中有些行为的确是正当反击，但他们也

确实防御过当了。反过来,人们广泛接受了很多谈判行为,例如夸大需求、假装不心急、提出超出自己期望值的结果,以及隐瞒底线,而且,有些本可克制自己不采取非道德策略的谈判者,常常会为了集体利益以身犯法。他们总是这样说服自己:"如果只是为了我自己,我是绝不会这样做的。可是如果我不这样,我们全组都会遭殃。"

表4-1 谈判中边缘伦理策略的分类

分 类	示 例
传统的竞争型谈判	不揭露你的底价,给出一个夸大的初始报价
情绪操纵	假装生气、害怕失望;假装得意、满意
误传	在向对方描述时扭曲信息或谈判事件
向对方的关系网误传信息	在对方的同僚中破坏其声誉
收集不正当的信息	使用行贿、渗透、间谍等手段
虚张声势	做出虚假的威胁或承诺

3. 边缘策略的应对

当意识到有人在对自己耍弄伎俩并进行讨价还价时,多数人会有两种反应。第一种属于正常反应,即忍气吞声。搅局毕竟不是件好事。在没有弄清事实真相前你权且相信对方,或者发顿脾气,决定以后不再跟他们打交道。但现在,你寄希望于出现最好的结局而保持缄默。多数人是这么做的。他们希望由于自己的让步,对方也会妥协而不再得寸进尺。这种方法有时灵验,但更多的时候却不起作用。英国首相张伯伦1938年面对希特勒的谈判诡计所做的反应便能说明问题。当时张伯伦认为达成协议已不成问题,但希特勒突然又提高了要价。在慕尼黑,张伯伦为避免战争做出了一系列让步。结果,一年以后第二次世界大战爆发。

第二种反应是以其人之道还治其人之身。如果对方一开始就漫天要价,你就把价格压得奇低;如果对方骗你,你也以牙还牙;如果他们威胁你,你以威胁回敬;如果他们固守立场,你则有过之而无不及,表现得更加固执己见。其结果是要么一方退步,要么谈判就此破裂,后一种情况更为常见。

与其被动地应对谈判中出现的不符合伦理的行为,不如采取一些有效的措施来预防不符合伦理行为的产生。在开始谈判前,谈判各方都需要确定哪些是绝对不能跨越的伦理界限,哪些是灰色地带,怎么避免进入这个地带。双方共同制定出需要限制的行为,将不诚实、无礼、不负责任、欺凌弱小、操纵或不体谅的行为都包括进去。万一谈判中出现任何违规,就可以提起这个协议,提醒对方遵从约定。

本 章 小 结

- 商务谈判心理是指围绕商务谈判活动所形成的各种心理现象及心态反应。它是商务谈判者在谈判活动中对各种情况、条件等客观现实的主观能动的反映。
- 认识并掌握商务谈判心理在商务谈判中的作用,对于培养良好的商务谈判心理意识,正确地运用商务谈判的心理技巧有着十分重要的意义:有助于培养谈判人员自身良好的心理素质;有助于揣摩谈判对手心理，实施心理诱导；有助于营造谈判氛围。
- 成功谈判者的心理素质包括两个层次：基础层次和实践层次。
- 认知，是指人们获得知识以及应用知识的过程，或信息加工的过程，这是人的最基本的心理过程。
- 认知偏差是人们在知觉自身、他人或外部环境时，常因自身主观原因或客观情境的原因使得知觉结果出现失真的现象。常见的认知偏差包括首因效应、光圈效应、选择性感知和投射效应。
- 在谈判者进行信息处理过程中存在着很多系统性偏误，这些错误将会影响谈判的结果。决策者最容易发生的非理性行为的特征是框架效应、零和博弈、锚定效应、过度自信等。
- 情绪和情感是人对客观事物的态度体验及相应的行为反应。情绪和情感的变化，即使微小也会影响谈判计划的制订、谈判中的表现和谈判结果。
- 商务谈判伦理是指商务谈判中的伦理道德问题。谈判者应具有商业谈判中的职业道德和人文内涵，需要做到"礼、诚、信"。
- 在谈判的过程中，可能会涉及的伦理问题分为四类：最终结果伦理或者行为实用主义原则；规则伦理或者规则实用主义原则；社会契约伦理或者以团队为基础的社会可接受行为原则；个人伦理或者通过求助个人的是非观念来判断伦理对错。
- 边缘策略指那些经个体的伦理推理过程后，发现有可能恰当也有可能不恰当的策略。边缘策略是伦理的灰色地带。

重要概念

商务谈判心理、心理动机、心理素质、认知、认知偏差、首因效应、光圈效应、选择性知觉、投射效应、框架效应、零和博弈、锚定效应、过度自信、情绪、情感、商务谈判伦理、边缘策略

习题

1. 选择题

1）H. 西蒙认为人类认知有三个基本过程，不包括以下哪个过程　　　　　　　　　　（　　）
  A. 问题解决　　　　B. 模式识别能力　　　C. 记忆　　　　　　D. 学习

2）人们对他人的看法往往来自第一印象，并影响交往中的态度，这种认知偏差是　　（　　）
  A. 首因效应　　　　B. 晕轮效应　　　　　C. 选择性知觉　　　D. 投射效应

3）人们往往会发现旅游景点内商家的开价都比较高，而人们还价时却不会还得特别低，商品最终售卖价格都比较高。这是利用了　　　　　　　　　　　　　　　　　　　　　　　　　　（　　）
  A. 首因效应　　　　B. 晕轮效应　　　　　C. 锚定效应　　　　D. 过度自信

4）以下哪一项不是谈判者必须具有的职业道德　　　　　　　　　　　　　　　　　（　　）

A. 仁　　　　　　B. 诚　　　　　　C. 信　　　　　　D. 礼

5）以下哪种策略通常被视为合乎伦理的边缘策略　　　　　　　　　　　　　　（　　）

A. 做出虚假的威胁或承诺　　　　　　B. 扭曲信息或谈判事件

C. 以彼之道，还施彼身　　　　　　　D. 假装生气、假装得意

2. 判断题

1）谈判者的心理素质对谈判成功有非常重要的作用。（　　）

2）首因效应是指对人的认知和判断往往只从局部出发，扩散而得出整体印象。（　　）

3）"以小人之心，度君子之腹"是一种典型的框架效应。（　　）

4）非零和博弈谈判又称为合作型谈判。（　　）

5）无论何时，说谎都是不符合伦理要求的。（　　）

3. 思考题

1）什么是商务谈判心理？它有哪些特点？

2）商务谈判心理的作用是什么？

3）成功谈判者具有哪些心理素质？

4）认知偏差的概念是什么？有哪些主要的类型？其含义分别是什么？

5）情绪状态对谈判效率有什么影响？

6）举例解释商务谈判中的边缘策略。

4. 案例分析

韩国总统朴槿惠在2013年出版的《绝望锻炼了我》一书中描述了她父亲——当时的韩国总统朴正熙与美国总统卡特会谈的事例，说明了谈判中心理效应的影响作用。

1979年，韩国总统朴正熙为了接待美国总统卡特，特别委任他的大女儿——朴槿惠来参与会见。但一开始朴正熙和卡特的谈判就十分不顺，主要争议点是驻韩美军的撤退问题以及韩国人权问题。事前卡特总统阅读了很多美国相关机构提供的韩国人权状况和社会发展情况报告，认定韩国的领导者对改变这些状况负有主要的责任。在先入为主的主导思想下，卡特总统不仅一口回绝了朴正熙提出的冻结驻韩美军撤退事宜，同时强烈质疑韩国的人权问题，整个会谈一直充满着浓浓的火药味。

据朴槿惠回忆，由于两国领导人谁也不愿意退一步，导致会场没有任何人敢出声。卡特总统甚至拒绝受到的国宾礼遇，决定到美国第八军驻韩国的宿舍就寝。这让朴槿惠十分着急，但也促使她思考如何化解谈判的僵局。

于是，朴槿惠和卡特总统的夫人罗莎琳女士认真聊了起来。当时电视正在播出卡特总统和龙山美军部队士兵们慢跑的画面，朴槿惠就以慢跑为例，向第一夫人表达了韩国和美国的差异。罗莎琳夫人表示，总统会这样健康，是因为每天坚持慢跑，他不管去哪个国家，早晨都会慢跑。但朴槿惠想将话题引到她关注的问题上，说"有一定体力且健康的人，相信一口气跑好几千米都不成问题，但是，对刚开完刀身体不适的人来说，过度的运动会不会反而带来负担呢？"

"说得没错，生病的人要是太急着慢跑，反而会对身体造成伤害。"罗莎琳夫人回应道。

"我也是这么认为。"朴槿惠答道。随后，她将话题引到韩国现状上来，指出韩国的情况不同于美国。韩国刚从战争中解脱出来，经济上百废待兴。整个国家还没有从巨大的战争创伤中恢复过来，特别是与朝鲜的南北对峙使得周边环境非常复杂。

"这么严重。"显然第一夫人和美国总统都不十分了解当时的韩国国情。

朴槿惠还向卡特夫人陈述了韩国当前的经济发展重任，指出韩国人权问题确实与其他国家状况不同，希望美国总统和夫人能谅解。

结果，在卡特总统当日的晚宴上，罗莎琳夫人将这些话转告了卡特总统。总统卡特不停地向朴槿惠提出问题、回答问题，以至于有人称那次的晚宴为"槿惠—卡特会谈"。之后，卡特总统的态度大变，这让参与会谈的韩美高级官员大为惊讶。会谈也取得了良好的效果。

资料来源：朴槿惠. 绝望锻炼了我 [M]. 南京：译林出版社，2013：97-99. 有改动。

思考题：你认为韩国总统和美国总统会谈出现的僵局是由哪些原因造成的？为什么？如何利用谈判中的心理因素促成谈判协议的达成？

课外练习

圣彼得堡悖论

你现在可以付钱去参加一个游戏，游戏的规则是这样的：扔一枚均匀的硬币，一直扔到反面朝上为止。如果第一次就扔到了反面，你可以得到2元钱；如果第一次是正面，就继续扔第二次，第二次反面朝上，你就可以得到4元钱；如果第二次还是正面朝上，那么再继续扔第三次，第三次是反面朝上的话，你可以得到8元钱；前面三次都是正面，第四次才出现反面，你就得到16元；第五次才出现反面，你就得到32元……以此类推。在明白了游戏规则以后，请想一下，你最多愿意花多少钱来参加这个游戏？期望理论是否可以完美地解释人们的风险决策？

第五章

商务谈判的准备

学习目标

- ◆ 了解不同层次的谈判目标
- ◆ 了解并掌握收集谈判所需资料的内容与方法
- ◆ 掌握如何构建协调、高效的谈判团队
- ◆ 掌握商务谈判计划书制订的方法

中国 F 公司的谈判准备

中国 F 公司与法国 G 公司商谈一笔关于某计算机生产线的技术转让交易。G 公司将其报价如期交给了 F 公司，报价包括装配线设备、检测试验室、软件、工程设计、技术指导、培训等。双方约定接到报价后两周在中国北京开始谈判。F 公司接到报价后即着手准备。

F 公司首先将有关技术部分交专家组去分析，并提出了相关要求，而商务部分则由主谈负责分析，随后约定时间开会讨论。

专家组对技术资料反映的技术先进性、适用性、完整性进行了分析，将不清楚的部分列出清单，对国际市场的状况进行了对比，对 G 公司产品系列及特点给出了说明，形成了书面意见。

主谈则将装配线设备、检测试验室设备等列出清单，标上报价，并列出对照分析价、交易目标价、分步实现的阶段价，形成了一份设备价格方案表。又照此法，将技术内容列出清单，分出各项价格并形成了一份技术价格方案表；将技术指导和人员培训费分列出人员专业、人数、时间、单价、比较价、目标价等并制订出一份技术服务价格方案；将工程设计列出分工内容、工作量估算、单项价、比较价、目标价等并制订工程设计价格方案。在所有价格方案中，均以对应形式列出：G 公司报价及可能的降价空间，F 公司的还价及可能的还价幅度，并附上理由。

开会讨论时，专家组与主谈交换了各自的准备情况，同时分别分析了双方在企业面临的政治经济状况、市场竞争、各自需求及参加谈判的人员等各方面的有利与不利因素。经过讨论，主谈与专家组意见略有分歧：主谈认为这是我方第一次采购且 G 公司第一次进入中国市场，应有利于压价，谈判目标可以高些；专家组则认为 G 公司技术较好，我方又急需，少压价能成交也可接受。这个分歧可能直接影响谈

判条件以及谈判策略，于是，主谈决定请示领导。

主谈、专家组一起向项目委托谈判单位的领导汇报了情况及分歧。在领导的指导下，大家进一步分析利弊后达成了共识，形成了谈判预案。

请问F公司接到报价后应该如何着手准备？

资料来源：道客巴巴在线文档分享平台［EB/OL］.（2012-11-25）［2018-08-01］. http://www.doc88.com/p-110697396974.html.

《礼记·中庸》中有言："凡事预则立，不预则废。言前定则不跲，事前定则不困，行前定则不疚，道前定则不穷。"这揭示了事先的计划和准备工作的重要性。准备工作也是商务谈判成功的关键，二八法则同样适用于谈判：80%左右的努力应该用于准备工作，20%的努力则应用于实际谈判。商务谈判工作做得充分可靠，可以使己方增强自信，从容应对谈判过程中出现的各种问题。商务谈判准备工作主要包括：商务谈判目标确定、商务谈判背景调查、商务谈判团队构建和商务谈判计划书制订。

第一节　商务谈判目标的确定

▶▶ 一、企业战略目标

企业战略就是设计用来开发核心竞争力、获取竞争优势的一系列综合的、协调的约定和行动。企业的战略选择受到公司外部环境中的机会和威胁的影响，同时也受到公司内部资源、能力和核心竞争力的影响。一个高效的规范化战略应该汇集、整合并且重新分配公司的资源、能力和竞争力，以使这些资源可以适当地与外部环境结合。适当的战略将使公司的愿景和使命以及实现这些愿景和使命的行动更加合理化。企业战略目标是指企业在实现其使命过程中所追求的长期结果，是在一些最重要的领域对企业使命的进一步具体化。从广义上看，企业战略目标是企业战略构成的基本内容，战略目标是对企业战略经营活动预期取得主要成果的期望值；从狭义上看，企业战略目标不包含在企业战略构成之中，它既是企业战略选择的出发点和依据，又是企业战略实施要达到的结果。

◉ ［专栏5-1］

有效的愿景和使命宣言：为什么企业需要它们

有人明确地认为为制定愿景和使命宣言而进行的工作是在浪费时间与精力。"我们每天都忙于挑战而没有时间去思考未来，没有时间去思考我们希望成为什么样的人的梦想。""所有公司的愿景和使命宣言看起来都没有多大差别，那么，为什么还要为此而费心呢？"几乎所有的人，无论是为什么样的组织工作都会听到同样的评论。

考虑到今天的企业所面临的挑战，让我们理解一些人对制定愿景和使命宣言为组织带来收益持负面看法的原因。艰难的竞争环境和全球化的现实可能导致一些人被要求参与制定其所在组织的愿景与使命宣言时表示不乐观。另外，困难和挑战与制定有效而有意义的愿景及使命宣言是相关的，这可能是一些人不愿意从事这项活动的主要原因。

愿景是描绘企业期望成为什么样子的一幅画面，从广义上讲，就是企业最终想实现什么。基于这种愿景，企业的使命指明了企业的业务以及需要服务的顾客。这些宣言最重要的一点是在制定时必须深思熟虑。而且，制定这些宣言时需要做出选择，选择企业期望成为什么样子，企业最终想实现什么，要在哪些业务领域内竞争，服务于哪些特殊的顾客群体。同时，还要决定企业不成为什么样子，不要求实现什么，哪些领域不介入，哪些顾客不是服务对象。这些都是难以决定的选择，只有通过缜密的思考和分析才能实现。拥有企业外部环境和内部组织的信息之后，那些参与制定企业愿景和使命宣言的人必须严谨而认真地讨论所收集信息的真实性与可靠性。

接受严谨检验和解释这些信息的挑战对组织来说能带来很多益处。对组织内部来说，这种益处包括：① 提供了选择企业战略的方向；② 优先处理企业如何对资源进行分配；③ 提供了员工为解决同一件事务在一起工作的机会；④ 取得对采取折中方案必要性的理解；⑤ 学习到更多关于企业文化和特性的知识。对组织外部环境来说，这种益处包括：① 展示出企业与竞争者之间的差异；② 反映了组织的行为重点和偏好；③ 标识出企业文化和价值。另外，战略领导者应该意识到以往的研究证据都表明制定与其所处的外部环境和内部组织一致的企业愿景和使命宣言与企业绩效是正相关的。对企业来说，有很多理由支持其为有效地制定企业愿景和使命宣言采取相应的行动步骤。

企业战略目标确定后，商务谈判人员就可以明确在每次谈判中的目标和责任，明确自己所处的地位及谈判成功的意义，从而采取相应的谈判策略和技巧，以保证实现企业的战略目标。商务谈判是企业生产经营活动的一部分，商务谈判目标也需要与企业战略目标一致，在制定商务谈判目标时也需要考虑企业战略目标的实现。

▶▶ 二、商务谈判目标

1. 商务谈判目标的界定

目标是人们行动预期达到的成果或结果，也是考核人们行动效率和效果的标准。商务谈判目标指商务谈判所要达到的具体目标。谈判目标不仅为谈判活动指明了方向，也是检验谈判效率和成果的依据与标准。它关系到企业战略目标的实现，又决定了在谈判中每一阶段具体目标的制定，以及在谈判中所采取的策略。因此，商务谈判的准备工作首要任务就是确定谈判目标。谈判目标的确定极为重要，商务谈判目标具有以下特点：

1）有效的谈判目标必须是具体的、明确的和可衡量的。目标越不具体、越不可衡量，就越难以让对方了解己方的要求，同时也难以了解对方的要求，难以确定谈判协商的交易条件是否满足了目标要求。愿望不等于目标，愿望是一种想象，是对某件事情可能发生所抱有的希望，而目标是具体的，是可以通过实际行动来实现的。

2）谈判目标是存在边界限制的。例如，产品价格的底线就是产品的成本。如果目标超过了限制，要么改变谈判目标，要么结束谈判。换句话说，超过边界的谈判目标是不可能实现的。

3）谈判双方的目标通常相互关联。双方目标之间的相关性定义了要解决的问题，同时也经常是冲突的来源。买方通常希望购买价格越低越好，而卖方通常希望售卖价格越高越好，双方的目标相关联，通过谈判解决"以什么样的价格"购买商品，实现双方的目标。

● [专栏5-2]

有限理性与满意准则

有限理性与满意准则是赫伯特·A. 西蒙（Herbert A. Simon，1916—2001）决策理论的核心思想。他倡导的决策理论，是以社会系统理论为基础，吸收古典管理理论、行为科学和计算机科学等的内容而发展起来的一门边缘学科。由于其在决策理论研究方面的突出贡献，他被誉为"管理决策之父"，被授予1978年度诺贝尔经济学奖。

西蒙认为，长期以来，在关于人类行为的理性方面存在着两个极端。一个极端是由弗洛伊德开始的，就是试图把所有人类的认知活动都归因于情感的支配。对此，西蒙提出了批评。他强调，组织成员的行为如果不是完全理智的，至少在很大程度上是符合理性的，情感的作用并不支配人的全部。另一个极端是，经济学家的经济人假设赋予了人类无所不知的理性。在经济人的观察角度下，似乎人类能够拥有完整而一致的偏好体系，让他始终可以在各种备选方案之中进行选择；他始终十分清楚到底有哪些备选方案；为了确定最优备选方案，他可以进行无限复杂的运算。对此，西蒙也进行了反驳。他指出，单一个体的行为不可能达到完全理性的高度，因为其必须考虑的备选方案的数量太大，评价备选方案所需要的信息太多。事实上，现实中的任何人都不可能掌握全部信息，也不可能先知先觉，决策者只能通过分析研究来预测结果，因此决策者也只能在考虑风险和收益等因素的情况下做出自己较为满意的抉择。所以西蒙认为，人类行为是理性的，但不是完全理性的，一句话：理性是有限的。

从有限理性出发，西蒙提出了满意型决策的概念。从逻辑上讲，完全理性会导致人们寻求最优型决策，有限理性则导致人们寻求满意型决策。以往的人们研究决策，总是立足于最优型决策，在理论上和逻辑上，最优型决策是成立的。然而在现实中，或者是受人类行为的非理性方面的限制，或者是最优选择的信息条件不可能得到满足，或者是在无限接近最优的过程中极大地增加决策成本而得不偿失，这些都导致最优决策是难以实现的。因而，西蒙提出用满意型决策代替最优型决策。所谓满意，是指决策只需要满足两个条件即可：一是有相应的最低满意标准，二是策略选择能够超过最低满意标准。在这里，如果把决策比作大海捞针，那么最优型决策就是要求在海底所有的针中间捞出最尖最好的那枚针，而满意型决策则只要求在有限的几枚针中捞出尖得足以缝衣服的那枚针即可，即使还有更好的针，对决策者来说已无意义。

资料来源：中国信息大学《管理学原理》讲义：西蒙决策理论的核心思想 [EB/OL]. (2012-03-06) [2018-08-13]. http://www.cieu.org.cn/News/2012-03-06/20120306164136397.html.

2. 商务谈判目标的层次

确定谈判目标一般包括以下几个要素，即产品的数量、质量、价格、支付方式、交货条件、服务标准等。但是，仅仅列出这些交易条件是不够的，这些只是具体的指标，还要从总体上综合考虑谈判可能出现的结果，并制定相应层次的目标。依据赫伯特·A. 西蒙（Herbert A. Simon）的决策理论，一般可将谈判目标划为三个层次：最优期望目标、可以接受目标、最低限度目标。在实际谈判中，谈判的双方都会遇到这样的问题：我方应该首先报价吗？如果首先报价，开价是多少？如果是对方首先报价，我方应还价多少？如果双方就价格争执不下，那么，在什么条件下我方可接受对方的条件？在什么情况下，我方必须坚守最后防线？要更好地解决这些问题，就必须认真研究、制定谈判的不同层次的目标。

（1）最优期望目标

最优期望目标是对谈判者最有利的一种理想目标，实现这个目标，将最大化地满足己方利益。当然己方的最优期望目标可能是对方最不愿接受的条件，因此在实践中最优期望目标一般是可望而不可即的理想目标，往往很难实现。但是，确立最优期望目标是很有必要的，不仅可以激励谈判人员尽最大努力去实现最优期望目标，也可以很清楚地评价出谈判最终结果与最优期望目标之间存在多大差距。在谈判开始时，以最优期望目标作为报价起点，有利于在讨价还价中使己方处于主动地位。

在现实生活中有一个这样的案例：小郭在 A 公司工作了多年，已经升到了部门经理，月薪 1 万元，他觉得事业和薪酬都到了一个瓶颈，希望有所改变，于是私下面试了一家 B 公司，对方开出了 1.3 万元的月薪。突然有一天，小郭下班后接到 C 公司的电话，邀请他去参加工作面试。小郭决定前去 C 公司参加面试，小郭提出了 2 万元的月薪，但他心中认为 1.5 万元也是可以的。C 公司在面试小郭前，已经有一个候选人小张，小张提出了 1.8 万元的月薪。C 公司人事经理在面试时说，考虑到小郭的经验和能力，公司愿意给小郭 1.3 万元的月薪。小郭认为月薪 1.3 万元过低，和他到 B 公司持平，于是提出月薪 1.8 万元，否则免谈。C 公司人事经理认为过高，这个级别经理月薪从来就没有这个水平，需要请示公司总经理。C 公司总经理决定破例给小郭提供 1.5 万元的月薪，但前提是小郭的月销售必须达到 50 万元以上，否则要逐级递减奖金。小郭觉得很受重用，获得特殊对待，感觉很好。同时感觉这工作具有挑战性，工作积极性比在原公司更高。在这个案例中，小郭的最优期望目标是月薪 2 万元。

（2）可以接受目标

可接受目标是谈判人员根据各种主客观因素，通过考察种种情况，经过科学论证、预测和核算之后所确定的谈判目标。可接受目标是介于最优期望目标与最低限度目标之间的目标。在谈判桌上，一开始往往要价很高，提出自己的最优期望目标。实际上这是一种谈判策略，其目的完全是为了保护最低限度目标或可接受目标，这样做的实际效果往往超出了谈判者的最低限度要求，通过双方讨价还价，最终选择一个最低与最高之间的中间值，即可接受目标。在上述案例中，小郭的可接受目标是月薪 1.5 万元，但在面试之初，小郭提出的月薪却是 2 万元。反过来，C 公司的可接受目标是月薪 1.8 万元，但在面试初，C 公司提出的月薪是 1.3 万元。最终双方以有附加条件的 1.5 万元月薪达成协议，均达到了各自的可接受目标。

（3）最低限度目标

最低限度目标是商务谈判必须实现的目标，如果不实现，谈判就只能破裂。一般来说，最低限度目标低于可接受目标。谈判者需要明确，对于一项谈判协议，自己的最佳替代方案或谈判协议的最佳替代方案 BATNA（即 Best Alternative To a Negotiated Agreement 的简称）是什么。BATNA 是要求谈判者考虑在未能达成交易的情况下，可能发生的最优结果是什么，并且把现有的交易与这个替代方案进行比较。这看似简单，却是绝佳的方法，因为它为谈判者提供了一种确定底线的方式。谈判协议的最佳替代方案决定了谈判者准备何时离开谈判桌，退出谈判。实际上，这就意味着只要条款优于谈判协议的最佳替代方案，谈判者就应该愿意接受；而只要条款比谈判协议的最佳替代方案差，谈判者就应该拒绝接受。谈判协议的最佳替代方案并非由谈判者的主观愿望所决定，而是取决于客观现实，并且具有时效性，会随着市场、环境的变化而发生变动。

在上述案例中，小郭的 BATNA 是 B 公司开出的月薪 1.3 万元，C 公司的 BNTNA 是小张提出的月薪 1.8 万元。案例中，C 公司把小张和小王比较后，用低于 1.8 万元的月薪和更高的销售业绩聘请了小郭。小郭从 A 公司跳槽到 C，月薪从 1 万元上升到 1.5 万元，他感到非常满意。C 公司人事经理也暗自得意，其实在 1.5 到 1.8 万元之间的经理月薪，他有权力决定，但利用有限授权，他用比预期低的工资招聘到了合适的人选，总经理对他也倍加赞赏，也给他增加了薪水。双方获得了皆大欢喜的双赢结果。

谈判目标的确定是一项非常关键的工作。上述三个层次的目标，共同构成一个整体，需要在谈判前根据实际情况认真规划设计。第一，不能盲目乐观地将全部精力放在争取最优期望目标上，而很少考虑谈判过程中会出现的种种困难，造成束手无策的被动局面。谈判目标应具有弹性，根据谈判的实际情况随机应变、调整目标。第二，当谈判中存在多重目标时，应根据其重要性进行排序，抓住最重要目标努力实现，而其他次要目标可让步或降低要求。第三，己方最低限度目标要严格保密，绝不可透露给谈判对手，否则将陷于被动。

第二节　商务谈判背景调查

▶▶ 一、商务谈判背景调查的内容

1. 对谈判环境的调查

商务谈判是在一定的政治、经济、法律、文化、自然资源、气候条件等环境中进行的，这些环境因素会直接或间接地影响谈判。商务谈判人员想要制定出合理的谈判方针和策略，就需要对上述各种环境因素进行全面系统正确的调查研究和分析评估。

（1）政治与法律环境

任何国家的经济活动都离不开政府的调节控制。社会经济活动都是在国家的宏观计划调节下进行的，政府的各项方针、政策为经济发展指明了方向，保证经济活动的顺利进行。企业的各种经济活动也是在这些方针指导下进行的。这就要求谈判人员在谈判开始前详细了解有关法律法规，以免在谈判时因不熟悉法律法规而出现失误。如果是国内商务谈判，要按照国家法律法规和政策办事。商务谈判人员不但要掌握有关现行税制，还要熟知经济法规，以保证交易的内容、方式符合政府的有关规定，保证合同协议的有效性、合法性。

如果是国际商务谈判，除了要了解本国和对方所在的国家或地区的法律法规外，还要了解相关国际条约、国际惯例。了解对方国家政府的关税政策、贸易法规、进出口管理制度，对我国是否实行禁运或限制进出口的种类范围，以利于我方出台正确的谈判方针、计划，避免谈判中出现不必要的分歧、误会，促使谈判顺利进行。除此之外，还需了解国家的经济体制、政府对企业的管理程度、政局稳定性程度、政府与买卖双方之间的政治关系等。

◉ [案例5-1]

不了解国外法律法规的代价

一家法国电子产品集团在美国芝加哥以收购的方式投资建立了一个公司，生产军用电子产品设备。直到收购结束后该公司才知道美国有一条法令为《购买美国货法》，该法令规定美国政府不能购买外国公司生产的军事零部件，禁止美国政府购买外国公司生产的军事设备，而该公司计划生产的主要是整套军事设备，并且美国政府是主要的买家。这条法令意味着该公司生产的产品将无人问津，因此该公司不得不从美国撤出并为此遭受了巨大的损失。

中国某工程承包公司在加蓬承包了一项工程任务。当工程的主体建筑完工之后，中方由于不再需要大量的劳动力，便将从当地雇用的大批临时工解雇，谁知此举导致了被解雇工人持续40天的大罢工。中方不得不同当地工人举行了艰苦的谈判。被解雇的工人代表提出让中方按照当地的法律赔偿被解雇工人一大笔损失费，此时中方人员才意识到他们对加蓬的法律太无知了。根据加蓬的劳动法，一个临时工如果持续工作一周以上而未被解雇则自动转成长期工，作为一个长期工，他有权获得足够维持两个妻子和三个孩子的工资，此外，还有交通费和失业补贴等费用。一个非熟练工人如果连续工作一个月以上则自动转成熟练工人，如果连续工作三个月以上则提升为技术工人。工人的工资也应随着他们的提升而提高。而我国公司的管理人员按照国内形成的对临时工、长期工、非熟练工、熟练工以及技工的理解来处理加蓬的情况，结果为自己招来了极大的麻烦。谈判结果是可想而知的，公司不得不向被解雇的工人支付了一大笔失业补贴，总数相当于已向工人支付的工资数额，而且这笔费用由于属于意外支出，并未包括在工程的预算中，全部损失都得由公司自行支付。

资料来源：白远. 国际商务谈判：理论、案例分析与实践［M］. 北京：中国人民大学出版社，2015：27.

（2）社会文化环境

不同的社会文化环境会形成不同的价值观念与行为导向，在国际贸易谈判中，了解不同文化背景下的人们的价值观和行为方式也是十分必要的。这是因为所交易的产品从设计、命名、商标、包装、运输以及交货日期都可能在不同程度上与价值观和行为方式有一定的联系，会影响买方的经营与销售。

◉ ［案例5-2］

万达集团西班牙项目受阻

据媒体报道，万达集团2014年以2.65亿欧元（约合22亿元人民币）在西班牙马德里广场收购了"西班牙大厦"项目。该项目总共有25层，高117米，总占地面积4 655平方米，计划重新发展为有200间客房的豪华酒店、高级零售空间及大约300个住宅式公寓的综合物业，预期建筑面积约为83 228平方米。

万达集团承诺的重建将重振这个地区，并产生3 400个工作岗位。当时执政的人民党马德里政府为促成项目而让地方历史遗产委员将西班牙大厦的历史保护级别从一级下调至二级，改建工程只要维持建筑主立面和侧立面原始风貌即可正常实施。然而此后万达表示出于安全考虑，提出要完全拆除大厦，一砖一瓦重建的要求。

在此后，西班牙经历了政府换届选举，马德里原来的执政党下台，新上任的市长要求对上一任政府批准的建筑项目进行重新监管，当中包括对前任市长给万达集团的承诺一概不予承认。就在万达准备拆除重建时，一位名叫何塞·比拉罗波思的马德里市民，联合了近7万名马德里当地群众一起向政府联名抵制万达集团对西班牙大厦的拆除重建计划。此后两年该项目的工作陷入停滞。

资料来源：张守刚. 商务沟通与谈判［M］. 第2版. 北京：人民邮电出版社，2016：93.

在这个案例中当地居民也没有完全拒绝来自中国万达集团的投资，只是当地市民对文化保护的观念与中国不同，在欧洲很多城市建筑保留上百年，除了维护外，几乎一点没变样，因而市民不接受古迹被拆除。西班牙法律规定，西班牙大厦的产权可以买卖，但外形不能随意改动。对于进行国际贸易的企业而言，需要深入了解和融合当地文化。对商务谈判者来说，主要需要了解社会文化环境中的宗教信仰、商业做法和社会习俗。

● [专栏5-3]

霍夫斯泰德文化维度理论

1967到1973年，荷兰管理学家、荷兰文化协作研究所所长吉尔特·霍夫斯泰德在著名的跨国公司IBM（国际商业机器公司）进行了一项大规模的文化价值观调查。他的团队对IBM公司的各国员工先后进行了两轮问卷调查，用二十几种不同语言在72个国家里发放了116 000多份调查问卷并回收了答案。调查和分析的重点是各国员工在价值观上表现出来的国别差异。1980年霍夫斯泰德出版了巨著《文化的影响力：价值、行为、体制和组织的跨国比较》，提出了分析国家文化的四个维度。后又采纳了彭麦克等学者对他的理论的补充，总结出衡量价值观的六个维度：

1) 权力距离（Power Distance）维度是指某一社会中地位低的人对于权力在社会或组织中不平等分配的接受程度。各个国家由于对权力的理解不同，在这个维度上存在着很大的差异。欧美人不是很看重权力，他们更注重个人能力；而亚洲国家由于体制的关系，注重权力的约束力。

2) 不确定性的规避（Uncertainty Avoidance）维度是指一个社会受到不确定的事件和非常规的环境威胁时是否通过正式的渠道来避免与控制不确定性。回避程度高的文化比较重视权威、地位、资历、年龄等，并试图以提供较大的职业安全，建立更正式的规则，不容忍偏激观点和行为，相信绝对知识与专家评定等手段来避免不确定的事件和非常规的环境威胁。回避程度低的文化对于反常的行为和意见比较宽容，规章制度少，在哲学、宗教方面容许各种不同的主张同时存在。

3) 个人主义/集体主义（Individualism versus Collectivism）维度是衡量某一社会总体上是关注个人利益还是关注集体利益。具有个人主义倾向的社会中人与人之间的关系是松散的，人们倾向于关心自己及小家庭；而具有集体主义倾向的社会则注重族群内关系，关心大家庭，牢固的族群关系可以给人们持续的保护，而个人则必须对族群绝对忠诚。

4) 男性化与女性化（Masculinity versus Femininity）维度主要看某一社会代表男性的品质如竞争性、独断性更多，还是代表女性的品质如谦虚、关爱他人更多，以及对男性和女性职能的界定。男性度指数（Masculinity Dimension Index）的数值越大，说明该社会的男性化倾向越明显，男性气质越突出；反之，则说明该社会的女性气质突出。

5) 长期取向与短期取向（Long-term versus Short-term）维度指的是某一文化中的成员对延迟其物质、情感、社会需求的满足所能接受的程度。这一维度显示有道德的生活在多大程度上是值得追求的，而不需要任何宗教来证明其合理性。长期取向指数与各国经济增长有着很强的关系。20世纪后期东亚经济突飞猛进，学者们认为长期取向是促进发展的主要原因之一。

6) 自身放纵与约束（Indulgence versus Restraint）维度指的是某一社会对人基本需求与享受生活享乐欲望的允许程度。自身放纵与约束的数值越大，说明该社会整体对自身约束力不大，社会对任由自身放纵的允许度越大，人们越不约束自身。

资料来源：百度知道［EB/OL］．（2017-08-03）［2018-08-09］．http：//zhidao.baidu/question/446783196.html.

第一，宗教信仰。宗教信仰是形成不同国家文化差异的诸多因素中最重要的因素之一。基督教、伊斯兰教和佛教被称为世界三大宗教，不同宗教及教派都有着不同的行为礼仪及价值取向，只有了解这些行为规范、遵守这些教规，谈判者才可能被对方所接纳，从而保证商务活动正常进行。

谈判者在进行国际商务谈判之前需搞清楚谈判对方国家或地区占主导地位的宗教信仰是什么，其次要研究这种宗教信仰对国家政治事务、法律制度、国别政策、社会交往与个人行为、节假日与工作时间的影响。

第二，商业习惯。商业习惯是在特定的地域、行业、群体范围内为一般当事人反复实践而被广为知悉的经常性做法。商业习惯融汇了地方的、行业的长期有影响的具体情况，是一种内生于社会的制度，是人们在商业活动中必须遵循的一种"定势"。因此，在不同的地域、行业、群体有不同的商业习惯。谈判者在谈判中需要了解的商业习惯包括：企业的决策程序，是由公司负责人直接决策，还是需要经过复杂的决策程序；谈判和签订协议过程中律师的作用；商业谈判是否存在贿赂行为，如果有，方式如何，如何才能不触碰法律界限；一个项目同时可以和几家公司同时谈判；在正式谈判场合，双方领导人及陪同人员的讲话次序等。

第三，社会习俗。谈判者必须了解和尊重对方国家或地区的社会风俗习惯，并且善于利用这些社会习俗为己方服务。比如，对方国家或地区人们的基本价值观；时间的价值与效率；在称呼、饮食、衣着方面的社会规范标准；当地的节日习俗；是否可以在业余时间和娱乐活动中谈业务；社交场合是否携带妻子；赠送礼物及回赠的礼仪；人们对待荣誉、名声、面子等问题的理解；在与当地人交谈时的禁忌；在经济和社会活动中，女性的参与程度；等等。这些社会习俗都会对人们的行为产生影响和约束力，影响谈判的过程和结果，因此，谈判人员必须了解和适应。

（3）宏观经济环境

第一，财政金融状况。商务谈判的结果是使得洽谈双方的资产形成流动，对于涉外业务活动，则要形成资产跨国流动。这种流动是与洽谈双方财政金融状况密切相关的。在一个国家或地区，与商务谈判相关的财政金融状况因素主要有以下几个方面：

1）该国家或地区的外债与外汇储备情况

如果该国家的外债过高，即使达成协议，在合同履行过程中，有可能因为对方外债紧张而无能力支付本次交易的款项。如果外汇储备较多，则表明该国家或地区有较强的对外支付能力；相反，如果外汇储备较少，则说明该国家或地区的对外支付存在困难。一个国家或地区的外汇储备与该国家或地区出口产品的结构有着密切的关系。如果出口产品以农副产品及矿产品原材料等初级产品为主，其附加价值较低，换汇能力较差；反之，如果出口产品具有较高的附加价值，则可能具有较强的换汇能力。通过分析这些，可以把握与对方所谈项目的大小，防止由于对方支付能力局限而造成大项目不能顺利完成的经济损失。此外，在国际大市场中，该国家或地区支付方面的信誉也是需要考虑的重要因素。如果对方信誉不佳，就要考虑用何种手段控制对方，以免对方延期支付。

2）该国家或地区的外汇和利率管制

谈判者需要了解该国家或地区货币能不能自由兑换？如果不能自由兑换，有什么条件限制？汇率变动情况及其趋势如何？要取得外汇付款，需经过哪些手续和环节？该国家对外汇出境是否有限制？有什么规定？这些问题会涉及商务交易中支付能否顺利实现以及怎样避免不必要的障碍等环节。如果交易双方国家之间的货币不能自由兑换，那么就要涉及如何完成兑换的问题，同时还要涉及选择什么样的币种来实现支付等。汇率变化对交易双方都存在一定的风险，如何将汇率风险降为最低，需经双方协商而定。

此外，谈判者还有必要了解该国家或地区的利率管理体制和利率变化状况。利率管理体制即一国中央银行调控和管理利率的一整套方式、方法、政策与制度。一般可以分为直接管理体制和间接管理体制。在直接管理体制下，利率水平和利率结构由中央银行（或政府）直接制定；而在间接利率管理体制下，市场利率主要由金融机构根据资金状况和对金融市场动向的判断来自主调节利率水平，最终形成以中央银行基准利率为基础，以货币市场利率为中介，由市场供求关系决定金融机构存贷款利率的市场利率体系和利率形成机制。利率变化的不确定性，将增加未来资金筹集者或使用者遭受损失或减少期望收益的可能性。

弄清楚该国家或地区的外汇和利率管制可使交易双方资产形成跨国间顺利流动，使双方经济利益不受损失或少受损失。

3) 该国家或地区适用的税法

该国家或地区是依据什么法规进行征税的？征税的种类和方式如何？是否签订过避免双重征税的协议？如果签订过，关系到哪些国家？这些问题都会直接影响到谈判双方最终实际获利大小的问题。

第二，基础设施与后勤供应系统。该国家或地区的基础设施与后勤供应状况因素也会影响商务谈判。例如，该国家或地区的人力资源情况如何？包括该国家或地区人力方面必要的熟练工人和非熟练工人、专业技术人员情况如何？该国家或地区的物力方面建筑材料、建筑设备、维修设备情况如何？该国家或地区在财力方面有无资金雄厚、实力相当的分包商？在聘用外籍工人、进口原材料、引进设备等方面有无限制？当地的运输条件如何？这些也都需要谈判双方加以考虑。

2. 对行业情况的调查

(1) 行业概况

谈判前首先需要对行业规模、发展速度、市场行情、平均利润水平、主要厂商等信息进行调查。可以填入类似表5-2中：

表5-2 行业概况表

年度	行业总销售额、产值	年度增长率	行业总利润/利税额	从业人数	主要厂商
2018					
2017					
2016					
2015					
2014					
……					

(2) 政策和技术发展对行业的影响

需要调查的内容包括：国内对行业的管理性法规、行业促进政策等；行业管理促进政策对行业的影响具体分析；国外成功的行业管理模式（政策法规）；主要技术术语、简写和解释；国内技术领先公司的名称、简介、技术领先之处；国际技术领先的国家、公司的名称、简介、技术领先之处；国际技术走向、发展前景分析；国内技术水平、发展趋势，与国外的技术差距。

(3) 产业链和相关行业分析

需要调查的内容包括：行业集中度、竞争态势，即行业厂商总数、最大的3~5家厂商规模占行业规模的比重（销售额、资产、人员）；行业大厂商赢利模式、竞争优势分析；行业小厂商赢利模式、竞争优势分析；供应商行业的议价能力分析，及供应商行业的集中度、最大的厂商分析；本行业对供应商的依赖度分析（行业需要的技能、资源、利润来源是否与供应商关系密切）；供应商对本行业的依赖度分析（供应商需要的资源、利润来源是否与本行业关系密切，供应商的替代性，本行业是否是唯一的采购者）；顾客行业的议价能力分析，及顾客行业的集中度、最大的采购商分析；本行业对顾客行业的依赖度分析（行业需要的技能、资源、利润来源是否与顾客行业关系密切，行业产品的替代性）；顾客行业对本行业的依赖度分析（顾客厂商需要的技能、资源、利润来源是否与本行业关系密切，本行业是否是唯一的供应者）；其他相关行业的类别（替代性、补充性、服务性）、名称（及行业编号）、简介；相关行业厂商与本行业厂商关系分析（是否共同提供服务，是否协作开发，是否经销本行业产品，是否提供增值服务）；行业的规模、主要厂商、竞争力分析。

3. 对谈判对手的调查

谈判对手的情况是复杂多样的，如果对谈判对手毫无任何了解，就会使己方在谈判中处于弱势地位，甚至会冒很大的风险，因而对谈判对手的调查是重要的谈判准备工作之一。

（1）对谈判对手身份调查

为了更好地分析和研究谈判对手，首先应对谈判对手属于哪一类客商有所了解，谈判客商一般可以分为八类（如表5-3所示）。

表5-3 谈判客商类别

客商类别	特征
在世界上享有一定声望和信誉的跨国公司，资本雄厚，有财团做后盾	资本雄厚，有财团做后盾，机构健全，聘请法律顾问专门研究市场行情以及技术论证
享有一定知名度的客商	资本比较雄厚，产品在国内外有一定的销售量，靠引进技术，创新发展，在国际上有一定的竞争能力
没有任何知名度的客商	没有任何知名度但可提供完备的法人证明，具备竞争条件
专门从事中介交易的客商（俗称中间商）	无法人资格，无权签署合同，只是为了收取佣金而为交易双方牵线搭桥
知名母公司下属的子公司	资本比较薄弱，是独立的法人，实行独立核算，在未获授权许可前，无权代表母公司
知名母公司总部外的分公司	无法律和经济上的独立性，不具有独立法人资格，公司资产属于母公司
利用个人身份从事非其所在公司业务的活动的客商	在某公司任职的个人，打着公司的招牌，从事个人买卖活动，谋求暴利或巨额佣金
骗子客商	无固定职业，专门靠欺骗从事交易，以拉关系、贿赂等手段实施欺骗活动

资料来源：樊建廷. 商务谈判［M］. 大连：东北财经大学出版社，2001：105.

前三种客商是商务谈判中主要的贸易客商。有声望的跨国公司和享有一定知名度的客商是较好的贸易伙伴，但往往要求谈判者做充分细致的准备，明确自己的底线，不能一味迎合对方条件而牺牲己方根本利益。对待没有任何知名度的客商和专门从事中介交易的中间商，需要确认其身份，深入了解其资产、技术、产品、服务等方面的情况。对待知名母公司下属的子公司、知名母公司总部外的分公司，要谨慎分析母公司与分公司、子公司之间的关系。警惕子公司利用母公司的品牌虚报资产，分公司冒用母公司之名签约。对待利用本人身份从事非其所在公司业务的活动的客商和骗子客商，一定要擦亮眼睛，谨防上当受骗。

其次，要对谈判对手的资信状况进行调研，主要包括对谈判对手合法资格的审查，及对其资本、信用和履约能力的审查。对谈判对手资信情况的审查决定了谈判的前提条件，确认其是否有合法的签约资格和足够的履约能力。

其一，对谈判对手法人资格的审查。在民法和商法中，法人作为权利义务的主体，可以从事各种经济活动，参与社会经济生活。法人应具备以下三个条件：一是必须有自己的组织机构、名称与固定的营业场所，组织机构是决定和执行法人各项事务的主体；二是必须有自己的财产，这是法人参加经济活动的物质基础与保证；三是必须具有权利能力和行为能力，权利能力是指法人可以享受权利和承担义务，而行为能力则是指法人可以通过自己的行为享有权利和承担义务。同时满足上述条件后，进行注册登记，即成为法人。对谈判对方公司法人资格的审查可以通过要求对方提供有关的文件，比如法人成立地注册登记证明、法人所属资格证明。在取得这些证明文件后，还应通过一定的手段和途径验证其真伪性。如果是涉外商务谈判，还需确认法人的国籍，即其应受哪一个国家的法律所管辖。

其二，对谈判对手资本、信用及履约能力的审查。对客商资本、信用和履约能力的审查是资信审查的重要环节。对客商资本状况的审查主要是审查客商的注册资本、资产负债表、收支状况、销售状况和资金状况等有关文件，这些文件既可以是由公共会计组织审计的年度报告，如会计师事务所出示的审计报告等，也可以是由银行、资信征询机构出示的证明材料等。通过对客商商业信誉与履约能力的审查，可以弄清客商在以往经营活动中的表现，包括公司的经营历史、经营作风、产品的市场声誉、与金融机构的财务往来状况，以及其与其他公司或企业之间的交易关系等。

（2）了解对方谈判人员的基本情况

其一，了解谈判人员的权限。商务谈判有一个重要原则，就是不与没有谈判决策权的人进行谈判。从法律角度讲，公司或企业中不是任何人都可以代表该公司或企业对外进行谈判和签约的，只有董事长和总经理才能代表其公司对外签约。公司对其工作人员超越授权范围，或根本没有授权而签订的协议，是不负任何责任的。这就要求在谈判准备工作中要严格审查，了解对方的组织结构，弄清对方决策权限的分配状况和权力范围，判断谈判者或签约代表是否有足够的权限。

其二，了解谈判对手的谈判时限。谈判时限是指谈判者完成特定的谈判任务所拥有的时间。谈判时限与谈判任务量、谈判策略、谈判结果有重要关系。了解对方的谈判时限，就可以估计出对方在谈判中会采取何种态度、何种策略，己方就可以针对此制定相应的策略。很多谈判，尤其是复杂的谈判，都是在谈判期限即将截止前达成协议的。当谈判的期限愈接近，双方的不安与焦虑便会日益增加，而这种不安与焦虑，在谈判终止的那一刻，将会达到顶点，而这正是运用谈判技巧的最佳时机。因此，对谈判者而言，一方面，可以采取各种方法尽可能地分析或知晓谈判对方的谈判时限，在谈判议程上能够控制对方，从而使己方在谈判中处于优势地位；另一方面，最好不要让对方知道自己的谈判期限，否则就可能处于劣势地位。

◉ [案例5-3]

11个农夫与1个农夫

在美国的一个边远小镇上，由于法官和法律人员有限，因此组成了一个由12名农民组成的陪审团。按照当地的法律规定，只有当这12名陪审团成员都同意时，某项判决才能成立，才具有法律效力。有一次，陪审团在审理一起案件时，其中11名陪审团成员已达成一致看法，认定被告有罪，但另一名陪审团成员认为应该宣告被告无罪。由于陪审团内意见不一致，审判陷入了僵局。其中11名企图说服另一名陪审团成员，但是这位代表是个年纪很大、头脑很顽固的人，就是不肯改变自己的看法。从早上到下午审判不能结束，11个农夫有些心神疲倦，但另一名陪审团成员还没有丝毫让步的意见。

就在11个农夫一筹莫展时，突然天空布满了乌云，一场大雨即将来临。此时正值秋收过后，各家各户的粮食都晒在场院里。眼看场大雨即将来临，那么11名代表都在为自家的粮食着急，他们都希望赶快结束这次判决，尽快回去收粮食。于是都对另一个农夫说："老兄，你就别再坚持了，眼看就要下雨了，我们的粮食都在外面晒着，赶快结束判决回家收粮食吧。"可那个农夫丝毫不为之所动，坚持说："不成，我们是陪审团的成员，我们要坚持公正，这是国家赋予我们的责任，岂能轻易做出决定？在我们没有达成一致意见之前，谁也不能擅自做出判决！"这令那11个农夫更加着急，哪有心思讨论判决的事情？为了尽快结束这令人难受的讨论，11个农夫开始动摇了，考虑开始改变自己的立场。这时一声惊雷震破了11个农夫的心，他们再也忍受不住了、纷纷表示愿意改变自己的态度，转而投票赞成那位农夫的意见，宣告被告无罪。

按理说，11个人的力量要比一个人的力量大。可是由于那一名陪审团成员坚持己见，更由于大雨的即将来临，使那11个人在不经意中为自己定了一个最后期限：下雨之前。最终他们被迫改变了看法，转而投向另一方。在这个故事中，并不是那一名农夫主动运用了最后的期限法，而是那11个农夫为自己设计了一个最后的期限，并掉进了自设的陷阱里。

其三，了解谈判对手的需要和谈判风格。除了了解对方的权限和时限之外，还要从多方面搜集对方的信息，分析谈判对手的利益需求和谈判风格。通过对对方企业情况如产品的生产、销售、财务、营销等情况的分析，来预测谈判对手的谈判目标，所追求的中心利益和特殊利益。此外，还要了解谈判者的个人需要，可以从谈判人员的基本情况入手，如对方的性格、年龄、兴趣、爱好、文化背景等。通过对方过去的谈判行为能够很好地预测他们现在的谈判风格和行为，从对方过去的谈判声誉是合作型的还是竞争型的，可以推断出对方可能采取的谈判策略。

● [案例5-4]

关心对方的利益

在谈判中，谈判双方的利益不一致是必然的，有时甚至是尖锐对立的。彼此坚持对立的立场、各不相让，常使谈判出现僵局；而奉行互利原则，则可以打破僵局，达成对双方都有利的协议。美国演讲大师戴尔·卡耐基曾经经历过这样一次谈判。有一段时间，他每个季度都有10天租用纽约一家饭店的舞厅举办系列讲座。后在某个季度开始时，他突然接到这家饭店的一封要求提高租金的信，准备将租金提高至原来的两倍。当时举办系列讲座的票已经印好了，并且已经都发出去了。卡耐基当然不愿意支付提高的那部分租金。几天后，他去见饭店经理。他说："收到你的通知，我有些震惊。但是，我一点儿也不埋怨你们。如果我处在你们的位置，可能也会写一封类似的通知。作为一个饭店经理，你的责任是尽可能多地为饭店谋取利益。如果不这样，你就可能被解雇。如果你提高租金，那么让我们拿一张纸写下将给你带来的好处和坏处。"接着，他在纸中间画了一条线，左边写"利"，右边写"弊"，在利的一边写下了"舞厅。供租用"。然后说："如果，舞厅空置，那么可以出租供舞会或会议使用，这是非常有利的，因为这些活动给你带来的利润远比办系列讲座的收入多。如果我在一个季度中连续20个晚上占有你的舞厅，这意味着你会失去一些非常有利可图的生意。"

"现在让我们考虑'弊'。首先你并不能从我这里获得更多的收入，只会获得更少，实际上你是在取消这笔收入,因为我付不起你要求的价,所以我只能被迫改在其他的地方办讲座。"

"其次,对你来说,还有一弊。这个讲座吸引很多有知识、有文化的人来你的饭店。这对你来说是个很好的广告,是不是?实际上,你花了5 000美元在报上登个广告也吸引不了比我讲座更多的人来这个饭店。这对于饭店来说是很有价值的。"

卡耐基把两项"弊"写了下来。然后交给经理说:"我希望你能仔细考虑一下,权衡一下利弊,然后告诉我你的决定。"第二天,卡耐基收到一封信,通知他租金只提高原来的1.5倍,而不是2倍。卡耐基一句也没提自己的要求和利益,而始终在说谈判对方的利益以及怎样实现才对对方更有利,但却成功地达到了自己的目的。关心对方的利益,站在对方的角度设身处地地为对方着想,指出他的利益所在,对方会欣然与你合作。成功的、合作的谈判关键在于找出什么是对方真正需要的。当你谋求你的利益时,也给对方指出一条路,使其获得他所谋求的利益。

二、商务谈判背景调查的方法

古人云:"知己知彼,百战不殆。"只有了解和掌握谈判对手的情况,才能有针对性地制定我方的谈判策略。商务谈判背景调查工作应该坚持长期一贯性,企业应该不间断地搜集各种信息,为制定战略目标提供可靠依据;同时,面对某一具体谈判,又要有针对性地调查具体情况。调查时可以寻求多种信息渠道和调查方法,使调查的结果全面、真实地反映现实情况。

（一）谈判信息调查的主要渠道

1. 从国内外有关单位或部门收集资料

在进行国内谈判时,可以从以下这些组织收集资料:国内相关单位如商务部;中国对外经济贸易促进委员会及其各地的分支机构;中国银行的咨询机构及有关其他咨询公司;与该谈判对手有过业务往来的国内企业和单位;等等。在进行国际谈判时,就可以从以下这些组织收集资料:我国驻当地的使馆、领事馆、商务代办处;中国银行及国内其他金融机构在当地的分支机构;本行业集团或本企业在当地开设的营业分支机构;当地的报纸、杂志;本公司或单位在当地的代理人;当地的商会;等等。

2. 从公共机构提供的已出版和未出版的资料中获取信息

这些公共机构可能是官方的,也可能是私营的,它们提供资料的目的,有的是作为政府的一项工作,有的则是为了赢利,也有的是为了自身的长远利益需要,因此,作为企业或单位的业务洽谈人员,应该熟悉一些公共机构,甚至要熟悉这些机构里的工作人员,同时还要熟悉他们提供资料的种类及发行途径。现列举几种资料来源。

1) 国家统计机关公布的统计资料。比如工业普查资料、统计资料汇编、商业地图等。

2) 行业协会发布的行业资料。这些资料是同行企业信息的宝贵来源。

3) 图书馆里保存的大量商情资料。比如贸易统计数字、有关市场的基本经济资料、各种产品交易情况统计资料,以及各类买卖机构的翔实资料等。

4) 出版社提供的书籍、文献、报纸杂志等。比如出版社出版的工商企业名录、商业评论、统计丛书、产业研究等。目前,许多报刊为了吸引读者,也常常刊登一些市场行情及其分析报道。

5) 专业组织提供的调查报告。随着经济的发展,出现了许多专业性组织,比如消费者组织质量监督机构、股票交易所等,他们会发表有关统计资料和分析报告。

6) 研究机构提供的调查报告。许多研究所和从事商业调研的组织,除了为单独委托人完成工作以外，为了提高自身的知名度还经常发表市场报告和行业研究论文等，这些都是我们收集信息的很好途径。

● [案例5-5]

从公开渠道收集信息

20世纪60年代中期，中国发现了大庆油田，但当时对外是严格封锁消息的。1966年7月，《中国画报》封面上刊登了大庆石油工人艰苦创业的照片，画面上，工人们身穿大棉袄，正冒着鹅毛大雪奋战在钻井平台上。据此，日本人得出结论，大庆油田可能在东三省北部的某地，因为中国其他地区很难下这么大的雪。接着，日本人又注意到《人民日报》报道，王进喜到了马家窑，豪迈地说：好大的油海啊，我们要把中国石油落后的帽子扔到太平洋里去。于是，日本人找来伪满时期的旧地图，发现马家窑是位于黑龙江省海伦市东南的一个村子。以后日本人又根据日文版的《人民中国》介绍的中国工人阶级发扬"一不怕苦，二不怕死"的精神，肩扛人抬将设备运到现场，推断石油钻井离马家窑很近，又根据当年王进喜出席第三届人民代表大会，推断大庆油田出油了。最后，日本人又根据大庆油田钻塔的照片，推算出油井的直径，由当时的全国石油产量减去原有产量，算出大庆油田的石油总产量。在此基础上，日本人设计了适合大庆油田操作的石油设备，当我国突然向外界宣布在国际上征求石油设备设计方案时，日本人一举中标。

3. 从互联网上收集资料

查询宏观数据可多利用网络渠道，信息更新相对及时。

（1）宏观信息查询

世界银行中文网站"数据—指标栏目"，该栏目可查询世界各国（地区）历年国内生产总值（GDP）、人口总数、二氧化碳排量、贷款利率等各种数据，还可按图、表、地图等形式显示。"国家数据库"可查询我国各种统计数据的月度数据、季度数据、年度数据、普查数据、地区数据、部门数据，还可查询部分其他统计数据。其他常用的宏观信息查询网站还有，"新浪财经—中国宏观经济数据""东方财富网—数据中心"等。另外，可以从新闻网站上得到及时的宏观信息、行业动态和公司新闻等。如人民网财经频道、东方财富网、中国经济网、第1财经、和讯网等。

（2）政府部门、行业协会、学会组织网站

可以通过各政府部门、行业协会、学会组织网站来查询政策、行业动态等。如国家发展和改革委员会、中国人民银行、中华人民共和国商务部、全国企业信用信息公示系统网络等。读者可利用"全国企业信用信息公示系统"查询国内企业的注册信息。另外，贸促会、大使馆、专业协会、学术组织也可作为信息查询来源。

（3）传统印刷媒体（图书、期刊、报纸）的电子版与数据库

上述数个渠道可查询的信息不少，但如果涉及技术等深层次问题，还要从图书、期刊中寻找更详细、更可靠的答案。查询图书、期刊或报纸文章可通过图书馆查询系统查询；图书网店（如当当网、亚马孙、京东商城）新书信息登录会更快、更全，也可作为图书信息查询渠道；中国知网、万方数据库等文献查询网站可查询相关文章，对了解行业动态，甚至公司情况较有帮助。

以上收集信息的渠道都是间接渠道，验证这些信息的真伪，可以用信息互证的方法，也可以直接派本企业或单位人员到对方企业或单位进行考察。

（二）谈判信息调查的主要方法

1. 案头调查法

案头调查法是用于收集第二手资料的方法。可以从公开出版的报纸、杂志、书籍中收集，也可以从未公开的各种资料、文件、报告中收集。案头调查法的特点是可以收集到比较权威、比较准确的信息，但是要注意信息是否陈旧、过时。

2. 访谈法

调查者直接对访问对象进行问答，包括一对一采访和焦点小组座谈。访谈这种方法的特点是可以有针对性地抽样选择访谈对象，可以直接感受到对方的态度、心情和表述，可以获得比较全面深入的一手资料，同时通过深度访谈发现一些重要情况。在访谈之前，应准备好调查提纲，针对性地设计一些问题。但在访谈过程中，不应固守访谈提纲，可以根据情况随时调整访谈进程。访谈对象回答问题时可录音或记录，以便事后整理分析。

3. 问卷法

这是一种比较常用的调查方法。调查者首先选择拟调查的对象，接下来用抽样的方法来抽取调查的样本，然后发放事先印刷好的问卷，待调查对象填写好以后收集上来进行分析。如果要进行比较复杂的统计分析，往往问卷会使用Likert五点或七点调查问卷。问卷的设计要讲究科学性和针对性，既要有封闭式的问题，又要有开放式的问题。这种方法的特点是可以广泛收集相关信息，利于实现调查者的主导意向，易于整理分析，难点在于如何调动被调查者填写问卷的积极性以及保证填写内容的真实性。

4. 观察法

观察法是指调查者亲临调查现场收集事物情景动态信息。这种方法可以补充以上几种调查方法的不足。通过亲自观察得到最为真实、可靠的信息。但是这种方法也有局限性，例如，受交通条件限制，有些现场不能亲自去观察；受观察者自身条件限制，观察难免不全面，也难免受主观意识的影响而带有偏见。

第三节 商务谈判团队构建

▶▶ 一、谈判人员的选择

商务谈判从某种程度上讲是谈判双方人员实力的较量。谈判的成效如何，往往取决于谈判人员的学识、能力和心理素质。商务谈判是由谈判人员完成的，谈判人员的素质、谈判团队的组成情况对谈判的结果有直接的影响，决定着谈判的效益与成败。因此，选好谈判人员和组织好谈判团队是谈判准备工作的首要内容。

弗雷斯·查尔斯·艾克尔在《国家如何进行谈判》一书中指出："一个合格的谈判家，应该心智机敏，有无限的耐心。能巧言掩饰，但不欺诈行骗；能取信于人，但不轻信于人；能谦恭节制，但又刚毅果敢；能施展魅力，但不为他人所惑；能拥有巨富，藏娇妻，但不为钱财和女色所动。"[①] 可见，对谈判

---

① 郭秀君. 商务谈判[M]. 北京：中国林业出版社. 2008：52.

人员的素质有很高的要求。一般来说，谈判人员的素质包括三个层次，即基本素质、知识结构和能力结构，如图5-1所示。

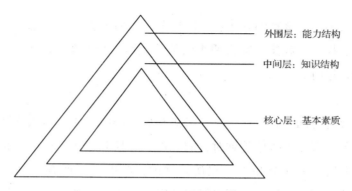

图5-1　谈判人员素质结构
资料来源：樊建廷．商务谈判［M］．大连：东北财经大学出版社，2001：113．

1. 基本素质

谈判人员的基本素质是素质结构中最核心的内容，主要包括：气质性格、心理素质、思想意识。

谈判人员应具备适应谈判需要的良好的气质性格。有良好的气质性格应具备以下特征：大方而不轻佻、豪爽而不急躁、坚强而不固执、果断而不轻率、自重而不自傲、谦虚而不虚伪、活泼而不轻浮、严肃而不呆板、谨慎而不拘谨、老练而不世故、幽默而不庸俗、热情而不多情。

在谈判过程中会遇到各种阻力和对抗，也会发生许多突变，谈判人员只有具备良好的心理素质，才能承受住各种压力和挑战，取得最后的成功。谈判人员应具备的心理素质包括：第一，自信心。自信心是谈判者最重要的心理素质。所谓自信心是指谈判者相信自己企业的实力和优势，相信集体的智慧和力量，相信谈判双方的合作意愿和光明前景，具有说服对方的自信和把握谈判的自信。自信心的获得是建立在充分调查研究的基础上，建立在对谈判双方实力的科学分析的基础上，而不是盲目的自信。第二，自制力。谈判人员的自制力表现在，在激烈的谈判中控制、调整情绪，克服心理障碍，维护组织利益的能力。谈判过程中难免会由于双方利益冲突而形成紧张、对立、僵持、争执的局面。如果谈判者自制力差，出现过分的情绪波动，如发怒、争吵、沮丧、对抗，就会破坏良好的谈判气氛，使谈判不能顺利进行。第三，耐心和毅力。耐心和毅力是谈判人员应该具备的基本素质。商务谈判往往不是短期就能获得成功的，有时甚至是一项马拉松式的工作，这就要求谈判人员在长时间的谈判中始终如一地保持镇静，顶住来自内部和外部的压力。特别是在有些谈判者采用拖延时间的策略来消磨对手的意志使得谈判陷入低潮时，谈判人员的耐心和毅力就会发挥决定性的作用。

谈判人员的思想意识，包括政治思想素质、道德水平、合作意识等。作为谈判人员，应以维护国家和企业利益为荣，具有高度原则性、责任心和纪律性，谈判人员应具有较强的法律意识，尊重法律和社会公德。具体来说，就是谈判人员必须有高度的责任心和事业心，自觉遵守组织纪律，维护国家和组织利益；必须严守组织机密，不能自作主张，毫无防范，口无遮拦。优秀的谈判人员一旦坐到谈判桌前，就要彼此尊重，并在此基础上展开智勇较量。但最终目的不是谁压倒谁，也不是置对方于死地，而是为了沟通和调整，使双方都能满足各自的基本要求，达成一致。谈判者要坦诚地表明自己的立场和观点，真诚地与对方合作，赢得对方的了解和信任，通过坦诚、合理的洽谈和协商使合作的愿望变成现实。双方以这样的高境界的积极行为，力求获得公平合理的谈判结果。

● [专栏5-5]

谈判人员的"六字真言"

"分"字诀

谈判条件要一点儿一点儿地提出来，采取逐渐渗透的策略，就会在对方认为没有多大关系的时候，取得最后的胜利。协议可以积少成多。用钱来打比方，假如是一项1 000万元的工程，你张口就说："1 000万元，请盖章吧。"没人敢说OK。但是把它分解一下，说："这里的十万元行吗？"对方当场就能敲定。接着谈下去，十万元的协议做成五个，那么这一天就达成了50万元的协议。开始时以10万元的条件让对方说出"OK"，最终养成了说"OK"的习惯，这就是最佳的效果。

"记"字诀

应当牢记那些枯燥的数字和专用名称，这是说服对手最有效的武器。牢牢地记住那些平常记不住的详细数字和专用名称，做到脱口而出，能给对方留下做过调查和有备而来的印象，起到立竿见影的效果。令对方感到你是内行后再说服对方就容易多了。

"礼"字诀

真正懂礼的人，只是在需要的时候礼貌待人，恰当地表现一下就足够了。一个人失礼与否取决给人留下的最初和最后的印象。

"引"字诀

让对方认为这个方案是他们自己构思的。比方说你应当这样诱导对方："有这么一种设想，你看怎么样？"将反拍板的话留给对方。

"傻"字诀

佯装傻瓜，从对方那里获得各种情报。在任何谈判中，尽可能地取得对方的情报，这对我方是非常有利。

"输"字诀

常胜不败做不成买卖。谈判也不能把对方"宰"得太狠，应当悠着劲儿照顾对方一点儿，让他回到公司里好有个交代，一来二去搞好关系，对方就能够逐渐成为合作伙伴。

2. 知识结构

谈判人员要具备较高的知识水平和科学的知识结构，并且要积累丰富的谈判经验。谈判人员除了要系统掌握商务知识，如国际贸易、国际营销、国际金融、国际商法等方面的知识之外，还需要掌握与谈判密切相关的专业技术知识，如商品学、工程技术知识、各类工业材料学知识、计量标准、食品检验、环境保护知识等。谈判是协调磋商人与人之间、团体与团体之间的利益关系的过程。这种协调需要谈判者有较强的洞悉与体察对方心理状态及其变化的能力，并能做出针对性的反应。因而，谈判人员还需具备基本的人文知识，掌握心理学、社会学、民俗学、语言学、历史学、行为学等方面的知识，了解对方的风俗习惯、宗教信仰、商务传统和语言习惯等。此外，谈判人员需要在实践中积累谈判经验。

3. 能力结构

谈判人员除具备基本的知识结构外，还要具备较强的运用知识的能力。知识和能力是密切相关的，只有掌握了一定知识，并能灵活运用，才能使知识转变为能力。商务谈判人员应具备：第一，协调能力。谈判是一项需要密切配合的集体活动，要求每个成员在发挥出自己作用的同时还要相互协调关系，从而把个人的力量凝结起来，以形成更强大的战斗力。第二，表达能力。谈判人员应该具有较强的口头表达、肢体语言和文字表达能力，善于运用言语有理、有利、有节地表达自己的观点；同时要精通与谈判相关的各种公文、合同、报告的写作以及电子技术的掌握。第三，社交能力。谈判人员应善于与不同的人打交道，要善于应对各种社交场合。谈判人员除了塑造良好的个人形象之外，还需掌握各种社交技巧，熟悉各种社交礼仪规范。第四，创新能力。谈判中会发生各种突发事件和变化，谈判人员要具备丰富的想象力和创造力，运用新思路、新模式，创造性地处理各种问题，实现谈判的成功。

◉ [案例5-6]

创造性地解决问题

1992年，承德露露还只是一家小企业。经中国机械进出口公司联系，决定和俄罗斯一家饮料公司合资在俄成立露露的俄罗斯分公司。

合作的初步构想是这样的：露露为技术提供方，俄方提供土地、厂房及运作和销售环节中所需的俄方人员。俄方合作者对露露的一整套生产工艺，包括严格的多重消毒环节都很满意。

中方露露也派人赶在谈判日之前去俄罗斯考察了俄方提供的地皮。

前期工作一切进行完毕，中国机械进出口公司带领俄方来到承德，开始谈判。

饮料的生产流水线复杂，需要相当大的厂房。俄方提供的两块地皮：一个位于郊区，靠近俄罗斯人周末必去的别墅地，面积足够大，价格也便宜；另一处则在繁华的市区，虽然是市民们主要生活消费地区，场地面积却小很多，而且地价相对贵得多。建立生产线以后几乎没有办公室的空间了，而且地价相对贵很多。谈判桌上，俄方想尽办法说服露露选择郊区位置。但是考虑到市民们一周内只有一两天在别墅度过，非常不利于打开饮料市场。选择市区的位置，虽然办公室会非常狭小，但露露决定坚持选择市区位置，谈判陷入僵局。

谈判第三天，中国机械进出口公司提出了一个方案，即先在市区建，迈出有利的第一步。等到三年之后成本收回，由中国机械进出口公司出面为露露集团联系在郊区建一个分厂，达到生产在郊区，经营、销售在市区的最终目标。俄方、中方对此方案均表示认可，谈判成功了。作为中国第一家打入俄罗斯市场的饮料企业，露露的跨国发展是成功的一例。

在此例子中，中方提出的方案是将双方的场地要求分开考虑，中方的场地要求在于打开市场，俄方的场地要求在于长远的大发展，因此提出了不同阶段场地选择的发展计划，双方在这一点上相互支持，满足了双方的要求。

▶▶ 二、谈判团队的构成

◉ [专栏5-6]

用管理团队的眼光看《西游记》

阿里巴巴的总裁马云，就非常欣赏唐僧团队，认为一个理想的团队就应该有这四种角色。一个坚强的团队，基本上要有四种人：德者、能者、智者、劳者。德者领导团队，能者攻克难关，智者出谋划策，劳者执行有力。

唐僧是这个团队的领导者，孙悟空是工作能力最强、业绩最突出的一个顶梁柱，而在现代团队中八戒绝对是个出色的公关人员，沙僧属于对团队有较高忠诚度的专业技术类人才。唐僧能人尽其才发挥各自的长处，才能走到西天，是一个团队管理的高手……

自身是集领导艺术和人格魅力于一身的管理者

唐僧是这个团队的领导者，忠厚正义，仁爱礼让，有其坚定的信念。如果不是潜心修炼的得道高僧，观音菩萨怎会选他当取经人呢？应该说他是一个合格的管理者，虽然没有半点武艺，还步步遇到困难，时时需要人保护，却能够把桀骜不驯的孙悟空、一心想逃走的猪八戒、凶神恶煞的沙和尚都凝聚到一起，这需要领导艺术和人格魅力。看久了《西游记》，会发现，在三个徒弟当中，虽然唐僧炒了悟空几次鱿鱼，但是跟大徒弟的感情最好，哪次不是悟空救出身处险境的自己？就像观音菩萨说的：没有孙悟空，你是到不了西天，取不到真经的。唐僧当然明白大徒弟孙悟空的重要性，对悟空寄予厚望，用慈悲之心来感化他，也算是用心良苦。能够上天入地、不断闯祸的悟空遇到了唐僧，才算找对了方向，保护师傅取得真经，成就了一番大事业，最终被佛祖赐封为"斗战圣佛"，可见唐僧对悟空也有知遇之恩。

三招管好孙悟空这个业务能力最强的顶梁柱

孙悟空代表的就是刚正不阿、骁勇善战的形象，在妖魔鬼怪面前敢打敢拼、毫无畏惧，一根如意金箍棒所向披靡，令上至天神、下至鬼怪无不闻风丧胆，堪称三界内少有的大英雄。难能可贵的是出身卑贱的"猴哥"蔑视权贵，知道自己被玉帝招安后所赐的"弼马温"是个不入流的"官"后感觉受到了奇耻大辱，当即反下天庭，竖起一面"齐天大圣"的旗子来，一只得道的石猴有如此的胸襟和气魄，怎不让人拍案叫绝！就算是面对玉皇大帝、如来佛祖，他也敢讨个说法。然而，就像一句经典的名言所说的一样：越是优秀的人，他的缺点就越明显，"猴哥"艺高胆大，但缺乏细致和耐心，忘记了山外有山、人外有人的古训，落得被佛祖压在五指山下五百年的惩罚。追随唐僧西天取经之后身经百战，屡立大功，对于师父唐僧忠心耿耿，虽说曾经三番五次地被赶走，但师徒之恩未忘，师傅有难随叫随到，是一个有情有义的猴儿。就现代团队管理来说，悟空绝对是工作能力最强、业绩最突出的一个顶梁柱。欲用好这样的人才，还是应该用唐僧的老办法，一是明确工作任务，坚定取经目的，即目标激励；二是关怀，人是感情动物，即使"石猴"也不例外，他也需要来自团队的信任、理解和关爱，即情感激励。除了这两项法宝之外，还有一个最关键的——"紧箍咒"，这是悟空最怕的一招，不到万不得已不用。事实证明，成就唐僧取得真经的这三样用人法宝在现代团队管理中一样有效。

利用出色的公关人员猪八戒开拓社会关系

八戒是唐僧的第二个徒弟，地位仅次于悟空，是个搞笑、圆滑的角色，能力不咋地却颇受师傅的偏爱，天生是悟空的死对头，当大师兄孙悟空骄傲自满、神气很足的时候，他在师父耳边给他扇扇风，说说坏话。当师兄被师父生气赶走的时候，又是他从中调解矛盾。八戒曾为"天篷元帅"的资历让他熟悉各路神仙，用现在的话说这叫作社会关系广泛，能办事。八戒嘴巴甜，会说话，在单调枯燥的取经途中却是个开心、解闷的。没有八戒的尖懒馋滑，也就衬托不出悟空的精明能干。在现代团队中八戒绝对是个出色的公关人员，能够处理好方方面面复杂的人际关系问题，在取经路上也是一个不可或缺的人物。

培养沙僧这类忠诚度高的专业技术类人才

沙和尚，是个任劳任怨、默默奉献的角色。精彩的打斗场面他露脸最少，搞笑的台词他是一点儿也沾不上边，但是也不能小看他。悟空虽然武艺高强，水下却施展不开，遇到水中怪兽就需要沙僧出手了。在师傅遇险、悟空受困时，八戒嚷嚷要分行李，沙僧立场坚定不肯散伙，耐心劝师兄想法搭救师傅。按现在的话来说，沙僧属于对团队有较高忠诚度的专业技术类人才。试想想，如果一个团队里面，只有悟空的风风火火、八戒的圆滑赖皮，没有沙和尚这样少说话、肯做事的人，那是不行的。否则，谁来挑行李？谁来照顾唐僧？危急关头谁挺身而出？我想，领导应该是希望自己的队伍里多一些沙和尚这样的人吧！

资料来源：王蕊. 搜狐财经 [EB/OL]. (2013-04-10) [2018-06-10]. http://business.sohu.com/20130410/n372202986.shtml.

（一）谈判团队的规模

谈判团队的规模没有统一的规定，必须根据具体情况来确定。谈判队伍既可以是一个人，也可是若干人。谈判团队中人员多一些，有助于知识互补，在谈判桌上也会给对手造成心理上的紧张，但由此也增加了团队内部冲突的可能和协调的难度；谈判团队中人员少一些，便于统一行动，但不利于集思广益，对于耗时长的谈判，谈判人员负担较重。因此，谈判团队的规模需要根据谈判项目的实际需要和谈判性质来决定。

英国谈判专家比尔·斯科特认为，谈判队伍的最佳人数是4人，最多不超过12人。他认为：① 在对谈判对象情况以及谈判环境诸因素充分分析研究的基础上，根据谈判的内容、难易程度来确定谈判队伍的构成。② 根据谈判主题的大小、重要性等因素来确定选派的人员和人数。对于小型的谈判，谈判队伍可由2~3人组成，甚至1人；而对于内容复杂且比较重要的大型谈判，由于组织协调的工作量大，在摸清对方谈判人员的特点和作风后，配备与对方相对等的人员结构和数量。③ 如果谈判涉及的内容较广、较复杂，需有各方面专家参加，可以考虑把谈判团队分为两部分：一部分主要从事背景资料的准备，人数可以适当多一些；另一部分直接上谈判第一线，这部分人数与对方相当为宜。④ 确定主谈与辅谈。在谈判的某项议题上，要做出具体的分工，确定主谈人员和辅谈人员。谈判桌上，以主谈的观点为核心阐述己方的观点和立场，辅谈予以配合。

（二）谈判团队构成的原则

1. 知识互补

知识互补有两层含义：一是，谈判人员各自具有自己擅长的领域，分别是处理不同问题的专家，彼此在知识方面相互补充、形成整体的优势；二是，谈判人员理论知识与实践经验的互补，既有理论知识丰富和专业技术特长的谈判人员，也有实践经验和谈判经验丰富的谈判人员，就可发挥理论知识与实践经验互补的效应，提高谈判团队的整体战斗力。

2. 性格协调

谈判队伍在人员构成上，性格也要互补协调。将不同性格的人的优势均发挥出来，弥补个体的不足，以发挥队伍的集体优势。性格外向活泼的人，善于表达、反应敏捷、处事果断，但是性情可能比较急躁，看待问题也可能不够深刻，甚至会疏忽大意；性格内向稳重的人，办事认真细致、原则性较强，看问题比较深刻，善于观察和思考，但是他们不善于表达、灵活性较差。如果这两类性格的人组合在一起，分别担任不同的角色，就可以发挥出各自的性格特长、优势互补，增强团队谈判力。

3. 分工配合

谈判队伍中的每个人都要有明确的任务，分别承担不同的工作，扮演不同的角色。谈判过程中每个人都不能工作越位，角色混淆；要有主谈和辅谈，要有台前和幕后。一方面，谈判队伍要分工明确、纪律严明；另一方面，所有成员都要有团队意识，通过协调合作来实现谈判目标。

● [案例5-7]

主谈与辅谈之间的配合

案例1：买卖双方就交货问题进行谈判。卖方的主谈人说："两个月内交货很困难，因为两个月内的订单都满了。"这时,他的一个辅谈人员接话说:"别说两个月,三个月都难以保证,我手上还有一把订单呢!"这话无疑强化和支持了本方主谈人讲话的力量。辅谈在口头上附和"正确""没错""正是这样"等,有时在姿态上也可以做出赞同的姿势,如眼睛看着本方主谈人、不住地点头等。

案例2:买卖双方就买卖机床的价格问题进行谈判。买方的主谈人说:"好吧,如果你们实在要坚持这个价格,我们只好不买了。"而这时他的一个辅谈人立即以提醒的口吻说道:"这不行啊,厂里正等着用呢!"显然,这样的做法大大削弱了主谈人的讲话力量。如果己方主谈人在讲话时,其他成员东张西望、心不在焉,或者坐立不安、交头接耳,就会削弱己方主谈人在对方心目中的分量,影响对方的理解。

(三)谈判团队的人员构成

谈判团队在构成上,应配备一支素质过硬、知识全面、配合默契、善于作战的队伍。每一位谈判成员都有自身的主攻方向,精通自己专业方面的知识,但也要熟悉了解相关领域的知识,只有这样才能彼此沟通、密切配合。如商务人员懂得一些法律、金融方面的知识,法律人员懂得一些技术方面知识,而技术人员懂得商务和贸易方面的知识等。一般而言,谈判团队成员的构成如下:

1. 谈判团队领导人

谈判队伍领导人负责整个谈判工作,领导谈判队伍,有领导权和决策权。有时谈判领导人也是首席谈判代表,是谈判小组的灵魂,全权负责谈判的组织与实施,贯彻落实谈判计划,表述己方的意图、说服对方,及时应对处理突发问题,往往也是谈判关键时刻的第一决策人。

2. 商务人员

商务人员由熟悉商业贸易、市场行情、价格形势的专家担任,负责谈判过程中商务方面的工作。

3. 技术人员

技术人员由熟悉生产技术、产品标准和科技发展动态的工程师担任,在谈判中负责对有关生产技术、产品性能、质量标准、产品验收、技术服务等问题的谈判,也可为商务谈判中的价格决策做技术顾问。

4. 财务人员

财务人员由熟悉财务会计业务和金融知识的财会人员或经济师担任,主要职责是对谈判中的价格核算、支付条件、支付方式、结算货币等与财务相关的问题把关。

5. 法律人员

法律人员由精通经济贸易各种法律条款和法律执行事宜的专职律师、法律顾问或本企业熟悉法律的人员担任,职责是做好合同条款的合法性、完整性、严谨性的把关工作,也负责涉及法律方面的谈判。

6. 翻译

翻译由精通外语、熟悉业务的专职或兼职翻译担任,主要负责口头与文字翻译工作,沟通双方意图,配合谈判运用语言策略。

7. 其他人员

除以上几类人员之外,还可配备少量的工作人员,主要是承担一些辅助工作,但是人员数量要适当,要与谈判规模、谈判内容相适应。

第四节　商务谈判计划书制订

商务谈判计划是指在开始谈判前对谈判目标、议程、地点、策略等预先所做的安排，是在对谈判信息进行全面分析、研究的基础上，根据双方的实力对比为本次谈判制定的总体设想和具体实施步骤。商务谈判计划书要合理、实用、灵活，真正体现出企业的根本利益和发展战略，并能对谈判人员起到纲领性的指导作用。

▶▶ 一、商务谈判计划的内容

商务谈判计划主要的内容包括谈判目标、谈判策略、谈判议程、谈判地点和会场布置等，谈判目标、谈判策略和谈判地点在本书其他章节介绍，这里主要介绍谈判议程和场地布置的内容。

（一）谈判议程

商务谈判议程的安排对谈判双方都异常重要，议程本身就是一种谈判策略。谈判议程一般要说明谈判时间安排和确定谈判议题。

1. 通则议程和细则议程

通则议程是谈判双方共同遵照使用的日程安排。通则议程可由一方提出，或双方同时提出，经双方审议同意后方能正式生效。谈判通则议程通常包括：双方谈判讨论的中心议题，尤其是第一阶段谈判的安排；列入谈判范围的各议题和顺序；谈判总体和各阶段时间安排；谈判人员、地点安排等。

细则议程是己方谈判策略的具体安排，只供己方人员使用，具有保密性。其内容一般包括：对外统一口径，如发言的观点、文件资料的说明等；己方发言的策略，如何时提出问题，提什么问题，向何人提问，谁来回答对方问题，谁来反驳对方提问，在什么情况下要求暂停讨论等；对谈判过程中各种可能出现情况的预估及相应的对策安排；人员更换的预先安排等。

2. 谈判议题的确定和顺序安排

谈判议题就是谈判双方提出和讨论的各种问题。确定谈判议题首先应将与本谈判有关的所有问题一一列出。要把所有问题全盘进行考虑，比较和分析哪些问题是主要议题，列入重点讨论范围，哪些问题是非重点问题，哪些问题可以忽略；哪些是对己方有利的问题，哪些是对己方不利的问题；哪些问题是可以根据情况做出让步的，哪些问题是可以不予以讨论的，这些问题之间在逻辑上有什么联系。

根据谈判议题的逻辑顺序对议题讨论的顺序进行安排。一般而言，对于不太重要的议题、容易达成一致的议题可以放在谈判的开始阶段或即将结束阶段，而应把大部分时间用在关键性问题的磋商上。对于主要议题或争执较大的焦点问题，最好安排在总谈判时间的 3/5 处提出来，这样既经过一定程度的交换意见，有一定基础，又不会拖得太晚而显得仓促。此外，还要合理安排好己方各谈判人员发言的顺序和时间，尤其是关键人物关键问题的提出应选择最成熟的时机，当然也要给对方人员足够的时间表达意向和提出问题。

3. 商务谈判时间安排

时间安排即确定谈判在什么时间举行、谈多长时间、各个阶段时间如何分配、议题出现的时间顺序等。谈判时间的安排是议程中的重要环节，己方的具体谈判时间安排应在谈判开始前严格保密，让对方摸清己方谈判期限会让己方在谈判中处于不利地位。

确定商务谈判何时进行和谈判时长，需要考虑：第一，市场形势的紧迫程度。市场是瞬息万变的，如果所谈项目与市场形势密切相关，比如是关于季节或时令产品的谈判，或者需要争取谈判主动权的项目，谈判就应安排尽快进行。第二，谈判议题的需要。对于涉及商品价值较大、涵盖议题较多的大型谈判，或者双方初次接触进行的谈判，所需时间就相对较长；对于小型谈判，或重复交易，谈判时间就相应较短。第三，谈判准备的程度。对于已经做好充分准备的谈判，谈判开始得越早越好；反之，如果没做好充分准备，则不应匆忙开始谈判。第四，谈判人员的身体和情绪状况。特别在跨国谈判中，要考虑谈判人员的身体状况能否适应较长时间的谈判。如果身体状况不太好，可以将一项长时间的谈判分割成几个较短时间的阶段谈判。

● [案例5-8]

利用谈判期限的策略

美国一公司的商务代表迈克到法国去参加一场贸易谈判，受到法国人的热烈欢迎。法国人开着小车到机场迎接，然后把他安排在一家豪华宾馆。迈克有一种宾至如归的感觉，觉得法国人的服务水平够棒。安排好之后，法国人似乎无意地问："您是不是要准时搭飞机回国去呢？到时我们仍然安排这辆轿车送您去飞机场。"迈克点了点头，并告诉对方自己回程的日期，以便对方尽早安排。法国人掌握了迈克谈判的最后期限，只有10天的时间。接下来，法方先安排迈克游览法国的风景区，丝毫不提谈判的事。直到第7天，才安排谈判，但也只是泛泛地谈了一些无关紧要的问题。第8天重开谈判，是草草收场。第9天仍没有实质性进展。第10天，双方正谈到关键问题上，来接迈克上机场的小车来了，主人建议剩下的问题在车上谈。迈克进退维谷，如果不尽快做出决定，那就要白跑这一趟；如果不讨价还价，似乎又不甘心。权衡利弊，为了不至于一无所获，只好答应法方提出的一切条件。

请思考，法国人是如何迫使迈克接受一切谈判条件的？如果你是迈克，遇到这种情况你会怎么办？

（二）会场布置

商务会谈室通常要安排一间主要谈判室和一间准备谈判室，如条件允许还可以准备一间休息室。重要谈判的布置一般要典雅、舒适，具有一定的特色，采光充足，并配备相应的视听设备。主要谈判室的桌子用长方形的较佳，也可以用圆形或椭圆形的桌子。主要谈判室通常不设录音设备，如设置录音设备需经谈判各方同意方可。准备谈判室是谈判各方都可以使用的隔音较好的房间，该房间可以供谈判某一方内部协商之用，也可以供谈判各方就某个专项问题谈判之用。准备谈判室通常不要离主要谈判室太远，最好是紧靠着主要谈判室。准备谈判室同样要布置得典雅、舒适，采光要好，准备相应的桌椅、纸笔等。休息室的布置应本着舒适、轻松、明快的原则，可配备一定的茶水、酒类、水果等食品饮料，还可以配备一套音响设备。

在商务谈判中，座位的安排是很有讲究的。通常有两种安排座位的方式：

1. 双方各居谈判桌的一边，相对而坐

这种座位安排方法适用于比较正规、比较严肃的谈判。谈判桌一般采用长方形条桌。按照国际惯例，以正门为准，主人应坐背门一侧，客人则面向正门而坐；若谈判桌窄的一端面向正门，则以入门的方向为准，右边坐客方人员，左边坐主方人员。主谈人或负责人居中而坐，翻译安排在主谈人右侧紧靠的座位上，其他人员依职位或分工分两侧就座。这种排位的好处显而易见，各方谈判人员相互接近，便于商谈和交流意见。但也容易形成谈判双方的对立感，对融洽谈判双方关系有不利的影响。

2. 双方人员交叉就座

这种就座方式适合于双方比较了解、关系比较融洽的谈判。可用圆形桌或不用桌子，双方在围成一圈的沙发上混合就座。它的好处是双方不表现为对立的两个阵营，有利于融洽关系、活跃谈判气氛。不利之处是不利于己方谈判人员之间协商问题和资料保密。

由上可知，谈判会场布置应服从谈判的需要，根据双方之间的关系、谈判人员的能力、议题的重要性程度、谈判策略的要求来具体安排。

▶▶ 二、商务谈判计划书实例

根据上述学习的商务谈判计划的内容，参照以下实例学习如何制订商务谈判计划书，也可进一步模拟商业谈判。

金属硅交易的谈判（卖方资料）

卖方背景：

中国金桥贸易有限公司系中国一家大型集团下的专业贸易公司，该公司借助母公司的名气，在国内市场与国际市场上有一定的影响，在中国的化学级金属硅出口销售上占有近60%的份额，在日本市场上的销售额占70%~80%。由于有自己投资的三家工厂，故产品的质量与产量均有切实的保证。

买方背景：

日本东芝化学公司为东芝公司的一员，经营的化工产品范围较广，从电子工业用品到民用品均有。拥有部分生产工厂与技术开发中心，销售网络也较完善，对产品质量要求苛刻。在中国市场经营多年，由于能源消耗与环境污染问题，金属硅生产主要在中国。因此在中国的采购成了该公司每年必须关注的业务。

产品：

金属硅（化学级含硅纯度较高，达99.5%，其他金属含量如钙、铁等较少），硅系列产品如硅酮、硅胶、建筑用胶的生产原料。

客户关系：

卖方与买方已有几年的交易历史，彼此履约均不错，合同成功执行，偶尔有质量问题。金桥贸易有限公司是买方在中国的最大供应商，年销量为2 000~2 500吨，占买家在中国采购量的60%~85%。

市场背景：

中国有十多家工厂可以生产这种产品，产量分别在20~600吨/月。其中有一半为私人企业，有1/4为集体企业，有1/4为国有企业。卖方为国有企业，是十多家生产商中最大的一家，月产600吨以上。市场上的价格分别为：900美元/吨、930美元/吨、960美元/吨、980美元/吨。均为中国主要口岸交货价，市场竞争很激烈。卖方（中方A公司）去年定价在960美元/吨，供货量在200吨/月。今年计划增加供货量，达到300吨/月。

谈判阶段：

技术交流已完成，双方达成一致。价格解释与评论已做，进入讨价还价阶段。

谈判目标：

卖方需与买方谈判今年供货量及供货价格。考虑到市场的竞争，可以适当调低售价。价格谈判目标应尽可能高，但该谈判必须成功。

谈判地点、时间：中国北京，10月。

金属硅交易谈判卖方计划书

1. 总则

谈判今年供货量及价格，考虑到市场的竞争，可以适当调低售价。价格谈判目标应尽可能高，但该谈判必须成功。40分钟内达成交易，确保供货量在300吨/月以上，价格上可有一定优惠。理想成交价格为960美元/吨，底线成交价格为910美元/吨。同时，提出建设性方案，即针对乙方下游工厂新进环保设备副产品的进一步交易磋商。

2. 让步设计

方案一：

我方开价	让步幅度	1 100美元/吨	预计对方还价
第一轮	-10.0%	1 000美元/吨，250吨/月	900美元/吨，200吨/月
第二轮	-4.2%	960美元/吨，300吨/月	910美元/吨，200吨/月
第三轮	-3.2%	930美元/吨，350吨/月	930美元/吨，300吨/月
最后底线	925美元/吨，350吨/月		

方案二：

我方开价	让步幅度	1 100美元/吨	预计对方还价
第一轮	-12.2%	980美元/吨，200吨/月	900美元/吨，100吨/月
第二轮	-3.2%	950美元/吨，250吨/月	900美元/吨，200吨/月
第三轮	-2.2%	930美元/吨，320吨/月	900美元/吨，250吨/月
最后底线	910美元/吨，400吨/月		

3. 策略设计

情况一：针对对方提出的降价要求

主谈：

1）向东芝公司代表赠送我方小礼物。

2）简短寒暄，介绍我方谈判阵容。

3）请李小姐回顾此前达成的协议。

采购主管李小姐：

1）作为东芝公司的最大供货商，此前合作一直愉快。

2）双方的主要交易产品为2202号金属硅（纯度99.5%）。

3）去年的交易价为960美元/吨，供货量在200吨/月。

主谈：

1）本着长期友好合作的原则，希望搭建金属硅贸易新的巨型托拉斯。

2）由于世界金融危机的影响，金属硅市场的行情也出现了新局面，请销售部主管刘小姐介绍行业动向。

销售主管刘小姐：

1）公开现行市场价格：2202号金属硅FOB价为1 480～1 520美元/吨。

2）亚洲金属网统计预测指出，自7月底我国国内市场价格将一再攀升。亚洲金属网近期预测显示，由于7月国内市场需求疲软，市场交易价格确实出现了历史新低，但自7月底开始，由于国家宏观调控等多方面因素，市场回暖，交易价格一再攀升。

主谈：

1）次贷危机下国际市场疲软，但中国国内现行市场交易价格确实利我。

2）本着长期互惠的合作原则，做出第一轮报价1 100美元/吨。

3）请财务部主管周先生解释价格构成。

财务主管周先生：

1）解释成本构成（只报出构成，不具体报价）。

2）可能的降价策略：

* 可以以一部分存货的价格冲抵接下来几个月的供货价格，并供新货。（慎用！）

* 规模化生产带来了人工、电耗成本下降，所以低价要建立在多供货的基础之上。

* 先用高价迫使对方公司增大采购量，在此基础上按成本降低价格。

3）毛利率变化

报价	单品成本	供货量	利润	成本	毛利	毛利率
1 100美元/吨	1 004美元/吨	200吨/月	220 000美元	200 800美元	19 200美元	8.7%
1 000美元/吨	914美元/吨	250吨/月	250 000美元	228 500美元	21 500美元	8.6%
960美元/吨	863美元/吨	300吨/月	288 000美元	258 900美元	29 100美元	10.1%
930美元/吨	825美元/吨	350吨/月	325 000美元	288 750美元	36 750美元	11.3%

（这里只做了几种假设供货量的预估情况，讨价还价时还需具体分析）

4）解释对方大量进货的好处

* 由于原材料、电耗的价格持续看涨，金属硅的价格还会飙升，所以贵公司为了降低原材料成本，应提早囤货。

* 由于汇率存在时间价值，而美元又在持续低迷，金属硅的出口价格还会不断上涨，所以贵公司应及早购货。

主谈：

1）向东芝公司询盘，对东芝公司的报价深表惊讶。

2）询问在该价格下的订货量。

3）请厂家技术解释新的环保设备与新增成本。

星火厂厂长崔先生：

强调新设备的引入在很大程度上解决了金属硅产业普遍的高污染与高能耗问题，得到了政府有关部门的大力支持。（具体见附件技术部分）

主谈：

1）请东芝公司体谅中国国有企业的难处，由于积极响应国家优化产业结构的政策，新技术的引进与设备的更新换代，使得产品成本一再增高。

2）同时，国家出台了差别电价政策。

3）请环境测评机构专家姜小姐解释。

环境测评机构专家姜小姐：

2006年9月17日，国务院办公厅转发国家发改委关于完善差别电价政策意见的通知。为促进产业结构调整和优化升级，根据《国务院关于发布实施〈促进产业结构调整暂行规定〉的决定》（国发〔2005〕40号）和《产业结构调整指导目录（2005年本）》（国家发改委令第40号），特制定本目录。对列入本目录的企业或生产设备实行差别电价。

主谈：

1）承诺我方是信誉第一的国有企业。

2）我方产品均达到国家检验标准：

- GB/T2881—91《工业硅技术条件》
- CB/T14849—93《工业硅化学分析方法》
- SN/T0550.1—96《出口金属硅中铁、铝、钙的测定（分光光度法）》
- SN/T0550.2—96《出口金属硅中铁、铝、钙的测定（容量法）》

3）愿意签署将质量检验加入技术附件。

根据当今市场形势，由于国家提高了对环保生产设备的要求，因此我公司的生产设备需要更新换代。在多晶硅生产上，越来越多的企业开始研发新的生产技术，用太阳能多晶硅设备取代德国西门子法设备。我公司也进行了技术革新，在金属硅提纯的步骤上采用了新的方法，用物理和化学结合的方法进行提纯，从而降低了化学污染物的排放量。同时产生了新的副产品——硅灰。因此厂方除了要承担生产设备的高昂费用外，还要承担诸如生产金属硅的污染处理设备（这方面的开销是非常大的）、设备的维护费用以及人员培训费用等，因此我们厂家方面的成本大大提高了，出售给贵公司的金属硅价格会相应升高。

情况二：针对供货量与价格问题，对方提出第三方竞争。

主谈：

1）根据对方所述，找出漏洞。

2）国家优化产业结构政策已出台，中、小企业面临重新洗牌。

3）在中国国内同行业竞争中，金桥公司为十家国有企业中最大的一家，月产600吨以上，有长期稳定的供货能力。

4）请采购部主管李小姐分析国有企业竞争优势。

采购主管李小姐：

国有企业竞争优势分析。

优良的供货渠道：

我们同多家生产厂家保持着良好的关系，有固定的采购基地和专业的采购人员。十余年来积累的经济实力和商业信誉，赢得了国内生产厂家的充分认同，拥有稳定、可靠的供货渠道。

切实的质量保证：

我们的供货工厂具有完善的质量控制体系；我们有自己独立的实验室，可自行准确化验金属硅的成分。我们接受国际公认的检验机构，如SGS、INSPECTOR-ATE的检验，并在以往的检验中，具有很好的记录。国产金属硅提纯太阳能多晶硅设备最新发明成功，取代德国西门子法设备，投资降低90%以上，中国是全球主要的金属硅产地，目前中国的生产能力在77万吨/年左右。2000年以来，中国每年的工业硅产量都达到40万吨以上，约占世界工业硅总产量的1/3，年出口量超过了30万吨。

稳定的供货能力：

我们的月供货能力可以达到1 500吨冶金级金属硅，1 000吨化工级金属硅。

积极的政府政策：由于次贷危机的影响深入，中国政府将进一步针对稀有金属出口贸易优化、调整产业结构，即降低出口比例，立法控制配额，砍掉部分高污染、高耗能的中小型企业。国家对金属硅、硅铁等高耗能、高污染企业的态度很明确，可以归结为"先破后立"。从各省电价的不断上调，环保设备的卡、抓、打，到取消出口退税，都说明中国政府要从政策上宏观调控，把这些高耗能、高污染的资源性企业逼到悬崖边上，然后组织剩下来的较有实力或有优势的企业进行行业的大洗牌。

高风险抗击能力与优良的信誉度：

相对于小企业，这些大企业虽然不够灵活，但是风险抗击能力与信誉都较为突出，在小企业停产或倒闭后应该会有较好的发展。

情况三：针对供货量问题，对方提出市场疲软。

主谈：

1）与我方销售部门的预测不一致。

2）请销售部主管刘小姐分析行业动向。

销售主管刘小姐：

1）金属硅货源紧张，日本贸易商扩大资源渠道，由中国扩大到巴西、南非、欧洲等地。

2）中国金属硅仍占有价格优势，巴西金属硅报价高出中国金属硅600~700美元/吨。

3）中国仍然是日本金属硅贸易的第一大货源国。

主谈：

1）在价格方面我方可以适当让步，强调供货量才是我方关注的重点。

2）如东芝公司不肯在供货量上让步，我方提出在规模效应下，双方才有利可图。

3）如东芝公司坚持低价，我方提出建设性方案，洽谈副产品硅灰的销售事宜。

4）如对方在交货方式上提出异议，强调FOB是国际惯例，那么，如果东芝能够多订货，我方愿意改用CIF交货。

5）如对方一再不肯在供货量上松口，提出金桥不愿失去东芝这个大客户，做出最后妥协，给予更多价格上的优惠。

6）达成协议，明日签订合同。

7）表示下午我方将与东芝公司人员在日本料理共进晚餐。

4. 谈判团队成员

王先生	中国金桥贸易有限公司金属硅交易谈判主谈
周先生	中国金桥贸易有限公司财务部主管
姜女士	环境测评机构专家
崔先生	中国金桥贸易有限公司下游生产厂厂长
李小姐	中国金桥贸易有限公司采购部主管兼本次谈判秘书
刘小姐	中国金桥贸易有限公司销售部主管

5. 谈判地点、时间：中国北京，10月。

资料来源：杨震. 模拟商务谈判［M］. 北京：经济管理出版社，2010：9-18.

本章小结

- 商务谈判目标指商务谈判所要达到的具体目标。谈判目标不仅为谈判活动指明了方向，也是检验谈判效率和成果的依据和标准。
- 商务谈判目标具有以下特点：有效的谈判目标必须是具体的、明确的和可衡量的；谈判目标是存在边界限制的；谈判双方的目标通常相互关联。
- 依据赫伯特·A. 西蒙（Herbert A. Simon）的决策理论，一般可将谈判目标划为三个层次：最优期望目标、可以接受目标、最低限度目标。
- 商务谈判背景调查的内容，包括：对谈判环境的调查、对行业情况的调查、对谈判对手的调查。
- 谈判信息调查的主要渠道：从国内外有关单位或部门收集资料、从公共机构提供的已出版和未出版的资料中获取信息、从互联网上收集资料。
- 谈判信息调查的主要方法：案头调查法、访谈法、问卷法、观察法。
- 谈判人员的素质包括三个层次，即基本素质、知识结构和能力结构。
- 谈判团队的构成，需要考虑：谈判团队的规模、谈判团队构成的原则、谈判团队的人员构成。
- 商务谈判计划主要的内容包括谈判目标、谈判策略、谈判议程、谈判地点和会场布置等。

重要概念

商务谈判目标、最优期望目标、可以接受目标、最低限度目标、BATNA、谈判环境、谈判人员素质结构、谈判团队的构成、商务谈判计划

习 题

1. 选择题

1）你怎么看待得到的各种信息资料　　　　　　　　　　　　　　　　　　　　　　　（　　）

 A. 认真核实　　　　　　　　　　　　B. 有时调查

 C. 不大相信、很少调查　　　　　　　D. 一般相信

2）你认为以下哪一项不是小组谈判的优势　　　　　　　　　　　　　　　　　　　　（　　）

 A. 发挥集体智慧　　　　　　　　　　B. 更好地解决复杂的问题

C. 合同履约率高 D. 避免了个人决策

3）你认为谈判目标的三个层次的划分主要作用是 （   ）

A. 使谈判目标更具弹性 B. 为保证达成最终协议

C. 使目标制定者心中有数、让步合理 D. 以对付不同类型的谈判者

4）以下哪一项属于谈判人员的能力结构 （   ）

A. 知识结构 B. 心理素质 C. 社交能力 D. 价值观

5）以下哪一项不是谈判团队的构成原则 （   ）

A. 知识互补 B. 能力相当 C. 性格协调 D. 分工配合

2. 判断题

1）为了谈判的效率和效果，谈判团队需由4名谈判人员组成。 （   ）

2）具有创新能力的谈判就不需要考虑谈判目标。 （   ）

3）如果谈判非常紧迫，可以不用谈判准备直接进行谈判。 （   ）

4）谈判准备得越充分，谈判人员越自信。 （   ）

5）谈判团队成员在必要的时候可以轮番当主谈。 （   ）

3. 思考题

1）了解谈判对手有哪些渠道？

2）为什么说确定谈判目标是谈判准备的核心？

3）什么是商务谈判目标？商务谈判目标有哪些特点？

4）商务谈判人员素质结构有哪些？

5）商务谈判计划有哪些内容？

4. 案例分析

吉利成功收购沃尔沃

通过分析本案例，学习如何进行谈判的准备工作，并思考吉利为何可以成功收购沃尔沃。

一、公司简介

（一）吉利

吉利汽车控股有限公司是一家在香港交易所上市的公司，集团主席为李书福，主要业务为制造与分销汽车及汽车零部件。2004年被评选为中国汽车工业50年内50家发展速度最快、成长性最好的企业之一，更先后被各国机构以及各级政府评为亚洲企业500强、中国企业500强、中国机械500强、中国最具生命力百强企业、国家创新型企业试点单位等荣誉称号。

浙江吉利控股集团有限公司总部设在浙江省省会城市杭州，在临海、宁波、台州、上海建有四个专门从事汽车整车和汽车零部件生产的制造基地，现已拥有年产35万辆整车、30万台发动机和20万台变速箱的生产能力；随着宁波、台州、上海等新建项目陆续竣工投产，集团的整车生产能力将提升到年产50万辆，发动机生产能力将提升到年产30万台。

浙江吉利控股集团有限公司建有面对国内、国际两个市场的营销网络，在全国共有109个4S汽车专卖店、489家品牌经销商、569家服务站；在海外建有的10余家销售服务网点经营吉利、美人豹、华普三大品牌系列轿车的销售和售后服务。经过18年的建设和发展，在汽车、摩托车、汽车发动机、变速箱、汽车零部件、高等教育、装潢材料制造、旅游和房地产等领域都取得了辉煌业绩，资产总额已经超过200亿元。

（二）沃尔沃

沃尔沃，瑞典著名汽车品牌，又译为富豪，1924年由阿萨尔·加布里尔松和古斯塔夫·拉尔松创建。该品牌汽车是目前世界上最安全的汽车。VOLVO为拉丁语，是滚动向前的意思。喻示着汽车车轮滚滚向前、公司兴旺发达和前途无限。

沃尔沃汽车公司是北欧最大的汽车企业，也是瑞典最大的工业企业集团。于1999年被福特公司以64.5亿美元的价格收购。

沃尔沃汽车以质量和性能优异在北欧享有很高声誉，特别是安全系统方面，沃尔沃汽车公司更有其独到之处，它有一句经典的广告语：对沃尔沃来说，每年都是"安全年"。美国公路损失资料研究所曾评比过十种最安全的汽车，沃尔沃荣登榜首。

二、并购动因

（一）吉利收购沃尔沃的原因

1. 吉利战略转型对技术和品牌的诉求

吉利从2007年开始就提出了战略转型：不打价格战，而是将核心竞争力从成本优势重新定位为技术优势和品质服务优势。吉利这样说，也这样做了，而且成效显著。

（1）渴望技术

在3月10日北京召开的并购沃尔沃轿车协议签署媒体见面会上，吉利总裁李书福指出："在知识产权的内容上，我们是斤斤计较的。"一语道破吉利垂涎沃尔沃技术的天机。作为国际化的品牌，沃尔沃的知识产权和先进技术是毋庸质疑的，谁收购了沃尔沃谁就会得到一大笔技术财富，它的先进技术和安全性能、节能环保特点正是吉利实现战略转型最需要的。

（2）提升品牌

一直以来吉利汽车在价格和品牌上都给人以"草根"的印象，成本和价格一方面为吉利带来丰厚利润，另一方面又使吉利的品牌无法更上一层楼，没有可以打出去的牌子的确是个棘手的问题。依目前的形势看，吉利虽有三大品牌，但尚缺乏一锤定音的顶级豪华品牌，这个空缺沃尔沃正好可以补上，有了沃尔沃，吉利在行业内的品牌竞争地位无疑会大大提升。

2. 民营企业走出去的一种方式

吉利是民营企业，打入国际市场更困难，但是只有进入了欧美发达国家市场，才能够越做越强。吉利需要打入国际市场的通行证，而收购品牌无疑是捷径。所以代表品牌市场的沃尔沃就毫无疑问地成了吉利走出中国的桥梁。

3. 学习系统的市场营销规模

沃尔沃通过体育营销和大成本的营销让自己的品牌和"绅士精神、挑战极限、高尚生活"紧密地联系在一起，锁定了追求生活质量、关注安全和环境并且又不爱张扬的用户群体。能够近距离地学一学外资品牌的营销策略，对吉利以及中国自主品牌的车企来说，都是未来走向世界的前提。

4. 李书福个人性格因素

英特尔公司的拯救者格鲁夫曾经有句著名格言："只有偏执狂才能生存。"在诸多方面，李书福就有点像这所谓的"偏执狂"。收购沃尔沃难度不言而喻，但对敢赌敢拼敢挑战的李书福来说，这是值得冒险的。

李书福个人魅力的作用贯穿于整个收购过程，是吉利收购成功的支柱。对汽车梦的无比坚持，使其在数次遭到福特拒绝时并未放弃。尤其是面对沃尔沃工会的刁难时，"I Love You"的回答和承诺不转移工厂，打动了"剽悍"的沃尔沃工会。为确保收购成功，李书福曾表态，除了主业汽车和培养研发团队的学校外，其他产业全都可以清理掉。正是这种破釜沉舟的决心，使吉利最终成功收购了沃尔沃。

（二）福特出售沃尔沃的原因

1. 战略性出售：发展福特品牌

为应对2006年福特创下有史以来最严重亏损（约127亿美元），福特决定缩减规模，主要发展福特品牌，并提出口号"一个福特，一个团队"。2007年，福特以8.5亿美元的价格将阿斯顿·马丁出售给英国的一个投资集团。2008年，福特以23亿美元的价格将捷豹、路虎打包出售给印度的塔塔集团，同年，福特将其持有的20%的马自达股份出售，持股降低至13.4%。可见其出售沃尔沃是迟早的事。

2. 经济压力：沃尔沃成为烫手的山芋

沃尔沃轿车在被福特收购后销售额在过去数年来一直下滑，自2005年以来更是连续5年亏损，每年的亏损额均在10亿美元以上，2008年金融危机使沃尔沃亏损加剧。同时，福特汽车出现巨额亏损，福特自己身处险境还拿着沃尔沃这个烫手的山芋，当然急于丢给别人。综合以上两点可知：福特出售手下企业是必然的，而出售企业沃尔沃主要是因为它的亏损。

3. 继续持有风险更高

国际上，金融风暴尚未走远，主要汽车市场近年来都呈萎缩态势，未来即使企稳可期，但是回升乏力，在这样的国际环境中福特确实没必要增加风险继续持有沃尔沃。

4. 沃尔沃历史使命已完成

沃尔沃最大的卖点是安全技术和环保技术。现在，沃尔沃的平台已经和福特的平台完全融合在一起，对福特而言，沃尔沃的历史使命已经完成，没必要再保留。

（三）福特选择吉利的原因

1. 吉利的尊重

福特是美国汽车及底特律工业尊严的捍卫者，吉利收购后的整合运营方案最大限度地满足了福特的要求：对沃尔沃内部，保留沃尔沃单独的运作体系，吉利不干涉沃尔沃的运营管理，高管团队给予保留，对工会承诺不转移工厂和不裁员。李书福一直承诺要为沃尔沃保留更多独立，这种尊重让福特对吉利产生了极大的好感，对收购的成功起了不可估量的作用。

2. 福特担心技术为竞争对手所用

福特和沃尔沃拥有大量共享技术与专利，由于担心技术为竞争对手所用，因此福特并不热衷于将沃尔沃出售给大型汽车集团，以免增强对手竞争实力。从而吉利得以凭借不对福特构成威胁的优势收购沃尔沃。

3. 看好中国车市场

吉利背后的中国市场的确是块诱人的蛋糕，沃尔沃认识到要走出困境，眼下最大的机遇就是借助中国市场，但中国有个政策：海外并购都要在发改委备案，不允许自相残杀。所以，沃尔沃如果要选择中国，就只能选择吉利。

三、并购分析

（一）宏观分析（PEST）

1. 政治环境（Political）

（1）国际关系

① 瑞典是最早同中国建交的西方国家，号称建设的是民主社会主义。中瑞关系平稳发展，两国在政

治、经济、文化等各个领域和各个层次的交流与合作日益增多并取得显著成果。

② 瑞典首相表示欢迎吉利与沃尔沃最终结盟，中国政府也对此事持鼓励态度，在经济和政策方面都给予了很多的支持。

（2）政策干预

① 我国实行走出去战略。国务院推出《关于鼓励支持和引导个体私营等非公有制经济发展的若干意见》《关于鼓励支持和引导个体私营等非公有制经济发展的若干意见》等文件大力鼓励民营企业走出去，鼓励有条件的企业对外投资和跨国经营，加大信贷、保险外汇等支持力度，加强对"走出去"企业的引导和协调。

② 我国实行海外并购都要在发改委备案的政策，不允许自相残杀。沃尔沃认识到要走出困境，眼下最大的机遇就是借助中国市场。所以回过头来看，当吉利在发改委备案时，沃尔沃如果要选择中国，就只能选择吉利。

③ 国内政策性银行加大对境外投资支持力度；在防范风险的基础上，简化境外投资的审批程序；在我国外汇储备存量较高和人民币汇率升值后，放宽了对外投资，这也为吉利集团收购沃尔沃提供了经济保证。

④ 国家出台的《汽车产业调整和振兴规划》明确指出：以结构调整为主线，推进汽车企业兼并重组。兼并重组有多种形式，不仅是国内企业之间的兼并重组，也要利用国际金融危机带来的机遇并购海外的汽车企业。

众多政策的支持为吉利集团收购沃尔沃公司提供了地利之势。

2. 经济人口环境（Economic）

（1）国际经济环境

2008年9月以来。近200年来逐渐形成的华尔街金融版图，正遭遇地毯式的巨变。破产和另类成为华尔街的关键词。有着158年辉煌历史的雷曼兄弟公司轰然倒下，美林集团易主美国银行，大摩也寻求合并，美国最大储蓄银行——华盛顿互惠银行也在为避免破产苦寻买主……受这次金融风暴波及，西方各国经济普遍陷入衰退，而福特公司也因此债务缠身。

金融危机使本来就不稳固的沃尔沃市场雪上加霜，销售量下滑的情况十分严重。值得一提的是，2008年9月，沃尔沃轿车在其重要市场之一——美国的销量骤降51%。严酷的国际背景带来的经济高压使福特急于放低身价出售沃尔沃，对吉利公司来说真是天上掉下来的馅饼。

（2）我国经济环境

虽然国际金融风暴对我国经济有一定影响，但是风暴并没有伤到我国经济的筋骨，只是一定程度上减缓了我国经济快速增长的步伐，而吉利汽车公司汽车销量保持迅速增长，吉利战略转型不断深入，从销售情况来看，吉利的发展形势令人鼓舞。2008年吉利汽车国内销量22万多辆，比2007年依然有一定涨幅，吉利的增长远远高于行业标准。当前的国内外的经济环境，便是吉利集团收购沃尔沃的天时。

3. 社会文化环境（Social）

1）从社会角度来看，中国的汽车行业的发展前景是远大的，汽车市场也远未达到饱和，汽车的需求量在未来的几年内会呈现持续增长的趋势，人们对汽车安全和环保也越来越关注。而以安全闻名的沃尔沃汽车将注定受国内市场的欢迎，这也为吉利公司成功收购沃尔沃提供了支持。

2）从民族文化来看，我国国内民族意识高涨，人们在买汽车时，会优先选择购买国产汽车。如果吉利成功收购沃尔沃，必定将让沃尔沃在中国的销量大幅度提高，这也是福特公司愿意看到的。

3）还有一方面就是广大民众的支持，此次收购如果成功，将使中国人心中的自豪感与中国力量得以体现和提升。因此这次事件也引起了广大民众的关注和支持，广大中国民众做坚实后盾为吉利的成功加大了筹码。

4. 技术环境

1）我国汽车行业技术落后，国产汽车业主要依靠成本优势打价格战，在技术层面与国外有很大差距。在自主品牌企业造高档车难度大，造中低价位车的难度比较小，国内汽车市场急需引进高档车生产的核心技术。

2）我国加大金融对于对外高新技术投资的支持，充分发挥其政策导向功能，对国家重大科技专项、国家重大科技项目产业化项目的规模化融资和科技成果转化、高新技术产业化、引进技术消化吸收、高新技术产品出口等在贷款上给予重点扶持；运用财政贴息方式，引导各类商业金融机构支持高新技术引进和自主创新与产业化，使我国高新技术迅速发展，为吉利集团收购沃尔沃提供了技术条件。

3）吉利从2007年开始战略转型，提出了不打价格战，要以品牌、技术、品质、服务赢市场，要造最安全、最环保、最节能的好车，而吉利对于沃尔沃公司的收购恰能补充其在技术方面的不足。

（二）现状分析（SWOT）

1. 优势（S）

（1）收购双方的销售市场互补，无重叠

沃尔沃公司一直坚持的销售理念就是造安全、环保、设计和品质都一流的高端豪华车型，而吉利公司是以造低成本的中低档车发家的，直到现在吉利一直坚持这样的传统。这样看两个公司的销售市场不单毫无重叠，反而互补，形成了更强、更全面的销售整体。

（2）吉利对此次收购做了充分准备

李书福早在2002年就开始研究沃尔沃这家企业，并于2007年敏锐洞察到并购沃尔沃的可能性，开始和福特进行正式沟通，同时要求财务负责人张芃着手研究并购可能性与准备工作，李书福则亲自飞赴福特总部进行协商。虽被福特多次拒绝，但李书福坚信福特是战略性出售，继续跟踪并聘请了庞大的外部专业收购团队来进行辅导与协助，如并购事务顾问洛希父子公司、法律事务顾问富尔德律师事务所、财务事务顾问德勤会计师事务所、汽车公司整合咨询顾问罗兰贝格公司，以及全球知名的并购公关公司博然思维等。在专业机构帮助下，并购活动所有的危机点都在吉利的掌控范围内。

此外，知彼知己，百战不殆。吉利凭借精心的准备和对并购的熟知程度打了一场有备之仗，最终击败众多竞争者并购成功。

（3）吉利收购后的运营整合方案符合福特方面要求

福特作为此次金融危机中唯一没有倒下的美国大型车企，是美国汽车及底特律工业尊严的捍卫者，且时刻都努力体现一个负责任企业的形象，故而其十分关注出售后沃尔沃是否能够摆脱目前的困境并赢得一个更好的未来。而吉利对沃尔沃未来的发展之路规划地相当明晰：一是通过采购沃尔沃设在中国工厂生产的零部件，以降低采购成本。二是扩大销售规模摊薄整车成本。通过详尽的成本测算，准确地预测出沃尔沃销售35万辆即能实现扭亏。在中国市场2009年奥迪、宝马、奔驰、沃尔沃销售量，相比之下沃尔沃只占四大高端汽车33.86万辆的6.6%，比例虽然不大，但沃尔沃只需在中国扩展5万辆就能实现35万辆的全球销售而全面扭亏。吉利未来规划沃尔沃在中国的销售达到30万辆，国外市场达到35万辆，这是福特一直未实现的65万辆的销售目标，但事实上支撑这个规划的数据很简单，那就是扩大沃尔沃B级车在中国的销售，因为中国B级车市场总量是高端车的十倍以上，同时中国车市未来5年还将以每年20%的速度递增，凭借着沃尔沃的品牌与技术和吉利对中国市场的深度了解，沃尔沃只需拥有5%的中国B级车市场份额即可实现全球市场规划目标。广阔的发展前景，详尽的运营方案对沃尔沃来说无疑有很大诱惑力。

（4）吉利有两次国际并购案的经验

在沃尔沃之前，吉利已经成功操作了两起跨国并购案：2006年10月控股英国锰铜，2009年3月全资收购全球第二大的澳大利亚自动变速器公司。

这两起并购案里面不乏供应商体系、技术知识产权的谈判和对吉利在资本运作、文化冲突方面的考量，为吉利提供了宝贵的并购经验。尤其是资本运作手法堪称经典：这两个项目并购都是直接用海外资金，用并购的资产做抵押向海外银行贷款，或者在海外资本市场发债、发股（李书福语）。

这次和福特的博弈，吉利获得了沃尔沃9个系列产品，3个最新车型平台，2 000多个全球网络，人才和品牌，以及重要的供应商体系，斩获颇丰，而付出的代价却不大，之前的国际并购经验功不可没。

（5）吉利拥有职业的收购运营团队

以李书福为首，包括顾问公司的团队，吉利为并购案组织了200多人的全职运作团队，骨干人员中不乏业界巨擘：原华泰汽车总裁，曾主持过JEEP大切诺基、三菱欧蓝德、帕杰罗、奔驰E级和C级豪华轿车等七款车型的引进和国产化工作的童志远；原世界500强三甲之一英国BP的财务与内控高级顾问张芃；原菲亚特集团动力科技中国区总裁沈晖；国际并购专家，长期在英国BP伦敦总部负责重大并购项目的袁小林。如此多重量级的专家为吉利出谋划策，扫除了并购路上一个又一个障碍，获得最终成功。

（6）低成本优势巨大

中国出口产品的低成本是一个被广泛认可的事实。其中中国的劳动力成本大大低于国外，几乎所有的本土企业都享用着这样的廉价资源，虽然我国劳动力成本上涨，但相对于其他国家仍有明显的优势。而且吉利公司在2007年之前，公司的发展战略就是"造老百姓买得起的好车"，这时吉利的核心竞争力就是低成本、低售价。

2. 劣势（W）

（1）双方差异

① 文化鸿沟。沃尔沃在瑞典已有80多年历史，它的根在瑞典，它是瑞典人的骄傲，即使后来底特律文化的介入也没能改变根植于瑞典的文化情结，这是一种自它诞生就形成的文化特质。而只有13年历史的吉利正处于蓬勃发展之中，活力十足，同样有着中国文化特质。两者之间的文化鸿沟该怎样来填充的确是个伤脑筋的问题。

② 管理上的差异。沃尔沃在相当长的时间里一直是全球汽车品牌的佼佼者，之所以目前在高档车的市场占有率上被抛到了后面，其中公司管理层对不同市场的变化考虑较少，产品与市场脱节是一个重要原因。但中国市场就和欧洲市场有很大的不一样，它强调客户至上，市场需要什么样的车就造什么样的车。但是沃尔沃管理层却坚持走自己的路，照着当前全世界汽车工业发展低碳环保的方向走，而忽略市场的需求。这种战略方向上的分歧很难协调，成为吉利和沃尔沃牵手之路上不小的障碍。

（2）吉利缺乏高端品牌管理经验

吉利公司从创建以来一直都在坚持做中低档车的生产销售，从未涉足过高端豪华车的生产销售领域，而此次吉利公司收购的沃尔沃公司则是一家以生产和销售高端豪华车闻名的汽车公司。对于缺乏高端管理经验的吉利公司来说，将来对沃尔沃公司的管理将会成为其一大弊病！

3. 机会（O）

（1）政府支持

国家出台的《汽车产业调整和振兴规划》明确指出：以结构调整为主线，推进汽车企业兼并重组。这一利好政策支持我国企业利用国际金融危机带来的机遇并购海外的汽车企业。

吉利并购沃尔沃，一是可以帮助中国自主品牌汽车企业尽快走向国际市场；二是可以嫁接国际知名品牌为我所用；三是可以彰显中国汽车产业的实力。因而得到我国政府政策和财力的支持。

（2）经济危机，金融风暴

全球性的经济危机导致欧美汽车市场的销售额急剧下滑，许多企业更是连连亏损，沃尔沃也不例外，同样亏损严重。与此同时，其母公司福特汽车在全球范围的销量也下滑厉害，国际汽车市场可谓风雨飘摇，世界汽车巨头纷纷变卖资产换取现金。因而许多外国企业的资产价值被严重低估，相比之下中国市场虽然也受金融风暴影响，但销售额仍缓慢增长，这正是中国企业出手的好时候。此时通过海外并购，可以用较低的成本获取到梦寐以求的汽车国际品牌、核心技术和国际营销渠道，这是中国汽车产业实现技术跨越的一个捷径。所以金融危机带给我们更多的是机会，通过收购国际品牌企业打入国际市场的机会。

（3）福特基于战略选择出售沃尔沃

福特在2006年做了战略调整计划，即走"一个福特，一个团队"的自有品牌发展之路。接着相继以低价出售旗下企业。这次选中的是沃尔沃，这就为所有中意沃尔沃的企业提供了竞购平台，吉利得以拥有牵手沃尔沃的机会。

（4）中国汽车产品的海外需求不断增长

中国汽车的海外需求不断增长，尤其是轻型载货汽车，本土生产的高端车型正在逐渐取代某些进口车型。另外，一向被认为缺乏竞争力的自主品牌轿车已经批量地进入国际市场，雄心勃勃的中国汽车企业正在积极尝试海外扩张，出口产品到欧美主流汽车市场。

4. 威胁（T）

（1）中国市场中强大的竞争对手

中国高端豪华车销售市场可以说是一块大饼，想来分这块饼的人太多了，其中奥迪、宝马、奔驰这三大高端豪华汽车生产巨头占据了其中93.4%的股份，现在吉利收购沃尔沃，想要从其中分得一小块饼真的是一个不小的难题。而且沃尔沃的市场主要集中在北美和欧洲，想要转战亚洲地区，将又会是一个难题。

（2）经济压力

18亿美元的资金需求对于年盈利不足2亿美金的吉利而言，好比不吃不喝10年换一次交易，收购门槛不可谓不高；相比之下，对手皇冠财团则早早准备好了融资方案，这无疑降低了吉利的胜算。另外，并购后需要的大笔投入资金对吉利来说也是个不小的挑战，出于经济方面的原因，福特要把沃尔沃交给吉利是相当不放心的。

（3）工会和法律的阻挠

沃尔沃工会提出的不裁员、不转移工厂等苛刻条件也为收购设置了重重障碍，这恰恰是很多中国企业难以适应的。除此以外，海外法律和政府监管就好比达摩克利斯之剑，随时可能斩断收购的希望。吉利能够获得并购成功的确是经历了重重考验。

（4）低价政策带来的副作用

由于近几年中国汽车的出口量增速极快，而出口平均价格又逐年递减，中国汽车利用低价冲击国际市场，并拿出一副以低价冲垮对手的架势，而不给自己留丝毫回旋余地，无异于为自己树立起众多强大的敌人，丧失良好的出口环境。

5. 小结

通过分析吉利收购沃尔沃时占有的优势和所处的劣势，抓住的机会和面对的挑战，就吉利最终成功并购沃尔沃这一事实得出以下结论：缺少资金、存在文化鸿沟等难题都不是无法克服的，只要企业动用其敏锐的观察力抓住稍纵即逝的机会，尽力争取更多的优势资源，理智应对劣势，整体长远地考虑已出现和可能出现的挑战，就可以出色地完成企业目标，使企业进一步壮大。

第六章

商务谈判的过程与策略选择

学习目标

◆ 了解商务谈判过程中的开局阶段的主要任务和相应策略
◆ 了解商务谈判过程中的磋商阶段的主要任务和相应策略
◆ 了解商务谈判过程中的结束阶段的主要任务和相应策略

意大利与中国某公司谈判出售某项技术。由于谈判虽然已进行了一周，但仍进展不快，于是意方代表罗尼先生在前一天做了一次发问后告诉中方代表李先生他还有两天时间可谈判，希望中方配合在次日拿出新的方案来。次日上午中方代表李先生在分析的基础上拿出了方案——比中方原要求（意方降价40%）改善5%（要求意方降价35%）。意方罗尼先生讲："李先生，我已降了两次价，计15%，还要再降35%，实在困难。"双方相互评论、解释一阵后，建议休会，下午2:00再谈。

下午复会后，意方先要中方报新的条件，李先生将其定价的基础和理由向意方做了解释并再次要求意方考虑其要求。罗尼先生又讲了一遍其努力，讲中方要求太高。谈判到4:00时，罗尼先生说："我为表示诚意向中方拿出最后的价格，请中方考虑，最迟明天12:00以前告诉我是否接受。若不接受我就乘下午2:30的飞机回国。"说着把机票从包里抽出在李先生面前显了一下。中方把意方的条件理清后，（意方再降5%）表示仍有困难，但可以研究。谈判即结束。

中方研究意方价格后认为还差15%，但能不能再压价呢？明天怎么答？李先生一方面与领导汇报，与助手、项目单位商量对策，一方面派人调查明天下午2:30的航班是否有。

结果该日下午2:30没有去欧洲的飞机，李先生认为意方的最后还价、机票是演戏。判定意方可能还有条件。于是在次日10点给意方去了电话，表示："意方的努力，中方很赞赏，但双方距离仍存在，需要双方进一步努力。作为响应，中方可以在意方改善的基础上，再降5%，即从30%降到25%。"意方听到中方有改进的意见后，没有走。只是认为中方要求仍太高。

谈判双方在做了各种准备工作之后，就要进行面对面的谈判。在实际谈判中，从谈判双方见面商议开始，到最后成交签约为止，整个过程往往呈现出一定的阶段性，即表现为三个阶段：开局阶段、磋商阶段和成交阶段。

第一节　商务谈判开局阶段

▶▶ 一、商务谈判开局界定

（一）商务谈判开局的含义

商务谈判开局是指谈判双方第一次见面后，在讨论具体、实质性的谈判内容之前，相互介绍、寒暄以及就谈判具体内容以外的话题进行初步接触的阶段。开局也称为"破冰期"。开局阶段的长短一般为全部谈判时间的2%～5%为宜。

有句俗话说，"良好的开端是成功的一半"。开局阶段虽然在时间上只占整个谈判过程的很小一段，涉及的内容与整个谈判也无实质意义。但它十分重要，因为它为整个谈判定下了一个基调，是整个商务谈判的起点和基础，它往往关系到双方谈判的诚意和积极性，关系到谈判的格调和发展趋势，它的好坏在很大程度上决定着整个谈判的走向和发展趋势。如果谈判开局处理不好，将会导致目标过高，使谈判陷于僵局；或要求太低，达不到谈判预期的目的。

各方都将从对方的言行、举止、神态中观察对方的态度及特点，从而确定自己的行为方式。谈判的总体格局基本上在开局后的几分钟内确定。开局的成败将直接关系到谈判一方能否在整个谈判进程中掌握谈判主动权和控制权，从而最终影响谈判结果。

● [案例6-1]

寒暄开局

当华纳传播公司（后来发展为时代华纳公司）富有传奇色彩的创始人史蒂夫·罗斯打算创立该公司时，他还在从事殡仪馆业务。在罗斯放弃原有工作进入更大规模的行业时采取的第一组措施中，其中一项就是帮助一家小型汽车租赁公司与恺撒·基梅尔就一笔生意进行谈判，后者在纽约市内拥有大约60个停车场，罗斯希望基梅尔允许那家汽车租赁公司使用他的停车场出租汽车，租车的客户可以免费使用停车场。作为回报，罗斯打算给基梅尔提成租车费。谈判开始前，罗斯彻底调查了基梅尔，在各方面信息中有一条引起了他的注意：基梅尔是个不折不扣的赛马迷，拥有自己的马，并让它们参加比赛。罗斯知道一些赛马的事，因为他的姻亲也养马，并且也参加赛马。

当罗斯走进基梅尔的办公室开始谈判时，他做了一件事，此举被后人称为史蒂夫·罗斯经典谈判招数。他很快扫视了整个房间，眼光停留在一张外加框的照片上，照片是基梅尔的一匹马站在一次大规模的马赛冠军组中。他走过去，端详了一会儿，然后故作惊讶地喊道："这场比赛的2号马是莫蒂·罗森塔尔（Morty Rosenthal）（罗斯的亲戚）的！"听了这话，基梅尔微笑起来。两人话语投机，后来联手进行了几次非常成功的风险投资。那次成功投资的实体最终发展成为罗斯的首家上市公司。

（二）影响商务谈判开局的因素

谈判双方的关系、双方谈判成员个人之间的关系和双方的谈判实力会影响商务谈判开局气氛的塑造，互相交谈采用的语言、内容和姿态，以及开局策略。

1. 谈判双方的关系

（1）双方企业有很好的业务关系，长期合作得很好

双方的友好关系可以作为谈判的基础，在这种情况下，开局阶段的气氛应是热烈的、友好的、真诚的、轻松愉快的。在陈述中可以真诚、热情地畅谈双方过去的友好合作关系，适当地称赞对方在商务往来中的良好信誉。由于双方关系比较密切，可以省去一些礼节性的外交辞令，坦率地陈述己方的观点以及对对方的期望，使对方产生信任感，从而可以较快地将话题引入实质性谈判。

（2）双方企业曾经有过业务往来，但关系一般

双方已经有过接触，但了解不深入，在这种情况下仍需要争取创造一个比较友好、随和的气氛。但是语言的热情程度和坦率程度要有所控制，可以简单地聊聊双方过去的业务往来及人员交往，也可说一说双方人员在日常生活中的兴趣和爱好，也可以在开局时表达出与对方通过合作、改善或建立关系的意愿。

（3）双方企业过去有过业务往来，但合作不佳，印象不好

在这种情况下，开局阶段的气氛应该采取亲切而不亲密，有距离而不疏远的态度。己方要通过严谨、慎重的态度，引起对方对某些问题的重视。例如，可以对过去双方业务关系中对方的不妥之处表示遗憾，并希望通过本次合作能够改变这种状况。姿态上应该是以严谨、凝重的语言进行陈述，充满正气并注意与对方保持一定的距离，表达出对谈判的高度重视和鲜明的态度，目的在于使对方放弃某些不适当的意图。

（4）双方初次接触，以前没有打过交道

如果双方从未打过交道，第一次接触，都希望有一个好的开端。多用外交礼节性语言，谈论中性话题，力争创造友好、真诚、合作的开局气氛。以淡化和消除双方的陌生感，以及由此带来的防备甚至略含敌对的心理，为实质性谈判奠定良好的基础。要表明充分尊重对方意见的态度，语言要友好礼貌，但又不刻意奉承对方。把握住适当的分寸，不卑不亢，自信但不骄傲。

2. 双方谈判成员个人之间的关系

谈判说到底还是谈判人员之间的交流行为，谈判人员个人之间的关系不可避免地对开局产生影响。如果双方谈判成员私人关系较好，那么就比较容易形成和谐的开局气氛。如果双方谈判成员间并没有接触过，可抓住在正式谈判前双方的一些非正式接触的机会，多沟通、多交流。这些机会往往会在一定程度上影响谈判人员的态度、情绪及彼此之间的关系，所以千万不要忽视这些机会，让欢迎宴会上的你在与对方沟通理解中，不仅给对方留下美好的印象，同时为今后的谈判做好关系铺垫。

3. 双方的谈判实力

一般而言，双方的谈判实力相当，就比较容易形成友好、轻松、和谐的开局气氛，也比较容易推进谈判进程。而当一方实力明显高于另一方时，往往容易居高临下、轻视对方，形成紧张的开局气氛，并导致谈判僵局。因而，当双方的谈判实力差异较大时，实力强的一方应表现出礼貌友好，实力弱的一方应表现出沉着自信。开局阶段需要双方表现出友好与合作的意向。

二、商务谈判开局的任务

谈判开局对整个谈判过程起着至关重要的作用，它往往显示双方谈判的诚意和积极性，良好的开局为谈判成功奠定基础。这一阶段的目标主要是对谈判日程和相关问题达成共识；双方人员相互交流，塑造适当的谈判气氛；陈述己方的意愿和交易条件，初步探明对方的态度和目的，为实质性磋商阶段打下

基础。为达到以上目标,开局阶段主要有三项基本任务:

1. 谈判通则的协商

所谓谈判通则的协商主要包括"4P",即成员(Personalities)、目的(Purpose)、计划(Plan)及进度(Pace)四个方面的内容。[①]

谈判双方初次见面,首先要互相介绍参加谈判的人员,包括姓名、职务、谈判角色等情况。紧接着双方要相互协商谈判的议题,明确双方共同追求的合作目标。同时,双方还要磋商确定谈判的大体议程和时间安排,以及需要共同遵守的纪律和共同履行的义务等问题。谈判通则协商的目的就是谈判双方友好接触,统一共识,明确规则,安排议程,掌握进度,争取成功。

2. 营造适当的谈判气氛

谈判气氛是谈判对手之间的相互态度,它能够影响谈判人员的心理、情绪和感觉,从而引起相应的反应。因此,谈判气氛对整个谈判过程具有重要的影响,其发展变化直接影响整个谈判的前途。商务谈判开局气氛的作用体现在:为即将开始的谈判奠定良好的基础;传达友好合作的信息;减少双方的防范心理;有利于协调双方的思想和行动;能显示主谈人的文化修养和谈判诚意。

● [案例6-2]

尼克松访华

1954年在日内瓦谈判越南问题时,曾经发生过美国前国务卿杜勒斯不准美国代表团成员与周总理率领的中国代表团成员握手的事情,中美断交近20年。

1972年2月,尼克松在第一次访问中国下飞机时,要警卫人员把守机舱门,不让其他人下来,以便突出他一下飞机就主动地伸出手来和周总理握手的场面。握手的动作持续的时间不过几秒钟,却给这次谈判创造了一个良好的开端。周总理与他见面时的第一句话是:"您从大洋彼岸伸出手来和我握手。我们已经25年没有联系了。"短暂的见面语,周恩来的机智、高雅、诚挚、友好给人留下良好印象。

随后,中美双方将要展开一场具有重大历史意义的国际谈判。为了创造一种融洽和谐的谈判环境和气氛,中国方面在周恩来总理的亲自领导下,对谈判过程中的各种环境都做了精心而又周密的准备和安排,甚至对宴会上要演奏的中美两国民间乐曲都进行了精心挑选。在欢迎尼克松一行的国宴上,当军乐队熟练地演奏起由周总理亲自选定的《美丽的亚美利加》时,尼克松总统简直听呆了,他绝没有想到能在中国的北京听到他如此熟悉的乐曲,因为,这是他平生最喜爱的并且指定在他的就职典礼上演奏的家乡乐曲。敬酒时,他特地到乐队前表示感谢,此时,国宴达到了高潮,而一种融洽而热烈的气氛也同时感染了美国客人。

商务谈判是为了达到互惠双赢的目的,谈判的气氛有礼貌尊重、自然轻松、友好合作和积极进取的特点。要想取得这样一种谈判气氛,需要谈判各方共同努力,精心营造,要把对方看作是合作伙伴,而不是竞争者,目的是达到双方的共赢。

首先,要营造轻松的谈判环境。谈判环境的好坏直接影响谈判的气氛,所以在选择谈判地点时应该找一个与谈判主题相适应的谈判场合。以色列和叙利亚曾经在美国的华盛顿附近的一处农庄举行过和平谈判,东道主美国精心准备的谈判桌,既不是条桌,也不是方桌,而是一张桃花心形的圆桌。桌子中央

---

① 樊建廷. 商务谈判 [M]. 大连:东北财经大学出版社,2001:138.

放着白色的郁金香，壁炉里的炉火熊熊燃烧着；外面，牛群在白雪覆盖的草原上悠闲地吃草，几头小鹿在凝霜的枯树间走动。这种精心挑选的田园风情与和谐的氛围，目的在于打破谈判人员的心理隔阂，有利于达成一致的意见。

其次，要从谈判者自身的角度做准备。如合适而得体的穿戴、亲切而真诚的表情、坦率而自然的语言等。谈判者应径直步入会场，以开诚布公和友好的态度出现在对方面前。友好地与对方见面，热情地与对方握手，且衣着要整齐、干净、合适。开场时用一些中性话题过渡，说话和行动要自然、清楚、到位，不要慌张。

3. 开场陈述

开局阶段，商务谈判双方各自陈述己方的观点和立场。每一方都要独立地把自己的观点做一个全面的陈述，并且要给对方以充分弄清我方意图的机会，然后听取对方的全面陈述，并弄清对方的意图。陈述的表达方式应是能够加强已经建立起来的洽谈气氛。陈述内容一般包括：我方认为这次应涉及的议题；我方希望通过谈判取得的利益；我方可以采取何种方式为双方共同获得利益做出贡献；我方的原则；我方享有的声誉；今后双方合作中可能出现的良好机会或障碍。

陈述完毕后，要留出一定的时间让对方表达意见，注意对方对自己的陈述有何反应，并寻找出对方的目的与动机和己方的差别。对于对方的陈述，己方倾听的时候要思想集中，要搞懂对方陈述的内容，如果有什么不清楚的地方，可以向对方提问；善于思考和理解对方的关键问题。

▶▶ 三、商务谈判开局的策略

1. 协商式开局策略

协商的开局策略是指以协商、肯定的语言进行陈述，使对方对己方产生好感，创造双方对谈判充满一致性的感觉，从而使谈判双方在友好、愉快的气氛中展开谈判工作。协商式开局策略比较适用于谈判双方实力比较接近，双方过去没有业务往来的情况。因为是第一次接触，所以双方都希望有一个良好的开端。要多用外交礼节性语言、中性话题，使双方在平等合作的气氛中开局。比如，谈判一方以商量的语气来征求谈判对手的意见，然后对对方意见表示赞同或认可，最终双方达成共识。

◉ [案例6-3]

协商式开局案例

主方："我们彼此先介绍一下各自的商品系列情况，您觉得怎么样？"

客方："可以，要是时间允许的话，咱们看看能不能做笔买卖？"

主方："很好。咱们谈一个半小时如何？"

客方："估计介绍商品半小时就够了，用一小时时间谈生意差不多。"

主方："那么，是我先谈，还是贵方先谈？"

……

这样，谈判双方在谈判目的、方式等方面达成一致后，巧妙地表达了各自的开局目标。

2. 坦诚式开局策略

坦诚式开局策略是指以开诚布公的方式向谈判对手陈述自己的观点或想法，从而为谈判打开局面。坦诚式开局策略比较适合于有长期的业务合作关系的双方，以往的合作令双方比较满意，双方彼此又比较了解，不用太多的客套，减少了很多外交辞令，节省了时间，直接坦率地提出自己一方的观点、要求，反而更能使对方对己方产生信任感。坦诚式开局策略有时也适用于实力不如对方的谈判者。

● [案例6-4]

坦诚式开局策略

北京门头沟某党委书记在同外商谈判时，发现对方对自己的身份持有强烈的戒备心理。这种状态妨碍了谈判的进行。于是，这位党委书记当机立断，站起来向对方说道："我是党委书记，但也懂经济、搞经济，并且拥有决策权。我们摊子小，实力不大，但人实在，愿真诚地与贵方合作。咱们谈得成也好、谈不成也好，至少您这个外来的'洋'先生可以交一个我这样的中国的'土'朋友。"寥寥几句肺腑之言，一下子就打消了对方的疑虑，使谈判顺利地推进。

3. 慎重式开局策略

慎重式开局策略又称保留式开局策略，是指对谈判对手提出的关键性问题不做彻底、确切的回答，而是以一种严谨、慎重的态度和语言进行陈述，有所保留，从而给对手造成神秘感。其目的在于使对方放弃某些不适当的意图，以达到吸引并控制对手步入谈判轨道的目的。

谨慎的开局策略适用于谈判双方过去有过商务往来，但对方曾有过不太令人满意的表现，己方要通过严谨、慎重的态度，引起对方对某些问题的重视，不急于拉近关系，注意与对方保持一定的距离。这种策略也适用于己方对谈判对手的某些情况存在疑问而需要经过简短的接触摸底的情况。当然谨慎并不等于没有谈判诚意，也不等于冷漠和猜疑，这种策略正是为了寻求更有效的谈判成果而使用的。

● [案例6-5]

慎重式开局案例

有一家日本公司想要在中国投资加工乌龙茶，然后返销日本。日本公司与我国福建省一家公司进行了接触，双方互派代表就投资问题进行了谈判。谈判一开始，日方代表就问到："贵公司的实力到底如何，我们还不十分了解，能否请您向我们介绍一下以增加我方进行合作的信心。"中方代表回答道："不知贵方所指的实力包括哪几方面？但有一点我可以明确地告诉您，造飞机我们肯定不行，但是制茶我们是内行，我们的制茶技术是世界第一流的。福建有着丰富的茶叶资源，我公司可以说是'近水楼台'。贵公司如果与我们合作的话，肯定会比与其他公司合作得满意。"

4. 进攻式开局策略

进攻式开局策略是指通过语言或行为来表达己方强硬的姿态，从而获得谈判对手必要的尊重，并借以制造心理优势，使得谈判顺利地进行下去。采用进攻式开局策略一定要谨慎，因为，在谈判开局阶段就设法显示自己的实力，使谈判开局就处于剑拔弩张的气氛中，这对谈判进一步发展极为不利。进攻式开局策略可能使谈判陷入僵局。进攻式开局策略通常只在发现谈判对手不尊重己方、以势压人的情况下使用。因为如果不把这样的情势扭转过来，将损害本方的切实利益。

● [案例6-6]

进攻式开局案例

日本一家著名的汽车公司在美国刚刚"登陆"时，急需找一个美国代理商来为其推销产品，以弥补他们不了解美国市场的缺陷。当日本公司准备同美国的一家公司就此问题进行谈判时，日本公司的谈判代表因路上塞车而迟到了。美国公司的代表抓住这件事紧紧不放,想要以此为手段获取更多的优惠条件。日本公司的代表发现无路可退,于是站起来说:"我们十分抱歉耽误了您的时间,但是这绝非我们的本意,我们对美国的交通状况了解不足,所以导致了这个不愉快的结果,我希望我们不要再因为这个无所谓的问题耽误宝贵的时间了。如果因为这件事怀疑到我们合作的诚意,那么,我们只好结束这次谈判。我认为,我们所提出的优惠代理条件是不会在美国找不到合作伙伴的。"日本代表的一席话说得美国代表哑口无言,美国人也不想失去一次赚钱的机会,于是谈判顺利地进行下去了。

第二节 磋商阶段

在开局阶段完成之后,商务谈判就进入实质性的谈判阶段,也就是磋商阶段。在这一阶段中,谈判双方或多方将就交易条件展开磋商,其中价格谈判是磋商阶段的重要内容,本书将在第七章单独对其进行详述。这部分主要对在商务谈判磋商阶段经常会遇到的谈判僵局处理和让步策略进行阐述。

▶▶ 一、商务谈判僵局的处理

商务谈判中的僵局即商务谈判各方在进行意见交换的过程中,由于所谈内容的利益要求彼此差距较大,各方都不愿意做出让步,使谈判出现一种不进不退难以继续进行的僵持局面。由于谈判各方的利益和目的有差异,都想在谈判中取得尽可能大的利益和成果,加上谈判背景、条件、气氛的影响,因此出现质疑、意见分歧、激烈争议,陷入僵持是常见的。当僵局出现后,必须进行迅速的处理,否则就会对谈判顺利进行产生影响。出现僵局不等于谈判破裂,但它会严重影响谈判的进程,如果不能很好地解决,就会导致谈判破裂。

(一)商务谈判僵局的成因

一般来说,谈判僵局产生的原因有:一是谈判一方故意制造的僵局;二是由于谈判人员的因素导致的僵局;三是谈判双方的因素导致的僵局。

1. 谈判一方故意制造的僵局

谈判者在谈判过程中利用谈判僵局,主要出于三种原因:改变已有的谈判形势,提高在谈判中的地位;争取有利的谈判条件;利用僵局试探对方的底线。这是一种带有高度冒险性和危险性的谈判策略,即谈判一方为了试探出对方的决心和实力而有意给对方出难题,搅乱视听,甚至引起争吵,使谈判陷入僵局。其目的是使对方屈服,迫使对方放弃自己的谈判目标而向己方目标靠近,从而达成有利于己方的交易。但是僵局出现后,可能会出现两种后果,一是打破僵局继续谈判;二是谈判破裂。第二种后果是僵局制造者不愿意看到的,因此制造僵局是有风险的。

◉ [案例6-7]

制造僵局策略

20世纪80年代中期,中国某公司到南美某国与一家公司谈判购买木材事宜。采购小组到达后,对方借口公司老板外出无法赶回,将中方公司晾在一边。待中方采购人员回国日期临近,对方却夜以继日与中方谈判,弄得大家筋疲力尽，而且价格老谈不下来。中方虽然提出意见，对方却置若罔闻。于是中方负责人向其郑重表示："我们万里迢迢来到这里，是事先与你们商定好的。看看你们对此次谈判的安排和报价，似乎无意做这笔交易，因此我们决定提前离开，我们还要到××国去办些事情。待你们有了新的考虑，你们再到我们公司去谈，不过要有诚意啊！"说完，就礼貌而略显不满地告别了对方，从而制造了一个僵局。

其实，中方代表团提前离开，一方面是想到另一个国家看看情势，但另一方面主要还是避免匆匆忙忙签约而出现疏漏。对方不了解中方的底细，更担心中方公司到别的国家去后会向另外的公司购买木材，于是当天下午就打电话到中方采购人员下榻的旅馆，一方面表示道歉，另一方面要求第二天重开谈判。结果以有利于中方的报价完成了那次谈判。

2. 谈判人员的因素导致的僵局

在商务谈判中出现信息沟通障碍时可能是因为：未听清对方说话的内容；对对方陈述的内容产生误解；一方虽已知悉却未能理解另一方的信息内容；一方虽理解却不愿意接受已理解的内容。文化障碍、语言障碍和谈判者行为的失误及谈判人员素质低下都是产生信息沟通障碍的原因。

（1）文化障碍

在商务谈判中，由于谈判双方生来就接受不同文化的熏陶，并在商业活动中形成固定的行为方式，因此，一旦这种行为方式越出了产生这种行为方式的文化环境，就会与另一种文化环境下所产生的行为方式发生冲突，在一方看来完全是合理的要求也会被对方认为是非分之想，从而使双方的交流产生障碍，这就是文化障碍。

（2）语言障碍

在谈判过程中，由于双方使用的语言或语言表达习惯的不同而影响相互交流的效率。它这种阻力主要存在于：本国话与外国话之间、普通话与地方话之间、不同的地方话之间、日常用语与商业用语之间。语言障碍一般表现为：一方能够听懂，但另一方不能听懂；或双方都听不懂；或双方都能听懂但经常产生误解。在国际商务谈判中，双方的交流需要通过翻译来进行。翻译的语言理解能力和表达能力，直接决定谈判双方交流的效率。

● ［案例6-8］

语言障碍导致僵局

1970年，美国对日本经济贸易出现了逆差，总统尼克松多次召见日本驻美大使，要求日本限制向美国出口纺织品。日本首相佐藤就此事访美，临行前，经济界人士要求首相坚持立场，不向美国屈服。尼克松总统在这场"日美纺织品贸易战"中使出了浑身解数，向佐藤发动了谈判攻势。双方都感到精疲力竭时，谈判暂告中断。佐藤在和尼克松握手时说了句无所不包又空无一物的话："我一定妥善处理。"

尼克松一听，喜不自禁，以为日方终于答应了，遂向新闻界公布谈判"成果"。美国舆论兴奋了一阵。可迟迟不见日本政府采取切实可行的措施，美日贸易逆差非但没有缩小，反而越拉越大。

美国舆论纷纷谴责佐藤背信弃义。其实，日本根本就不打算限制对美纺织品出口额。佐藤首相的"妥善处理"实际上既表示了否定的态度，又为美国总统"留了面子"。美国人的思维方式不一样，他们认为日本政府肯定会用实际行动"妥善处理"。其实他们错了。

日本著名的社会学家铃木明曾说过："日语中的双关词，是日本民族要求和睦相处的产物。要是我们每说一句话都开门见山，那势必会整天争论不休。"另外，日本人说话喜欢用间接的方式了解他人的情绪和态度，在交换看法时，喜欢用"可能"或以其他方式掩饰其反应，而不愿意直接用"不"来拒绝对方的提议。同时，日本人也讨厌直截了当地得出结论，而比较喜欢以圆滑隐晦的方式，通过周而复始的争论使所有观点都显示出来。

（3）谈判者行为的失误

谈判者工作作风、礼节礼貌、言谈举止、谈判方法等方面出现严重失误，触犯了对方的尊严或利益，就会引起对方的不满，使其产生抵触情绪和强烈的对抗，使谈判陷入僵局。

◉ [案例6-9]

谈判者行为失误导致僵局

2010年，我国13名不同专业领域的专家组成一个代表团，去美国采购约3 000万美元的化工设备和技术。美方自然想方设法令我们满意，其中一项是送给我们每人一件小纪念品。纪念品的包装很讲究，是一个漂亮的红色盒子，红色代表发达。可当中方高兴地按照美国人的习惯当面打开盒子时，每个人的脸色却显得很不自然——里面是一顶高尔夫帽，但颜色却是绿色的。美国商人的原意是：签完合同后，大伙去打高尔夫。但他们哪里知道，"戴绿帽子"是中国男人最大的忌讳。最终没有签订合同，谈判破裂。原因是美方谈判人员工作太粗心，连中国男人忌讳"戴绿帽子"都搞不清，中方怎么能把几千万美元的项目交给他们？

（4）谈判人员素质低下

无论是谈判人员作风方面的原因，还是知识经验、策略技巧方面的不足或失误，都将导致谈判出现僵局。

3. 谈判双方的因素导致的僵局

（1）立场观点的争执

在实质性谈判过程中，双方总是在讨价还价中各持一种立场，围绕某一具体问题争执不下，一方越坚持，另一方就越会坚持自己的立场不变，双方真正的利益被这种表面的立场所掩盖，而且双方为了维护自己的面子，不但不愿做出让步，反而用顽强的意志来试图改变对方的立场。

◉ [案例6-10]

双方立场观点对立导致僵局

2006年元宵节刚过，代表中国钢厂的宝钢谈判人员马上迎来了与世界三大矿业巨头的第三轮正式谈判。节前两轮预备性质的谈判和一轮非正式交流，传出了"谈判只能慢慢来"的消息。节后，谈判一下进入关键阶段。同时，"僵持"这个主调却依然不变。

据各方汇总的情况显示，到目前为止，钢铁业和矿业对2006年度全球铁矿石市场走势的判断"方向相反"。矿业坚持涨价，而钢铁业坚持矿价必须下降。

针对近期市场上传出"中国钢厂可能接受不超过10%的铁矿石涨价"的传闻，熟悉谈判情况的人士认为这种可能性不大。目前日本新日铁、中国宝钢和欧洲阿塞洛的态度前所未有的坚决与一致，坚持认为铁矿石必须降价。

目前谈判关键的障碍是双方在市场判断和市场视角上的分歧，只有克服了这个基本分歧，寻找到双方共赢的结合点，才能顺利进入报价阶段。

（2）利益要求的差距

价格是商务谈判中最敏感、最容易导致僵局的因素，因为卖方希望卖出的商品价格越高越好，买方恰恰相反。卖方的底价对买方来说则是一个高价格，双方底价之间的范围就是谈判空间或交易区。

(3) 偶发因素的干扰

在商务谈判所经历的一段时间内有可能出现一些偶然发生的情况。当这些情况涉及谈判某一方的利益得失时，谈判就会由于这些偶发因素的干扰而陷入僵局。例如，当谈判的外部环境，如价格、通货膨胀等因素发生变化时，某一谈判方如果按原有条件谈判就会蒙受利益损失，而不愿按原有的承诺签约就会导致谈判陷入僵局。

谈判中出现僵局是很自然的事情。一旦出现僵局，首先要弄清楚僵局产生的原因是什么，分歧点究竟是什么，谈判的形势怎样。然后运用有效的策略技巧打破僵局，使谈判顺利进行下去。

(二) 商务谈判僵局的处理

许多缺乏经验的谈判人员总是把谈判的焦点集中在一个问题上，他们常常这样想：既然双方在价格和付款方式这样的大问题上都不能达成一致，何必在那些微不足道的小问题上浪费时间？你是否见过小船拖大船的景象？一只小小的拖船就可以把一条巨轮拖到大海里去，哪怕每次只是移动一点点。那一点点就是小问题，只要解决了小问题，你就可以进而一点点地说服你的谈判对手。这样，就为解决大问题积聚了足够的能量，小船就能撼动巨轮。而另一方面，如果这条小船急于求成，不顾一切地拼命把巨轮往海里拉，恐怕永远也无法成功。由此可见，千万不要低估小问题的分量，能解决好这些小问题，同样也可以达到四两拨千斤的目的。

1. 正确地认识谈判的僵局

谈判人员首先应正确认识谈判的僵局，在商务谈判中，因双方利益的差异及其他原因，僵局的出现在所难免，但许多谈判人员把谈判陷入僵局视为谈判失败。在僵局出现时，谈判人员应冷静分析，加强沟通，充分考虑到双方潜在的利益，调整双方的短期和长期利益，寻找双方都能接受的利益平衡点，恰当地运用谈判策略，僵局就不会是克服不了的壁垒。

2. 用言语鼓励对方

在谈判处于僵局时，可以用"鼓励"对方的言语，化解僵局。例如："看，许多问题都解决了，现在就剩这些了，不一并解决，那不太可惜了吗？""大的问题都解决了，其他小问题就好办了，让我们继续努力吧。""只剩下这一小部分了，放弃了多可惜。""这是唯一的问题了，如果放弃，大家都会感到遗憾的。"鼓励对方说出自己的真实想法，达成沟通理解。叙述旧情，强调双方的共同点和利益，削弱对立情绪。

● [案例6-11]

僵局处理综合案例

辽宁省盘锦市A公司从事某添加剂业务，在2008年金融海啸导致许多工业原材料价格暴跌时，A公司决定以低价从国外大量购进该产品。

A公司做了大量的市场调研工作，首先通过互联网搜寻该添加剂主要生产国的信息，又通过对各国产品的性价比比对，确定英国B公司为谈判对象。我方A公司还通过电子邮件等方式与B公司进行沟通，把我方的基本情况和所需产品信息传递给对方，也进一步获取了对方的信息。

在谈判过程中，双方首先出现的争执是谈判地点的确定。B公司要求我方派人员赴英国谈判，而我方要求对方来华谈判，双方都清楚在本国谈判的优势——有助于控制谈判。在金融危机使全球经济不景气的大环境下，我方利用买方市场优势，使B公司主动找上门来谈判。

双方初次面谈富有成效，不仅确定了要进口产品的品种、数量、进口时间等，而且在其他方面也达成了基本共识。但在接下来的价格谈判上出现了僵局，挑战来自多方面。首先，双方初次合作缺乏信任，交易金额大，交货分批进行，合同履行时间长达两年。其次，合同的定价涉及未来两年该产品世界市场价格的波动与走势，汇率波动的影响等问题。双方都想采用对己有利的价格条款以规避风险。经多次反复面谈，最终以一个折中但对我方更优惠的价格达成协议。

案例分析：

我方能突破价格僵局主要是由于策略和方法恰当，外加天时、地利与人和。

（1）收集谈判信息

"知己知彼，百战不殆。"A 公司副总经理亲自挂帅组织谈判团队，通过各种渠道了解 B 公司的产品与底价，制订周密的谈判计划和方案。为了克服文化差异，A 公司利用商务接待、参观访问等各种场合收集英方谈判代表的个人信息，及时调整策略，充分尊重对方的文化与习惯。

（2）场外沟通

A 公司利用主场谈判的优势，精心安排谈判议程，有张有弛，让双方谈判代表有充分的场外交流与沟通。场外交流是一种非正式谈判，轻松友好的气氛有利于双方代表之间交流私人感情，建立起良好的人际关系。感情上的融通，将有助于化解谈判桌上的遗留问题。

（3）BATNA 策略

针对 B 公司的报价，A 公司通过列举国内同类产品的价格（但质量不如 B 公司）、俄罗斯方面的报价等，给出己方价格。A 公司还价客观真实且态度坚决，彻底动摇了对方的底价。A 公司审时度势，在了解该产品世界行情、掌握英方产品质量和需求的情况下，大胆运用替代方案策略，即 BATNA。A 公司表示，如果 B 公司产品价格没有竞争力，A 公司将与俄罗斯方面签订合同。以"第三方报价"为参照，以"另有选择"为利器，A 公司设法改变了对方的底价达成了对己方更有利的价格条款。

要想在讨价还价中处于有利地位，"谈判桌上"的策略以及"谈判桌外"的活动都很重要，谈判人员还要努力改进自己的 BATNA，用 BATNA 作为杠杆使对方做出让步。

资料来源：李月菊，张悦清. 透过三则实例看国际商务谈判僵局的成因与化解 [J]. 对外经贸实务，2010（2）.

3. 采取横向式的谈判打破僵局

所谓横向式谈判，是指由于各个具体项目之间有较大的伸缩性可以调整，当其中一项遇到难题时，可以暂时搁放一下，移到下一项；或是当某一项不得不做退让时，也可以设法从其他项目中得到补偿。当双方利益出现僵持，经协商也毫无进展时，可以采取避开该话题的办法，常用横向式谈判。

4. 利用调解人调停打破僵局

当谈判双方进入立场严重对峙、谁也不愿让步的状态时，找到一位中间人来帮助调解，有时能很快使双方立场出现松动。确定的斡旋者应该是双方所熟识，为双方所接受的，否则就很难发挥其应有作用。在选择中间人时不仅要考虑其能体现公正性，而且还要考虑其是否具有权威性。请调解人拿出一个新的方案让双方接受。其结果没有必须认同的法律效力。当调解无效时可请求仲裁。仲裁的结果具有法律效力，谈判者必须执行。

5. 寻找替代方法打破僵局

谈判中一般存在多种可以满足双方利益的方案，当某种方案不能为双方同时接受时，不妨换个角度和思路，选用其他的方案。比如，另选商议的时间，改变售后服务的方式，改变承担风险的方式、时限和程度，改变交易的形态，改变付款的方式和时限。

6. 运用休会策略打破僵局

休会策略是谈判人员为控制、调节谈判进程，缓和谈判气氛，打破谈判僵局而经常采用的一种基本策略。谈判双方利用休会可以仔细而冷静地考虑争议的问题，进一步对市场形势进行研究，探索变通途径，缓解体力不支或情绪紧张的局面，研究谈判出现的新情况，缓和一方的不满情绪。谈判人员也可以在休会期间向上级领导汇报，请示领导对处理僵局的指导意见。谈判人员还可以在休会期间进行"场外沟通"。有时，谈判双方在正式会谈中相持不下，彼此虽有求和之心，但在谈判桌上碍于面子，无法缓和谈判僵局。此时就应该离开谈判桌，举办多种娱乐活动，借助社交场合，主动和对方人员交谈，以了解更多情况，消除障碍，促进友谊。

7. 更换谈判人员或者由领导出面打破僵局

当因谈判人员本身（特别是主谈人）的因素造成僵持时，其他方法都不能很好地打破僵局，可以征得对方同意，及时更换谈判人员，消除不和谐因素，缓和气氛。这是一种迫不得已的、被动的做法，也蕴含了向谈判对手致歉的意思，必须慎重。换人要向对方做婉转的说明，使对方理解。不要随便换人，即使因处于迫不得已而换人，事后也要做好换下来人员的工作，不能挫伤其积极性。

二、商务谈判让步策略

谈判中让步是指谈判双方向对方妥协，退让己方的理想目标，降低己方的利益要求，向双方期望的目标靠拢的谈判过程。让步可以看作为一种侦察手段，是一步步弄清对方的期望值到底是什么的过程。在对国内、国际情况有全面了解的情况下，在对双方利益把握得当的情况下，可以在某些问题上稍做让步，以在另一些方面争取更多利益。如果促使合作成功所带来的利益，大于坚守原有立场而致谈判破裂所带来的好处，那么，让步就是应采取的策略。让步在谈判实践中有多种具体的表现方式，在实际的运用中，要根据对方的反应，综合考虑双方利益的得失，而灵活地运用。明智的让步是一种非常有力的谈判工具。让步的基本哲理是"以小换大"。谈判人员必须以局部利益换取整体利益作为让步的出发点，所以，把握让步的实施步骤和让步原则是必不可少的。

（一）让步实施的步骤

第一步：确定谈判的整体利益。该步骤在准备阶段就应完成，谈判人员可从两方面确定整体利益：一是确定此次谈判对谈判各方的重要程度，可以说，谈判对哪一方的重要程度越高，那么，这一方在谈判中的实力越弱；二是确定己方可接受的最低条件，也就是确定己方所能做出的最大限度的让步。

第二步：确定让步的方式。不同的让步方式可传递不同的信息，产生不同的效果。在现实的商务谈判中，由于交易的性质不同，让步没有固定的模式，通常表现为多种让步方式的组合，并且这种组合还要在谈判过程中依具体情况不断进行调整。

第三步：选择让步的时机。让步的时机与谈判的顺利进行有着密切的关系，根据形势的需要，既可己方先于对方让步，也可后于对方让步。甚至双方同时做出让步。让步时选择的关键在于应使己方的小让步给对方造成大满足的感受。

第四步：衡量让步的结果。它可以通过衡量己方在让步后具体的利益得失与己方在做出让步后所取得的谈判地位，以及讨价还价力量的变化来进行。

（二）让步原则

1. 维护整体利益

让步的一个基本原则是：以最小让步换取谈判的成功，以局部利益换取整体利益，这是让步的出发点。整体利益不会因为局部利益的损失而造成损害,相反,局部利益的损失是为了更好地维护整体利益。此外,在商务谈判中目标往往是多重的,谈判者须明白什么是重要目标,什么是次要目标。在让步时,应通过局部利益和次要目标的退让,来维护整体利益、实现重要目标。因此,让步前一定要清楚什么问题可以让步,什么问题不能让步,让步的最大限度是什么,让步对全局的影响是什么,等等。

2. 刚性原则

人们总是比较珍惜来之不易的东西,在商战中也同样如此。对方不会欣赏很容易得到的成功,太容易得到的东西也不会让人太珍惜。因此,假如你真想让对方快乐、满足,就让他们去努力争取,不要爽快地、一步到位地满足对方的需求。在谈判中,谈判双方在追求目标利益最大化的同时,也会对自己的最大让步有所考虑,所以在进行谈判时,若没有回报,就绝不让步。在谈判中可以使用的让步资源是有限的,让步策略运用的力度只能是先大后小。

3. 时机原则

让步时机要恰到好处,在适当的时机和场合做出最合时宜的让步,不到需要让步的时候绝对不要做出让步的许诺。虽然让步的正确时机和不正确时机说起来容易,但在谈判的实际过程中,时机是非常难以把握的。一般来说,当对方没有表示出任何退让的可能,让步不会给己方带来相应的利益,也不会增强己方讨价还价的力量,更不会使己方占据主动的时候,不能做出让步。

◉ [案例6-12]

因纽特人与狼

在北极圈内,居住着因纽特人。一天下午,一位年轻人在冰天雪地里刚猎到一头角鹿,正在费力地往雪橇上拖,忽然发现后面出现了一头狼,距离自己约有几百米。这时狼嗥声越来越近,吓得他连忙收拾帐篷,赶着雪橇向最近的居民点逃跑。

狼和他的距离越来越近,几乎到了火枪的射程以内。他拼命驱赶狗群,累得狗群呼哧呼哧地直喘粗气。

狼越来越近,这该怎么办哪?

他突然灵机一动:"狼一定是饿了,想吃鹿肉!雪橇再也跑不快了,何不割下点鹿肉喂狼?狼吃饱了自然不会再追了!"

于是,他在飞驰的雪橇上好不容易割下一大块鹿肉,扔向后面的饿狼。心想,这头鹿大得很,扔掉一块不算回事,可是却能捡回一条命呀!

果然不出所料。狼在撕扯着鹿肉,停止了追击。年轻人不禁有点飘飘然起来,他想这次可以向同伴们大侃机智脱险的故事了。

可是,这是怎么回事?没等他想起怎么向同伴说,又有其他的狼追上来了,而且听上去不止一只,可能是两只、三只!天哪!年轻人吓得心都要从嗓子眼里蹦出来了。这可是他第一次独立打猎呀!之前爷爷怎么叮咛的全忘光了。他心想也许把这三只狼喂饱,它们就不追了。

他便赶忙又割下三大块鹿肉向后面扔去——反正除去喂狼的以外还足够自己吃。可是这回雪橇还没跑上几百米,又有几只狼正从树林里发疯似的猛蹿出来!

他一边大声吆喝着催赶狗群,一边大块大块地向四方扔肉块。

狼越聚越多,而且还在呼朋引类,从四面赶来!

没过多久,年轻人的鹿肉就扔得一干二净,而狼群却越来越多,已超过一百只了。就在这危急时刻，他的父亲带领着其他猎人来接他了，他们瞄准头狼开了枪……

真是好险呀，年轻人总算是捡回了一条命。

资料来源：乔治·罗斯. 赢在谈判［M］. 王盛洋，蒋硕，译. 哈尔滨：黑龙江科学技术出版社，2009：154-156.

这个故事虽然很惊险，也不会发生在我们身上，却说明了一个道理：在商务谈判中，当谈判对手步步紧逼时，己方首先做出大幅让步就如同向狼扔鹿肉一般，只会引起狼更大的欲望，引来更大的麻烦。所以，当扔第一块鹿肉的时候，就应该慎重，掌握好扔的时机与大小，在适当的时候做出适当的让步。

4. 清晰原则

在商务谈判的让步策略中，清晰原则是：让步的标准、让步的对象、让步的理由、让步的具体内容及实施细节应当准确明了，避免因为让步而导致出现新的问题和矛盾。要明确让步的目标，了解对方的真实需求，不做无谓的让步。在让步过程中要注意掩盖己方的真实意图，重要问题力争使对方让步。每次让步幅度不宜过大，让步节奏不宜过快，不承诺做出与对方同等幅度的让步。

◉ ［案例6-13］

三兄弟与绑匪

国际知名谈判专家，美国人本·洛佩兹讲述了这样一个案例，值得我们深思。专家本人在南美曾经经手这样一个案子。事主是三个兄弟，他们都是做生意的人，每天经手大量的现金。一天，大哥在上班的途中被绑匪绑架了。几个小时之后，绑匪打来电话，索要5万美金。另外两个兄弟凑到一起表态说："好，我们明白了，马上就给你钱。"他们说到做到。在没有任何讨价还价的基础上，很快就付了现金，这样大哥回到了家里。整个案子不到48小时就结束了。6个月后，绑匪的钱花光了。于是，二哥又在开车上班的途中被绑架。这次赎金翻番，增值到10万美元。结果兄弟们又迅速支付了这笔赎金，二哥又在两天后回到家中。他们没有意识到，在绑匪看来，他们三兄弟已经成了摇钱树。前后工作不到5天，就收获15万美元。老三认识到了事件的危险性，他为了避免自己被绑匪，就买了把枪以防身自卫。7个月后，当绑匪又一次花光钱后在老三开车上班的路上实施绑架时，三弟掏出了手枪，结果在双方交火中被杀。两位兄长悲痛欲绝，他们以非常便宜的价格转让了生意，收拾了行李，离开了这个国家。直到今日，没人知道他们的下落。

5. 弥补原则

让步必须是有条件的，绝对没有无缘无故的让步。谈判者心中要清楚，让步必须建立在对方创造条件的基础上，而且对方创造的条件必须是有利于己方整体利益的。当然，有时让步是根据己方策略或根据各种因素的变化而做出的。这个让步可能是为了己方的全局利益，为了今后长远的目标，或是为了尽快成交而不至于错过有利的市场形势，等等。无论如何，让步的代价一定要小于让步所得到的利益。要避免无谓的让步，要用我方的让步换取对方在某些方面的相应让步或优惠，遵循出得大于失的原则。

◉ ［专栏6-1］

让步中常见的错误

每个谈判者都可能犯一些错误的，原因很多，但最重要的原因是人们忘掉了自己在做什么事情。如果不注意这些错误，往往会重蹈覆辙，为这些错误付出昂贵的代价。

1）不要一开始就接近最后的目标。谈判者总是先提出其最高的要求，认为只有智力障碍者才会提出最低要求。经验表明，高要求是值得的，但不要不好意思要求更多的东西。

2）不要以为已经了解了对方的要求。先装作你不了解对方的要求，然后耐心地试探和发现事情的真相。如果只是根据未经证实的估计继续进行谈判，就会犯严重的错误。

3）不要认为你的期望已经够高了。事实上，你的要求可能会太容易达到，对方很可能有一套和你不同的价值标准。

4）永远不要接受对方最初的价格。有些谈判者看到对方第一次出价超出自己期望的水准，常会立刻接受。但根据以下两条经验，最好不要接受对方的第一次出价：第一，若不立即表态接受，对方可能会再做出某些让步；第二，若立即表达接受了，会使对方有一种摸不着头绪的感觉，以为己方出价太低了，从而在谈判的其他方面苛求你。总之，不管在哪一种情况下，过快地接受对方的最初价格都是错误的。

5）没有得到对方的交换条件，永远不要轻易让步。免费让步或未经重大讨论便轻率让步是谈判之大忌。让对方没经过任何奋斗而轻易获取让步，往往不能使对方感到满足，他们很可能提出更加苛刻的要求。

6）不要轻易相信对方所说的"不能妥协"之类的话。要设法试探对方所说的话是否真实，并以此权衡利弊，再做决断。

7）在重要问题上不要先做让步。实践告诫我们，在重要问题上先做让步的一方，往往是谈判终局的失败者。

8）不适当的让步。在谈判中，为了促使双方达成协议，谈判双方都要做出一定的让步，但让步的方法和让步的尺度必须适当。适当的让步，不但可以提高对方成功的期望，而且可能促成对方内部意见分化。

第三节 成交阶段

一、商务谈判结束的判定

谈判终结在很大程度上是一种掌握"火候"的艺术。谈判者只有正确判定谈判结束的信号，把握谈判成交的时机，才能运用好成交阶段的策略，获得谈判的成功。判定商务谈判结束可以从以下四个方面着手：

1. 从谈判涉及的交易条件来判定

从交易条件判定即以谈判双方交易条件解决的状况，来判断谈判是否终结的做法，主要从成交线与分歧量两个指标来考察。

成交线是指己方可以接受的最低交易条件，是达成协议的下限。通过成交线来判定，即以对方的交易条件是否是己方预定可以接受的最低条件来判断谈判是否终结。谈判交易条件已进入己方成交线时，就意味着谈判结束阶段的开始。

分歧量是指交易双方尚存的交易条件分歧，或称谈判分歧点。谈判双方存在交易条件的分歧量又包括分歧的数量与分量。从数量上看，如果双方已达成一致的交易条件占据绝大多数，所剩的分歧数量仅占极小部分，就可以判定谈判已进入结束阶段。从分量上看，如果交易条件中关键问题都已经达成一致，仅余留一些非实质性的无关大局的分歧点，就可以判定谈判已进入终结阶段。谈判是否可以结束，主要看谈判各方在关键问题上是否达成共识。

2. 从谈判时间来判定

（1）共同约定的谈判时间

共同约定的谈判时间即在开始谈判前谈判各方就确定的谈判所需时间。谈判各方据此安排谈判人员和程序。当所定的时间用完，谈判也应结束。一般来讲，谈判各方约定时间应在开始谈判之前，多以谈判内容客观所需时间来确定。

（2）单方限定的谈判时间

单方限定的谈判时间即谈判某一方提出自己可以参加谈判的时间，该时间是判定终结谈判的另一标志。单方限定时间的做法在实际中用得较多。不论谈判最终是否成交，限时到了即要结束谈判。否则，欲继续谈判的一方必须做出一定程度的让步。

（3）竞争者给定的时间

在竞争性的谈判中，谈判有竞争性的第三方参与，此时谈判的时间除了双方的需要外，还受第三者谈判进度的影响，这即为第三方给定的谈判时间。对第三方时限掌握很重要。

（4）偶发因素影响的谈判时间

本来谈判各方已经约定好谈判时间，但是在谈判进行过程中形势发生突然变化，如市场行情突变、外汇或利率行情大起或大落、公司内部发生重大事件等，还可能发生地震、海啸等自然灾害。谈判者可能突然改变原有计划，比如要求提前终结谈判。这是由于谈判的外部环境是在不断发展变化的，谈判进程也会受这些变化的影响。

◉ [专栏6-2]

谈判结束的判定

假定某商务谈判共有四个交易条件：价格、支付条件、过期罚金、担保条件。其中价格是这笔交易的关键条件，担保是次要条件，支付和罚金条件居中。又假定通过前一阶段的磋商，各项交易条件的商务谈判目标（下限目标和争取目标）可实现程度如下表所示：

交易条件	底线目标		争取目标	
	计划实现/%	已达程度/%	计划实现/%	已达程度/%
价格	100	100	100	85
支付条件	100	100	100	90
过期罚金	100	100	100	100
担保条件	100	0	100	0

请问：你认为这次商务谈判可以判定结束了吗？

3. 从谈判策略来判定

（1）总体交换策略

总体交换策略又称一揽子策略，是指谈判各方在谈判临近约定的谈判结束时间或阶段时，以各自的交易条件中的不同条款做好搭配、捆绑式交易的一揽子的进退交换，以求达成协议。

（2）最后立场策略

这种策略是指谈判各方经过多次磋商之后仍无结果，一方阐明己方最后的立场、讲清只能让步到某种条件，如果对方不接受，谈判即宣布破裂；如果对方接受该条件，那么谈判成交。

（3）折中态度策略

折中态度策略又称为折中进退策略，是指将谈判各方的交易条件存在的差距之和取中间条件作为双方共同接受的策略。折中态度策略虽然缺乏一定的科学性，但是在双方很难说服对方、各自坚持己方立场的情况下，也不失为寻求尽快解决分歧的一种方法。其目的就是化解谈判各方矛盾的差距，比较公平地让各方分别承担相同的义务，避免在遗留问题上耗费过多的时间和精力。

4. 从谈判者发出的信号来判定

在谈判进程中，如果谈判者发出以下信号，也意味着谈判就要结束了：用最少的言辞阐明自己的立场；所提的建议是完整的、绝对的；在阐述自己的立场时，完全是一种最后决定的语调；回答问题简单，不用论据；一再保证目前结束谈判对对方有利。

如果对方向己方询问交货的时间或地点；对方向己方打听新旧产品及有关产品的比价问题；对方对产品的质量和加工提出具体要求；对方要求己方把价格说得再确切一些；对方要求将报盘的有效期延长几天；对方要求实地试用产品；对方提出某些反对意见……这些谈判对手传递出来的信息，也表明对方已经准备结束谈判了。

▶▶ 二、结束谈判时的技术准备

1. 对交易条件的最后检索

在谈判者认为最后即将达成交易的会谈开始之前，有必要对一些重要的问题进行一次检索。明确还有哪些问题没有得到解决。对自己期望成交的每项交易条件进行最后的决定，同时，明确自己对各种交易条件准备让步的限度。

2. 确保交易条款的准确无误

价格方面：价格是否已经确定；缔约者是否能收回因人工和材料价格增长后的成本；价格是否包括各种税款或其他法定的费用；在履行合同期间，如果市场行情发生了变化，那么成交的产品价格是否也随之变化；在对外交易中是否考虑汇率的变化。

合同履行方面：对"履约"是否有明确的解释；是否包括对方对产品的试用（测试）；合同的履行能否分阶段进行，如果可以，则如何划分各阶段；合同履行的监管。

标准方面：如果有国家标准或某些国际标准可以参考，是否已明确哪些问题运用哪些标准，而哪些标准又与合同的哪部分有关；对于在工厂或现场的材料与设备的测试以及对方的公差限度和测试方法，是否进行了明确的规定。

仓储及运输方面：谁来负责交货到现场；谁来负责卸货和仓储；一些永久性或临时性的工作由谁来负责安排与处理。

3. 整理谈判记录

每日的谈判记录，由一方在当晚整理就绪，并在第二天作为议事日程的第一个项目宣读，后由各方确认通过。如果只需进行两三天的谈判，则由一方整理谈判记录后，在谈判结束前宣读并确认通过。谈判结束时，通读谈判记录或条款以表明各方在各条款上均一致同意。在各方离去之前整理书面记录，并由各方草签。通常当谈判涉及商业条款及标准时须使用这一方法。

三、商务谈判结束的方式

商务谈判结束的方式主要有三种：成交、中止、破裂。

1. 成交

成交就是谈判双方达成协议，交易得以实现。成交的方式是双方签订协议书，为双方的商务交易活动提供操作原则和方式。成交的前提是双方对全部或绝大部分交易条件经过多次磋商没有实质上的分歧，达成共识。成交时必须注意：尽量争取由己方拟定协议或合同的文本，尽量争取在己方所在地签订协议或合同，确保合同的主客体及签订过程合法，确保合同的条款详细、严密。

2. 中止

中止谈判是谈判双方因为某种原因未能达成全部或部分成交协议，而由双方约定或单方要求暂时终结谈判的方式。中止谈判可分为有约期中止与无约期中止。

有约期中止谈判是指双方在中止谈判时对恢复谈判的时间予以约定的中止方式。这种中止是一种积极姿态的中止，它的目的是促使双方创造条件以便最后达成协议。

无约期中止谈判是指双方在中止谈判时对恢复谈判的时间无具体约定的中止方式。无约期中止的典型是冷冻政策。在谈判中，或者由于交易条件差距太大，或者由于特殊困难存在，而双方又有成交的需要而不愿使谈判破裂，双方于是采用冷冻政策暂时中止谈判。此外，如果双方对造成谈判中止的原因无法控制时，也会采取无约期中止的做法。这种中止双方均出于无奈，对谈判最终达成协议造成一定的干扰和拖延，是被动式中止谈判的方式。

3. 破裂

谈判破裂是指谈判双方因分歧严重而导致交易失败，不能达成共识和签订协议而结束谈判。在市场上，往往有很大一部分的谈判最终会以破裂而告结束。谈判不成，或友好而别，或愤然而去。所以，谈判破裂依据双方的态度可分为友好破裂和对立破裂。

友好破裂是指双方在互相体谅对方的困难的情况下结束谈判的做法。由于在谈判态度上，立足长远，多予理解，谈判破裂并没有使双方关系破裂，反而通过充分的了解和沟通，产生了进一步合作的愿望，为今后双方再度合作留下可能。

对立破裂是指双方或单方在愤然的情绪下，没能达成协议而武断地结束谈判的做法。不论何种原因，除了策略性的表演之外，造成双方在愤然情绪中使谈判破裂毕竟不是好事，这种破裂不仅没有达成任何协议，而且使双方关系恶化，今后很难再次合作。

本章小结

- 商务谈判开局是指谈判双方第一次见面后，在讨论具体、实质性的谈判内容之前，相互介绍、寒暄以及就谈判具体内容以外的话题进行初步接触的阶段。开局阶段是整个商务谈判的起点和基础，它往往关系到双方谈判的诚意和积极性，关系到谈判的格调和发展趋势，它的好坏在很大程度上决定着整个谈判的走向和发展趋势。
- 影响商务谈判开局的因素包括谈判双方的关系、双方谈判成员个人之间的关系和双方的谈判实力。
- 商务谈判开局阶段主要有三项基本任务：谈判通则的协商、营造适当的谈判气氛、开场陈述。
- 商务谈判开局的策略包括协商式开局策略、坦诚式开局策略、慎重式开局策略、进攻式开局策略。
- 商务谈判中的僵局即商务谈判各方在进行意见交换的过程中，由于所谈内容的利益要求彼此差距较大，各方都不愿意做出让步，使谈判出现一种不进不退难以继续进行的僵持局面。
- 谈判僵局的产生的原因有三种：一是谈判一方故意制造的僵局；二是由于谈判人员的因素导致的僵局；三是谈判双方的因素导致的僵局。
- 商务谈判僵局的处理的方法有：正确地认识谈判的僵局，用言语鼓励对方，采取横向式的谈判打破僵局，利用调解人调停打破僵局，寻找替代方法打破僵局，运用休会策略打破僵局，更换谈判人员或者由领导出面打破僵局。
- 商务谈判中让步是指谈判双方向对方妥协，退让己方的理想目标，降低己方的利益要求，向双方期望目标靠拢的谈判过程。
- 商务谈判让步实施有四个步骤：第一步，确定谈判的整体利益；第二步，确定让步的方式；第三步，选择让步的时机；第四步，衡量让步的结果。
- 商务谈判让步的原则：维护整体利益、刚性原则、时机原则、清晰原则、弥补原则。
- 商务谈判结束可以从以下四个方面进行判定：从谈判涉及的交易条件来判定，从谈判时间来判定，从谈判策略来判定，从谈判者发出的信号来判定。
- 结束商务谈判时的技术准备：对交易条件的最后检索、确保交易条款的准确无误、整理谈判记录。
- 商务谈判结束的方式主要有三种：成交、中止、破裂。

重要概念

商务谈判开局、谈判气氛、开场陈述、协商式开局策略、坦诚式开局策略、慎重式开局策略、进攻式开局策略、商务谈判磋商、商务谈判僵局、商务谈判让步、商务谈判结束

习　题

1. 选择题

1）谈判过程中发现对方刻意营造进攻气氛，若不扭转会损害己方的切实利益，可以用　　　（　　）
A. 协商式开局策略　　B. 坦诚式开局策略　　C. 慎重式开局策略　　D. 进攻式开局策略

2）商务谈判开局阶段的任务不包括　　　　　　　　　　　　　　　　　　　　　　　（　　）
A. 谈判通则的协商　　　　　　　　　　　　B. 讨价还价
C. 营造适当的谈判气氛　　　　　　　　　　D. 开场陈述

3）当商务谈判陷入僵局，以下有助于改变谈判气氛的技巧是 （　　）
   A．改变谈判话题　　B．改变谈判环境　　C．改变谈判日期　　D．更换谈判人员
4）以下哪一项不属于商务谈判中让步原则和要求 （　　）
   A．只能是局部利益的退让　　　　　　　　B．让步所得大于让步代价
   C．在关键问题上先让步　　　　　　　　　D．让步须等待时机成熟
5）让步的代价一定要小于让步所得到的利益，这属于让步原则中的 （　　）
   A．弥补原则　　B．清晰原则　　C．时机原则　　D．刚性原则

2．判断题

1）营造适当的谈判气氛对谈判成功非常重要。 （　　）
2）坦率式开局策略比较适用于谈判双方初次接触且实力比较接近的商务谈判。 （　　）
3）在成功的谈判中，没有人是失败者。 （　　）
4）应该在每一次让步之后检验让步的效果。 （　　）
5）谈判双方达成协议，商务谈判整个过程就结束了。 （　　）

3．思考题

1）如何塑造适当的商务谈判气氛？
2）商务谈判开局有哪四种策略？分别适用于什么情况？
3）从哪些方面可以判定商务谈判结束了？
4）商务谈判陷入僵局的原因有哪些？可以如何避免商务谈判陷入僵局？
5）当对方坚持立场、毫不退让时，谈判者应当如何对待？

4．案例分析

● 案例1：开场陈述案例

A公司是一家实力雄厚的房地产开发公司，在投资的过程中相中了B公司所拥有的一块极具升值潜力的地皮，而B公司正想通过出卖这块地皮获得资金以将其经营范围扩展到国外。于是，双方精选了久经沙场的谈判干将，对土地转让问题展开磋商。

A公司的代表说："我们公司的情况你们可能有所了解，我们是由×公司、××公司（均为全国著名的大公司）合资创办的，经济实力雄厚。近年来在房地产开发领域业绩显著。在你们市去年开发的××花园收益就很不错。听说你们的周总也是我们的买主啊。你们市的几家公司正在谋求与我们合作，想把其手里的地皮转让给我们，但我们没有轻易表态。你们的这块地皮对我们很有吸引力，我们准备把原有的住户拆迁，开发一块居民小区。前几天，我们公司的业务人员对该地区的住户、企业进行了广泛的调查，基本上没有什么阻力。时间就是金钱啊，我们希望以最快的速度就这个问题达成协议。不知你们的想法如何？"

B公司是一家全国性公司，在一些大中城市设有办事处；除了A公司之外，还有兴华、兴运等公司与之洽谈。

讨论：如果你是B公司的代表，你将如何进行开场陈述？

● 案例2：技术谈判失败的案例

中海油某公司欲从澳大利亚某研发公司（以下简称C公司）引进"地层测试仪"，双方就该技术交易在2000—2002年期间举行了多次谈判。地层测试仪是石油勘探开发领域的一项核心技术，掌控在国外少数几个石油巨头公司手中，如斯伦贝谢公司、哈利伯顿公司等。它们对中国实行严格的技术封锁，不

出售技术和设备，只提供服务，以此来占领中国广阔的市场，赚取高额垄断利润。澳大利亚 C 公司因缺乏后续研究和开发资金，曾在 2000 年之前主动带着其独立开发的、处于国际领先水平的该设备来中国寻求合作者，并先后在中国的渤海和南海进行现场作业，效果很好。

中方于 2000 年年初到澳方 C 公司进行全面考察，对该公司的技术设备很满意，并就技术引进事宜进行正式谈判。考虑到这项技术的重要性以及公司未来发展的需要，中方谈判的目标是出高价买断该技术。但 C 公司坚持只给中方技术使用权，允许中方制造该设备，技术专利仍掌控在自己手中。C 公司不同意将公司赖以生存的核心技术卖掉，委身变成中方的海外子公司或研发机构。双方巨大的原则立场分歧使谈判在一开始就陷入僵局。

中方向 C 公司表明了立场之后，对谈判进行"冷处理"，回国等待。迫于资金短缺的巨大压力，C 公司无法拖延谈判时间，在 2000—2002 年期间，就交易条件多次找中方磋商，试图打破僵局。由于种种原因，中澳双方最终没能达成协议，谈判以失败告终。但中海油科技工作者最终走出了一条自力更生的技术创新之路。

根据以上案例所提供的资料，试分析：

（1）在谈判过程中，中澳双方谈判僵局的成因是什么？
（2）在谈判过程中，为了化解僵局，我方采用了哪些策略？
（3）试分析中澳谈判失败的原因。
（4）面对中澳谈判的僵局，你受到哪些启示？

实训设计

甲方和乙方是两个长期的合作伙伴，甲是乙的设备供应商，甲方的设备供给占乙方使用设备量的 85%。但是甲方的设备最近一直有质量问题，给乙方造成了大量的损失。当初双方签订的协议中规定：甲方提供的设备合格率达到 95% 以上便可。但是这是一条容易产生歧义的条款，既可以理解为每套设备各个零件的合格率达到 95% 以上，也可以理解为所有设备的总体合格率达到 95% 以上。

前一种理解比较有利于乙方，后一种理解比较有利于甲方。而实际上正是由于甲方生产的所有设备中的不合格的 5% 造成了乙方巨大的损失。乙方知道自己一下子不可能完全抛开这个供应商，甲方当然也不想失去乙方这个大客户。乙方提出，先前由于甲方的次品导致的损失必须由甲方承担。而甲方坚持认为乙方的质检部门在接收甲方的设备时就应该看清楚，如果是次品可以退货，而不是等到投入使用以后才发现有问题，因而他们拒绝承担损失。双方交涉多次都没有达成协议。最后导致双方的高层领导都开始过问此事。乙方采购部和甲方销售部的经理迫于压力约定本周末碰面，准备通过谈判对此事做一个了断。而且双方谈判代表都非常清楚，如果这次谈不成回去肯定受到老板的斥责。

谈判的目标：确定对 95% 以上合格率这一条款的理解；商议甲方赔偿乙方损失的事宜。

1. 演练目的：通过模拟演练，要求学生进一步感知谈判终结的判定，同时提高谈判成交能力。
2. 演练方式：班级分成 6 组，3 组扮演甲方，另 3 组扮演乙方，依次进行模拟谈判，之后扮演人员与观察者每人写一份总结。

第七章

价格谈判

学习目标

- ◆ 了解价格谈判中报价的依据，理解价格谈判中的价格关系
- ◆ 理解并掌握价格谈判的合理范围，掌握如何确定保留价格
- ◆ 了解价格谈判中的报价策略
- ◆ 掌握价格磋商的主要步骤，理解讨价还价中的让步策略

引 例

美国谈判学家罗伯斯有一次去买冰箱。营业员指着罗伯斯要的那种冰箱说："259.5 美元一台。"接着罗伯斯导演了一台精彩的"喜剧"。

（罗＝罗伯斯　营＝营业员）

罗：这种型号的冰箱一共有多少种颜色？

营：共有 32 种颜色。

罗：能看看样品本吗？

营：当然可以！（说着立即拿来了样品本）

罗（边看边问）：你们店里的现货中有多少种颜色？

营：现有 22 种。请问您要哪一种？

罗（指着样品本上有、但店里没有的一种颜色）：这种颜色同我家厨房的墙壁颜色相配！

营：很抱歉，这种颜色现在没有。

罗：其他颜色与我家厨房的颜色都不协调。颜色不好，价钱还这么高，要是不能便宜一点，我就要去其他商店了，我想别的商店会有我要的颜色。

营：好吧，便宜一点儿就是了。

罗：可这台冰箱有些小毛病！你看这里。

营：我看不出什么。

罗：什么？这一点毛病尽管小，可是冰箱外表有毛病通常不都要打点儿折扣吗？

营：……

罗（又打开冰箱门，看了一会儿）：这冰箱带有制冰器吗？

营：有！这个制冰器每天24小时为您制冰块，一小时才3美分电费。（他很自豪地回答，认为罗伯斯对这制冰器感兴趣）

罗：这可太糟糕了！我的孩子有轻微哮喘病，医生说他绝对不可以吃冰块。你能帮我把它拆下来吗？

营：制冰器没办法拆下来，它和整个制冷系统连在一起。

罗：可是这个制冰器对我根本没用！现在我要花钱把它买下来，将来还要为它付电费，这太不合理了……当然，假如价格可以再降低一点的话……

结果，罗伯斯以相当低的价格——不到200美元买下了他十分中意的冰箱。

价格谈判是指有关方面对某一物或某一事就双方共同关心的价格问题互相磋商，交换意见，寻求解决的途径，找到双方都能接受的价格范围，最终达成协议的过程。商务谈判中的价格谈判，事关交易双方的切身利益，因此是商务谈判的核心。

第一节　报价的依据

▶▶ 一、影响价格的因素

商品价格是商品价值的货币表现。商品的价格受市场中多种因素的影响，围绕着价值上下波动，是一个复杂的动态机制。商务谈判中的价格谈判，首先应当了解影响价格的具体因素。

1. 生产成本

生产成本是商品销售价格的最低界限，商品销售价格低于成本价格则亏本，商品销售价格高于成本价格则可以获得利润。在商品销售价格一定的条件下，商品成本价格相对制约着利润的大小，成本价格降低，则利润增加，成本价格提高，则利润减少。

2. 市场行情

市场行情是市场供求关系的反映，是价格磋商的主要依据。在市场经济条件下，由于成本、竞争、价格等因素的作用，供给和需求是处于不断变化状态的。供求的变化必然带来价格的波动。通常是供过于求，则价格下跌；供不应求，则价格上涨；只有供求平衡时，价格才相对稳定。谈判者需要了解市场信息、供求状况及变动趋势，从而了解商品的价格水平和趋势，取得价格谈判的主动权。

3. 利益需求

人们的利益需求不同，对价格的理解就会存在差异。营销学者指出，对新产品的定价，厂商不同的利益需求会产生出两种不同的定价方法：其一，撇脂定价法。新产品初上市，产品需求弹性较小，如果厂商的利益目标是短期内获得丰厚的利益，尽快收回投资，就会定较高的价格。其二，渗透定价法。如果新产品需求弹性较大，而生产商的目标是获得高销售量和高的市场占有率，就可能会定较低的价格。谈判者在考虑商品的价格时，也需要考虑企业发展战略和谈判目标。

4. 商品的品质

商品的品质是一个比较综合的概念，包括商品的质量标准、技术含量、新旧程度、品牌声誉等。一一般而言，商品所达到的质量标准越高，技术结构、性能越复杂，产品的价格就会越高。一般商品越新，价格自然越高。但也有一些特殊的商品，如古董、字画、名人物品等，是越旧，价格越高。商品的品牌声誉是无形资产，对价格有重要影响。人们往往愿意为有品牌声誉的商品支付更高的价格。

5. 交货期要求与销售时机

在商务谈判中，如果一方急切需要原材料、设备、技术，就可能会忽略价格的高低，以求快速达成协议。交货期要求越紧急的商品，价格一般也会随之提高。对销售时机要求比较高的商品，如节庆商品、季节性商品、生鲜商品等，在销售旺季时价格就比较高，错过销售时机，价格就下降得非常厉害。

6. 商品的附带条件和服务

商品的附带条件和服务，如质量保证、安装调试、免费维修、人员培训等，能给顾客带来安全感和实际利益，人们往往愿意为这些附带条件和服务买单。商品的附带条件和服务甚至可能成为人们购买的决定因素，企业应予以重视。这些附带条件和服务，能降低商品本身价格水平在人们心中的感觉，缓冲价格谈判的阻力。

7. 交易的性质和支付方式

批发通常比零售的商品单价要低。大宗商品交易中，商品销售额越大，商品价格可能让步的空间也就越大。在一揽子交易中，谈判者往往更在意总体商品的价格，而对单一商品的价格没那么敏感。商务谈判中，货款的支付方式，是现金结算，还是使用支票、信用证结算；是一次性付款，分期付款或延期付款等，对价格都有重要的影响。如果谈判一方提出的支付方式易被对方接受，就会使己方在价格上占据优势。

8. 政府政策

各国政府都通过一系统的政策来调控经济。政府通过最高限价，即规定某种产品或服务的价格不得超过某个水平，来保持市场物价的基本稳定，保持人民生活的基本安定。政府为了保护民族工业还可能会实施最低限价，即一国政府对某种进口商品规定的最低价格界限，当进口货物的价格低于规定的最低价格时，则对其征收进口附加税或禁止进口。此外，政府还可以通过系统的财政金融政策，来影响和调节人们的消费需求、消费倾向，从而影响商品的价格。

在市场经济中，以上诸多因素对商品的价格的影响并不是单一的、割裂的，而是相互作用的，它们共同影响了市场中的商品价格。谈判者在价格谈判中分析价格时，要进行综合考量。

▶▶ 二、价格谈判中的价格关系

谈判人员在进行价格谈判时，除了了解影响价格的诸多因素外，还要正确认识和处理各种价格关系。

1. 主观价格与客观价格

客观价格，顾名思义就是客观反映商品价值的价格。主观价格，是人们主观对商品价值判断形成的价格。客观价格一样的商品，可以因人们的购买力、性格等主观因素，形成不同的主观价格。在价格谈判中，人们往往追求"物美价廉"，商品越优越好，价格越低越好。古老的经济学原理指出，一味追求主观价格，常常是"精明但不高明"，并且可能导致"劣币驱逐良币"现象出现。在谈判中应遵循商品的客观价格规律，恪守货真价实。

◉ [专栏 7-1]

劣币驱逐良币

"劣币驱逐良币"是经济学中一个古老的原理,它说的是铸币流通时代,在银和金同为本位货币的情况下,一国要为金币和银币之间的价值规定比例,并按照这一比例无限制地自由买卖金银,金币和银币可以同时流通。由于金和银本身的价值是变动的,这种金属货币本身价值的变动与两者兑换比例相对保持不变,产生了"劣币驱逐良币"的现象,使复本位制无法实现。比如说当金和银的兑换比例是1:15,当银由于其开采成本降低而最后其价值降低时,人们就按上述比例用银兑换金,将金贮藏,最后使银充斥于货币流通,排斥了金。如果相反即银的价值上升而金的价值降低,人们就会用金按上述比例兑换银,将银贮藏,流通中就只会是金币。这就是说,实际价值较高的"良币"渐渐为人们所贮存离开流通市场,使得实际价值较低的"劣币"充斥市场。这一现象最早被英国的财政大臣格雷欣(1533—1603)所发现,故称为"格雷欣法则"。

"劣币驱逐良币"一个重要的解释就是信息不对称。不对称信息理论的开创者,是美国加州大学经济学教授乔治·阿克洛夫,他因开创性论文《"柠檬"市场》而在2001年获诺贝尔经济学奖。这篇论文描述了一个简单的模型。

假设有一个二手车市场,里面的车虽然表面上看起来都一样,但其质量有很大差别。卖主对自己车的质量了解得很清楚,而买主则无法知道车的质量。

假设汽车的质量由好到坏分布比较均匀,质量最好的车价格为50万元,买方会愿意出多少钱买一辆他不清楚质量的车呢?最正常的出价是25万。

那么,卖方会怎么做呢?很明显,价格在25万元以上的"好车"的主人将不会再在这个市场上出售他的车了。这样一来,进入恶性循环状态,当买车的人发现有一半的车退出市场后,他们就会判断剩下的都是中等质量以下的车了,于是,买方的出价就会降到15万元,车主对此的反应是再次将质量高于15万元的车退出市场。

依此类推,市场上的"好车"数量将越来越少,最终导致这个二手车市场的瓦解。由于信息不对称和人们的求廉心理,人们通常会做出"逆向选择"。

2. 消极价格与积极价格

在现实生活中,经常会发现这样的现象:一位年轻学生不愿意花100块钱买一本书,但是愿意花100块钱买一件衣服;一位老教授不愿意花100块钱买一件新衬衣,但愿意花100块钱买一本书。在两个例子中,"不愿意"说明对商品价格的反应及采取的行为是消极的,商品的价格是"消极价格";"愿意"表明对商品价格的反应及采取的行为是积极的,商品的价格是"积极价格"。人们之所以会对同一商品的价格认识有差别,主要原因是人们对商品本身的评价不同。只要产品能最大限度满足客户需要,即使其价格高,客户也会倾向于认为价格合理;相反,如果一种商品在客户看来是没有价值的,那么,即使其价格很便宜,客户也会觉得贵。

"积极价格"也可以称为客户所需要的商品价格。"积极价格"在商务谈判中具有深刻意义。在商务谈判中,最关键的是要善于针对对方的利益需求,要想方设法让这种产品具备"积极价格"因素,即让对方觉得这种产品对他有用。谈判的重心不在于价格,而在于商品的使用价值。

3. 综合价格与单项价格

商务谈判中的价格谈判,往往并不是对某一单个商品进行谈判,而是对一系列商品进行综合价格谈判，进行整体性的讨价还价。这时可以考虑将整个交易进行分解，在对各单个商品进行逐一分析的基础上，进行单项价格的磋商。通过调整单项交易达到综合价格的合理化。例如公司要引进新的办公系统，其综合价格较高。通过项目分解可以发现，新的办公系统最核心的部分是财务系统，其他部分可以沿用公司现在的系统，公司最后决定仅引进新的财务系统。公司办公效率提高的同时，大大降低了办公系统引进的费用。

▶▶ 三、价格谈判的合理范围

1. 价格谈判的合理范围

价格谈判中，尽管影响价格的具体因素很多，应当善于运用各种价格关系，但是，价格谈判毕竟有它的合理范围。价格谈判的合理范围，一般是指交易双方的保留价格即卖方最低售价与买方最高买价这两个临界点所形成的区间。它是价格谈判策略运用的客观依据和基础。然而，价格谈判中双方的保留价格一般是不会向对方宣布的，只能根据各种因素和信息相互估算。因此，价格谈判的现实依据只能是双方的初始报价。这样，由卖方的初始报价和买方的初始报价所构成的区间，被称为价格谈判中讨价还价的范围（如图7-1所示）。

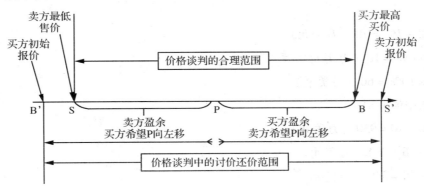

图7-1 价格谈判的合理范围
资料来源：樊廷建. 商务谈判[M]. 大连：东北财经大学出版社，2001：172.

在图7-1中，P表示买卖双方达成协议的成交价格。P处在S—B区间，亦即S＜P＜B，所以能够为买卖双方共同接受。如果P＜S或P＞B，卖方或买方就不会接受，便会退出谈判。因此，交易双方能够达成协议的成交价格，必须处在价格谈判的合理范围之内。

成交价格P往往不会在S—B区间的中点上，双方的利益分配也不是完全均等的，这种情况被称为价格谈判中盈余分割的非对称性。造成这种非对称性的因素是很多的，如双方利益需求差异，双方地位和实力的不同，尤其是双方价格谈判策略运用等。这些因素会导致双方在价格谈判中让步的不平衡性，从而最终形成谈判中盈余分割的非对称性。

2. 确定保留价格

在价格谈判中，谈判双方的保留价格是不会告知对方的，谈判双方只能根据各种因素和信息来确定自己的价格保留点。确定保留价格一般有以下四个步骤，可以通过一个简单的例子来进行具体分析。

（1）提出替代方案

假设一个公司的海外销售代理要求把佣金从销售额的6%提高到10%，公司需要考虑是否接受代理的提价要求。在进行价格谈判之前，公司首先要通过调查和头脑风暴提出各种可行的替代方案。公司现在可以通过三种方式进行海外市场的销售：一是寻找国内的代理销售到海外，佣金是7%；二是在互联网上进行海外销售，佣金是4%；三是提高海外销售代理佣金到10%。

（2）对每一个替代方案进行评估

在这一步，应该对第一步中提出的各种替代方案进行排序，排序的标准是它们的吸引力或价值的大小。如果对一种替代方案的结果不能确定，这时公司就需要分析用这种方案获得销售目标的概率。评估替代方案是基于调查和专家访谈。

假设公司在海外市场预计实现的销售额是2 000万美金。通过调查分析，三种替代方案的销售额实现概率分别是：50%，20%，30%。概率的总和是100%，表明已经考虑了所有可能的情况。

（3）选出最佳替代方案（BATNA）

作为谈判协议最佳替代方案的，应该是最好的而且最有价值的那一个。如果有一个吸引人并且切实可行的谈判协议最佳替代方案，那么讨价还价中的谈判力量将会显著加强。在这个案例中，三种方案实现销售额的期望值分别是：

方案1：$2\,000 \times 0.5 = 1\,000$（万美元）

方案2：$2\,000 \times 0.2 = 400$（万美元）

方案3：$2\,000 \times 0.3 = 600$（万美元）

佣金分别是：

方案1：$1\,000 \times 7\% = 70$（万美元）

方案2：$400 \times 4\% = 16$（万美元）

方案3：$600 \times 10\% = 60$（万美元）

公司获利的期望值分别是：

方案1：$1\,000 - 70 = 930$（万美元）

方案2：$400 - 16 = 384$（万美元）

方案3：$600 - 60 = 540$（万美元）

可以看出，方案1可以使公司获利最多，在这个案例中最佳替代方案是方案1，即雇佣国内的代理商进行海外销售。

（4）确定保留价格

当确定了谈判协议最佳替代方案，接下来就要确定保留价格了，即目前公司能接受的最高佣金。在此案例中可以用加权平均的方法计算：

$$7\% \times 0.5 + 4\% \times 0.2 + 10\% \times 0.3 = 7.3\%$$

7.3%就是公司海外销售佣金的保留价格，公司在价格谈判中不应以高于7.3%的价格成交。面对海外销售代理要求佣金涨至10%的要求，公司需要想好如何应对，是通过谈判将佣金降至小于等于保留价格，还是寻找国内代理商进行销售？

第二节 报价策略

所谓报价，是指谈判的某一方首次向另一方提出一定的交易条件，并愿意按照这些条件签订交易合同的一种表示。"价"就广义而言，并非单指价格，而是指包括价格在内的诸如交货条件、支付手段、违约金或押金、品质与检验、运输与保险、索赔与诉讼等一系列内容。一般地说，在任何一种交易中，买方或卖方的报价以及随之而来的还价，是整个谈判过程的核心和最实质性的环节。价格是最重要的交易条件，是商务谈判的实质性问题。报价是商务谈判的第一个重要回合，它不仅对对方的还价及接踵而至的讨价还价关系重大，而且对整个谈判结果都会产生重大影响。报价策略一般包括：报价时机策略、报价起点策略、报价差别策略和报价分割策略。

一、报价时机策略

价格谈判中，报价时机是一个策略性很强的问题，谈判双方需要考虑是否先报价的问题。

先报价的优点显而易见，初始报价影响较大，实际上就是价格谈判的上限（或下限），最终协议将在此范围内达成。初始报价在整个谈判与磋商过程中都会持续起作用。但是先报价的缺点也是比较明显的，先报价会在一定程度上暴露先报价方的意图，对方可以根据初始报价进行谈判策略的调整，通过修改他们原先拟订的价格得到额外的利益。此外，对方会通过对初始报价发动攻势，一步步降低或抬高价格，而不泄露对方究竟打算出什么价格。

那么，究竟应该先报价还是后报价呢？先报价和后报价都各有利弊。谈判中是决定"先声夺人"还是选择"后发制人"，一定要根据不同的情况灵活处理。例如，可以根据己方拥有的商品和市场的信息量来判断是否先报价，如表7-1所示。按商业习惯，一般由发起谈判的一方先报价。货物买卖谈判，多半是由卖方先报价，买方还价。在冲突程度较高的商务谈判中，先报价比后报价更为合适。谈判实力强的或谈判经验丰富的一方先报价。

表7-1 先后报价

	双方拥有同样的信息	对方拥有更多的信息	我方拥有更多的信息
大量的信息	先报价	后报价	先报价
少量的信息	后报价	后报价	后报价

● [案例7-2]

后报价策略

爱迪生发明了电报以后，西方联合公司表示愿意买下爱迪生的这个新发明。爱迪生对这个新发明究竟应该要多少价疑惑不决，他的妻子建议开价2万元。"这么高！"爱迪生听了不觉目瞪口呆，他觉得妻子把这个新发明的价值看得太高了，不过到了谈判的时候他还是打算照妻子的建议要价。谈判是在西方联合公司的办公室进行的。

"爱迪生先生，你好！"西方联合公司的代表热情地向爱迪生打招呼，接着他直率地问爱迪生："对你的发明，你打算要多少钱呢？"

爱迪生不愿先开价，因为2万元这个价格实在高得离谱，很难说出口来，但究竟开个什么价比较好呢，他陷入思考。办公室里没有一点声响，对方在等待，爱迪生虽然有点急，但还是沉默着。随着时间的推移，沉默变得十分难熬，西方联合公司的代表急躁起来，然而爱迪生仍然没有开口。

场面十分尴尬，西方联合公司的代表失去了耐心，终于按捺不住试探性地问："我们愿意出10万块钱买下你的发明，你看怎么样？"

爱迪生的后报价策略给了他意想不到的收获。

资料来源：夏圣亭. 商务谈判技术 [M]. 北京：高等教育出版社，2000：184.

二、报价起点策略

通常有两种报价起点策略，即西欧式报价策略和日本式报价策略。

1. 西欧式报价

西欧式报价策略，即作为卖家，报价起点要高，即"开价要高"；作为买家，报价起点要低，即"出价要低"。其模式是，事先报出一个有较大回旋余地的价格，而后根据谈判双方实力对比情况与该笔交易的国际市场竞争等因素，通过不同程度的优惠政策，如价格折扣、数量折扣、支付条款上的优惠（延长其支付期限或提供信贷等）等，慢慢软化谈判对手的立场和条件，最终达到成交的目的。

杰尼·科尔曼对从事商务谈判活动的两千名主管人员多次试验，得出了谈判人员在报价上应该遵循的三条规则：

第一，假如卖主喊价较高，则往往能够以较高的价格成交。卖方的报价确立了一个价格谈判的上限，为卖方让步留有较大的余地，反映出卖方较高的期望水平。

第二，假如买主出价较低，则往往能以较低的价格成交。买方报价的高低也反映了买方的期望水平、自信与实力。买方报价低，也给买方谈判中的价格让步留有了较大的余地。

第三，喊价高得出人意料的卖主，假如能够坚持到底，则在谈判不至于破裂的情况下，往往会有很好的收获。

因而，他提出了在报价时要采用"报价要狠"的策略，并且指出，在运用此种策略时，报价要高、让步要慢，不要因失之轻率而毁坏了整个交易。

西欧式报价策略可能能获得更多的谈判盈余，但也有可能直接把谈判对手吓跑，导致谈判失败。

2. 日本式报价

日本式报价的一般做法是先报出一个有竞争力的低价，以求引起对方的兴趣。由于这种价格一般是以对卖方最有利的结算条件为前提的，并且在这种低价交易条件下，各个方面都很难全部满足买方的需要，若买方要求变动有关交易条件，则卖方就会趁机提高价格。此种报价方式的最终成交价格，往往高于起初的报价。日本式的报价在面临众多的竞争对手时，是一种较有吸引力的报价方式。但这种方式不太符合人们的价格心理，多数人习惯于价格由高到低，逐步下降。

◉ ［专栏7-2］

卖方报价要尽量高的理由

卖方的报价要高，那么要高到什么程度才算明智呢？显而易见，若报价高到被对方称为荒谬绝伦的地步，则不但达不成交易，而且己方的可信性也会随之受损。所以，卖方初始报价的原则是只要能找到理由加以辩护，则报价应尽量高，也就是说报价高到接近于难以找到理由予以辩护的地步。卖方报价要尽量地高，原因有以下几个方面。

1）卖方的报价事实上对谈判的最后结果设定了一个无法逾越的上限，因此报价一定要高。自然，卖方在报价之后可以再次提高要价，但这样做会失去谈判对方对你的信心。一般情况下，买方根本不会接受卖方的提价。因此，除非卖方具有特殊的理由，否则不要在报价之后再提价。

2）报价越高，则为报价者所留的让步余地也越大。在谈判过程中，特别是在磋商阶段，谈判双方经常会出现相持不下以致陷入僵局的局面。为了打破僵局从而使谈判顺利进行，使之不影响报价方的谈判目标，卖方可根据情况做出一些让步，适当地满足对方的某些要求。因此，高报价就为讨价还价阶段准备了有利的筹码。

3) 报价的高低影响着谈判对手对己方潜力的评价。一般情况而言，报价越高，对方对己方的潜力评价也越高；反之，报价越低，对方对己方的潜力评价也就越低。因此，报价的高低直接影响谈判对方对己方的满意程度，对谈判的成败影响也很大。

4) 期望水平越高，成功的可能性也越大。西方一些研究人员进行过这样的实验，让谈判双方都能经过多次讨价还价之后，拥有同样的机会可获得譬如 5.00 元的谈判结果。现研究者告诉一方，希望他以取得 7.50 元作为谈判目标，或者告诉另一方，希望他以取得 2.50 元作为谈判目标。经过多次实验，结果前者真正获得的成果极接近 7.00 元，而后者真正获得的成果也接近 2.50 元。由此可见，一个人的期望水平越高，他将会越努力去实现或维护这个水平，即使他在谈判过程中不得不做出一些让步，但最后他的成果也随之越高。也就是说，报价越高，卖方最终也会以较高的价格与买方成交。

资料来源：郭秀君. 商务谈判 [M]. 北京：中国林业出版社，2008：92 – 93.

当然，尽管卖方最初的报价要高，但在实际掌握中具有较大的伸缩性。谈判者在报价时还应把报价的高低同谈判对手的具体情况结合起来考虑。如果对方是老客户，双方已经建立起了较真诚的友谊和合作关系，则没有必要把价格报得太高，水分太多。

▶▶ 三、报价差别策略

报价差别策略是由于购买数量、付款方式、交货期限、交货地点、客户性质等方面的不同，采取对于同一商品报价不同的策略。这种价格差别，体现了商品交易中的市场需求导向，在报价策略中应重视运用。与采用统一报价相比，报价差别策略可以更接近每一个谈判对象愿意支付的最高价格，从而能获取较大的利润。但是报价差别策略也是存在风险的，最直接的负面影响是不同谈判对象感觉受到了价格歧视。

◉ [案例 7-3]

亚马孙价格差别实验

亚马孙在 2000 年 9 月中旬开始了著名的差别定价实验。亚马孙选择了 68 种 DVD 碟片进行动态定价试验，试验当中，亚马孙根据潜在客户的人口统计资料，在亚马孙的购物历史、上网行为以及上网使用的软件系统，确定对这 68 种碟片的报价水平。例如，名为《泰特斯》（Titus）的碟片对新顾客的报价为 22.74 美元，而对那些对该碟片表现出兴趣的老顾客的报价则为 26.24 美元。

通过这种定价策略，部分顾客付出了比其他顾客更高的价格，亚马孙因此提高了销售的毛利率，但是好景不长，这一差别定价策略实施不到一个月，就有细心的消费者发现了这一秘密，通过在名为 DVDTalk 的音乐爱好者社区的交流，成百上千的 DVD 消费者知道了此事，那些付出高价的顾客当然怨声载道，纷纷在网上以激烈的言辞对亚马孙的做法进行口诛笔伐，有人甚至公开表示以后绝不会在亚马孙购买任何东西。更不巧的是，由于亚马孙前不久才公布了它对消费者在网站上的购物习惯和行为进行了跟踪与记录，因此，这次事件曝光后，消费者和媒体开始怀疑亚马孙是否利用其收集的消费者资料作为其价格调整的依据，这样的猜测让亚马孙的价格事件与敏感的网络隐私问题联系在了一起。

为挽回日益凸显的不利影响，亚马孙的首席执行官贝佐斯只好亲自出马开展危机公关，他指出："亚马孙的价格调整是随机进行的，与消费者是谁没有关系，价格试验的目的仅仅是为测试消费者对不同折扣的反应，亚马孙无论是过去、现在或未来，都不会利用消费者的人口资料进行动态定价。"贝佐斯为这次的事件给消费者造成的困扰向消费者公开表示了道歉，同时，亚马孙答应给所有在价格测试期间购买这68部DVD的消费者以最大的折扣。至此，亚马孙价格试验以完全失败而告终，亚马孙不仅在经济上蒙受了损失，而且它的声誉也受到了严重的损害。

亚马孙差别定价试验失败的原因：亚马孙歧视老顾客的差别定价方案同其"要成为世界上最能以顾客为中心的公司"宗旨相悖；亚马孙的差别定价策略侵害了顾客隐私；老顾客可以轻而易举地通过重新登录伪装成新顾客实现套利。

资料来源：百度文库． "差别定价法：以亚马孙为案例" ［EB/OL］．（2000 - 10 - 20）［2018 - 07 - 26］．https：//wenku.baidu.com/view/75d35637a8114431b80dd808.html．

▶▶ 四、报价分割策略

报价分割策略是指在报价时，将商品的单位细分化，用最小的单位或较小单位商品的价格进行报价，造成买方心理上的价格便宜感，从而促成交易的一种方法。报价分割主要有两种形式：①用较小的单位报价。如一台HP笔记本电脑原价需要5 268元，但消费者只要每个月支付439元（要连续支付12月）就可以买到这台HP笔记本电脑；一块阿玛尼优雅坦克情侣对表原价需要999元，但消费者只要每个月支付83.25元（要连续支付12月）就可以买到这块情侣对表。②用较小单位商品的价格进行报价。比如，"每天少抽一支烟，每日就可订一份报纸。" "使用这种电冰箱平均每天0.2元电费，不够吃一根冰棍"。用较小单位商品的价格去类比大商品会给人以亲近感，易于成交。

第三节 价格磋商

价格磋商是商务谈判的核心环节，是价格谈判具体的交锋阶段。一般包括询价报价、价格解释、价格评论和讨价还价几个主要步骤（如图7-2所示）。本章前两节详细地阐述了报价相关的内容，在这一节将主要讨论价格解释、价格评论和讨价还价相关内容。

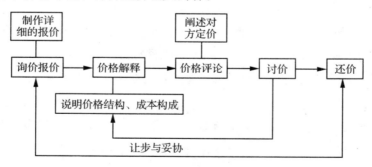

图7-2 价格磋商流程图

▶▶ 一、价格解释与价格评论

价格解释是报价之后的必要补充，价格评论则是讨价之前的必要铺垫。因此，价格解释和价格评论是价格谈判过程中承上启下的重要环节。

（一）价格解释

价格解释，是指卖方就其商品特点及其报价的价值基础、行情依据、计算方式等所做的介绍、说明或解答。价格解释对于卖方和买方都有重要作用。从卖方来看，可以利用价格解释充分表白所报价格的真实性、合理性，增强其说服力，软化买方的要求，以迫使买方接受报价或缩小买方讨价的期望值；从买方来看，可以通过价格解释了解卖方报价的实质和可信程度，掌握卖方的薄弱之处，估量讨价还价的余地，进而确定价格评论应针对的要害。

价格解释的内容应根据具体交易项目确定。例如，对货物买卖价格的解释，对技术许可基本费、技术资料费、技术服务费等的解释，对工程承包中的料价和工价的解释，对"三来"加工中加工费的解释，等等。

价格解释中，作为卖方，价格解释的内容应该层次清楚，最好按照报价内容的次序逐一进行解释为宜。作为买方，其应对策略应当是：善于提问。即不论卖方怎样闪烁其词，也要善于提出各种问题，或单刀直入；或迂回侧击，设法把问题引导到卖方有意躲避或买方最为关心之处，迫使卖方解答，以达到买方的目的。

（二）价格评论

价格评论，是指买方对卖方所报价格及其解释的评析和论述。价格评论的作用，从买方的角度来看，在于可针对卖方价格解释中的不实之词加以抨击，并指出其报价的不合理之处，从而在讨价还价之前先压一压"虚头"、挤一挤"水分"，为之后的价格谈判创造有利条件；从卖方的立场来看，价格评论是对己方所给报价及其解释的反馈，通过买方的价格评论来了解其需求程度、交易欲望以及最为关切的问题，为进一步的价格解释和对讨价有所准备。价格评论的内容与价格解释的内容应该基本对应一致。同时，也应注意根据价格解释的内容，逐一予以评论。具体技巧主要有：内紧外松、张弛有度；动之以情、晓之以理；在严密组织下自由发言；评论与侦查相结合。

▶▶ 二、讨价还价

讨价还价是谈判的关键阶段，也是最困难、最紧张的阶段。在这个阶段，谈判双方就价格问题展开激烈的讨论。经过多次磋商，最终达成协议。

（一）讨价

所谓讨价，是在买方对卖方的报价评估之后，认为与己方的期望值差距太大，难以接受，提出重新报价或改变报价的要求，这也称为"再询盘"。在商务谈判中买方的讨价要求，有时其目的具有双重性：其一，可迫使卖方降低报价；其二，可误导对方对己方的判断，改变对方的期望值，并为己方的还价做好准备。讨价是"讨价—改善后的新价—新的讨价"的反复循环过程。

◉ [专栏7-3]

狭义的讨价还价与广义的讨价还价的区别

狭义的讨价还价与广义的讨价还价在含义和内容上是不同的，它们的区别主要表现在以下几个方面：

（1）讨价还价的主体不同

狭义的讨价还价仅仅是买卖双方的事，而广义的讨价还价既可以是买卖双方的讨价还价，也可以是老板与雇工之间、上司与部下之间、同事之间的谈判或讲条件。

(2) 讨价还价的内容不同

狭义的讨价还价仅指双方对价格问题的争议，而广义的讨价还价还可包括价格以外的事，如商务谈判、政治谈判、招聘谈判等。

(3) 讨价还价双方关系不同

在狭义的讨价还价中，买卖双方的利益一般是相互对抗和矛盾的，一方获利多，另一方获利必然会减少；而在广义的讨价还价中，双方的利益可以是一致的，为了实现共同的目标，双方在一定条件下互惠互利。

资料来源：郭秀君. 商务谈判［M］. 北京：中国林业出版社，2008：96.

1. 讨价的注意事项

1) 仔细分析卖方报价的全部内容，询问此种报价的依据和理由以及各项交易条件的灵活程度。

2) 对谈判的情形进行合理判断，弄清楚双方的分歧所在，评估双方的谈判实力和谈判条件以及谈判的发展方向。

3) 了解对方的立场，不妄加评论，避免陷入某一问题的纠葛。

4) 懂得耐心倾听对方的解释和答复，尽量避免用主观推断打断对方的发言。

5) 切实做到"有所为，有所不为"，即该干什么，不该什么，让对方难以获取己方真实的意图。

2. 讨价的方式

在谈判的磋商阶段，买方向卖方讨价，是有一定方法的。一般而言，可以分为全面讨价和具体讨价两种方式。

(1) 全面讨价

常用于较复杂的交易中价格评论之后的第一次讨价，当卖方报价并且对其报价进行了解释和说明后，如果买方认为卖方报价很不合理且离自己的期望太远时，则可要求卖方从整体上重新报价，即对总体价格和交易条件的各个方面要求重新报价。作为买方首次讨价，即使买方对卖方的报价不是全盘否定，也可以要求卖方全面重新报价。

对于总体重新报价，买方也要要求卖方按细目重新报价，不能说总的降价百分之多少或总的降价多少万美元，而是要把调价反映在具体项目上。

(2) 具体讨价

常用于较复杂交易中对方第一次改善报价之后，买方对卖方的报价基本无异议时，可以就某些明显不合理的分项的价格和具体的报价内容要求对方重新报价。此时买方的讨价是有针对性的。具体运用讨价策略时应注意不能任意开始从哪一块讨价。一般规律（即成功的讨价规律）是：从水分最大的那一块开始讨价，然后再对水分中等的那一块讨价，最后对水分较小的那一块讨价。

3. 讨价的次数

所谓讨价次数，是指要求报价方改善报价的次数，即讨价后对方降价的次数。讨价的次数既是客观数字，也是个心理数字。但讨价进行的次数，主要根据价格分析的情况和报价方价格改善的状况来定，一般的规律是：

从全面讨价来分析，一般价格谈判的初始报价都包括一个策略性的虚头部分，同时，报价方出于达成交易和维护与客户的"良好关系"的心理，在对方讨价时，往往会有"姿态性改善"。从具体讨价来分析，当交易内容按照价格中的虚头分为水平大、水平中等、水平小三类时，就意味着至少可以讨价三次,其中,虚头大的、虚头中等的又可至少分别攻击两次,这样算来,按三类分别讨价,实际上可能讨价五次以上。但无论是"姿态性改善价格"还是具体讨价,从谈判实际时间或谈判人员的心理因素考虑,讨价次数基本上"事不过三",通常一两次而已。当然如经两次改善后的报价还存在明显不合理,还需要继续讨价。

◉ [专栏7-4]

不能接受对方的第一次报价

汤姆曾在南加州一家房地产公司担任总裁,那是一家规模很大的公司,旗下一共有28家分公司,524名业务代表。一天,一位杂志广告推销员来到汤姆的办公室,向汤姆推销他们杂志的广告空间。汤姆非常熟悉那家杂志,知道这是一个很好的机会,所以汤姆决定在这家杂志上刊登广告。而且推销员给出的报价也非常合理,只有2 000美元。

可因为喜欢谈判,所以汤姆不由自主地运用了一些谈判技巧,把价格一直压到800美元。你能想象汤姆当时心里在想些什么吗?没错,汤姆在想:"上帝啊,既然汤姆能在几分钟内把价格从2 000美元压到800美元,如果继续谈下去,不知道汤姆还能压到什么价位?"于是汤姆开始运用"更高权威法"。汤姆告诉他:"看起来不错。可我必须先征求一下管理委员会的意见。他们今天晚上就有一次会议,我会把这件事情告诉他们,然后再给你最后答复。"

几天以后,汤姆给那位推销员打电话,告诉他:"这件事情确实让我太尴尬了。你知道,我本以为完全可以让管理委员会接受800美元的价格,可结果却发现很难说服他们。公司较近的预算情况让每个人都大为头疼。他们给了一个新的报价,可这个报价实在太低了,我都不好意思告诉你。"

电话那边沉默了好长一段时间,然后传来一个声音:"他们同意付多少钱?"

"500美元。"

"可以。"对方说道。

就在那一瞬间,汤姆突然有一种被骗的感觉。虽然汤姆已经把价格从2 000美元谈到了500美元,可汤姆仍然相信自己完全可以把价格压得更低。

那个销售员给客户那么低的价格,可能自己的提成没有了、奖金没有了,回去还会被老板狠狠地骂一顿。他付出了这么多,但客户却没任何的感激之情。为什么呢?因为他不断痛快地接受对方的报价。

试想如果对方很爽快地接受了你的报价,你通常也会有汤姆的反应:一是"我本来可以压得更低";二是"一定是哪里出了问题"。这就是"赢家诅咒"。最早提出"赢者诅咒"的是Atlantic Richfield公司的三位工程师(Capen, Clapp and Campbell, 1971)。假设有许多石油公司想要在拍卖中购买到某块特定土地的开采权,再假定对所有出价者来说,开采权的实际价值(即所能带来的利润)是相同的(这种拍卖属于"common value"拍卖,区别于"private value",后者的value过于主观,难以比较,也就没有"诅咒"一说了)。由于特定土地的石油产量很难被准确估计,各家公司的专家给出的估值会有高有低。在拍卖中,估价较高公司的出价会比估价较低的公司高,这样赢得拍卖的公司就会是估价最高的公司。Capen等人发现,在这种情况下,赢得拍卖的公司很可能会亏损(形象说法就是"被诅咒了")。

在日常的谈判中,不管我们多么迫切想和对方合作,不管对方的条件多么的让我们心动,我们都要先静下心来,耐心与对方讨价还价,不能轻易地接受对方的报价,这样即使成交了,己方也会痛苦,对方还不会高兴。当你的生命受到威胁的时候,如果你遇到打劫,就不要惦记着再和劫匪讨价还价一番了。

资料来源：郭增海. 永远不要接受对方的靠前次报价. [EB/OL]. (2011-09-03) [2018-07-30]. https://www.glass.com.cn/glassnews/newsinfo_69093.html. 有较大修改。

（二）还价

还价，是指针对卖方的报价买方做出的反应性报价，还价以讨价为基础。买方的还价给出了讨价还价中的另一个边界。

1. 还价前的准备

经过讨价之后，买方也必须还价，弄清对方为何如此报价，根据手中的材料结合对方的报价及对讨价的反应，制订相应的还价方案。如果还价不够妥当，会使己方在后续谈判中让步的余地变小，也会影响双方在谈判过程中的关系。

在这一阶段，首先，检查对方报价的全部内容，注意倾听对方的解释和答复，记下对方的答复，但不要加以评论。其次，判断谈判形势。如判断对方急于讨论的议题，在价格和其他主要议题上对方议价实力，可能成交的范围和对方的底线。假如双方分歧很大，己方如果决定进入下一回合的谈判，那么必须进行如下选择：① 由我方重新报价（口头或书面均可）；② 建议对方撤回原价，重新考虑一个比较实际的报价；③ 改变交易形式，改变交易形式的目的是使之更适合于满足成交的要求。

2. 还价方式

按照还价的依据，还价方式可以分为按可比价还价和按成本价还价。这两种还价方式的选取决定于还价方手中所握的比价材料，如果比价材料丰富且准确，选"按可比价还价"，对买方来讲简便，对卖方来讲容易接受。反之，则用分析的成本价还价。如果比价材料准确，但不优惠，而卖方坚持比价，买方从总的价格水平出发，视卖方具体情况而定。有的卖方总价格条件很优惠，态度坚定，买方则可用按成本价还价。

按照还价的项目，还价方式又可分为总体还价、分组还价和单项还价三种。① 总体还价。总体还价即一揽子还价，如将成交货物或设备的价格集中起来还一个总价的方式，对应在全面讨价方式。② 分组还价。即把交易内容划分成若干类别或部分，然后按各类价格中的含水量或按各部分的具体情况逐一还价。分别讨价，是分别讨价后的还价方式。③ 单项还价。这是指按所报价格的最小单位还价，或者对某个别项目进行还价。如对项目的技术费、培训费、技术指导费、工程设计费、资料费等进行分别单项还价。

从总体上看，双方在利益的交锋中得到了"平衡"，但是在做法上，应避免"公开的欺骗"之嫌。卖方要注意运用"存在的事实"夸大成本、费用的技巧。与此相对应的是，买方要注重运用"贬低"卖方商品价值的策略。无论是按比价还价，还是按分析的成本价还价，其具体做法均有分项还价和总体还价两种方法，须根据谈判双方的情况具体选择。

3. 还价起点的确定

还价起点即买方的初始报价，它是买方第一次公开报出的打算成交的条件，其高低直接关系到己方的经济利益，也影响着价格谈判的进程和成败。

还价起点的确定原则是：起点要低，但不能太低。还价起点低的好处是策略性虚报部分能为买方的价格磋商提供充分的回旋余地，并给对方造成压力从而影响对方对最终成交价格的判断。但如果还价起点太低，低于对方的保留价格的话，就可能使对方退出谈判放弃交易。

还价起点的确定应分析：① 卖方在买方的价格评论与讨价后，其价格改善了多少。如果重新报价改善程度较高，还价起点应较高，显示出买方合作诚意；反之，可以定较低还价起点。② 卖方改善了的报价与买方成交价格的差距。如果差距较小，还价起点可以定得高些；反之，应定较低的还价起点，为己方争取更大利益留有余地。③ 买方准备的还价次数。如果己方准备还价次数较少，还价起点应较高；反之，还价起点应较低。在实际谈判中，还价起点的确定还应考虑买卖双方的关系、市场行情的变动等其他相关因素，确定好还价起点，以为己方争取更多的利益。

◉ [案例7-4]

美国著名营销管理大师奥里森·马登说过："与客户谈判是一个心理交战的过程，也是一个循序渐进的过程，只有一步一步地挖掘客户的心中所想，才能不断地找到问题的症结，打破价格僵局，推动谈判的进行。"美国著名营销大师雷蒙·A. 施莱辛斯基说："销售员和客户在价格谈判过程中产生异议、陷入僵局，是很常见的一种情况。因为客户对价格有异议，才表明他想与你达成价格协议，与你成交。只要你能正确地处理和客户之间的矛盾与分歧，就能解除价格异议，打破僵局。"

价格谈判陷入僵局，也许是因为销售员考虑得不够周全。只要你没有摸透客户的心理，没有为客户进行及时的疏导，就会有方方面面的价格问题涌现出来。因此，聪明的销售员在销售活动中会时刻注意考虑周全，有效避免。

一位家具公司的销售员去拜访一位装饰公司的经理。经过销售员的详细介绍，客户对产品质量非常满意，但是在价格问题上却出现了异议。"我感觉很好，很适合我们装饰使用。就是有点儿贵，我多订购一点儿，你能帮我们在价格上降低一点儿吗？""我想您也去我们公司参观过了，产品您也见到了，全是今年新上市的家具。材料是上好的木材，并且是精工细作而成，造型美观，线条平缓流畅，具有很强的艺术感，在市场上也是非常受欢迎的。集聚如此多的优势，我们的产品报价真的很低了。""你说得有道理，但是我们的订货量很大啊。价格就真的没有回旋的余地吗？"客户对产品的任何方面都满意，就是对价格有异议。

气氛开始趋于紧张。"如果订货量大，我们可以优惠，但是产品的性价比高了，自然优惠就相对少了。像您这样的大客户，自身的内涵和智慧都非常高，自然就会看重性价比高的产品，您说对吧？"客户对于这样恭维自己的语言实在无法抗拒了，笑笑说："好吧，就这样吧。"

资料来源：文章. 销售实战一本通［M］. 北京：中国纺织出版社，2014：200－201.

▶▶ 三、讨价还价中的让步策略

一般而言，双方的初始报价肯定存在着分歧，这就是产生讨价还价过程的原因，也可以说，谈判中讨价还价的过程就是让步的过程。怎么让步、分几次让步、每次让步的幅度为多少，这些都大有学问。经验丰富的谈判人员能以很小的让步换取对方较大的让步，并且还让对方感到心满意足，愉快地接受；相反，也有即使做出大幅度的让步，对方还不甚满意的情况。

比较理想的讨价还价应具有以下特点：谈话范围广泛，双方有充分回旋的余地；是双方观点的交锋，而不是双方人员的冲突；诚心诚意地共同探讨解决问题的途径。

霍华德·雷法在《谈判的艺术与科学》一书中把谈判中的让步过程称为"谈判舞蹈"。他举了一个卖方让步的实例，某卖方初始报价160美元，可接受价格为100美元，该卖方为达到预期目标可以做出的让步是60美元（160—100）。假定双方共经历四轮让步，他把常见的让步策略归纳为八种，如表7-2所示。

表 7-2　讨价还价中常见的让步策略

序号	让步策略	第一轮	第二轮	第三轮	第四轮
1	最后一次到位（冒险型）	0	0	0	60
2	均衡式（刺激型）	15	15	15	15
3	递增式（诱发型）	8	13	17	22
4	递减式（希望型）	22	17	12	7
5	有限式（妥协型）	26	20	12	2
6	快速式（危险型）	49	10	0	1
7	满足式（虚伪型）	50	10	-5	+5
8	一次式（低劣型）	60	0	0	0

第一种：最后一次到位让步策略（0/0/0/60）

这是一种比较强硬的让步策略，特点是在价格谈判的前期和中期，卖方在前三轮坚持不给丝毫让步，到了谈判后期才做出较大的退让。开始坚持寸利不让，最后让出全利，对方有险胜感，会珍惜。但开始坚持寸利不让，有失去伙伴危险。给对方缺乏诚意信息，影响谈判。因而这种让步策略被称为"冒险型让步"，适于谈判投资少、依赖差、谈判占优势的一方。

第二种：均衡让步策略（15/15/15/15）

这种让步策略是每一轮以相等或近似相等的幅度逐轮让步的策略。这种让步策略的优点是让步平稳、持久，不让买主轻易占便宜，在双方利益均沾下达成协议，遇上性急或无过多时间的买主，削弱对方还价能力。但速度、幅度平稳，可能刺激买主提第五次让步要求，对方期待更大利益，停止让步有可能导致谈判的中止或破裂。这种让步策略又被称为"刺激型让步"。

第三种：递增式让步策略（8/13/17/22）

这种让步策略，每轮让步幅度逐轮增长。这种让步策略看似有吸引力，有诱惑力，对方按己方思路走，适用于僵局与危难时。但这样会导致买主期望越来越大，并会认为卖方软弱可欺，从而是助长买方的谈判气势，不利于卖方守住底线。这种让步策略又被称为"诱发型让步"。

第四种：递减式让步策略（22/17/13/8）

这种让步策略，每轮让步幅度逐轮减少。这种让步策略体现了卖方诚意，显示卖方立场越来越坚定，有利守住底线。同时，又会使买方感到卖方留有余地，有利于与对方等价利益交换，有希望达到协议。这种让步策略又被称为"希望型让步"。

◉ [案例7-5]

中日汽车索赔讨价还价谈判

中日关于进口三菱汽车索赔案的谈判，就是递减式让步策略的典型表现。1985年9月，中国就日方提供的5 800辆三菱载重汽车存在严重质量问题，向日方三菱汽车公司提出索赔。日方在无可辩驳的事实面前，同意赔偿，提出赔偿金额为30亿日元。中方在指出日方报价失实后，提出中方要求赔偿的金额为70亿日元，此言一出，惊得日方谈判代表目瞪口呆。两方要求差额巨大，在中方晓以利害关系的前提下，日方不愿失去中国广阔的市场，同意将赔偿金额提高到40亿日元。中方又提出最低赔偿额为60亿日元，谈判又出现了新的转机。经过双方多次的抬价压价，最终以日方赔偿中方50亿日元，并承担另外几项责任而了结此案。

中方对日方三菱汽车的索赔采取的是典型的递减式让步策略。中方首先提出索赔的金额为70亿日元并观察日方的反映，同时据理力争，在谈判未果的情况下降价10亿日元，再次晓以利害关系，又无果的情况下再次降价并严守阵地，终于达成了协议。

第五种：有限式让步策略（26/20/12/2）

这种让步策略，每轮让步幅度以等差递减。这种让步策略向买方传递出谈判诚意、合作与妥协的意愿，让步幅度越来越小，向买方暗示己方底线所在。这种让步策略又被称为"妥协型让步"。

第六种：快速式让步策略（49/10/0/1）

这种让步策略，开始让步幅度极大，后拒绝让步，让对方感到已让到位，最后一轮再做出小小的让步。让步起点高有诱惑力，大幅让步后仅让微利对方传递无利可图信息，买方会比较满意谈判结果。然而，卖方开始的大会让买主认为其软弱，加强攻击性，先让大再让小，可能会使对方认为诚心不足。这种让步策略又被称为"危险型让步"，适用于合作为主谈判。

第七种：满足式让步策略（50/10/-5/+5）

这种让步策略，开始做出大的让步，第三步加价，暗示前面让过分了，第四步去掉加价因素，让对方有多得优惠感。这是一种较为特殊的让步策略，可能会换得对方较大回报，打消对方的进一步让利期望，最后让小利，显诚意，使对方难以拒绝签约。但起始软弱，贪婪对手会得寸进尺，第三步对方要求让步遭到拒绝后，可能使谈判破裂。这种让步策略又被称为"虚伪型让步"，适用于处于不利的谈判地位，又急于求得成功的一方使用。

第八种：一次性让步策略（60/0/0/0）

这是一种起始就把卖方所能给出的全部让步和盘托出，即开始便亮底牌的策略。第一轮就大让步，卖家没有丝毫余地，缺乏灵活性，不仅可能会失掉本可获得的利益，还向买方传递有利可图信息，大大提高买方期望值，很容易使谈判陷入僵局。这种让步策略又被称为"低劣型让步"，仅适于处于劣势或双方关系较好的谈判。

综上所述，不同的让步策略传递着不同的信息，给对方以不同的心理感受，也对谈判进程和结果具有不同的影响。由于交易的内容和性质不同、双方的利益需求和谈判实力不同，以及其他各方面因素的差异，价格谈判中的让步策略不存在固定的模式，而通常表现为几种让步策略的组合，并且，这种组合还要在谈判中根据具体的实际情况不断地调整。在实际的价格谈判中经常会采用第四种"希望型"和第五种"妥协型"的让步策略，它们的特点均是让步的幅度逐轮递减，越接近底线让步幅度越小，以此向对方暗示正在逼近让步的极限值，比较符合价格谈判的逻辑，易于达到双方的成交价格。

◉ [专栏7-5]

买方的减价心理

例如，买方与卖方正为购买一套昂贵的冰箱而进行讨价还价，该冰箱是市场上最先进技术的成果。因为卖方卖的是新产品，想看看顾客对这种新产品的反映。做以上假设，是想表明买方有对价格进行减价的权力。假如买方的预算支出是3 000元，第一次出价是2 000元，第二次是2 800元，那么你不会知道我真正的出价是多少。如果买卖双方之间是互不信任的对立关系，卖方会估计买方实际上能付3 200元、3 600元甚至4 000元。

为什么？因为卖方认为从2 000元到2 800元的上升幅度太大了。在别人看来，这是一位有钱的买主，所以卖方认为买方的出价会超过 3 000 元。假如买方发誓只有 3 000 元，而且这是千真万确的，但是处于明显优势的一方，作为卖方是不会相信买方的。专家的经验表明，减价行为的增额是真正极限的最精确的"气压表"。

在这种情况下，买方怎能让卖方知道买方的最高出价是 3 200 元呢？如果我先出 900 元，你拒绝了，接着我出 2 400 元，然后长到 2 700 元，过一会儿又升到 2 850 元，然后我又不情愿地升到 2 870 元。这样，就很容易使你相信我只有 3 000 元了，因为我不断地把递增幅度减小。买方出价及其递增幅度如表 7-3 所示。

表 7-3　买方出价及递增幅度表　　　　　　　　　　（单位：元）

买方出价	1 800	2 400	2 700	2 850	2 870
递增价	—	600	300	150	20

本章小结

- 价格谈判是指有关方面对某一物或某一事就双方共同关心的价格问题互相磋商，交换意见，寻求解决的途径，找到双方都能接受的价格范围，最终达成协议的过程。商务谈判中的价格谈判，事关交易双方的切身利益，因此是商务谈判的核心。
- 影响价格的因素包括：生产成本、市场行情、利益需求、商品的品质、交货期要求与销售时机、商品的附带条件和服务、交易的性质和支付方式、政府政策。
- 谈判人员在进行价格谈判时，除了了解影响价格的诸多因素外，还要正确认识和处理各种价格关系：主观价格与客观价格；消极价格与积极价格；综合价格与单项价格。
- 价格谈判的合理范围，一般是指交易双方的保留价格即卖方最低售价与买方最高买价这两个临界点所形成的区间。它是价格谈判策略运用的客观依据和基础。
- 价格谈判中双方的保留价格一般是不会向对方宣布的，只能根据各种因素和信息相互估算。因此，价格谈判的现实依据只能是双方的初始报价。这样，由卖方的初始报价和买方的初始报价所构成的区间，被称为价格谈判中讨价还价的范围。
- 确定保留价格一般有四个步骤：提出替代方案；对每一个替代方案进行评估；选出最佳替代方案（BATNA）；确定保留价格。
- 报价，是指谈判的某一方首次向另一方提出一定的交易条件，并愿意按照这些条件签订交易合同的一种表示。
- 报价策略一般包括报价时机策略、报价起点策略、报价差别策略和报价分割策略。
- 价格磋商是商务谈判的核心环节，是价格谈判具体的交锋阶段。一般包括询价报价、价格解释、价格评论和讨价还价几个主要步骤。
- 价格解释，是指卖方就其商品特点及其报价的价值基础、行情依据、计算方式等所做的介绍、说明或解答。价格评论，是指买方对卖方所报价格及其解释的评析和论述。价格解释是报价之后的必要补充，价格评论则是讨价之前的必要铺垫。因此，价格解释和价格评论是价格谈判过程中承上启下的重要环节。

- 所谓讨价，是在买方对卖方的报价评估之后，认为与己方的期望值差距太大，难以接受，提出重新报价或改变报价的要求，这也称为"再询盘"。还价，是指针对卖方的报价买方做出的反应性报价，还价以讨价为基础。买方的还价给出了讨价还价中的另一个边界。
- 比较理想的讨价还价应具有以下特点：谈话范围广泛，双方有充分回旋的余地；是双方观点的交锋，而不是双方人员的冲突；诚心诚意地共同探讨解决问题的途径。

重要概念

价格谈判、价格关系、主观价格与客观价格、消极价格与积极价格、综合价格与单项价格、价格谈判的合理范围、讨价还价的范围、保留价格、报价、报价时机策略、报价起点策略、报价差别策略、报价分割策略、价格磋商、价格解释、价格评论、讨价、还价

习 题

1. 选择题

1）影响价格变动的因素有主观价格和客观价格变动两类，可能导致主观价格变化的因素有（　　）

A. 卖方价格策略变化　　　　　　　　B. 消费者的消费习惯变化

C. 政府价格政策变化　　　　　　　　D. 技术进步

2）甲用 3 000 元报名参加游轮游，同学乙用 3 000 元报名参加英语培训，对于甲来说游轮游所花的 3 000 元是（　　）

A. 主观价格　　　　　　　　　　　　B. 消极价格

C. 积极价格　　　　　　　　　　　　D. 单项价格

3）商务谈判中，实质性谈判始于谈判的（　　）

A. 开场陈述　　　　　　　　　　　　B. 报价阶段

C. 讨价还价　　　　　　　　　　　　D. 成交阶段

4）在分别讨价中，如交易内容按价格所含水分分为三类，则实际讨价次数一般为（　　）

A. 至少三次　　　　　　　　　　　　B. 至少四次

C. 至少五次　　　　　　　　　　　　D. 至少六次

5）价格谈判的合理范围的低点是（　　）

A. 买方最高买价　　　　　　　　　　B. 买方初始报价

C. 卖方最低卖价　　　　　　　　　　D. 卖方初始报价

2. 判断题

1）价格解评与价格评论分别是卖方报价后的必要补充和买方讨价前的必要铺垫。（　　）

2）价格谈判中卖方报价起点越高越好。（   ）

3）商务谈判中，报价仅指谈判一方向另一方报出交易商品的价格。（   ）

4）讨价还价实质上就是价格磋商过程中买卖双方在初始报价基础上的相互让步。（   ）

5）价格谈判最终成交价格一般在卖方最低卖价与买方最高买价之间。（   ）

3．思考题

1）价格谈判中应当注意研究哪些价格关系？

2）怎样理解价格谈判的合理范围？

3）试就先报价与后报价谈谈你的看法。

4）说明讨论还价中的让步策略。

5）假如你在参加国际贸易谈判，有一批货物，你认为能卖到10万美元就很满意了。某外商提议以200 000美元的现汇购买这批货物，此时，你最明智的做法是什么？并说明理由。

  A．毫不犹豫地接受该客商的建议

  B．跟他讨价还价

  C．告诉他过一星期后给他答复

4．案例分析

史蒂夫的销售报价策略

史蒂夫是爱姆垂旅店董事会成员，但是旅店的地理位置实在不理想，董事会曾委派一个小组委员会，调查了将爱姆垂旅店从萨默维尔迁到一个安静的、半居住性的社区的可能性。但从财务上看，搬迁是不可行的，因而搬迁的想法就被打消了。几个月以后，一位名叫威尔逊的先生找到爱姆垂旅店的经理彼得斯夫人。威尔逊表示他的公司愿意买下爱姆垂旅店。

董事会委派史蒂夫去办理这项有希望的交易。史蒂夫根据对威尔逊的商业往来所做的一些调查，认为他是一位有信誉的合法商人。史蒂夫意识到，威尔逊想买爱姆垂旅店，可能是想在这里建造公寓。威尔逊希望马上讨论价格问题，而史蒂夫则需要两个星期来做这些谈判准备工作。

史蒂夫初步确定旅馆的开盘价格

在接下来的12天里，史蒂夫做了几件事。首先，他想要确定爱姆垂旅店的保留价格或能够轻易成交的价格。史蒂夫得知，位于梅德福和位于奥尔斯顿的两个地点是可以用一个合适的价格买到的。他得知：梅德福那块房地产可以175 000美元的价格买下来，奥尔斯顿的那块可以235 000美元的价格买下来。

史蒂夫断定，爱姆垂旅店搬迁到梅德福至少需要220 000美元，而搬迁奥尔斯顿则至少需要275 000美元。奥尔斯顿的那个地点（需275 000美元）比梅德福的那个地点（220 000美元）好得多，而后者又比现在爱姆垂的这个好。所以史蒂夫决定，他得保留价格是220 000美元。史蒂夫下一步又调查，如果在市场上公开销售，爱姆垂旅店可能大约仅值125 000美元。

史蒂夫和他的朋友了解到售价的高低很大程度上要取决于这些开发商的意图。史蒂夫断定，威尔逊的保留价格是275 000～475 000美元。

史蒂夫对报价策略的选择

史蒂夫应采取什么样的开局策略？谁应当首先报价呢？如果威尔逊坚持让史蒂夫首先报价，史蒂夫应该怎么办？如果威尔逊开价×万美元，史蒂夫应该怎样还价？有没有任何明显的圈套应该避免？

史蒂夫决定试着让威尔逊首先报价，如果不成功，或一开始就被迫首先报价，他就使用大概的价格750 000美元。史蒂夫曾想过一开始就报出400 000美元的价格，并在一段时间里坚持不变。但是经商量后他们认为只有40%的概率，这个价格会低于威尔逊的保留价。如果威尔逊首先报价，史蒂夫将不让他有时间仔细考虑他的报价，而将迅速做出反应，立即给出一个还价，比如说750 000美元，让对方在心理上觉得他的报价太低了。

史蒂夫的朋友告诉他，一旦两个报价都拿到了桌面上，那么自然可以预料到，最终的合同价格就在这两个报价之间。假如威尔逊的报价是200 000美元，史蒂夫的还价是400 000美元，则最终价格一般为300 000美元。作为先开价者，史蒂夫认为最后能卖到350 000美元就很不错了，而且他当然记得自己的保留价格只是220 000美元。

第一轮的较量

当第一轮谈判结束后，史蒂夫认为他简直经历了一场灾难，而且接下来，他甚至不敢断定会有第二轮谈判。谈判一开始，双方说了几句幽默的笑话和几句客套话。接着威尔逊就说："请告诉我你们能够接受的最低条件是什么。好让我看看是否能再做点什么。"史蒂夫已料到了这样的开场白，没有直接回答，他问道："为什么不告诉我们，你愿意出的最高价格，好让我来看看是否能再削减点价格。"威尔逊被逗笑了，并报出了他的开盘价格125 000美元，而且首先讲了在萨默维尔那个地区许多房地产买卖的实例，作为支撑他的证据。史蒂夫立即回答说，爱姆垂旅店完全可以卖得比这个价格高，再说他们一点儿也不想搬迁。只有当他们能够搬到更安静的地方去时，他们才能考虑搬迁。但是在环境安静的地方，房地产价格是很高的。史蒂夫最后提出，只有售价600 000美元，才可能抵消这次麻烦的搬迁。史蒂夫之所以选择报出这个价格，是因为他心里盘算着150 000和600 000美元的中间值，高于所期盼的350 000美元。威尔逊反驳道，这个价格根本不可能被接受。双方让了一点儿步，最后决定休会。

相互让步直到协议的达成

在以后的两天中，双方又各做了一些让步。威尔逊逐渐地将报价提高到290 000美元，最后停在确定的报价300 000美元那儿。史蒂夫则从475 000美元降到425 000美元，又降到400 000美元。然后当威尔逊强硬地停在300 000美元时，他又"费力地"降到了350 000美元。史蒂夫最后停止了谈判，并告诉威尔逊，他将必须与董事会的主要成员取得联系，看看是否可以突破350 000美元的界限。

第二天，史蒂夫给威尔逊打了一个电话，向他解释说，旅店对是否接受300 000美元的报价有不同意见。"您的公司能不能再多出一点儿？如果咱们的买卖做成了，您的公司能否免费为爱姆垂旅店新买的房子做30 000美元或40 000美元的维修工作？要是这样的话，我可以接受300 000美元的报价。"威尔逊回答说，他非常高兴董事会能明智地接受他300 000美元的慷慨报价，但是不会提供装修工作。

"那么好吧，"史蒂夫回答道，"如果您的公司能为爱姆垂旅店提供一笔免税的赞助，比如说40 000美元的援款，专供帮助急需的旅店使用，这也确实是一种帮助。"

"噢，这倒是个主意！40个grand是太多了（grand，美俚语，一千美元），但我可以问问我们的律师，是否捐赠20个格兰德。"

"25个怎样？"

"好吧，就25个。"

结果，根据法律，威尔逊的公司要直接付给爱姆垂旅店325 000美元。这样威尔逊既保全了面子又巧妙地突破了他自己的最终报价。而爱姆垂旅店则通过曲折道路充分满足了自己的需要。

讨论：你从上述案例中学习到了哪些报价的技巧？

第八章

商务谈判的后续工作

学习目标

- ◆ 了解商务谈判总结的作用与步骤
- ◆ 了解合同的概念和特点，掌握经济合同的结构和条款
- ◆ 了解合同签订的相关知识

引 例

罚款计算方式条款的遗漏

中国 K 公司与日本 J 公司就电容器的生产技术转让和生产设备的供应进行了谈判。K 公司是买方，J 公司是卖方。

谈判内容涉及技术内容与水平，设备供应的规格与数量，培训与指导的人数、水平、时间，交易的价格，交付与检验等方面的内容。从这些内容的性质看，需要技术、商务及法律专业人才参与谈判。J 公司谈判人员有 6 人，而 K 公司则有 10 多人，为了缩短谈判时间，双方协商将人员分成两个小组，分别谈判技术问题与商务问题。技术组由双方专家参加，负责谈判技术转让的细节以及设备供应的清单；商务组由双方的商务人员和法律人员参加，负责谈判合同文本及商务条件。

作为一条生产线的成套项目交易，客观上谈判量较大。技术组要核对每道工艺的技术内容与水平以及总体工艺水平，还要按工序核查配置的各种设备与装置。对于双方人员的派遣（实习与指导）也要细化条件。商务组要逐条谈判合同条款，咬文嚼字，非常耗时间，加之对技术、服务、设备各种价格的认定与彼此利益攸关，双方互不相让，使谈判量增大不少。

正是在这艰难而又纷杂的谈判中，商务组遇到了难题。在谈判技术保证时，K 公司要 J 公司对其提供的技术水平做出保证，J 公司表示可以。怎么保证法呢？J 公司提出若达不到要求可以罚。如何计算罚款呢？双方讨论良久。K 公司说，技术水平以合格率评价。J 公司说可以，但有的产品仅个别参数不合格，总体指标合格，对生产线合格率计算有一定的影响。于是双方又陷入了关于生产出的产品技术规格的达标水平与全线工艺水平的关系以及这个关系对全线合格率的影响计算的谈判。讨论引出了几种情况：全部技术指标均合格的产品计算出的全线合格率；全部指标合格的产品加主要指标合格的产品计算出的全线合格率；全部指标合格产品加主要指标合格的产品加主要指标误差在容许范围的产品计算出的

全线合格率。K公司认为不同状况下计算出的合格率差异反映的技术问题不同，处罚的力度也应不同。J公司认为不必过于细分，K公司自然不同意。那么采取哪种方式计算全线合格率呢？J公司认为第一种方式太严，K公司认为第三种方式太松，双方只好采用第二种方式。怎么计算处罚数额呢？商务人员认为这应由技术专家去评价其影响度，于是同意由专家组来设计处罚的计算公式，并约定分别向双方专家交代此事。仅在合同相关条款中写入"处罚的具体计算见技术附件"，此议题在商务组就告一段落。

专家组把交易的内容分成几个技术附件，分别谈判，有的分歧较小，只是工作量大，双方人员需加班加点。关于检验部分，双方专家从技术角度认真讨论了具体的检验办法，也讨论了检验不成功时技术的补救办法。从习惯上看，处罚问题属商务谈判范畴；从印象上，他们知道商务组已谈判过处罚的问题，仅剩计算办法没确定。可单单一个计算办法在技术附件中放在哪里呢？从文体上看，有点儿问题。专家们认为：那先放一放，把别的问题都谈完后再说。历尽千辛万苦，好不容易把所有的技术附件谈完，专家们总算松了一口气，整个精神放松下来，记忆的弦也随之松弛，于是留待讨论的问题就这样给忘了。

合同执行过程中相安无事，直到全线验收。由于种种原因，验收并没有一次通过。加之J公司现场人员傲慢无礼，激怒了K公司现场人员，于是K公司决定引用处罚条款。在合同中找到"处罚的具体计算见技术附件"的约定，再顺其指示查阅技术附件，结果没查到。等技术组的主谈人员与商务组的主谈人员一会面，方知是当初遗漏了。处罚是K公司的权利，而如何罚就无法定依据了，需双方协商。此时，K公司可以用处罚手段压J公司，但要实施就有难度了。双方只好坐下来分析问题原因，寻找解决办法，K公司尽量以合同技术约定来压对方承担责任与费用。

商务谈判不仅是一个讨价还价、共同让步、共同协商的过程，而且谈判的结果还要以合同的方式反映出来，以文字的形式明确双方或多方的责、权、利，继而对合同进行履行和管理。在合同履行过程中，可能会出现各种各样的问题，还可能重新谈判。因此谈判的后续管理是一个十分重要的阶段，它不仅是前期谈判活动的总结，而且还是谈判双方遵守各自承诺的保证。商务谈判的后续管理工作主要包括商务谈判总结，合同的签订、履行，再谈判等环节。

第一节　商务谈判总结

在签订经济合同之前，一般需要对整个谈判过程进行回顾，评估谈判目标的实现情况、分析谈判中出现的僵局等，并提出相应的改进措施，即商务谈判总结。

▶▶ 一、商务谈判总结的作用与步骤

1. 谈判总结的作用

对谈判进行总结，有助于积累谈判经验，为以后再进行谈判活动提供参考；可以检验并评估谈判目标是否实现以及实现的程度；可以防患于未然，严防合同漏洞，避免欺诈；有时候可以形成书面文件，如谈判心得、谈判总结书等，通过这些书面文件可以为企业的其他人员展示本次谈判的实况，使他们掌握一定的谈判技巧，为以后参与谈判奠定基础。

2. 谈判总结的步骤

谈判总结一般有四个步骤：第一步，回顾谈判情况，整理谈判记录和资料；第二步，分析和评定谈判情况，总结经验，找出问题；第三步，提出改进措施和建议；第四步，撰写谈判总结报告。

▶▶ 二、谈判总结的内容

1. 己方谈判情况

谈判的准备工作情况，主要体现在谈判的人员选择、谈判团队的组建和管理、谈判的调研和信息收集、谈判目标的确定。谈判过程的具体情况，即谈判的各阶段的策略运用、洽谈的思维、语言艺术、开局、讨价还价、排除洽谈障碍、签订合同，以及谈判人员的综合表现等情况。谈判的总体情况，即谈判的目标实现程度、谈判的成果综合分析、谈判的成本分析、谈判合同履行的情况等。

2. 己方所在企业的情况

企业给谈判人员确定的职责、赋予谈判人员的权力及对谈判人员的管理情况；企业所要求的谈判目标、谈判原则和交易条件的合理性；在谈判进行过程中，哪些部门为谈判提供了哪些方面的帮助；企业提供或要求提供的标的物品种、规格、质量、价格及服务等方面的可行性。

3. 对客户的研究情况

对客户谈判的情况进行分析研究，可以学习和借鉴他们的谈判经验与教训，有助于向对方提出善意、合理的建议与意见。再如，将对方的各种意见和要求（如供应或购买意向，供应或购买能力，所能提供的标的物品种、规格、质量、价格、服务或对方的具体要求等）加以归纳、整理，及时反馈到本企业中来，从而促使本企业进行经营开发，提升经营管理及服务水平。

▶▶ 三、谈判总结后的实施与管理

1）为了调动谈判人员的工作积极性和创造性，应根据总结情况，做好谈判人员的奖惩工作，奖优罚劣。

2）加强谈判人员的管理工作。要根据具体情况和问题，不断加强谈判人员的组织管理，进一步明确谈判人员的职责和权力，加强谈判人员的培训，提高谈判人员的素质。

3）提升企业的经营管理水平。要通过改善企业的经营管理，提高企业的经营能力和竞争能力，从而树立良好的企业形象和信誉，扩大企业的影响力，进而为今后的谈判提供各种条件和有力的保证。

4）在加强与原有客户的信息沟通、建立稳固的业务联系的基础上，开拓新市场，挖掘新客户，增进彼此的了解，不断扩大商务往来。

第二节　合同的签订

商务谈判不仅是一种经济行为，而且是一种法律行为，在进行商务谈判时，首先要求其必须符合有关的法律规定，只有这样，才能称为合法行为，才能得到法律的承认和保护。可以说商务谈判中熟练运用法律是取得成功的基本保证之一。

一、合同概述

(一) 合同的概念和特点

合同也称契约,是当事人之间为了实现一定的目的而订立的明确相互权利与义务关系的协议。《中华人民共和国合同法》界定合同为:"合同是平等主体的自然人、法人、其他组织之间设立、变更、终止民事权利义务关系的协议。"

凡在依法签订的合同中明确规定的事项,应该按照合同规定办理;如果在合同中没有明确规定的事项,应当按照有关的法律或国际条例的规定办理;如果在合同和法律中都没有明确规定的事项,则应当按照有关的国际惯例的规定来处理。

合同的特点:合同是平等主体之间的民事法律关系;合同以设立、变更、终止民事权利与义务关系为宗旨;合同是各方当事人协商一致的产物或意思表示一致的协议。

(二) 合同成立的条件

1. 当事人必须具备订立经济合同的行为能力

当事人若为自然人,应当是成年人,而且不是被法院剥夺或限制行为能力的人。按我国的现行规定,只有经过批准享有进出口经营权的法人才有权订立对外经济贸易合同。

● [专栏8-1]

法人必须具备以下全部条件:

依照法定程序成立的组织。如果是法人,则必须通过它授权的代理人才能签订合同,并且其行为不得超出公司章程所规定的经营范围或政府所允许的范围,否则可免除法人的责任。例如,在日本,公司的法人代表,只要在公司章程所规定的经营范围内均可签订合同。在美国,对于一般交易的合同,可由经理、总裁签署;但对于重大的业务项目,须具备公司董事会通过的决议,并有授权书或委托书证明。

有一定的组织机构和经常的业务范围。

有独立支配的财产或依法经营管理的财产。

能以自己的名义进行民事活动、享受民事权利、承担民事义务,能在仲裁机构和法院起诉与应诉。

2. 合同的内容与目的必须合法

许多国家有限制性规定。例如,大陆法系国家的民商法中一般都规定,凡属违法、违反公共秩序和善良风俗的合同无效。我国《涉外经济合同法》规定,违反国家政策、法律、国家利益或者社会公共利益的合同无效。

3. 当事人的意思表达必须真实、明确、具体

各国法律一般都规定,订立经济合同应当是由双方当事人在自愿的基础上,经过意思表示协商一致,才能有效成立。

4. 签约的程序、形式和手续必须符合法律规定

具体协商过程通常分为要约和承诺两个环节。关于经济合同的形式,各国法律要求不同,我国《涉外经济合同法》强调,订立涉外经济合同必须采用书面形式。

5. 合同要有对价和约因

对价是英美法系的一种制度。所谓对价,是指合同双方当事人之间,既享有一定的权利,又承担一定的义务。

◉ [专栏8-2]

有效对价需要具备以下几个条件

1) 对价必须是合法的。凡是将法律禁止的对象作为对价，都是无效的，例如，毒品贩卖合同、违反公共秩序和善良风俗的物品贩卖合同等的合同标的物都是违法的。将违禁品作为对价所签订的合同是无效的合同。

2) 对价必须具有一定的价值。凡是毫无价值的、非真实的对象，是不能作为对价的。不过对价不是等价，无须与对方的提供相等，只要不构成诈骗与胁迫，即使对价不很充分，一般来讲，也不会影响合同的有效成立。例如，一批价值百万元的物品，只要双方合意，即使只售90万元或高达110万元，也并不影响合同的有效成立。

3) 对价必须是待履行的或已履行的，而不是在对方做出允诺之前已完全履行完毕的对价。待履行的对价是指双方当事人允许在合同成立后才履行的对价。例如当事人双方3月签订一项合同，规定6月交货，交货前的半个月由买方开出以卖方为受益人的不可撤销的即期信用证，然后凭已装运单据议付。在该合同中买卖双方提供的都是待履行的对价。已履行的对价是指当事人中的一方在对方做出允诺之时，以其作为要约或承诺的行动，已全部完成了他依据合同所承担的义务。这时对于该方来说，他提供的是已履行的对价，只剩下对方尚未履行其义务。例如，在一项合同中，买方允诺，只要卖方在6月以前提供一定数量的某种质量的货物，买方就按规定支付货款。这时，卖方在规定的日子里向买方发货，买方接收货物时，买卖合同即告成立。在这个合同中，卖方提供的是已履行了的对价，这个对价是有效的，故买方有义务支付规定的货款。

（二）经济合同的结构和条款

从内涵上看，经济合同是指平等民事主体的法人或其他经济组织为实现特定的经济目的，明确相互权利或义务关系而订立的合同。从外延上看，它主要包括购销、建设工程承包、加工承揽、货物运输、供用电、仓储保管、财产租赁、借款、财产保险以及其他经济合同。

经济合同的主要内容是指经济合同当事人之间的权利和义务。具体到每个经济合同法律关系中，就是经济合同当事人确定相互权利或义务关系的各项条款。根据经济合同法的规定，经济合同的内容主要包括标的、数量、质量、价款或酬金、履行期限、违约责任、解决争议的方式等。

1. 经济合同的结构

首部：即合同的开始部分。首部主要包括合同的详细名称、签订合同的当事人名称或姓名、订立合同的目的和性质、签订合同的日期和地点、合同的成立以及合同中有关词语的定义与解释等内容。

正文：是表述合同的重要条件和实质性内容的部分，是合同的核心部分。它包括合同的标的与范围、数量与质量规范、价格条款与支付方式、违约责任、不可抗力等内容。因为这部分内容是合同的核心部分，所以在订立时往往在内容上比较明确、具体、准确。经济合同的标的，指的就是双方当事人订立经济合同所要达到的特定经济目的，或者说，是双方当事人为实现一定的经济目的而确立的权利和义务所共同指向的对象。

尾部：包括合同使用的文字及其效力、合同文本的份数、合同的有效期限、通信地址。

2. 经济合同应具备的条款

合同当事人的名称或姓名、国籍、主营业场所或者住所。

合同签订的日期和地点。

合同的类型、标的种类及范围。

合同的标的技术条件、质量、数量和标准。

合同履行的期限、地点和方式。

价格条款、支付金额和方式。

合同的转让、变更与解除。

违反合同的赔偿和其他责任。

合同发生争议时的解决方法与法律适用的问题。

合同使用的文字及其效力。

其中，标的、价金和期限作为合同的基本条款，是合同有效成立的必要条件。经济合同缺乏基本条款之一，就没有约束力，也不能有效成立。但是，普通条款规定不明确，或者不够完备，或者有遗漏的，并不影响合同的有效成立，双方也应根据有关法律、行政法规的规定履行。一旦发生纠纷，有关法律、行政法规的规定也是处理纠纷的依据。但是，如果基本条款缺失，就难以判断是非，处理纠纷就没有法律依据。普通条款包括：根据法律、行政法规规定应该具备的条款；当事人要求规定的条款。如双方约定合同必须经过合同鉴证机关的鉴证或公证机关的公证方才有效，那么在未鉴证或未公证前该合同就不具有法律约束力。

◉ [专栏8-3]

我国对外贸易合同中常见的仲裁条款

1. 规定在我国仲裁

"凡因执行本合同所发生的或与本合同有关的一切争议或要求，应由双方通过友好协商解决。如果协商不能解决，应提交中国国际贸易促进委员会对外经济贸易仲裁委员会××分会，根据该会仲裁程序暂行规则进行仲裁。仲裁裁决是终局的，对双方都有约束力。"

2. 规定在被告国仲裁

"由于本合同或者由于违背本合同、中止本合同或者本合同无效而发生的或与此有关的任何争端、争议或要求，双方应通过友好协商解决。如果协商不能解决，应提交被诉人所在国进行。如在中国，由中国国际贸易促进委员会对外经济贸易仲裁委员会××分会根据该会仲裁程序暂行规则进行仲裁；如在××国（对方所在国名称），则由××（对方所在国仲裁机构的名称）根据该仲裁机构的仲裁程序规则进行仲裁。仲裁裁决是终局的，对双方都有约束力。"

3. 规定在第三国仲裁

"由于本合同或者由于违背本合同、中止本合同或者本合同无效而发生的或与此有关的任何争端、争议或要求，双方应通过友好协商解决。如果协商不能解决，应提交××（某第三国名称及其仲裁机构名称），根据该仲裁机构的仲裁程序规则进行仲裁。仲裁裁决是终局的，对双方都有约束力。"

二、签约前的准备工作

（一）核实谈判记录

谈判记录是起草合同的依据，如果出现差错，起草合同时就会引起争议，以致双方不能及时签约。

另外，谈判记录是日后处理合同纠纷的依据之一。因此，在谈判过程中要安排专门人员做好记录并认真核实。

通读谈判记录或双方同意的条款，以使双方明确已经达成了哪些一致意见，并以此检查谈判记录是否有错误、有遗漏，如果发现问题应及时协商解决。

对于时间较短的谈判，例如只有两三天时间的谈判，核实谈判记录可以在起草合同前进行。由一方整理通读，在对方同意后，由双方草签。

对于时间较长的谈判，应由一方在每天的谈判结束后整理记录，在第二天开始谈判新内容之前通读并草签，只有在这个记录通过后才继续进行新内容的磋商。这样做虽然很费时间，但是对于较长时间的谈判来说是非常必要的。

（二）详细了解谈判对手的情况

1. 对方的主体资格

合同主体可以是自然人、法人和其他组织。在合同关系中，首先就要先弄清楚与你签订合同的相对方是谁，不能未审查对方的资信能力就随意签订合同。

合同主体常见风险有：

第一，合同主体身份认不清。

◉ [案例8-1]

认错借款人，几十万血本无归

甲的朋友乙是A公司的法定代表人。2016年3月，乙向甲借款十多万元，出具了正式的借据，盖A公司公章。事后，乙拒绝还钱。甲把乙告上了法庭。乙辩称是A公司借款，因为上面盖的是A公司公章，他只以A公司法定代表人身份签的字。法院以起诉主体错误为由驳回了甲的起诉。甲随后起诉A公司，胜诉。可A公司经营亏损，根本就没有偿还能力。虽然乙有房有车，但按《公司法》规定，公司的股东只以出资额为限承担有限责任。甲的借款最终血本无归。

第二，找错交易对象（国际贸易中尤其重要）。

◉ [案例8-2]

谨防中间商欺诈

出口商甲经李某介绍曾与某国多个买家成交，并通过李某成功收款。2017年5月，甲与李某介绍的A公司签订近200万美元的销售合同，销售合同中列明的买方为A公司，但签署人却为李某。甲发货后，A公司以从未与甲签过销售合同为由拒绝支付货款。经调查，李某假冒A公司的名义与甲订立销售合同，骗取货物后，低价销售给A公司，取得货款后逃匿，甲损失惨重。

第三，合同相关方的法律地位认识错误。

◉ [案例8-3]

错将付款人认定为责任方

A为大型跨国企业集团，实力雄厚。出口商甲根据A下属子公司B发出的订单向B供应货物，并按照A企业集团整体的财务安排从母公司A处回收货款，收汇一直较为正常。考虑到A的优良资信，甲与

A 的子公司 B 签订了一系列合同。两年后，甲获悉 B 经营状况恶化，即将破产，此时尚有大额出运货款尚未回收，甲向 A 公司追讨，A 公司以其非交易合同主体为由拒绝还款，甲损失惨重。

第四，缺乏对合同主体资信情况的调查。

◉ [案例8-4]

与小商人做大生意，损失难以弥补

我国某钢铁公司 A 计划引进一套铸造设备，国外的多家知名厂家的报价都在 1 千万美元以上，A 公司难以接受。某国商人 S 得知此情况后主动向 A 公司报出 500 万美元的价格，保证按要求的技术水平供货。A 公司对 S 虽了解不深，但仍与其签订了供货合同。到年底 S 只交齐了 203 万美元的货物。随后经过多次交涉，到期仍未交齐货物。经过调查发现，S 只是一个小商人，其下属的几家小公司早已先后倒闭，并欠缴了制造商很多货款。A 公司起诉 S 并胜诉，但无实质收获，同时工期拖延，造成了难以弥补的损失。

第五，表见代理。

表见代理指行为人虽然不具有代理权，但合同相对人有理由相信行为人有代理权而与其进行法律行为，该代理行为有效，被代理人需要承担由此产生的一切法律后果。

◉ [案例8-5]

员工签单，公司买单

A 房地产公司的中高层管理人员甲、乙两人在 2015 年 4 月至 2016 年 5 月期间，在 B 餐饮娱乐公司进行签单消费，单位名称一栏都注明为"A 公司"，消费目的为 A 公司员工用餐或公务接待等，累计签单欠款共 25 520.3 元。后甲、乙两人离开 A 公司，B 公司知悉后多次向 A 公司催收欠款，A 公司以甲、乙两人并无授权签单消费为由拒绝支付欠款。B 公司向法院提起诉讼，法院认定甲、乙两人的签单行为是代表 A 公司对服务费用的确认行为，其法律后果应当由 A 公司承担，因此支持了 B 公司的诉讼请求。

◉ [专栏8-4]

分公司与子公司

公司可以设立分公司，分公司不具有企业法人资格，其民事责任由公司承担。公司可以设立子公司，子公司具有企业法人资格，依法独立承担民事责任。子公司与分公司的区别具体为：

1）子公司是独立的法人，拥有自己独立的名称、章程和组织机构，对外以自己的名义进行活动，在经营过程中发生的债权债务由自己独立承担；分公司则不具备企业法人资格，没有独立的名称，其名称应冠以隶属公司的名称，由隶属公司依法设立，只是公司的一个分支机构。

2）母公司对子公司的控制必须符合一定的法律条件，一般不是采取直接控制的方式，更多的是采用间接控制方式，即通过任免子公司董事会成员和投资决策来影响子公司的生产经营决策；而分公司则不同，其人事、业务、财产受隶属公司直接控制，在隶属公司的经营范围内从事经营活动。

3）承担债务的责任方式不同。母公司作为子公司的最大股东，仅以其对子公司的出资额为限对子公司在经营活动中的债务承担责任，子公司作为独立的法人，以子公司自身的全部财产为限对其经营负债承担责任；分公司由于没有自己独立的财产，与隶属公司在经济上统一核算，因此其经营活动中的负债由隶属公司负责清偿，即由隶属公司以其全部资产为限对分公司在经营中的债务承担责任。

（三）认真分析本企业的实际情况

分析本企业的实际情况，就是为了把握本企业的履约能力。分析本企业生产经营的产品种类、规格型号、技术标准；充分考虑己方企业的生产能力；了解企业在签约开始前的库存情况；了解己方企业已经签约的产品外销量、原材料购进及使用情况，以及资金周转情况。

（四）签约前的审核、审批

如果是涉外商务谈判合同，在采用两种语言拟定的情况下应认真核对合同各项条款的表述是否一致。核对项目批件、外汇证明、订货卡、许可证等的完备性，以及合同内容与批件内容的一致性。认真审查签订合同的标的物、成交条件的内容，以及合同的有效性、合法性。

（五）选定合适的签字人

在商务谈判中，有时主谈人并不是合同的签字人，需选择比较合适的签字人。商务谈判中合同一般应由企业法人签字，政府代表一般不签。若合同一定需要由企业所在国政府承诺时，可附加拟定"协议""协定书""备忘录"，由双方政府代表签字，该文件为合同不可分割的一部分。另外，国际商务谈判中，有些国家、地区的厂商习惯在签约前，让签约人出示授权书，授权书由所属企业最高领导签发，若签字人就是公司或企业的最高领导，可以不要授权书，但要以某种形式证实其身份。

三、合同的签订

（一）合同签订的程序

订立经济合同一般要经过要约和承诺两个重要步骤。

1. 要约

要约是指合同当事人一方以缔结合同为目的，向对方提出订立合同的建议和要求。提出要约的一方称为要约人。一项要约要取得法律效力，必须具备一定的条件：当事人必须声明订立合同的旨意；要约的内容必须具体、确定；必须是特定的人提出；要约必须传达到承诺人才能生效。如某汽车贸易公司向某汽车厂发出一份传真，传真中载明：汽车贸易公司准备购买汽车厂生产的 1 500 千克重型柴油货车 10 辆。这份传真是一份典型要约。

有一个经常与要约混淆的概念是要约邀请。要约邀请是表示希望他人向自己发出要约的意思，是当事人订立合同的预备行为，行为人在法律上无须承担责任。要约邀请与要约的区别是：第一，要约是当事人自己主动愿意订立合同的意思表示，以订立合同为直接目的；要约邀请是希望对方向自己提出订立合同的意思表示。第二，要约必须包含了合同的主要内容，而且要约人有愿意受到要约拘束的意愿；要约邀请则不含有当事人表示愿意接受拘束的意思。第三，要约大多数是针对特定的相对人的，故要约往往采取对话方式和信函方式；而要约邀请一般针对不特定的多数人，故往往以电视、报刊等媒介为传递工具。新《经济合同法》规定，寄送的价目表、拍卖公告、招标公告、商业广告为要约邀请。其中商业广告的内容若符合要约的规定，视为要约。要约与要约邀请具有不同的特征，在签订合同时需要注意识别，以防对方利用要约邀请设置陷阱进行欺诈。

陷阱一：名为要约邀请，实为要约。

甲有一套处于闹市区的私房准备出售，他在报上刊登了"售房公告"，公告中明确写明了房屋位置、结构、面积、出售价格及甲的联系电话。乙见报后迅速与甲取得联系，表示愿意以甲提出的价格购买这套房子，并向甲给付2万元的定金。几天后，丙找到甲表示愿意以更高价格买下该房，甲因贪图钱财，便与丙签订了卖房合同。乙知道后认为甲违约，要求其赔偿损失，但甲却以自己刊登的是"要约邀请"而非要约为由拒绝赔偿损失，仅答应归还定金。

从上例中可以看出，在签订经济合同时应仔细检查是要约还是要约邀请，一旦准备承诺对方发出的要约，应尽快与对方订立合同，履行完毕法律手续。若承诺方预先给付了要约方定金，一旦要约方违约，还可以依法要求违约方双倍返还定金，作为惩罚。

陷阱二：指鹿为马，强索"赔偿"。

甲省某农业机械厂为召开秋季产品供货会，向全国各地几十家农机销售公司发出了邀请书，在邀请书上将该厂新出品的十多种新产品的性能、型号、价格也列在其中，作为供货会的主要洽谈对象。乙省某农机公司一行数人在收到邀请后，前往甲省该农业机械厂所在地参加会谈，但终因乙省农机公司提出的价格太低，农业机械厂未能接受。乙省农机工作人员在甲省开会期间开支很大，公司负责人认为这笔费用是因为对方提出要约后产生的，公司承担不划算，于是以农业机械厂发出要约后拒绝为由，要求甲省农业机械厂承担违约责任，并承担农机公司人员在甲省期间所花费的巨额费用。

这类陷阱的防范对策是，发出要约邀请方应保证自己的要约邀请中没有可能被误解为要约的内容。要约邀请方在得到对方承诺时，应尽快给予对方相应答复。

2. 承诺

承诺的含义是接受订立合同的提议，即指一方当事人对另一方提出的合同建议或要求表示完全同意。承诺生效的条件：一是受约人必须无条件地全部赞同要约中的各项条款；二是必须在要约规定的有效期限内做出答复；三是承诺应当以明示方式做出，缄默或无行为不能视为承诺。

● [案例8-6]

改变履行方式的承诺无效

某蔬菜公司A向某农场B订购2 000千克"科丰"3号西红柿，约定每千克0.80元，要求由B农场提供冷藏车负责运输。B农场收到订货单后立即发电报答复A蔬菜公司："同意你方要求，用普通货车运输。"A蔬菜公司收到农场回电后认为，普通货车运输西红柿易腐烂变质，随即改向其他农场订货而未答复B农场。不料几天后B农场却将2 000千克西红柿运到了A蔬菜公司。由于天气炎热未用冷藏车运输，大部分西红柿已经发生腐烂，A蔬菜公司拒绝接受。B农场以自己做出承诺，合同已告成立，A蔬菜公司拒收系违约为由要求A蔬菜公司赔偿损失。请思考：B农场是否做出了承诺？是否有效？

● [案例8-7]

沉默并非承诺

甲县水泥厂生产的水泥因质次价高，销量一直不好，为打开销路，该厂向众多用户发去了《水泥购销意向书》，该《水泥购销意向书》上写明了该厂水泥的生产批号、数量、价格、付款方式，最后还在该《水泥购销意向书》上写上这样的字样：接到《水泥购销意向书》的用户若在三日内不表示是否购买，则视为愿意购买，我厂将按《水泥购销意向书》的内容发货。

某建筑公司收到《水泥购销意向书》后认为该厂水泥质量不过关而不打算购买，也就未向水泥厂做出答复。谁知三天后，几吨水泥便运到了该建筑公司，水泥厂声称，该建筑公司没有在三天内答复，根据《水泥购销意向书》的规定，便是默认了该《水泥购销意向书》的内容，所以应当买下这批水泥；否则就是违约，要赔偿水泥厂的运费并支付违约金。建筑公司无奈之下只得买下这批质次价高的劣质水泥。

水泥厂设下的陷阱看似很巧妙，实际上稍有合同法常识的人便会发现，水泥厂正是利用许多当事人对"承诺"的不了解，设置了一套沉默默认的强盗逻辑，偷换了承诺的真实概念，制造了这一合同陷阱。其实，经济合同法明确规定："承诺应当以通知的方式做出，但根据交易习惯或者要约表明可以通过行为做出承诺的除外。"可见，法律对"承诺"的规定是要求承诺人必须以积极的行动的方式向要约人表示，包括书面或口头通知，也包括一定的行为，但是沉默不是承诺的方式之一，即使要约人发出的要约中写明了诸如"不答复即视为承诺"的字样，对受要约人也是无效的，并不改变承诺的必备形式。但我国《民法通则》将默示作为一种接受的意思表示。因此，一些合同当事人为了设置陷阱，便将这一规定移花接木运用到合同的承诺中，使一些受要约人一旦疏于答复，又不了解合同法的有关规定，便不知不觉掉进了陷阱之中。

要约是一种法律行为，在要约规定的有效期限内，要约人受到要约的约束。承诺也是一种法律行为，承诺人一旦对要约人表示承诺后，经济合同即成立，就不能反悔。承诺且送达要约人，合同即告成立，对双方当事人均产生法律约束力。要约与承诺，是订立经济合同的两个主要程序，但不是全部程序。有的经济合同须经有关机关审核，待审核获得批准后才能成立。还有的经济合同经当事人协商实行鉴证或公证的，须待鉴证或公证后方可成立。

（二）合同文本的撰写与审核

1. 合同文本撰写的要求

第一，合同的内容必须明确具体。经济合同的内容分别规定了签约双方的权利和义务，因此，每项条款的内容都必须具体、详细、准确，不能有任何疏漏或错误，要逐字、逐句、逐条地推敲，反复修改。

第二，合同的语言必须通畅准确。经济合同的内容非常复杂，涉及了许多经济问题。因此。在实际写作中，遣词造句和语言的运用都必须畅通、简洁、准确，并要掌握和运用好行业性的专用术语。只有这样，才能准确表达合同的内容，避免发生歧义，引起不必要的纠纷，贻误工作。

第三，合同书写的要求。字迹要求清楚，字体要规范化，不得潦草，严禁涂改模糊。合同中的文件号码、表格中的数字、百分比、电话号码、银行账号和个别专业用语的符号等，均可写阿拉伯数字；凡款项价格、材料物品数目、建设项目数和年月日等，一律用汉字大写。合同正文的标点符号必须准确无误。

2. 合同文本撰写中的存在误区及防范

为了消除产生纠纷的内在因素，在起草合同时，要特别注意防范下列误区：

第一，主体不明确或不合格。经济合同上应注明当事人的名称或姓名，姓名一定要写全称，不要写简称；企业法人的名称要与营业执照一致，个人姓名要与身份证一致，不要写绰号，一般也不要写笔名；若企业名称太长，可以在合同中简称甲方、乙方，也可以根据合同的性质，称买方、卖方，经过注明还可以作企业名称简称。有的企业集团在合同谈判时用的是集团名义，但是在签合同时用的是集团另外一个公司的名义，在这种情况下一定要把签约的主体弄清楚。

第二，主要条款疏漏和条款概念含糊。经济合同的各项条款，就是经济合同的内容，它确定了双方当事人的权利和义务。合同的主要条款决定合同是否合适、是否有效、能否履行。然而，在经济合同的起草中往往容易出现主要条款不全和条款概念模糊不清的问题。

这主要表现在：① 标的含混、不确定。经济合同的标的必须准确、具体、肯定。如果标的不明，就可能引起经济合同纠纷。② 数量表达不准确。数量，是指以一定的度量衡表示出标的重量、个数、长度、面积、容积等的量。数量是衡量标的的指标，是确定双方当事人权利义务的大小的标准。数量要清楚，计量单位要明确，不可以含混不清，切忌用"一堆""一车""一套"等含糊不清的计量办法。③ 质量要求笼统。质量，是指产品或劳务的优劣程度。质量的标准就是规格（包括成分、含量、纯度、尺寸、色泽、合格率、精密度、性能等）。质量条款的制定，应注意用词清楚、明确、具体，避免用"大约""左右"等含糊字眼。④ 价款缺少或规定不科学。⑤ 履行期限不明确。合同的履行期限是指享有权利的一方要求对方履行义务的请求权发生的时间。⑥ 履行地点、方式不确切或不清楚。

第三，合同条款互不衔接，甚至相互抵触。一份完整、有效的合同，一般要求各主要条款完整而相互衔接，如果出现其中一项条款与另一项条款相抵触的现象，实际上就是两项条款相互否定，一旦发生纠纷，就会各执一词，互相扯皮。因此，在起草合同时，不仅各条款要完备，不可疏漏，而且要保证各条款之间互不矛盾。比如，品质精良的规定要与检验方法的规定相一致，运费计算的规定要与售价的规定相一致，等等。

3. 合同文本的审核

其一，如果文本使用两种文字撰写，则要严格审核两种不同文字所表述内容的一致性；如果使用同种文字，则要严格审核合同文本与协议条件的一致性。其二，核对各种批件包括项目批文、设备分交文件、许可证、用汇证明、订货卡片等是否完备，以及合同内容与各种批件内容是否一致。这种签约前的审核工作相当重要，因为常常发生合同文本与所谈条件不一致的情况。审查文本务必对照原稿，不要只凭记忆阅读审核。其三，要注意合同文本不能太简约。合同太简约往往存在漏洞。其四，在审核中若发现问题，应及时相互通告，并调整签约时间，使双方互相谅解，不致因此而造成误会。对于合同文本中的问题，一般发现就可解决，有的复杂问题需经过双方主持人再谈判。

（三）签字仪式安排

大型谈判的签约仪式，是谈判中非常重要的一个环节，举行签约仪式可以为谈判协议的执行增加砝码。商务谈判中的签约仪式有下列三个方面的作用：第一，表达愉快的心情，为自己的谈判策略运用成功而高兴。谈判目标实现了，不仅专业技能经受住了考验，而且在谈判过程中，谈判人员为谈判可能破裂而担心，为可能被对方欺骗而紧张，现在这些担心与紧张得以解除。因此，谈判双方人员都迫切需要以某种方式来表达自己的愉快心情。第二，修复维持谈判双方良好的关系。第三，扩大商务谈判的影响。在这种情况下，谈判双方往往邀请新闻媒介、政府官员，以及其他知名人士参加，借助并通过新闻媒介扩大企业的知名度和本次所签合同的影响。

合同的签约仪式需要注意下列几个问题：

1）签约地点。签约地点可选择在谈判室、办公室或宴请的饭店。

2）签约时间。签约时间应视是否在签约后宴请而定。如果准备宴请，签约时间应选择在午饭或晚饭时间前半个小时至1小时这段时间，这样在签约之后，双方寒暄后即可赴宴。如果不准备宴请，签约时间应安排在远离吃饭的时间，如此，在签约后由于离吃饭的时间还早，双方寒暄后就自然离去，不会因没有邀请对方用餐而感到难堪。

3）是否宴请。这主要取决于谈判的重要性程度以及今后双方有无长期合作。如果谈判较重要，今后双方还长期合作和交往，最好在签约后举行庆祝宴会。

4）宴会出资问题。按我国的风俗习惯，应由东道主一方出资宴请客方，但现实商务交往中并不一定遵循这一规则，往往是由有求于对方的一方出资宴请。

5）签约仪式是否公开。如果签约仪式选择公开，还需要考虑如何维持秩序、保证安全，以及慎重选择出席的媒体和审核新闻稿件。

● [案例8-8]

朝鲜战争结束，在正式停战协议签字时遇到了难题，一个多月前本已预订了签字日期，可李承晚制造了一起扣留战俘事件，导致签字推迟。这次李承晚会不会再耍别的花招呢？比如派刺客乔装记者混入会场制造事端，对双方司令员的任何一位进行行刺。古往今来这类事件在重要的政治仪式中屡见不鲜，其后果将不堪设想。1953年7月26日，停战协定签字的前一天，李克农提出了一个巧妙的办法：双方司令官不到现场签字，即双方首席谈判代表现场签字后即生效，之后各自向己方司令官送签互换文本，而且现场可允许新闻记者进入。

美国人连连叫好，很快接受。这是条约签字形式上极不寻常的做法，既保证了签字仪式正常进行，又避免了不必要的事端，新闻媒体及时公开报道也给双方执行停战协议提供了保障。

第三节 合同的履行

▶▶ 一、合同的履行的原则

商务谈判合同履行，就是谈判双方在签订合法的合同后，按照合同约定的买卖行为、技术转让等内容进行标的物的交付或约定服务的履行。合同依法成立即具有法律约束力，应严格履行合同条款。合同履行中买卖双方责任内容是不同的，卖方责任主要有交付货物、移交与货物有关的单据和转移货物所有权等；买方的责任主要有支付货款和受领货物。

合同履行应注意：① 履行合同时要注意时效性，防止和规避违约。② 合同生效，及时交合同管理与履行部门执行。③ 加强验收手续。货物或服务均应有书面验收资料。

合同履行原则是当事人在履历合同债务时所应遵循的基本准则。除《合同法》规定的基本原则如诚信、公平、平等之外，还须遵守：

（1）适当履行原则

所谓适当履行原则，就是要求合同当事人不仅要严格按合同的标的履行协议，而且对合同上的其他条款，如质量、数量、交货期限、交货地点、付款时限及方式等都要以适当的方式履行。凡属适当履行的内容，如果双方事先在协议中规定得不明确，一般可按常规做法来执行，但这是在不得已的情况下采用的。严格来讲，适当履行原则本身就要求当事人在订立协议时尽量做到具体明确，以便双方遵照执行。

（2）协作履行原则

合同履行是整个合同实施过程，需由交易双方或多方协作履行。

（3）情势变更原则

客观情况是不断变化的，有些时候，签订协议时的客观条件发生变化，实际履行协议已变为不可能或无意义,这就要求变更和解除协议。

● [案例8-9]

合同履行的责任与内容

王先生是广东一家电子元件生产企业的销售人员,他新开发东莞一家客户,双方就供货事宜达成了长期合作协议。最近王先生按公司的要求与客户签订了销售合同,合同中规定货到付款,支付方式是银行汇票,运费由卖方承担。王先生按客户要求按时送货上门,对方验货后以现金的方式支付了全部货款。在回公司的途中,王先生与驾驶员在高速公路服务区餐厅用餐时,他们身旁装有货款的皮包被盗……

请思考:双方在合同履行中存在什么问题?

二、合同的担保

合同的担保,是当事人在订立合同时,根据法律规定或双方的约定,为确保合同履行而采取的方式或者措施。担保具有从属性,以合同的合法有效存在为前提。在实践中,商务谈判合同的担保一般采取以下几种形式:

1. 保证

保证是指由保证人以自己的名义和当事人约定,当另一方当事人不履行合同义务时,保证人按照约定履行或者承担连带责任。保证的形式包括:① 银行担保,即银行以其信用给合同的一方当事人提供履约保证,一旦该方违约,就由银行连带承担赔偿损失的责任。一般情况下银行的信用是比较坚实可靠的,因而银行担保是一种最常用的、最有力的担保形式。② 企业担保,即由一家企业给另一家企业提供履约担保,即被担保的企业如果未履约,担保的企业将要承担连带赔偿损失的责任。由于企业的信用通常比银行低,须认真审查担保的企业是否具有足够的资信能力作保。

2. 抵押

抵押是指债务人或者第三人不转移抵押物的占有权,而将该财产抵押作为债权的担保,当债务人不履行债务时,债权人有权依法以抵押财产折价或以拍卖、变卖抵押财产的价款优先受偿。抵押的种类有不动产抵押、动产抵押、权力抵押、共同抵押、最高额抵押等。

3. 留置

留置是指债权人按照合同约定占有债务人的动产,债务人不按照合同约定的期限履行合同的,债权人有权依照法律规定留置该财产,以留置财产折价或者以拍卖、变卖该财产的价款优先受偿。

4. 定金

定金是在合同订立或在履行之前支付的一定数额的金钱作为担保的担保方式。

5. 违约金

违约金是指按照当事人的约定或者法律直接规定一方当事人违约时,应向另一方支付的金钱。

三、合同的变动

谈判双方共同协商后签订的经济协议具有法律效力,要求双方认真履行,任何一方无权单方面变更和解除。但是,客观环境不停地发生变化,绝对不允许谈判合同的变动也是不切合实际的。合同的变动方式,一般有合同变更、合同解除和合同转让。

(一) 合同变更与解除

1. 合同变更的定义与特点

合同的变更是指在合同签订后，合同尚未完全履行之前，合同各方当事人在符合法律规定的条件下，修改、补充原商务合同的内容所达成的协议。合同的变更是一种法律行为，需要办理主管部门批准、登记等手续。

合同变更的特点有：① 必须经当事人协商一致，方可变更合同。未经对方同意而擅自变更合同，不仅不能对合同的另一方产生约束力，而且还可能构成违约。② 合同的变更是指对原合同关系的内容做某些修改或补充，是对合同内容的局部调整。合同的变更不应包括合同标的变更和合同主体的变更。③ 合同的变更会形成新的权利义务关系。

2. 合同解除的定义与特点

合同解除是指合同有效成立之后，合同各方当事人在法律规定条件下，在原订合同的有效期内，就提前终止合同所达成的协议。解除商务合同同样是一种法律行为。合同解除必须具备一定的条件，合同解除的条件有法定和约定两种形式。

合同解除的特点有：① 合同当事人需协商一致。② 适用于有效成立的合同，其法律后果具有消灭原合同的效力。③ 消除了合同当事人间的权利义务关系。

3. 合同变更和解除的条件

合同变更和解除一般是在以下情形发生时做出的合同变动：

1）合同当事人一致同意合同变更或解除。

2）由于一方违约，使合同履行成为不必要，受害的一方可依法律程序变更或解除合同。

3）不可抗力事件，致使合同的全部义务不能履行。

4）合同的某一方在约定的期限内没有履行合同，并在被允许推迟履行的期限内仍未履行。

5）合同约定的解除合同的条件已经出现，当事人一方有权通知另一方解除合同。

4. 变更和解除合同的赔偿责任

当一方需要变更或解除合同时，须征得另一方的同意，应以书面形式及时向对方发出变更或解除的建议。当对方表示同意后，有关合同变更或解除即发挥效力。变更或解除合同的建议和答复，须在当事各方协议期限内或有关业务主管部门要求的期限内提出。因变更或解除合同发生纠纷的，依据法定的解决方式处理。

1）双方当事人自行提出和同意变更或解除合同的，其责任方一般是指要求变更或解除合同的一方。

2）因合同一方违约使继续履行合同成为不必要时，责任方无权提出变更或解除合同，而应负违约责任，并支付遭受损失一方的违约金和赔偿金。

3）当事人由于不可抗力而变更或解除合同，可根据实际情况，部分或全都免除赔偿责任。

4）损失事实是责任方赔偿的客观依据。索赔方在要求赔偿的同时应有举证的责任，即提供因变更或解除合同而受损失情况的证明材料。

◉ [案例8-10]

合同变更和解除

康胜公司原销售员张宏在火车上遇到了与康胜公司有长期业务关系的康宏公司王经理，闲聊中张宏得知康宏公司正准备进行技术改造，需购置一台新仪器，张宏表示康胜公司有这方面的业务关系，可以帮忙采购，双方达成协议。康宏公司按规定时间向康胜公司汇出预付款10万元。但到了合同约定的交货日期，康胜公司却以张宏在与康宏公司签订合同时已是下岗人员，无公司代理权为由，拒绝履行合同，康宏公司却认为康胜公司并没有把解除张宏业务代理权的情况通知自己，且张宏仍持有盖有康胜公司合同专用章的空白合同书，康宏公司同意追加1%的代理费。但15日后，康胜公司仍未能购到康宏公司需要的仪器。康宏公司催告康胜公司因时间紧，只能给10日宽限期，届时仍不履行合同将解除合同，并追究康胜公司的责任。但10日期限过后，康胜公司仍未购到康宏公司急需的仪器。康宏公司为此损失15万元。于是康宏公司提出解除该合同，要求康胜公司退还预付款并赔偿损失。

请思考：此案例是否存在合同变更？康宏公司有权解除合同吗？为什么？

（二）合同的转让

合同的转让，并非转让合同本身，而是指合同主体的转让。具体说，就是协议中一方当事人由于某种原因退出原来的经济法律关系，在征得原协议当事人同意后，在不变更合同内容、条款的情况下，可以将原合同规定的权利、义务转让给第三者，并需要办理主管部门批准、登记等手续。

合同的转让与合同的变更是不同的。合同的转让不改变合同的内容，仅仅改变合同的主体；而合同的变更恰恰相反，它不改变合同的主体，只改变合同的内容。合同的转让，要首先征得原当事人的同意才能转让，否则转让无效。

合同的转让必须符合法律要求，不得违反国家有关的法律政策，不得侵犯国家和公共利益。此外，在合同转让前，还要审查第三者的权利能力和行为能力及经营范围，如果发现第三者没有转让协议中规定的经营项目，就不得转让，否则合同转让应视为非法和无效。

第四节 再谈判

一、再谈判的含义

1. 再谈判的定义

再谈判是指谈判结束后开始新一轮的谈判阶段。再谈判是前期谈判的恢复与继续，也是谈判的深入。当谈判结束签约之后，人们总是希望顺利履行合同，然而，市场总会发生意想不到的变化。如果一方认为由于其无法控制的变化而导致履行合同变得不合理或难以履行，这一方就会要求再谈判，以寻求另一种可能性，而不是完全拒绝履行合同。再谈判是以过去的谈判为基础的，再谈判的组织基础是过去谈判的进度与方向。

由于当今动态和不确定的全球市场环境，已很难避免再谈判，但由于再谈判对精力和财力的耗费，谈判人员还是会尽量降低再谈判发生的可能性，比如通过阐明所有主要事项，引进对违约行为的处罚条款，坚持开例会以监督合约的执行，以及研究对未来业务合作机会的消极影响。

2. 再谈判的目标

再谈判目标是指再谈判阶段应实现的谈判任务。从商务谈判组织或者从实现解决剩余分歧的谈判措施来讲，再谈判目标应是了解对方最后立场和调整己方最后立场。两个谈判目标各有不同的谈判要求。

在再谈判中,要了解对方的最后立场,常用的谈判手法是问出所以然并逼对方亮出底牌。从谈判的角度讲,再谈判就是为调整己方谈判立场找出"为什么"。

3. **再谈判的类型**

常见的再谈判有四种类型:

(1) 预见性再谈判

签约之后,合同还没有履行之前,当事一方就发现潜在的问题并预见对方无法履行合同,通过预见性的再谈判来控制谈判局面,也就是说在干扰事件发生前就进行重新谈判,避免合同无法执行而给己方带来损失。

(2) 交易中再谈判

这是在现实经济活动中比较常见的再谈判的形式。当环境因素发生变动时,特别是合同期限比较长时,合同当事方就很难避免在交易中再谈判。再谈判会让合同适应变化,变得更加合理。如果初始的协议包含一些允许进行重新谈判的条款,则这种交易中再谈判会比较顺利地开展。在谈判开始时就认可那些由于不可预见的事件而需要进行重新谈判的条款,对减轻压力和减少误解大有帮助。尽管这种定期的再谈判是有价值的,但它也会增加合同条款的不确定性,减少合同的效力。

(3) 交易后再谈判

这是合同当事各方在交易完成之后或合同到期之后的再谈判。交易后重新谈判可能会反映出现商业战略的变化,或者可能意味着一方不再认为继续维持目前这种商务关系还有利可图。这类再谈判与开启全新的谈判是不同的,当事各方比较熟悉,彼此对目标、策略、可信度比较了解,在满足各自利益的前提下,各方也愿意保持并发展彼此的关系。

(4) 谈判中止后再谈判

在前次谈判时,谈判当事各方因利益冲突、竞争者的出现、谈判僵局等因素中止了谈判。但当内外环境发生变化时,谈判当事各方可能会重新开始谈判。

● [案例8-11]

重启谈判

重新启动谈判的典型案例是法国的阿尔卡特电信公司(Alcatel)与朗讯科技公司(Lucent)合并谈判。2001年,两家公司都希望通过合并来面对越来越激烈的全球竞争,并开始了合并的谈判。虽然合并是两者的正确战略,但文化的差异和相互误解导致了谈判的中断。从根本上看,朗讯科技公司希望的是平等的合并,而阿尔卡特电信公司希望收购朗讯科技公司,同时要求合并之后在董事会占有更多的席位。双方利益诉求差异太大,双方中止谈判。

直到2006年,因两家公司都遭受了全球竞争带来的亏损和股价的降低,双方决定重新开启并购谈判。朗讯科技公司因营利的减少,裁员67%,同时阿尔卡特电信公司的营利较2001年也减少了55%,员工人数减少了近一半。在这一轮谈判中,双方均采用了合作的谈判策略,寻求共同利益,希望达成能创造价值的协议。通过谈判,双方合并成为阿尔卡特—朗讯公司,原朗讯科技公司的CEO成为新公司的CEO,原双方公司在董事会的席位相同。通过合并,原两家公司优势互补,新公司在国际市场中的竞争地位明显提高。

二、再谈判的原因

1. 机会主义

"当事人的机会主义行为"是引起再谈判的原因之一，表现为一方当事人为获得更多收益，要求把初始合约修改为对自己更有利的合约。典型的机会主义再谈判表现为：低价谈成交易后，无法完成交易，从而要求对回报的再谈判；签约后对责权关系的再谈判。机会主义再谈判是明显的违约行为，当事人为提高自身利益，以拒不提供产品与服务或拒不付费作为条件，单方要求变更合同条款的，构成《合同法》第 8 条"擅自变更合同"的违法情形。但是，导致再谈判的原因不限于机会主义行为，不能因为机会主义再谈判构成违约行为，得出"再谈判构成毁约"的错误结论。

2. 市场环境变化

有些谈判项目投资大，合同周期长，市场环境中不确定的风险因素较多，最初签订的合同难以涵盖项目整个生命周期内的全部问题，因此在此周期内，在符合一定条件的前提下进行再谈判，对合同各方来说都十分重要。在一些不确定性较大的市场环境中，适当灵活地允许再谈判发生的条款增值可能会超过再谈判过程中的交易成本。此时，与其把合同设计得尽可能周密完备以预防再谈判的发生，还不如适当宽松，允许双方在一定条件下发起再谈判。

3. 法律政策变化

因不可控的法律法规政策变更导致合同项目难以实施甚至无法继续履行的，本着推进合同、防止已投入资源被浪费、避免合同提前终止后因需支付补偿款而在短期内承担巨额支付责任等合理目的，应当允许甚至鼓励当事人通过再谈判，调整已有的交易安排，继续实施项目。由于不可控的法律法规政策变更对于任何一方而言，均属于在缔结合同之时无法预见且不能避免的风险，这与"机会主义"的自益行为存在本质区别。此时进行再谈判的，不构成违约行为。

《合同法解释（二）》第 26 条规定："合同成立以后客观情况发生了当事人在订立合同时无法预见的、非不可抗力造成的不属于商业风险的重大变化，继续履行合同对于一方当事人明显不公平或者不能实现合同目的，当事人请求人民法院变更或者解除合同的，人民法院应当根据公平原则，并结合案件的实际情况确定是否变更或者解除。"这是我国现行法律中处理合同情势变更的法律依据。

4. 文化差异

由于对谈判过程具有不同的文化观点，谈判各方对各方面的理解往往也千差万别。一些文化中，合同一旦正式生效就不能变动，在合约生效期，所有可能影响交易的事项都是确定的，有关的条款也被写入合约。在这种情况下，为了避免偏差，有必要设立一些对违约行为的处罚条款，以确保合约的严格执行。相反，在另一些文化中，认为合同仅代表交易关系的开始。例如，日本公司会将交易看成一种合作关系，随着时间的流逝合同可以发生合理的变化，这种合作关系使得一方可以避免接受由于意想不到的汇率波动或原材料价格突变等纯粹偶然的事件而导致的不公平的、强加的不利条件。在不同文化环境下做生意的谈判者，需要认真地考虑后续阶段的情况和可能出现的谈判之后的再谈判。

综上所述，合同条款应清楚明确，尽量避免因含糊不清而引起争端。详细全面和客观的可行性研究能够在一定程度上减小合同风险，但是仍然无法避免对于需求预测的不准确，因而很难完全避免再谈判。合同中再谈判机制的缺失或不完善会增加再谈判中的交易成本。因此，在合同中应设置再谈判机制，包括再谈判的触发点、再谈判的程序和争端的解决方式等。完善的再谈判机制一方面能够保证当市场变化、政策法律调整或一方违反合同（包括政府违反合同建设竞争性项目、不按时支付，或企业运营不达标等)时,双方能够按照合同约定的流程进行再谈判保障自身权益,另一方面也可以通过一定的惩罚机制来规范双方的行为,避免投机性再谈判。

本章小结

- 商务谈判的后续管理工作主要包括商务谈判总结、合同的签订、合同的履行、再谈判等环节。
- 对谈判进行总结,有助于积累谈判经验,为以后再进行谈判活动提供参考。谈判总结一般有四个步骤:第一步,回顾谈判情况,整理谈判记录和资料;第二步,分析和评定谈判情况,总结经验,找出问题;第三步,提出改进措施和建议;第四步,撰写谈判总结报告。
- 合同也称契约,它是当事人之间为了实现一定的目的而订立的明确相互权利义务关系的协议。《中华人民共和国合同法》界定合同为:"合同是平等主体的自然人、法人、其他组织之间设立、变更、终止民事权利义务关系的协议。"
- 合同有效成立的条件:当事人均必须具备订立经济合同的行为能力;合同的内容与目的必须合法;当事人的意思表示必须真实、明确、具体;签约的程序、形式和手续必须符合法律规定;合同要有对价和要约。
- 经济合同的主要内容是指经济合同当事人之间的权利和义务。具体到每个经济合同法律关系中,就是经济合同当事人确定相互权利义务关系的各项条款。根据经济合同法的规定,经济合同的内容主要包括标的、数量、质量、价款或酬金、履行期限、违约责任、解决争议的方式等。
- 签约前的准备工作,包括:核实谈判记录,详细了解谈判对手的情况;认真分析本企业的实际情况;签约前的审核、审批;选定合适的签字人。
- 订立经济合同一般要经过要约和承诺两个重要步骤。要约是指合同当事人一方以缔结合同为目的,向对方提出订立合同的建议和要求。承诺是接受订立合同的提议,即指一方当事人对另一方提出的合同建议或要求表示完全同意。要约与承诺都是一种法律行为,是订立经济合同的两个主要程序,但不是全部程序。
- 商务谈判合同履行,就是谈判双方在签订合法的合同后,按照合同约定的买卖行为、技术转让等内容进行标的物的交付或约定服务的履行。合同依法成立即具有法律约束力,应严格履行合同条款。
- 合同的担保,是当事人在订立合同时,根据法律规定或双方的约定,为确保合同履行而采取的方式或者措施。担保具有从属性,以合同的合法有效存在为前提。在实践中,商务谈判合同的担保一般包括保证、抵押、留置、定金、违约金。
- 谈判双方共同协商后签订的经济协议,具有法律效力,要求双方认真履行,任何一方无权单方面变更和解除。但是,客观环境不停地发生变化,绝对不允许谈判合同的变动也是不切合实际的。合同的变动方式,一般有合同变更、合同解除和合同转让。
- 再谈判是指谈判结束后开始新一轮的谈判阶段,再谈判是前期谈判的恢复与继续,也是谈判的深入。常见的再谈判类型有:预见性再谈判、交易中再谈判、交易后再谈判、谈判中止后再谈判。

重要概念

商务谈判总结、合同、经济合同、法人、要约、承诺、合同履行、合同担保、合同变更、合同解除、合同转让、再谈判

习 题

1. 选择题

1）以下哪项不是合同有效成立的条件 （   ）
   A. 当事人必须是法人　　　　　　　　　B. 合同的标的必须合法
   C. 必须是当事人意思的真实、明确、具体表示　D. 签约程序必须符合法律规定

2）对原合同关系的内容做某些修改或补充，对合同内容的局部调整，是 （   ）
   A. 合同变更　　　　B. 合同解除　　　　C. 合同转让　　　　D. 合同中止

3）在合同转让中，转让的是 （   ）
   A. 合同条款　　　　B. 合同主体　　　　C. 合同标的　　　　D. 合同文本

4）甲把撞坏的高级跑车送到5S店去修理，预计需要修理三个月，修理费80万。5S店按时把车修好之后，却再也联系不上甲。5S店依照法律程序把车拍卖了补偿修车费用，这是哪种担保方式 （   ）
   A. 抵押　　　　　　B. 留置　　　　　　C. 保证　　　　　　D. 定金

5）A公司签订了外贸协议之后，迟迟没有收到外商的定金，A公司决定重新谈判，这类重新谈判是 （   ）
   A. 谈判中止后再谈判　B. 交易后再谈判　　C. 交易中再谈判　　D. 预见性再谈判

2. 判断题

1）要约和承诺分别是指当事人一方向另一方提出签订经济合同的建议与要求。（   ）
2）经济合同的标的即是经济合同的质量标准。（   ）
3）涉外商务合同与其他经济合同一样，其结构主要由合同的首部、正文、尾部三个部分组成。（   ）
4）合同一经签订就不能更改了。（   ）
5）商务谈判中主谈人即为合同的签字人。（   ）

3. 思考题

1）谈判总结的作用和步骤分别是什么？
2）有效合同应该具备哪些条件？
3）什么是法人？法人应具备哪些条件？
4）合同签订前应做好哪些准备工作？
5）在什么情况下会再谈判？

4. 案例分析

某一年我国某外贸公司出售一批核桃给数家英国客户，采用CIF术语，凭不可撤销即期信用证付款。由于销售核桃的销售季节性很强，到货的迟早会直接影响货物的价格，因此，在合同中必须做出有利于我外贸公司的到货相关规定。合同订立后，我外贸公司于10月中旬将货物装船出口，凭信用证规定的装运单据（发票、提单、保险单）向银行收受货款。不料，轮船在航运途中，主要机件损坏，无法继续航行。为保证如期抵达目的港，我外贸公司以重金租用大马力拖轮拖带该轮继续前进。但因途中又遇大风浪，致使该轮抵达目的港的时间，较合同限定的最后日期晚了数小时。适遇核桃市价下跌，除个别客户拒绝进货外，多数客户并未要求取消合同。最终我外贸公司这笔交易未遭受重大经济损失。

思考题：我国外贸公司与英国客户所签订的合同列出哪些条款才能使我外贸公司避免遭受大的经济损失？

课外阅读

● 材料1：灾难事件的损失赔偿

2009年6月1日，法航空客A330-200于格林尼治时间凌晨5：00在大西洋海域上空失踪。客机上有机组成员12人，乘客216人。灾难过后的损失赔偿成为人们关注的焦点。法航作为承运人，至少承担来自两个方面的损失：一是损毁客机的损失；二是作为承运人对遇难者的责任赔付。当然，由于航空公司事先购买了飞机保险，将得到保险人的赔付。此次法航事故是自"9·11"事件以来航空保险市场的最大损失。根据已经披露的消息，失事飞机的首席承保人是法国的AXA（安盛保险）。现有的报道对客机价值的认定不尽相同，但都认为该空客A330-200的保险金额为1亿美元左右。

相比对客机的赔偿，谈判家们更关注对遇难者家属的赔偿的谈判活动。但这种谈判并不仅仅是靠谈判人员的策略和技巧的发挥，更重要的是靠熟悉各类相关的法规条款以及在执行中的各种限制与约束。在北美、西欧和日本等现代经济体中，空难遇难者家属的赔付以遇难者的收入能力为基础，每名乘客的赔偿大约在240万～410万美元。但此次失事飞机是国际航班，应根据1999年5月由国际民航组织起草的《蒙特利尔公约》进行赔偿。《蒙特利尔公约》第17条和第21条规定了承运人对乘客安全的责任及其赔偿。首先，对乘客的死亡或损害赔偿，不论承运人是否有过错，都要承担不超过10万特别提款权（SDR）的赔付责任。其次，如果承运人有过错，乘客可以要求超过10万特别提款权的赔偿。而且，要求承运人在事故发生后向索赔人及时付款。例如，根据2009年6月1日的汇价，1SDR=1.55761美元。可以据此推测法航面临的索赔额度。

谈判专家们还注意到，遇难者家属得到的赔偿将不局限于承运人即法航的赔付，如果遇难者有人寿保险、意外伤害保险等，他们也可以同时得到其承保人的赔付。例如，此次遇难的9名中国籍乘客中，已有5人获得人保寿险、太平洋财险和中国联合财险的赔付。其中1位购买了人保寿险"畅享人生年金保险"的遇难者，其家属获得960万元的保险赔付。其他4位遇难者购买的均为意外伤害保险（航空意外保险或交通意外保险），其家属得到50万元的保险赔付。

在经济一体化和人们空间流动频繁的大背景下，航空安全的影响范围不再局限在一国之内。正如美国保险信息协会所言，此次事故有许多现实的和潜在的复杂性，包括A330-200归法航所有，欧洲大型企业制造，而零部件则由全球供给，坠毁在国际水域。此外，216名遇难乘客来自33个国家。保险意在提供事故发生后的损失补偿，而提高民航的安全度依然是飞机制造商航空公司、航空监管机构的最高目标。

资料来源：张翠珍.灾难过后，损失该如何赔偿［N］.中国财经报，2009-07-02（4）.

• **材料2："鲁尼转会门"事件**

作为英格兰国家足球队的头号前锋，鲁尼自从2004年夏天以2 700万英镑身价转会曼联俱乐部以来，六年间为俱乐部带来竞技领域和商业领域的巨大成功。但经历了2009—2010赛季末的伤病以及世界杯上的低迷表现，再加上2010年9月召妓丑闻的影响，鲁尼与曼联俱乐部之间的矛盾开始爆发。

10月14日，鲁尼在接受英国《太阳报》专访时否认自己脚踝受伤，这和曼联主教练弗格森此前宣称是因为鲁尼脚踝受伤才雪藏他的观点矛盾。鲁尼的言论导致他和弗格森之间的裂痕正式产生，关于鲁尼即将离队的消息开始蔓延起来。10月18日上午，根据英国《每日邮报》的报道，鲁尼正式通知曼联他想离开球队。

鲁尼的离队宣言引发了欧洲各大豪门的哄抢。10月18日晚，《太阳报》曝料皇家马德里俱乐部准备动用5 000万英镑外加球员卡里姆·本泽马求购鲁尼。10月19日上午，据《太阳报》透露，同城死敌曼城俱乐部准备报价5 000万英镑求购鲁尼并给后者提供一份为期4年价值5 000万英镑的天价合同。与此同时，根据该媒体的报道，切尔西主教练安切洛蒂公开示好鲁尼。10月19日中午，根据《每日邮报》的报道，鲁尼公开宣称："是的，我愿意加盟曼城！"

10月19日晚，弗格森通过曼联官网向外界证实鲁尼已经拒绝和球队续约并希望尽快离开球队。与此同时，据英国《独立报》透露，根据博斯曼法案相关规定，鲁尼只需花费500万英镑就可以买断和曼联的合同。10月20日下午，《每日邮报》曝料切尔西老板阿布拉莫维奇为鲁尼加盟蓝军开了绿灯并愿意为其支付2 000万英镑的转会费，与此同时他们还将给曼联王牌提供一份周薪达25万英镑的天价合同。

10月21日凌晨，鲁尼发表公告，称"曼联已不能成就自己的梦想，不会与曼联续约"。鲁尼的叛逃行为引起了曼联队友的一致炮轰，多名核心球员都表达了自己的不满，鲁尼成为众矢之的。10月21日晚，曼联召开高层峰会探讨鲁尼的命运。10月22日上午，根据《太阳报》《每日邮报》等多家英国媒体的报道，40多名激进的曼联球迷深夜围攻了鲁尼在柴郡的别墅并打出了"去曼城就死"的标语，鲁尼事实上遭到了死亡威胁。

10月22日中午，英国《每日镜报》独家披露，在曼联高层会议结束之后弗格森选择妥协并计划用高薪挽留鲁尼。据悉，曼联CEO大卫·吉尔甚至愿意为鲁尼开出16万英镑的周薪，并承诺"将在适当时候购买世界级球星"。10月22日晚，曼联官方宣布鲁尼已经同意和球队续约5年，新合同将在2015年6月到期。曼联官方未公布新合同周薪的具体数额，但鲁尼得到大幅度加薪是不争的事实，甚至有传言说鲁尼的周薪达到25万英镑。至此，这桩持续了一周多的转会闹剧以曼联俱乐部的妥协画上了句号。

10月28日，鲁尼终于说了实话，他承认自己从来没有离开曼联的意图，所谓转会风波，完全是为了谋求大额合同的"骗招"。可以说，"鲁尼转会门"是球员以转会作为威胁，索要高额工资的合同谈判的经典案例。

第九章

商务谈判沟通

学习目标

- ◆ 了解商务沟通的概念，明确商务谈判与商务沟通的关系
- ◆ 掌握有效商务沟通的特征、原则
- ◆ 了解并掌握商务沟通的技巧以及常遇到的障碍
- ◆ 了解商务沟通的分类以及有效商务沟通的对策

茶文化与咖啡文化

茶文化作为中国传统文化的一部分，具有深厚的发展背景。自神农氏尝百草得茶以后，商末周初，巴蜀人已经开始饮茶。茶文化兴于唐，盛于宋。宋代文人雅士，酷爱喝茶，偏爱煮茶。随着历史发展，清朝时曲艺、戏曲也进入茶馆，使得茶文化更加丰富。"茶七饭八酒满盅"，"茶七"即斟茶时只斟七分满，剩下的三分是情意。可见国人把茶作为情意的媒介，往往利用饮茶来增进情感，实现沟通交流。茶叶具有越来越大的社交作用，茶文化逐渐渗透到社会习惯中，成为日常生活中的关键性部分。随着时代的发展与演变，茶文化的思想内涵与茶文化审美价值更加多样化，渐渐形成独具中国特色的茶文化。

咖啡作为西方代表性文化元素，与茶具有相同的社交功能。1615年咖啡首次被威尼斯商人引入欧洲，1668年进入美洲。作为一种风靡西方的时髦饮品，咖啡也体现了西方文化中的理性主义思想。咖啡的冲泡从研磨咖啡豆、器具的选择开始，其水温的确定以及咖啡和水的比例都有严格的要求。如95℃的最佳水温冲泡出来的咖啡最为香浓馥郁，口味醇厚。水温太低会使咖啡味道无法完全释出；水温太高会让咖啡成分变质——水温过高与不及都不好。又如一人份的咖啡淡的为8克，浓的为12克，水为120毫升。西方咖啡文化以那些抽象的主观规律作为世界的本质，进而达到对世界的理性异化。

中西方在跨文化商务谈判过程中，商务沟通参与者生活的文化背景存在着非常大的差异，这就导致双方文化内涵、文化价值观念、文化思维、宗教信仰等方面都存在着非常大的差距。我国茶文化发展背景深厚，文化底蕴丰富，思想内涵深刻。通过茶与咖啡文化的比较分析可以更加深入了解不同国家文化的特色，通过中西方在茶与咖啡文化风俗、表现方式等方面的差异可以实现有效的跨文化商务沟通，逐步提升沟通者的文化理解能力以及沟通能力，逐步提升跨文化商务沟通的有效性。因而，在跨文化商务

沟通过程之中，应该将茶与咖啡文化因素融入跨文化商务沟通过程中，结合文化特点与具体语境进行针对性分析，逐步提升沟通者在文化上的敏感性。

第一节 商务谈判沟通的内涵

▶▶ 一、商务沟通的定义

《大英百科全书》指出，沟通是"互相交换信息的行为"。简单地说，沟通是人与人之间传递信息，传播思想，传达情感的过程，是一个人获得他人思想、情感、见解、价值观的一种途径，通过沟通可以使人与人之间分享彼此的感情和知识，消除误会、增进了解，达成共同认识或共同协议。美国著名传播学者布农指出，沟通是将观念或思想由一个人传送到另一个人的程序，或者是个人自身内的传递，其目的是使接受沟通的人获得思想上的了解。商务沟通又称商务交流，是指在商务组织为了顺利地经营并取得经营的成功，借助于符号系统（包括语言和非语言符号），将有关商务经营的各种信息发送给商务组织内外的既定对象，并寻求反馈以求得商务组织内外的相互理解、支持与合作的过程。沟通是一门艺术，也是一门学问。

自20世纪90年代以现代信息和因特网为特征的网络技术取得革命性的突破以来，信息搜集、处理与交换的实时化给现代商务沟通提供了无与伦比的强大支持和动力，大大地提高了商务沟通的质量与效率。未来商务沟通理论的研究趋势就是以多元化、技术化为主要特征。

此外，跨文化沟通日趋频繁，广义上说，跨文化沟通是不同文化特征的成员之间、组织之间的沟通与交流；狭义上说，跨文化沟通是处于两个或两个以上的国家或地区的商务活动当事人为了满足一定的需要，彼此通过交流沟通协商妥协而达成交易。跨文化谈判具有跨文化性，此时商务谈判与文化是密不可分的，文化对商务谈判起到润滑剂作用。由于各国的文化差异导致对同一事物或同一句话会出现不同的理解，尤其在新媒体下非面对面的谈判过程中，这种偏差可能会进一步加大。新兴工具的使用，在便捷的同时也带来了一些弊端，比如在国际商务沟通中，西方人多为直接地表达自己的意思，而中国人则喜欢先寒暄一番或间接地表达自我的意见，他们不会直接拒绝西方人的要求，而是通过迂回的方式来达到使对方让步的可能，但西方代表误认为在自我意向表达清楚后会直接将谈判拿下，可事实往往是因为信息不对称而导致了双方的误会，最终无法达成合作共识。俗话说："知己知彼，百战不殆。"要想在跨文化商务谈判中取得预期效果，除了商务谈判的专业知识和技能以及灵活地运用谈判策略外，加深对于对方国家文化的了解，提高跨文化意识，往往可以使谈判达到事半功倍的效果。

▶▶ 二、商务沟通与商务谈判

（一）商务沟通与商务谈判的关系

商务沟通是商务谈判的基础。借助商务沟通，谈判双方相互了解，排除障碍，赢得长期合作。商务沟通贯穿于商务谈判的全过程。只要谈判的主体及对象是彼此相对独立的个人或群体，那么商务沟通就会发生在谈判过程的每一个环节。不管是开局阶段（谈判双方见面后到进入具体实质性谈判之前的那段时间和经过),还是签约阶段(谈判到了快成交的阶段时并选择结束谈判的方式),没有一项不是借助于商务沟通才得以顺利进行的。商务谈判是在多次商务沟通的基础上朝共识方向努力的说服活动,说服的方向是寻找共识,说服的目的是影响对方的行为,说服策略是采取"客定方向"。

◉ [案例9-1]

与年轻人沟通

谁抓住了年轻人(通常指"90后"和"00后"),谁就能抓住未来发展最大的红利。所以,越来越多的品牌在进行内容营销时,会主动迎合年轻人的口味,给产品上添上较强的文化标签。如以ACG(动画、漫画、电玩游戏的英文缩写)内容产业为核心的日系二次元文化,在与高速发展的中国互联网擦出火花之后,成为两亿中国年轻人的娱乐和社交方式。与二次元文化相连的核心受众被称为"御宅族"(Otaku),当20世纪70年代的日本ACG爱好者最初在彼此间使用这一称谓时,指的是希望与"おたく"(Otaku)——既可指对方的宅邸(御宅),也作为敬称"您"——进行更密切的、私人性质的兴趣交流。针对日益壮大的二次元这个群体,以及二次元文化固有的消费主义特征,各行各业均基于二次元文化进行沟通尝试并制造商机。

2015年的白色情人节(3月14日)前夕,杜蕾斯在Bilibili网站上建视频直播间进行AIR避孕套发售。Bilibili网站(简称"B站")是国内一个和动漫、游戏相关的弹幕视频分享网站,其内容侧重于二次元文化,最具特色的是弹幕功能,对自创内容的参与度和互动率极高。在杜蕾斯AIR避孕套的整场直播过程中,有一台标有杜蕾斯AIR标志的售货机和一直站着等待产品发售的一对情侣,只不过男主角是在微博上以搞怪出名的老外"@Mike隋"。情节极其单调,但是有了弹幕等元素的加入,也是一场极为有效的沟通。

德克士借Bilibili网站播放自制搞笑视频,联合站内大神打造了《普通Disco》(脆皮手枪腿版),洛天依的声音与不一样的美男般的画风,绝对刺激感官的内容,这些都让人过目难忘。这个视频虽非鬼畜,但也是基于二次元文化的不错尝试。而《普通Disco》这首二次元风格的曲子也颇受歌手与观众喜欢,李宇春在2015年12月31日的湖南卫视跨年晚会上翻唱《普通Disco》,汪峰也在《歌手》第二季中20180119期演唱《普通Disco》。

思考:

(1)商家如何运用二次元文化进行沟通尝试并制造商机?举例并分析。

(2)面对不同年龄的消费者,如何针对性地进行沟通和谈判?

(二)商务沟通的作用

英国著名的作家萧伯纳说:"假如你有一个苹果,我有一个苹果,彼此交换后,我们每人都还是只有一个苹果。但是,如果你有一种思想,我有一种思想,那么彼此交换以后,我们每个人都有两种思想。甚至两种思想发生碰撞,还可以产生出两种思想之外的其他思想。"简单说来,沟通的主要作用有:说明事物、传递信息,让人了解,让人接受;获取信息,了解他人,为创新提供基础;交流情感、改善关系;统一思想,营造团队精神,提升工作士气。

1. 商务沟通是整个商务谈判过程的实质和核心内容

商务沟通是谈判过程的核心和灵魂。没有沟通,就没有商务谈判,商务沟通是维持商务谈判的关键行为。

2. 商务沟通是商务谈判创新的必要条件

在有效的沟通中，沟通者积极讨论，相互启发，共同思考，大胆探索，往往能迸发出具有神奇创意的思想火花。沟通者对自身有着深刻的了解，又获取对方的信息。通过采取有效的沟通机制，并衡量是否有实施的可能性，往往是创新的重要原因之一。

3. 商务沟通能够满足成员的心理需要，改善人际关系

在团队运作过程中，员工之间相互交流思想和情感是一种极为重要的心理需求。交流可以缓解人们内心的紧张和怨恨，使人们感到精神愉悦。在相互交流和探讨中，人们可以增加对彼此的了解，有效改善不同层级之间的关系。

4. 商务沟通能够提升团队精神和工作士气

沟通，是一种思想、观点、情感和灵魂的交流。通过沟通和交流，沟通者达成理解与共识，认同共同的使命。美国惠普公司创造了一种独特的"周游式管理办法"，鼓励部门负责人深入基层，直接接触广大职工。惠普公司的办公室布局采用美国少见的"敞开式大房间"，即全体人员都在一间敞厅中办公，各部门之间只有矮屏分隔。除少量会议室、会客室外，无论哪级领导都不设单独的办公室，同时彼此之间不称职衔，即使对董事长也直呼其名。这样有利于上下左右通气，创造无拘束和合作的气氛。

◉ [专栏9-1]

"两个70%"之说

美杰咨询公司的专家说，两个70%可以很直观地反映沟通在企业里的重要性。

第一个70%，是指企业的管理者实际上70%的时间用在沟通上。开会、谈判、谈话、做报告是最常见的沟通形式，撰写报告实际上是一种书面沟通的方式，对外各种拜访、约见也都是沟通的表现形式，管理者大约有70%的时间花在此类沟通上。

第二个70%，是指企业中70%的问题是由于沟通障碍引起的。比如企业常见的效率低下的问题，往往是有了问题后，大家没有沟通或不懂得沟通所引起的。另外，企业里执行力差、领导力不强的问题，归根到底，都与沟通能力的欠缺有关。在很多调研中都发现，下属对领导的目的或者期望事先并不清楚，当然无法使经理满意，也导致员工对年度的绩效评估不能接受。这无论是领导表达的问题，还是员工倾听领会的问题，都是沟通造成的问题。

▶▶ 三、有效商务沟通的特征和原则

（一）有效商务沟通的特征

1. 清晰

商务沟通中的模棱两可和混淆不清，不仅会造成资源的浪费，而且会导致严重的后果。但是大多数商务沟通所涉及的信息本身并不是简单易懂的，要达到清晰的要求，就需要沟通者精心准备和设计。

商务沟通中的清晰必须做到两个方面：逻辑清晰和表达清晰。前者就是要让信息受众相信，你的建议与实现某项计划的行动和结果之间确实存在着合理的逻辑关系。后者就是表达的意思应当结构完整，层次分明，顺序有致，语言使用合理，受众能够正确理解信息，不会产生误解。

2. 准确

沟通是信息互通的过程，在这个过程中，信息的准确度直接影响沟通的效果。所有工作人员都希望

接受准确又简单的指示,一旦信息传递失真或者信息过于琐碎,员工不能及时准确地从中了解工作任务和工作要求,那么这样的沟通也就成了无效沟通,也会因此影响到员工的工作效率。

商务沟通中的准确,既要求沟通者本身所掌握的信息是准确的,也要求信息的表达方式是准确的,特别是不能出现重大的歧义。表达方式的准确,不仅要求标点、措辞、句子结构直到排版布局均正确无误,而且必须意识到并避免可能产生的偏见或误解。

3. 简明

简明是指在表达某个信息时要尽可能地占用较少的信息载体容量,或者说是用尽可能少的文字来传递所需要的信息。简明是商务沟通的基本要求之一,既可以降低信息传递和保存的成本,也可以提高沟通双方信息处理的效率。

商务沟通的特点是每一位沟通参与者,从公司高层管理者一直到普通员工,都是追求效率的。对他们而言,时间是稀缺而有价值的重要资源。所以,没有人会喜欢烦琐的、不必要的信息。无论在沟通信息的组织、沟通风格、文体和版面设计等各方面都应当做到简明,节省对方的时间。只有这样才会受到对方的欢迎,达到沟通的目的。

4. 完整

完整是指所传递的信息应当能回答受众所关心的问题,为受众提供所传递信息相关的必要内容。商务沟通绝对不能出现片面信息。一旦出现"盲人摸象"的结果,就会导致判断和决策失误。完整是对简明的必要补充。商务沟通既要求简明,又要求完整,凡是重要的信息绝对不能省略。

5. 建设性

沟通中不仅所表达的信息要清晰、准确、简明和完整,还要考虑到接受方的态度和接受程度,选择适当的、有针对性的信息传递和沟通方法,达到改变对方态度和促进行动的目的。建设性就是指沟通双方的信息传递应有助于双方的态度和观念的转变,并促进可能采取的行动。

要达到建设性的要求,沟通就应当是积极而富有活力的。积极是指无论对方的态度和接受程度如何,沟通都要能够向对方传递信任和决心,从而改变对方的态度或者使对方直接接受沟通者的观点。富有活力就意味着无论是沟通信息还是沟通方法都要生动。

6. 礼貌

沟通中的情绪和感觉也是影响沟通效果的重要因素。礼貌在有效的商务沟通中具有重要的作用。商务沟通中的每一个参与者每天都在进行大量的沟通,对于某个信息或观点的关注只能集中在很短一段时间内,而无论是语言、姿态还是表情等方面的礼貌,都能给予对方良好的第一印象,有助于建立个人和企业的良好形象与信誉。

(二) 商务沟通原则

彼得·德鲁克(Peter Drucker)被《商业周刊》称为"当代不朽的管理思想大师"。对于商务沟通,他提出的四项基本沟通原则为:沟通是理解,沟通是期望,沟通创造要求,信息不是沟通。

1. 沟通是理解

无论使用什么样的渠道,沟通的第一个问题必须是:"这个沟通在接收者的理解范围之内吗?"而有效的沟通取决于接受者如何去理解,只有那些被理解的元素才能被沟通。如果沟通者没有意识到这些问题而采用晦涩的语句、杂乱的思路等,那么他的沟通将会是无效的。这样缺失的沟通,就容易产生隔膜,长此以往,将造成不可挽回的不良后果。

德鲁克提道:"人无法只靠一句话来沟通,总是得靠整个人来沟通。"例如老板对员工讲:"请尽快处理这件事，好吗？"员工可以根据老板的语气、表达方式和身体语言来判断，这究竟是命令还是请求。德鲁克甚至讲："与人沟通，最重要的是听出那没有说出口的话。"当你没听清楚或者没有理解时，要充分沟通，一定要完全理解对方所要表达的意思，做到有效沟通。

◉ [案例9-2]

秀才买柴

有一个秀才去买柴，他对卖柴的人说："荷薪者过来！"卖柴的人听不懂"荷薪者"，愣住了，不敢朝秀才走过去。于是秀才只好自己走上前去问："其价如何？"卖柴的人听不太懂这句话，但是听懂了一个字"价"，于是就告诉秀才价钱。秀才接着说："外实而内虚，烟多而焰少，请损之。"卖柴的人听不懂秀才的话，担着柴转身要走。见卖柴人要走，秀才急了，一把抓住卖柴人的柴担，说"你这柴表面上看起来是干的，里头却是湿的，烧起来肯定会烟多焰小，请减些价钱吧！"

2. 沟通是期望

人们察觉到的，往往是其期望察觉到的，也就是说，人们往往喜欢听他们想听的或者引起他们兴趣的话题，他们的心智模式会使他们强烈抗拒任何不符合其"期望"的企图，出乎意料的、不熟悉和威胁性的事通常是不会被人们接收的。因而，只有通过理解听众的兴趣和期望，才能使这个沟通有效。在进行沟通之前，了解接受者的期待是什么显得尤为重要。在出现接受者意料之外的事时，我们需要用"孤独感的震撼"与"唤醒"来突破接受者的期望，并迫使他领悟到意料之外的事已然发生。

汽车大王亨利·福特说："如果有所谓成功的秘诀，那必定就是指要能了解别人的立场。我们除了站在自己的立场上考虑问题之外，也必须有站在别人的立场上考虑问题的处事能力。"只有转换你的角色，将心比心，换位思考，设身处地地为对方着想，先寻求理解他人，再被他人理解，才能打动他人的心，最终实现沟通的目的。

◉ [案例9-3]

罗永浩推出的"文青版坚果手机"

2015年10月，锤子科技的罗永浩发布了"只有18%的人会喜欢的"文青版坚果手机。在已"拼杀""血海"的手机市场里，专门为文艺青年量身定做手机，还是有点差异化的。坚果手机在外壳上做足了文章（背壳颜色分别为远洲鼠、落栗、鸠羽紫等，都是"文艺青年"喜欢的暗淡色系）。通过对手机外壳的极致表述，彰显了文艺青年最想向外界表现的特质。而文艺青年版坚果手机在发布会前的8张悬念海报，做得也较有社群感，足以体现"物以类聚、人以群分"，其中蕴含的藏头诗不乏创意。可谓是抓住了这款手机目标群体"文青"的痛点。

如何察觉到听众的兴趣和期望？首先可以定位公司的现有客户以及潜在客户，看看他们谈论的热门话题都有哪些，列出一个话题榜。然后可以时刻关注行业内的专家和竞争对手的动态，及时向他们学习。通过察觉到听众的兴趣和期望，产生情感共鸣，促进沟通的成功。

3. 沟通创造需求

沟通永远都是一种"宣传"，都是为了达到某种目的，例如发号施令、指导、斥责或款待。沟通总是会产生要求，沟通通常请求接收者付出注意、理解、洞察、支持、信息和金钱，或者要求接受者要成为某人、完成某事、相信某种理念，它也经常诉诸激励。换言之，沟通如果能够符合接受者的渴望、价值、目的，它就具有说服力，就会改变一个人的性格、价值、信仰与渴望。假如沟通违背了接受者的渴望、价值与动机，就可能会被拒绝甚至遭到抗拒。

俗话说："话不是蜜，说好了比蜜还要甜；话不是花，讲好了比花还要美；话不是剑，说不好比剑还要利；话不是毒药，讲不好比毒药还毒。"因此，语言的艺术非常重要。沟通能力强，就是说话说得让对方听得进去，让对方乐于接受，能够引起对方的共鸣，进而改变对方的性格、价值、信仰与渴望。沟通最忌无人相信、无法为人接受，这种沟通起到了适得其反的效果，其结果不是造就出狂热的追随者，而是产生了冷漠的讥讽者。

◉ [案例9-4]

欧莱雅为产品创建"内容工厂"，给用户"变美干货"

欧莱雅公司在内部创建了一个"内容工厂"，增强用户体验服务：专门就美妆教程、社交媒体上的照片等，进行视觉和文本内容的创造。欧莱雅还和YouTube密切合作，创建了和产品相关的干货视频。

YouTube透露，美容美发教程视频是化妆品类别中的最高搜索项。比如："内容工厂"为欧莱雅旗下的护肤品牌Shu Uemura（植村秀）制作了8个"How To"（如何）的干货视频。其中，"如何塑造你的眉毛"这支视频，反响尤为强烈。在没有任何付费媒体报道的情况下，积累了近万的浏览量。

在卡诗的电商网站上，也有些许变化。几年前，该品牌只是对新产品的推出做简单描述。但是，现在卡诗开启了热门护发问题咨询，消费者可以在特定的页面上得到不同问题的针对性解答。针对每一个问题，都有八个小提示。此举很好地增加了用户体验。

那些懂得沟通创造要求的公司，已把"内容营销"作为与用户沟通中的一个重要环节，为增强用户体验服务。用户通过公司的内容营销，感受到产品的内涵、理解产品带给自己的利益，甚至强化或重启一种生活方式，从而形成品牌黏性，进行二次（循环）购买。

4. 信息不是沟通

沟通和信息是不同的，实际上它们大部分是相对立的。信息与人无涉，不是人际间的关系。它越不涉及诸如情感、价值、期望与认知等人的成分，它就越有效力且越值得信赖。信息可以按逻辑关系排列，技术上也可以储存和复制。信息过多或不相关都会使沟通达不到预期效果。而沟通是在人与人之间进行的。信息是中性的，而沟通的背后都隐藏着目的。沟通由于沟通者与接受者认知和意图不同显得多姿多彩。

信息被认为已经取代了资本，成为企业最为核心和不可或缺的资源之一。而信息的获取在很大程度上取决于沟通功效的实现程度。信息过多也会阻碍沟通，如"越战"期间，美国国防部陷入了铺天盖地的数据中。信息就像照明灯一样，当灯光过于刺眼时，人眼就会瞎。因此，信息的获取和沟通成了事关企业生死存亡的大事。从这个意义上来讲，沟通的质量决定了未来企业的发展方向和发展路径。

除了以上四个法则外，德鲁克还认为，目标管理提供了有效沟通的一种解决办法。在目标管理中，双方讨论目标、计划、对象、问题和解决方案，着眼于完成目标，这就有了一个共同的基础，彼此能够更好地了解对方和理解对方的要求。沟通的结果自然得以改善。

第二节 有效商务沟通的技巧

在美国财富五百强所做的研究报告里,谈到公司领导人需具备的八项最重要的特质中第二项就是有效沟通。杰克·韦尔讲到:"企业领导人的工作成效与同下属沟通具有成百上千倍的正效用。为此,我每天都在努力深入每个员工的内心,让他们感觉到我的存在。即使我在很远的地方出差,我也会花上16个小时与我的员工沟通。"托马斯·D. 兹韦费尔在其《管理就是沟通》一书中强调了"沟通"在企业经营中的重要地位。沟通不力已经成为企业的一大杀手,管理者必须尽快掌握沟通的学问。

◉ [专栏9-2]

有效沟通的游戏

材料准备:一些空白的A4纸。

参加人数:主持人1名,参加人数10~30人。

游戏做法:每两人共分一张A4纸,每个人分得一半。

主持人说:将A4纸发下去。主持人的话讲到这里就不讲了,猜猜看,会发生什么事?有的人就把这张纸"哗"地撕开了,有的是横着撕,有的是竖着撕。主持人如果提出质问:"我说要撕开吗?"大家就会笑起来。这就是沟通不良。主持人只说这一句话,马上就出现不同的结果。

重新分发A4纸,主持人说:"来,每两人共分一张A4的白纸,每个人一半。"这一次就一个人都没有撕了。接下来主持人做个示范,并说:"现在每个人半张,然后这样子撕。"于是大家全部都照主持人那样,"哗"地将纸撕开。主持人说:"将半张纸分成一样的大小四条"。马上就会出现两种分法,出现四条瘦的或者四条胖的。主持人说:"我要四条瘦的。"于是分成胖的纸条统统丢掉。把纸发下去再分,这回每个人都是四条瘦的了。

主持人说:"将每一个纸条放在另一个纸条的中间。"结果全场至少出现了五六种叠放的样子,有的像"米"字,有的像"井"字,有的合在一起笼统叠。总之,各式各样的都有。

此游戏说明,话只要一不讲清楚,大家就马上按照自己的想法去做了。这个游戏测验我们是否把话讲清楚了。所谓沟通的过程,就是一个人要在信息发出时开始编码,这叫作用一种方法讲给别人听。然后,经过一个传播渠道以后,到另外一个人耳朵里面开始解码,即别人的话我是否听得懂。

▶▶ 一、有效商务沟通技巧

沟通是一门学问、一门艺术。良好的沟通技巧能让沟通双方增进了解,得到想要的信息,让双方在心情舒畅中达成共识。

(一)问的艺术

著名谈判专家尼尔伦伯格提出基本需求理论:人们在每次行为时,通常只考虑那些尚未满足且在自己能力可及范围内的需求,这就是基本需求。谈判中谈判者抓住的对方的需求越是基本,获得谈判成功的可能性越大。问在商务谈判中扮演着十分重要的角色。问方可以从产品更好的品质、性能、价格等方面入手,抓住买方真正的基本需求,引导谈判走势,诱导对方思考,提高自身的谈判控制力。

1. 端正态度并营造氛围

白居易歌颂唐太宗时,讲到"功成理定何神速,速在推心置人腹",这说明沟通成功的第一要义是态度要真诚。沟通首先要处理心情,再处理事情,态度要亲和,立场要坚定。俗话说,你希望别人怎样对待你,你就怎样去对待别人。在商务谈判中提问几乎贯穿谈判的全过程,大多数的提问都是说话人力求获得信息有益于说话人的,因而沟通时,要营造氛围,语言恳切,坦诚相见,不可以虚情假意,笑里藏刀,口蜜腹剑等。

2. 确定沟通内容并达成共同目标

沟通组成一般包括三个方面:沟通的内容,沟通的语调和语速,沟通中的行为姿态(肢体语言)。因而,有效的沟通必须融合这三个方面。沟通双方讨论计划、对象、问题和解决方案,着眼于完成共同的目标,使沟通有共同的基础,彼此能够更好地了解对方,从而真正创建起一种让大家畅所欲言和知无不言、言无不尽的环境。

3. 掌握沟通的时机和确认沟通对象

合理、正确的沟通时机是一次成功沟通的保障。在沟通对象正大汗淋漓地忙于工作时,你要求他与你商量下次聚会的事情,这显然不合时宜。所以,要想很好地达到沟通效果,必须掌握好沟通的时机,把握好沟通的火候。不仅如此,还必须对沟通对象进行了解,针对不同的沟通对象,如上司、同事、下属、朋友、亲人等,即使是相同的沟通内容,也要采取不同的语调语速和行为姿态。

(二)答的艺术

在谈判过程中,对一些问题不愿回答又无法回避,应巧妙地应用应答技巧,活跃谈判气氛,促使谈判的顺利进行,保证沟通的成功。

1. 学会倾听

商务沟通中的倾听,需要把对方沟通的内容、意思把握全面,这才能使自己在回馈给对方的内容上,与对方的真实想法一致。而视觉型的沟通者往往在沟通中会不等对方把话说完,就急于表达自己的想法,这样就自然无法达到深层次的共识。有效的倾听能增加交流双方的信任感,在一种相互信任的环境下进行沟通,他的成功率是显而易见的。因此要实现合理、有效的沟通,倾听是一个不错的选择。"听"有两种形式,即积极的听和消极的听。所谓积极的听,就是在交谈中与说话者密切呼应,如表示理解或疑惑、支持或反对等。所谓消极的听,就是指在交谈中,听者在一种比较随意状态中的接收信息,往往没有明显的姿势或表情反馈。

◉ [专栏9-3]

余世维谈倾听

著名的管理培训师余世维开玩笑道:"上帝给我们两只耳朵、一张嘴,就是希望我们多听别人讲话。"在余世维看来,一个不会听话的人通常就不会说话。只会讲话不会听话叫作强辩,会听话又会讲话叫作善于思考。他认为:"大家都说谈判是件难事,其实不难,是该听的时候没听,该问的时候没问。"积极的倾听是对讲述者最好的鼓励,能增加他人的信任感与满足感,也才能获得更多没有在意的信息,达成良好的沟通。还要注意的是,在倾听的时候,要听取和容忍不同意见。余世维认为:"如果你想真正了解你的企业正在发生的问题,想制定正确的目标,就必须营造一种讲话氛围,讲话的人可以大声地争论、激烈地讨论,可以有合理的冲撞。"

2. 给予肯定

沟通中的肯定，可以通过重复对方沟通中的关键词，甚至能把对方的关键词语经过自己语言的修饰后，回馈给对方，让对方觉得他的沟通得到你的认可与肯定。比如在谈判中若对方搞拖延战术，提出的问题或议论太琐碎无聊。这时，如果我们一一答复，就中了对方的圈套；而不答复，就会使自己陷入"不义"。这时，我们可以用幽默含蓄的文学语言肯定对方："感谢您对本商品这么有兴趣，我绝对想立即回答您的所有问题。但根据我的安排，您提的这些细节问题，在我介绍商品的过程中都能得到解答。我知道您很忙，只要您等上几分钟，等我介绍完之后，您再把我没涉及的问题提出来，我肯定能为您节省不少时间。"在商务谈判中双方的接触、沟通与合作都是通过反复的提问、回答等语言的表达来实现的，给予肯定进行沟通来达到双赢是一种不错的方法。

● [案例9-5]

海军训练之操炮

海军训练中有一个动作叫作操炮，就是一个水兵把一个炮弹递给另一个水兵，让他装进炮膛。这其中有一个规定是，将炮弹送过去的水兵要说"好"，接炮弹的水兵也要说"好"，这样送炮弹的水兵才可以把手松开。送炮弹的水兵说"好"，就是说我准备放手了；接炮弹的水兵说"好"，表示你可以放了。如果没有听到两声"好"，炮弹就上膛了，士兵就一定会受到上司的严厉处罚，因为在操炮时，士兵若保持沉默，炮弹一不小心砸到甲板，就有可能发生弹药爆炸的毁灭性危险。

商务沟通中，给予肯定也十分重要。缺乏肯定会产生以下两种后果：第一，他不知道你在讲什么；其二，他只按照他的想法去做。

3. 善用"先跟后带"

无论是职业咨询、心理辅导还是一般的合作，都可以使用"先跟后带"这种技巧。"先跟后带"是指，即使是你的观点和对方的观点是相对的，在沟通中也应该先让对方感觉到你是认可的、理解的，然后再通过语言和内容的诱导抛出你的观点。在商务谈判中对一些不便向对方传输的信息或不愿回答的问题可以运用一些模糊语言闪烁其词、避重就轻，以模糊应对的方式解决。模糊语言一般分为两种表达形式，一种是用于减少真实值的程度或改变相关的范围，如有"一点""几乎""基本上"等；另一种是用于说话者主观判断所说的话或根据一些客观事实间接所说的话，如"恐怕""可能""对我来说""我们猜想""据我所知"等。在商务谈判中对一些虽然正确但觉得难以接受的观点，可以把言语的"棱角"磨去，让对方从情感上更能接受。比如少用"无疑""肯定""必然"等绝对性词语，改用"我认为""也许""我估计"等。

● [案例9-6]

网络诈骗

在浙江嘉兴工作的王某（博士学历）在今年3月，通过网络接触一款炒股软件，后被"客服人员"以各种名义要求转账汇款，王某最终将23万元人民币的资金"送"进了骗子刘某口袋。

"先跟后带"，一个让人难以"刹车"的心理机制。解释这个问题，可以从某部电影的一个情节说起。一位狡猾老道的犯罪嫌疑人与警方周旋，警官们无论如何也难以从其口中得到实话。后来，一位聪明的便衣警员和犯罪嫌疑人做起了游戏，就是快速抢答。便衣快速出示一张图片，嫌疑人要立即说出图片的内容，说得越快越好。结果，嫌疑人越回答越正确，越回答越顺畅。就在嫌疑人不假思索地抢答的时候，便衣警员突然出示一张照片，嫌疑人立刻说出"大眼睛！"语音落地，嫌疑人马上发觉自己暴露了身份，他的回答表明他认识图片上那个叫"大眼睛"的人。嫌疑人后悔莫及，但为时已晚。便衣警员用这样的方式成功地绕过了嫌疑人的心理防线，得到了真实的信息。

骗子获取了博士毕业的王某的信息之后，因为开始所说的内容都是客观的、真实的，那么王某就不会怀疑对方。有了这样的信任之后，骗子再进行诱导带动，说需要如何操作，那么王某也被带动着被动去做，就像被催眠了一样。

赵本山在其小品《卖拐》中诱导范伟腿瘸就是这么做的。先是在其前面正常地走步，"范厨师"在后面也正常地跟着，这就是"先跟"，似乎平淡无奇。但正是因为有了前面的这几步"同步化"的动作，接下来"大忽悠"开始腿瘸了——一高一低地走步。结果后面的"范厨师"也开始一高一低地走路，"忽忽悠悠就瘸了"。"先跟后带"也就完成了。

工作和生活中为什么会有那么多的不满、埋怨和误会？为什么"理解万岁"会让那么多的人产生共鸣？那是因为沟通是人类社会交往的最初也是最重要的形式，人们之间借沟通交流思想，传递情感。研究表明，我们工作中70%的错误是由于不善于沟通造成的，避免错误是人们需要沟通的理由之一。因而掌握沟通的技巧，学会营造一种开放坦诚的沟通气氛，使双方能够充分沟通想法，自由地发表个人的意见，能倾听和接受对方的观点，通过相互沟通，消除隔阂，增进了解，突破沟通障碍，达成共识。

▶▶ 二、商务沟通的障碍

所谓沟通障碍，是指沟通双方在传递和交换信息的过程中，常常会因受到各种因素的影响和干扰而导致沟通失真的现象。沟通障碍主要包括发送者的障碍、接受者的障碍和信息传播通道的障碍。

1. 发送者的障碍

从发送者的角度看，影响沟通的因素主要有两个方面：第一，发送者个人品质造成的信息缺失。信息发送者的情绪、倾向、个人感受、表达能力不佳、知识经验的局限等都会影响信息的完整传递。第二，发送者心理品质造成的信息过滤。不良的心理品质是造成沟通障碍的因素。如对于工作的延误使得信息传递不及时或不适时，或者由于某些相关利益的原因，使发送者在交流过程中隐瞒实情，无法达到传递的真实目的。

2. 接受者的障碍

从接受者的角度看，影响沟通的因素主要有四个方面：

第一，选择性知觉带来的沟通障碍。信息接收者根据自己的兴趣、背景、经验和态度的不同，总是习惯接收部分信息，而摒弃另一部分信息，这就是知觉的选择性。知觉选择性所造成的障碍既有客观方面的因素，又有主观方面的因素。

第二，接受者的畏惧感以及个人心理品质造成的沟通障碍。畏惧感的产生通常是交流双方的心理作用结果。如果主管过分威严，容易给人造成难以接近的印象，可能造成下属的恐惧心理，下属就会选择逃避，不予交流，影响了信息沟通的正常进行。

第三，知识、经验水平的差距所导致的沟通障碍。在商务交流中，如果双方经验水平或知识水平差距过大，就会产生沟通障碍。此外，个体经验差异对信息沟通也有影响。其特点是信息沟通的双方往往依据经验上的大体理解去处理信息，拉大了彼此理解上的差距，形成沟通障碍。

第四，相互不信任所产生的障碍。如果交流的双方互不信任，则可能产生如下结果：一是不愿交流,或者尽可能减少交流的机会;二是在交流的过程中对于传递的信息,故意曲解或者误解,导致沟通障碍。

3. 沟通通道

沟通通道的问题也会影响到沟通的效果。

第一,选择沟通媒介不当。比如对于重要事情而言,口头传达效果较差,因为接受者会认为"口说无凭","随便说说"而不加重视。

第二,沟通渠道过长。组织机构庞大,内部层次多,从最高层传递信息到最基层,或从最基层汇总情况到最高层,中间环节太多,容易使信息损失较大。

第三,外部干扰。信息沟通过程中经常会受到自然界各种物理噪音、机器故障的影响或被另外事物干扰所打扰,也会因双方距离太远而沟通不便,影响沟通效果。

第四,组织结构的本身属性带来的沟通障碍。在不同的组织结构中,沟通的方式不尽相同,组织结构本身的属性可能带来功能性障碍。

● [案例9-7]

走投无路的相亲者以及无处不在的媒人

专家预测,到2020年,将有3 000万以上处于婚龄的男士被"剩"下,强化"剩"危机后,媒体纷纷成为媒人。江苏卫视《非诚勿扰》、湖南卫视《我们约会吧》、东方卫视《百里挑一》、浙江卫视《爱情连连看》、贵州卫视《郎才女貌》等相亲节目收视率节节攀升,相亲变成了娱乐大众的游戏,但是其成功率往往很低。《非诚勿扰》中"宁愿坐在宝马上哭,也不愿坐在自行车后笑"的那位女嘉宾无法在节目中找到她的"宝马男"。媒体再热心也不会让单身人士感觉真诚,往往只是"哗众取宠"。

此外,五花八门的相亲网站也蜂拥而上。比如某男通过相亲网站上的婚恋心理测试题,发现一个会员和自己的匹配度达92%,于是开始与她在网络交流,熟悉过后相约见面,却发现对方与沟通中的形象不符。

今人有了自主选择的权利,也有了更多的选择。可是,一切又似乎都没有改变。古代女子足不出户,养在深闺,今天不但是女人还有许多男人也不爱出门,宅在家里;古人婚恋靠父母之命、媒妁之言,今人依旧依从中介,只是呈多样化趋势,婚恋网站、相亲节目和媒人介绍渠道多样;古人需要合八字,今人就做心理测试;古人追求门当户对,今人亦要求条件匹配;古人为成亲而成亲,今人不少迫于压力,慌乱中也成了为结婚而结婚。由此可见,存在沟通障碍的相亲男女依旧不少。

资料来源:被相亲与被损害的:我们都有沟通障碍[J].中国新闻周刊,2012(3).

第三节 有效沟通的途径

▶▶ 一、商务沟通的分类

现代企业最常用的商务沟通类型包括:按主客体不同,沟通可划分为人际沟通、群体沟通和组织沟通;按所借用的媒介不同,沟通可划分为语言沟通与非语言沟通;按语言形式的不同,沟通可以分为口头沟通、书面沟通等；根据组织结构的不同，沟通可以划分为正式沟通和非正式沟通；根据发信者与接信者的地位是否变换，又可将沟通分为单向沟通和双向沟通。

（一）人际沟通、群体沟通和组织沟通

按主客体不同，沟通可划分为人际沟通、群体沟通和组织沟通。人际沟通是指人们在共同活动中彼此交流各种观念、思想和感情的过程。这种交流主要通过言语、表情、手势、体态以及社会距离等来表示。群体沟通指的是组织中两个或两个以上相互作用、相互依赖的个体，为了达到基于其各自目的的群体特定目标而组成的集合体，并在此集合体中进行交流各种观念、思想和感情的过程。组织沟通是组织内部和外部沟通的有机整合，是协调好组织内部和外部的各种关系，为组织的发展创造良好的沟通环境的过程。

（二）语言沟通与非语言沟通

根据所借用的媒介的不同，沟通可划分为语言沟通与非语言沟通。语言沟通是指以语言符号为载体，结构化的，被正式教授的沟通。非语言沟通是连续的，通过声音、视觉、嗅觉、触觉等多种渠道传递信息，绝大多数是习惯性的和无意识的，在很大程度上是无结构的，并且是通过模仿学到的。

1. 语言沟通

按语言沟通的形式不同，沟通分为口头沟通、书面沟通。口头沟通是以口语为媒介的信息传递与交流，其形式如面对面交谈、电话、会议、广播、讲座等等。书面沟通是以文字为媒介的信息传递与交流，形式主要包括文件、报告、信件、书面合同等。书面沟通是一种比较经济的沟通方式，沟通的时间一般不长，沟通成本也比较低。这种沟通方式不受场地的限制，在解决较简单的问题或发布信息时广泛采用。在商务谈判中，人们仍然视书面沟通为正式途径，书面沟通的优势在于准确性、权威性、比较正式，便于反复察看、核对，具有指导作用、约束作用和凭证作用，从而规范人们在商务活动中的行为。在计算机信息系统普及应用的今天，人们很少采用纸质的方式进行沟通，一般采用电子沟通。

商务沟通语言有五种主要类型：

（1）专业语言

专业语言是指在商务谈判过程中使用的与业务内容有关的一些专用或专门术语。谈判业务不同，专业语言也不同。例如，在国际商务谈判中，有到岸价、离岸价等专业用语。在产品购销谈判中，有供求市场价格、品质、包装、装运、保险等专业用语。这些专业语言的特征是简练、明确、专一。

（2）法律语言

法律语言是指商务沟通中所涉及的有关法律规定的用语。商务谈判业务内容不同，要运用的法律语言则不同。法律语言都有特定的内涵，不能随意解释和使用，如专利技术与专有技术、抵押权与留置权等。通过法律语言的运用可以明确谈判双方各自的权利与义务、权限与责任等。法律语言的特征是法定的强制性、通用性和刻板性。

（3）外交语言

外交语言是一种具有模糊性、缓冲性和圆滑性特征的弹性语言。例如，在商务谈判中常说"互利互惠""双方互惠""可以考虑""深表遗憾""有待研究""双赢"等语言，都属外交语言。外交语言要运用得当，如果过分使用外交语言则容易让对方感到无合作诚意。

（4）文学语言

具有明显的文学特征的语言属于文学语言。这种语言的特征是生动、活泼、优雅、诙谐、富于想

象、有情调、范围广。在商务谈判中运用文学语言既可以生动明快地说明问题，还可以调节谈判气氛。

（5）军事语言

带有命令性特征的用语属于军事语言。这种语言的特征是干脆、利落、简洁、坚定、自信、铿锵有力。在商务谈判中，适时运用军事语言可以起到提高信心、稳定情绪、稳住阵脚、加速谈判进程的作用。

● [案例9-8]

单位口头解除劳动合同，是否有效？

林某于2015年8月17日进入上海某模具公司，担任模具经理，双方签订了一份书面劳动合同，期限为2015年8月17日至2018年8月16日。双方另外签署了雇员薪资附件协议，约定工资为34 000元/月。入职时，林某填写了一份履历表，承诺表中提供的资料是真实和完整的，任何虚假陈述都将影响雇佣或导致解除劳动合同，并清楚被雇佣需要令人满意的学历和工作经验。2016年1月10日，苏州一家公司采购经理来模具公司洽谈业务时认出了林某，并随口跟模具公司的业务经理说，这个人之前在他们公司做了不到三个月的主管，因为试用期不合格被解雇。但人事部门查看林某的履历，却发现其填写的工作经历是在苏州公司工作四年，担任的是模具经理。模具公司人事部门于是向苏州公司询问林某的工作经历，被告知林某在该公司工作时间确实不到三个月，担任的是主管。模具公司人事部门于1月14日，找林某到办公室谈话并进行了录音，询问其在苏州公司的实际工作时间及担任岗位，并希望其能对履历表中那段工作经历与实际不符给出合理解释。林某以时间太长记不清楚为由，拒绝解释。于是公司当面出具处罚表格，告知因其履历造假，公司解除其劳动合同。林某拒绝签字，要求公司在表格上盖章，人事部门口头告知双方劳动关系于当日解除。林某自此离开了公司，随后模具公司为其办理了退工手续。

林某于2016年8月25日申请劳动仲裁，要求模具公司支付其2016年1月1日至8月25日期间的工资272 000元。庭审中林某确认模具公司已足额支付其2016年1月1日至14日工资。10月21日仲裁委员会做出裁决，没有支持林某请求。林某不服，遂起诉到法院。

双方观点

原告认为：公司做出解除必须通过书面的形式，没有出具书面的解除通知书，双方劳动关系仍然存在，公司一方仍有义务支付劳动报酬。

被告认为：通过被告提供的录音可以证明是原告故意不接收员工处罚表，被告已口头明确告知双方劳动关系于当日解除，解除的意思已到达原告处，劳动解除已生效，原告要求解除之后的劳动报酬没有任何事实和法律依据。

裁判要旨

用人单位以口头解除劳动关系的，双方发生争议的，根据谁主张谁举证的原则，主张双方劳动关系已解除的一方应当提供相应的补充证据佐证用人单位已做出了解除的意思。常用的证据有：录音、邮件、短信、微信、社会保险关系转移手续等。提出主张的一方只有提供了有效证据，方才可避免承担举证不力的法律后果。本案中，公司一方提供的录音可以证明，公司因为林某履历造假已做出解除的意思，而且该意思表示已到达林某处，因此尽管林某未接收到公司方的员工处罚表，公司一方也确实未将书面解除通知邮寄给林某，但口头解除仍然发生并且具有法律效力。林某要求劳动关系解除之后的劳动报酬自然不会得到支持。

2. 非语言沟通

据研究，高达93%的沟通是行为的而非语言的，其中55%是通过面部表情、形体姿态和手势传递的，38%通过音调语速的调整传递的。人们把借助于行为进行的非语言沟通称为人体语，又称身势语，是利用身体动作来传递信息的一种非语言沟通手段。

行为沟通包括那些不特别用于代表某种"信号"的所有身体运动，不但显示身体的移动或完成某种动作状态，而且泄露与此动作有关的其他信息，如吃喝、挥手、接吻、跺脚等，都具有功能上和沟通上的双重意义。因此，学会观察行为语言是顺利沟通的保证。

（1）行为沟通的语言

行为沟通的语言主要包括：面部表情、肢体语言、体触语言、物体语言。面部表情是人内在情绪的一种较一致的表达方式。肢体语言主要是指四肢语言，它是行为语言的核心。体触语言是借身体间的接触来传达或交流信息的行为。不同文化背景中，体触行为反映不同的内涵。物体语言是指通过摆弄、佩戴、选用某种物体来传达某种信息，呈现不同的姿势。如：手中玩笔，表示漫不经心对所谈问题无兴趣或不在乎；轻轻拿起桌上的帽子，暗示准备结束交谈；摘下眼镜，可能反映出精神疲惫或对争论问题厌倦。

（2）交往空间

著名人类学家爱德华·霍尔通过对美国中产阶级情况的调查发现，人们在交谈中视交谈双方交际的需要而保持不同的距离，并根据距离调整音量。交往空间是指交往者彼此间为了保持自己的领域以获得心理平衡而对交往距离和空间进行控制与调整的范围。一般把交往空间分成四个区域：

第一类：亲密距离。这是人际交往中的最小距离，一般是与比较亲近的亲属之间的距离。在亲密距离范围内，人们直接相互接触，如父母与子女之间、夫妻之间以及恋人之间等。亲密距离存在于人们可以随意触摸对方的任何时候。

第二类：人际距离。西方人把人际距离定位在0.5～1.2米之间，认为这是进行非正式的个人交谈最经常保持的距离，这个距离近到足以看清对方的反应，远到可以不侵犯亲密距离。一般是比较好的朋友之间保持的距离。如果我们移到0.5米以内，对方可能后退；如果在1.2米以外就有交谈被他人听到的感觉，交谈将会困难。

第三类：社会距离。当对别人不是很熟悉时，沟通最有可能保持在一定的社会距离内，即1.2～3.6米的距离。非个人事务、社交性聚会和访谈都在社会距离中进行。当人们运用社会距离时，相互影响都变得更为正规。

第四类：公共距离。公共距离即超过3.6米的距离，通常被用在公共演讲中，在这种情况下，人们说话声音更大，手势更夸张。这种距离上的沟通更正式，同时人们互相影响的机会更少。

当然在现实交际中，并不是在所有场合都严格遵守这种规范。影响交往空间的因素主要有社会文化习俗、人与人之间的亲密熟悉程度、性格差异、情绪状态、特定场合等。如两个关系一般的西班牙人或阿拉伯人的谈话，他们之间的界域距离就只有15厘米，而这种距离会被英国人、美国人视为是一种侵犯和干扰。因此，在与人交往之前，必须了解双方的交往空间，使交往者之间有安全感和舒适感。

（三）正式沟通与非正式沟通

根据沟通的组织结构的不同，将沟通划分为正式沟通和非正式沟通。正式沟通是指按照组织明文规定的规章制度、方式进行的信息传递与交流，如组织内的文件传达、发布指示、定期召开的会议、上下级之间的定期汇报以及组织间的公函来往、一对一的正式会见等。按照信息流向的不同，正式沟通又可细分为下向沟通、上向沟通、横向沟通、斜向沟通、外向沟通等几种形式。

非正式沟通是指正式沟通以外的信息交流与传达方式，一般以办公室人员之间的交往为基础，通过各种各样的社会交往而产生。非正式沟通信息传递速度更快，范围更广，形式灵活，省去很多烦琐程序。在美国，这种途径常常称为"葡萄藤"（grapevine），用以形容它枝茂叶盛，随处延伸。对于正式沟通中不便于传递的信息便能在非正式沟通中透露，闲聊信息也被称为传闻或小道消息。据研究，组织中80%小道消息是正确的，大多带有情感色彩，是多变的与动态的。

非正式沟通和正式沟通不同，因为它的沟通对象、时间及内容等各方面，都是未经计划和难以辨别的。非正式沟通以口头方式进行，不留证据，不负责任，因而传递的信息可能不确切、曲解或失真，常常发生所谓"谣言"，也会促进小团体、小圈子的建立。

◉ [专栏9-4]

酒局与非正式沟通

西周、西汉、东晋、初唐的国学中记载有酒赋、酒经、酒谱等。三国魏晋时期，曹丕提到刘表大宴宾客。清朝时，酒宴延续三五天。在现代社交活动中，酒宴也是一种社交与非正式沟通的方式。各种酒局是每个职场人士必须面对的"关"，酒宴也是职场交际非正式沟通的场所，劝酒是一种礼仪。

古人喝酒礼仪比较有趣，分为四部曲，拜就是表示敬意，把酒撒一点儿在地上感谢生养之恩，然后品尝美酒，称赞，仰杯而尽。《礼记》中说"侍饮于长者"，就是陪侍尊长喝酒。敬酒时，站直挺立，双脚站稳，双手举杯，待对方喝后再饮。酒有基本礼仪，敬酒有序，主次分明；敬酒有讲究，斟酒满八分，捧杯比别人低；敬酒要有说辞，简短礼貌。喝酒切记贪杯，大多数宾客同乐，不要私语，瞄准宾主。劝酒适度，察言观色，把握大局，言语得当。酒桌上可以显示一个人的才华学识、修养风度，偶尔一句幽默的语言，会给人留下深刻印象。

世界各国有不同的饮酒礼仪，俄罗斯人喝伏特加，必须从喉咙里发出咕咕声；法国人喜欢慢慢饮细细品尝；英国人喝酒喜欢做混合艺术；日本人喝酒似乎是一种工作；德国人就是喜欢喝啤酒。从饮酒礼仪也可以看不同民族性格特点。法国人优雅浪漫，澳大利亚人用喝酒度过休闲时光，日本人不醉不归，韩国人尊卑有序。高情商与智慧的人善于利用好这种非正式的沟通方式。

（四）单向沟通和双向沟通

根据发送信息者与接受信息者的地位是否变换，可将沟通分为单向沟通和双向沟通。

单向沟通是指单方发出信息，发送信息者与接受信息者的方向位置不变，双方无论在语言上还是在表情动作上都不存在反馈信息。

双向沟通是指发送信息者与接受信息者的位置不断变化，发送信息者以协商、讨论或征求意见的方式面对接受信息者，信息发出后，立即得到反馈。有时双方位置互换多次，直到双方共同明确为止。招聘会、座谈会等都属双向沟通。

单向沟通和双向沟通究竟哪种方式效率更高呢？心理学家曾做过不少实验，实验结果表明：① 从速度看，单向沟通比双向沟通信息传递速度快。② 从内容正确性看，双向沟通比单向沟通信息内容传递准确、可靠。③ 从沟通程序上看，单向沟通安静、规矩，双向沟通比较混乱、无秩序、易受干扰。④ 双向沟通中，接收信息者对自己的判断有信心、有把握；但对发出信息者有较大的心理压力，因为随时会受到接受者的发问、批评与挑剔。⑤ 单向沟通需要较多的计划性；双向沟通无法事先计划，需要当场判断与决策能力。⑥ 双向沟通可以增进彼此了解，建立良好的人际关系。

由此可见，单向、双向沟通各有所长，究竟采用何种方式沟通，要视具体情况而定。如果需要迅速传达信息，应采取单向沟通方式；如果需要准确地传达信息，以采取双向沟通为宜。一般来说，如果工作急需完成，或者工作性质比较简单，或者发送信息者只需发布指示，无须反馈时，多采用单向沟通方式。

（五）团队沟通

当一种全新的以团队为核心的企业组织结构替代传统的垂直功能化管理组织结构应运而生，并迅速盛行起来时，团队沟通也变得不可忽视。团队沟通是一种新型的企业组织模式，其产生时间不长，运作机制也不是很成熟，所以人们对该领域的研究还不是很深入。

康青在其《管理沟通教程》一书中，给出了团队沟通的定义："团队"，是指按照一定的目的，由两个或两个以上的雇员组成的工作小组。在这种工作小组内部发生的所有形式的沟通，即为团队沟通。他认为，现代管理强调柔性管理，团队领导风格越民主，团队沟通越有效。

斯蒂芬·P. 罗宾斯（Stephen P. Robbins）在其《组织行为学》一书中强调为了实现团队的目标，必须在团队内部进行有效的沟通。而团队内完美的沟通目标是可望而不可即的，必须获得听众有效的反馈，运用反馈则有助于更有效地沟通。

因而，本书对团队沟通的定义为：工作小组内部在分工、合作、监督以及反馈过程中发生的所有形式的沟通。团队协作的三要素为分工、合作、监督。

团队成员之间如何沟通，这是一门大学问。团队精诚团结，能在实现个人价值的同时达到企业的目标；而成员之间沟通不好，形成内耗，会影响企业的正常运转。盖伊·拉姆斯登和唐纳德·拉姆斯登总结了著名企业提高团队沟通能力的七个技巧。

1. 讲故事法

美国的波音公司，在 1994 年以前遇到一些困难，总裁康迪上任后，经常邀请高级经理们到自己的家里共进晚餐，然后在屋外围着个大火炉，讲述有关波音的故事。康迪请这些经理们把不好的故事写下来扔到火里烧掉，用来"埋葬"波音历史上的"阴暗"面，只保留那些振奋人心的故事，极大地鼓舞了士气。

2. 聊天法

奥田是丰田公司第一位家族成员之外的总裁，在长期的职业生涯中，奥田赢得了公司内部许多人士的爱戴。他有 1/3 的时间在丰田公司里度过，常常和公司里的多名工程师聊天，聊最近的工作，聊生活上的困难。另外有 1/3 的时间，用来走访 5 000 名经销商，和他们聊业务，听取他们的意见。

3. 制订计划法

爱立信是一个"百年老店"，每年员工都会有一次与人力资源经理或主管经理面谈的时间，员工在上级的帮助下制订个人的发展计划，以跟上公司的业务发展，甚至超越公司的发展步伐。

4. 越级报告法

在惠普公司，总裁的办公室从来没有门，员工受到顶头上司的不公正待遇，或者看到公司的什么问题，都可以直接提出，还可以越级反映。这种企业文化使得人与人之间相处时，彼此之间都能做到互相尊重，消除了对抗和内讧。

5. 参与决策法

美国的福特公司，每年都要制订一个全年的"员工参与计划"，动员员工参与企业管理。这个举动引发了职工对企业的"知遇之恩"感动不已，使得员工的投入感和合作性不断提高，合理化建议也越来越多，生产成本大大减少。兰吉尔载重汽车和布朗2轿车的成功就是很好的例子。在投产前，公司大胆打破了那种"工人只能按图施工"的常规，把设计方案摆出来，请工人们"评头论足"，提意见。工人们提出的各种合理化建议共749项，经过筛选，采纳了其中的542项，其中有两项意见的效果非常显著。以前装配车架和车身，工人得站在一个槽沟里，手拿沉重的扳手，低着头把螺栓拧上螺母。由于工作十分吃力，因而往往干得马马虎虎，影响了汽车质量，工人格莱姆说："为什么不能把螺母先装在车架上，让工人站在地上就能拧螺母呢？"这个建议被采纳以后，既减轻了劳动强度，又使质量和效率大为提高。另一位工人建议，在把车身放到底盘上去时，可使装配线先暂停片刻，这样既可以使车身和底盘两部分的工作容易做好，又能避免发生意外伤害。此建议被采纳后果然达到了预期效果。

6. 培养自豪感

美国的思科公司，在创业时，员工的工资并不高，但员工都很自豪。该公司经常购进一些小物品如帽子，给参与某些项目的员工每人发一顶，使他们觉得工作有附加值。当外人问公司的员工，你在思科公司的工作怎么样时，员工都会自豪地说，工资很低，但经常会发些东西。

7. 口头表扬法

表扬不但被认为是当今企业中最有效的激励办法，事实上也是企业团队中的一种有效的沟通方法。日本松下集团的管理者很注意表扬人，创始人松下幸之助如果当面碰上进步快或表现好的员工，他会立即给予口头表扬；如果不在现场，松下还会亲自打电话表扬下属。

▶▶ 二、有效商务沟通的对策

（一）内部沟通，增强企业凝聚力

1. 提高沟通思想认识

改善内部沟通，首先应当提高对沟通重要性的认识，必须切实转变上级权威型的沟通角色，真正实现由过去的单向的、自上而下传达的沟通方式，转向平等的、双向的，既有自上而下，又有自下而上的沟通方式。其次，就是要对沟通做充分的准备，沟通双方必须制定出明确的沟通目标，并由此而制订明晰的沟通计划，在此基础上，进行协商及信息和材料的收集、分析。最后，需要给内部成员提供一个良好的沟通环境。这样才能从根本上提高企业沟通效率，进而提高企业的运作效率。

2. 建立一系列有利于内部沟通的制度

（1）定期的内部"市场"调研

首先可以运用问卷、抽样调查、访谈等外部市场调研方法了解内部成员的愿望和需求，了解他们对工作条件、津贴、公司政策等的看法和意见。接着为内部成员建立一个数据库，使企业能更有效地了解员工的愿望和生活，从而提高内部服务质量。一般来讲，更高的补助或培训机会或许才是员工想要的福利。

（2）内部投诉制度

内部员工与外部顾客一样可能会受到劣质的服务，如培训部门的不负责任、财务部门的拖拉甚至上级主管的官僚作风。这些劣质的内部服务无疑会影响内部员工的满意度，使他们满腔怨言，甚至导致消极怠工或者跳槽。因此，企业内部应建立投诉制度，鼓励员工投诉，并且及时地处理，采取一定补救措施，以使内部服务质量不断提高。

3. 改善沟通渠道

（1）重视上下级之间的双向交流

重视上下级之间的双向交流，一方面能有效改变公司内部下属报喜不报忧的劣习；另一方面能促使员工热心对企业的技术革新、内部管理、文化建设等提出各种建设性意见。

（2）提倡跨部门、跨层级沟通

企业应提倡正当的跨层级沟通模式，同时企业应鼓励营造一个开放的沟通环境，下级都可通过电子邮件或书面报告的方式向上级提出合理化建议；也可随时与上级沟通，了解他们关心的问题并寻求解决方案。

4. 建立健全的沟通系统，重视非正式沟通

作为一个企业，要充分考虑组织的行业特点和员工的心理结构，正确选择正式沟通和非正式沟通，结合这两者的优缺点建立健全包含正式沟通和非正式沟通的沟通渠道，以使组织内各种需求的沟通都能够准确及时而有效地实现。现代企业的沟通形式是多种多样的，企业可以根据自身组织的特点，有针对性地选择，建立一套健全的沟通系统。

5. 培养企业文化

企业可逐渐地形成一套自己独有的价值观和理念，这种价值观以优质服务为核心，以良好沟通为特色。比如宣传开放、透明的企业文化理念，鼓励员工通过企业提供的正式沟通渠道积极向上级反映情况。相互沟通的企业文化的成功培育，但可以获得薪金、职位上的提升，也可获得情感上的归依。

◉ [案例9-9]

培洛成功的秘密

一位叫培洛的美国人，曾是IBM排名第一的推销员，创造过用17天完成全年销售任务的奇迹！后来培洛决定自己创业，公司叫作EDS。当公司发展到几万员工后，他把这个公司以30亿美金的价格，卖给了美国通用汽车公司。卖之前，美国通用汽车公司的总裁到了培洛EDS总部，他看了之后很满意。这位总裁对培洛说："你的公司管理得不错，我们应该有很多合作的空间和机会。"到了午餐时间，他问培洛："贵公司主席用餐的餐厅在哪里？"培洛说："我们公司没有啊！"总裁问："那贵公司有没有高级主管用餐区？"培洛说："对不起，总裁，我们公司没有。"总裁问："那我们今天中午怎么吃饭啊？"培洛说："就排队跟员工一起吃自助餐好了。"

美国通用汽车公司的总裁到了他即将收购的公司，连一个主管的餐厅都没有，还要排队吃自助餐？这位总裁觉得不可思议。排队取餐之后，他问培洛："我们坐在哪里？"培洛说："就跟员工一起坐呀！"于是那位总裁一边吃一边与员工聊天。吃到一半的时候，培洛说："我们换一张桌子吧。"这位通用汽车的总裁觉得更不可思议了。吃完之后，通用汽车的总裁说："培洛呀，虽然你这个公司没有什么高级主管餐厅，但你公司的菜是我吃过的自助餐里最好的。"原来培洛在企业里天天排队吃自助餐，是在监督厨房；而他每餐中间换一桌跟基层的员工聊天，是为了时刻了解公司的营业状况。

培洛的成功就在于，他善于与员工一起进行深入沟通。内部沟通看似小事情，实则意义重大。内部沟通所花的时间成本，能使沟通双方配合密切，绝对能够大大增进工作的效率。沟通通畅，效率自然就会提高。现代企业的决策者需要实施走动式管理，将与员工的沟通渗透到管理的每一个环节和细节。

（二）对外公关，提高市场竞争力

企业的资源必须来自外界，而企业的产出必须输出到外界，才能实现企业配置和转化资源并从中取得利润的经济目标。从更深层的意义上来讲，企业是为满足外部需要而存在的，如果企业生产的产品或服务不能满足外界市场和顾客的需要，企业的生存就会面临危机。一家企业在与外部环境的交流过程中，根据自身的特点，找到有效的沟通方式，就可以与外部取得良好的沟通结果。

1. 提升相关性和必然性

相关性包括：你的目标用户是谁？有没有解决他们所关心的问题？该解决方案的优势在哪里？凭什么值得他人关注？而取得关注的首要前提是提升相关性。消息分为三类：第一类是好消息：你的公司盈利增长，发展前景好，但是媒体、目标客户不是很关心。第二类是坏消息：往往是你不希望发生的，不喜欢的，但是记者通常喜欢。第三类是新消息：公司正在研发的重大项目的进展等信息，媒体、目标客户都很关心。

必然性是指：企业要让人们感受到，你的产品是大势所趋。"如果媒体和用户认为你的产品靠谱而且实际，就说明它已然具备一定的相关性，具有引发轰动的潜质。相反，如果它跟潮流毫不相干，就是逆势而为了。"马克·扎克伯格就曾表示过，在创建 Facebook 前，他就相信会有一家科技公司担当起"沟通全球"的重任，只不过他没想到自己成了故事的主角。很明显，"沟通全球"已经是必然的趋势。

2. 树立自身的形象

作为企业文化的外化，企业形象系统是相当重要的。它不仅是对企业内部成员的要求，更是面向企业外部世界的一种营销和展现。目前，越来越多人认识到，企业作为一种社会存在，是社会总的大系统中的一员和一个部分，部分只有与总体进行沟通，达成协调一致，才能生存、发展、提升。企业、政府、个人形象设计与推广，已经成为一种新的现代管理学科。

3. 保证企业的社会大环境

企业并非生存在商业真空中，而是生存在与客户、顾客、供应商、经销商、政府、竞争对手、金融机构、社会公众共同组成的社会大环境中。

（1）获得政府的认可

在企业与外部的联系中，与政府的沟通最为重要。政府是企业游戏规则的制定者和监督者，同时也是某些企业的顾客。只有经常与政府沟通，达成了良好的理解与关系，企业才能获得政府必要的支持。与政府部门的沟通相当重要，现代管理学发展出了一门新的学科——企业公共关系学，讲的就是企业对外沟通，其主要沟通目标对象就包括政府。

（2）商业群体的期望

市场和客户以及供应商、经销商、竞争对手、金融机构，构成了企业必须与之实现良好沟通的第二大类群体，可以把它们统称为商业群体。商业群体直接左右企业的生存、发展和效益，与它们的沟通如何，直接影响到企业当前的经营现状，并进而影响企业长远利益。沟通缩短了企业与商业群体之间的距离，加深了企业与市场之间的了解，加快了企业对于市场变化的反应速度，提高了企业经营管理效率与效能。现在，与顾客的沟通已经构成了一门新管理学科——客户关系管理学，与供应商的沟通合作也构成了一门新管理学科——供应链管理学，与经销商和终端客户的沟通则也构成了另几门管理学科——广告学、市场营销学等，与竞争对手的沟通也构成了商业情报学科等。

（3）影响一般公众的态度

企业并非只是与自己产品的顾客或潜在顾客打交道和互相传达信息，企业还要与社区、顾客的相关群体，即一般公众进行沟通交流。一方面，其他群体的意见和态度会影响企业的顾客购买企业产品；另一方面，企业经营管理的过程与结果会影响到一般公众利益，如污水、废气、垃圾处理这类环保问题等。当今许多企业愿意捐赠、做公益广告等，都是在进行必要的外部沟通。

沟通是组织活动的核心，是管理的动力和有效方法，它可以增强组织的向心力和战斗力。只有那些熟谙沟通策略和技巧的管理者，才能在竞争中立于不败之地，成功的光环只会闪耀在那些沟通高手的头上。所以，要十分重视沟通，选择适当的方法，使用正确的渠道，进行有效沟通，实现组织的目标，从而提高企业在本行业市场中的竞争优势，获取更高效的企业利润。

◉ [案例9-10]

跨文化沟通中需要建立完善的沟通网络

A在某知名跨国公司工作而且表现出色。该跨国公司在中国的人力资源副总是一位美国人。一次，这位美国副总找到A与之面谈，想听听A今后五年的职业发展规划以及期望达到的职业位置。A觉得有些尴尬，因此并没有正面回答问题，而是开始谈论公司未来的发展方向、公司的晋升体系，以及目前他本人在组织中的位置等，讲了半天就是没有正面回答副总的问题。副总对此大惑不解，因为同样的事情之前已经发生了好几次。"我不过是想知道这位员工对于未来五年职业生涯发展的打算，想要在公司做到什么样的职位罢了，可为何就不能得到明确的回答呢？"谈话结束后，副总忍不住向人力资源总监抱怨。

"这位老外副总怎么这样咄咄逼人？"谈话中受到压力的A也向人力资源总监诉苦。

1）作为一家跨国公司的人力资源副总，无法与员工实现有效沟通，是失职的。请你指出这位美国副总的不足，并给他提供改进的意见。

2）假如你是人力资源总监，你会如何帮助A与美国副总实现有效的沟通？

案例分析：

由于文化的差异，跨文化人员之间的交流沟通存在着障碍，包括语言的障碍、行为习惯的障碍、文化礼仪的障碍等。本案例中美国副总与中国员工之间的误解，就来自跨文化沟通的障碍。要解决这些障碍，需要建立完善的沟通网络。

本章小结

- 商务沟通又称商务交流，是指在商业事务中，沟通者之间借助于符号系统（包括语言和非语言符号），相互传递信息，交流思想，表达情感的个人和社会互动行为。
- 要想在跨文化商务谈判中取得预期效果，除了商务谈判的专业知识和技能以及灵活地运用谈判策略外，加深对于对方国家文化的了解，提高跨文化意识，往往可以使谈判达到事半功倍的效果。
- 商务沟通是商务谈判的基础。借助商务沟通，谈判双方相互了解，排除障碍，赢得长期合作。商务沟通贯穿于商务谈判的全过程。
  - 商务沟通特征：清晰、准确、简明、完整、建设性、礼貌。
  - 彼得·德鲁克（Peter Drucker）四项基本沟通原则为：沟通是理解，沟通是期望，沟通创造要求，信息不是沟通。
  - 沟通障碍主要包括：发送者的障碍、接受者的障碍和信息传播通道的障碍。
  - 现代企业最常用的商务沟通类型包括：按主客体不同，沟通可划分为人际沟通、群体沟通和组织沟通；按所借用的媒介不同，沟通可划分为语言沟通与非语言沟通；按语言形式的不同，沟通可以分为口头沟通、书面沟通等；根据沟通的组织结构的不同，沟通可以划分为正式沟通和非正式沟通；根据发送信息者与接受信息者的地位是否变换，又可将沟通分为单向沟通和双向沟通。

● 沟通不力已经成为企业的一大杀手，管理者必须尽快掌握沟通的学问。内部沟通，增强企业凝聚力；对外公关，提高市场竞争力。

重要概念

商务沟通、跨文化商务谈判、沟通障碍、人际沟通、群体沟通、组织沟通、语言沟通、非语言沟通、口头沟通、书面沟通、正式沟通、非正式沟通、单向沟通、双向沟通

习 题

1. 选择题

1）"深表遗憾""有待研究"属于 （ ）

A. 专业语言　　　　B. 法律语言　　　　C. 外交语言　　　　D. 军事语言

2）以下哪一项不是商务沟通的障碍 （ ）

A. 发送者的障碍　　　　　　　　　　B. 接受者的障碍

C. 传播通道的障碍　　　　　　　　　D. 市场环境变化

3）在商务沟通中，与交谈者进行比较密切呼应的"听"，被称为 （ ）

A. 积极的听　　　　　　　　　　　　B. 消极的听

C. 心不在焉的听　　　　　　　　　　D. 存在障碍的听

4）交往空间中，熟人区指的是 （ ）

A. 0.5 米以内　　　B. 0.5～1.2 米　　　C. 1.2～3.6 米　　　D. 3.6 米以上

5）在商务谈判中，最好的提问技巧是问一些 （ ）

A. 使对方捉摸不透的问题　　　　　　B. 对方敏感且难以回答的问题

C. 使对方感兴趣的问题　　　　　　　D. 对方能回答的问题

2. 判断题

1）在商务谈判中，运用身体语言和无声语言，可以与有声语言产生相辅相成的效果。（ ）

2）为表示合作的诚意，在商务谈判过程中对于对方的问题都要直接如实回答。（ ）

3）为了弄清对方的情况，在商务谈判中任何问题都可以随意提问。（ ）

4）单向沟通比双向沟通效率高。（ ）

5）商务沟通贯穿整个商务谈判过程。（ ）

3. 思考题

1）商务沟通与商务谈判有什么关系？

2）有效商务沟通的特征是什么？

3）商务沟通存在哪些障碍？

4）说说交谈中常见的手势及其意义。

5）如何提高团队沟通能力？

4. 案例分析

● 案例1：

希德·格林拥有一家小型的水管供应公司。该公司由仓库经营发展而成，雇有八名员工：四人在柜台工作，接待前来购买水管的顾客；两人是司机，主要负责给大客户送货；两人负责装卸及仓储。希德负责处理技术性问题，通过与人面谈或电话沟通来获得订单。水管供应公司储备多种产品，出售给大众直接交易的水管产品公司。水管供应公司有一套计算机仓储系统，能够及时提供补货时间。通常，一旦有紧急的补购需要，就有一位送货司机去生产厂商处采购。某日，司机们太忙，无法完成一项紧急采购任务，希德只好亲力亲为。在他外出期间，一位重要客户打来电话订货。新的柜台员工布莱恩·琼斯接听了电话。处理电话咨询及订购原本是希德的工作，并非柜台员工的本职工作。布莱恩尚在培训中，难以跟上客户下订单的速度，理解不了复杂的技术规格。但是，布莱恩想表现得很专业，于是就在一张小纸片上记下了他认为自己所听到的内容，并把纸片留在了希德的桌子上。希德回到公司后隔了一段时间才注意到这张纸片。他看不懂纸上记的订货内容，并且布莱恩也没有记下订货公司的名称，所以无法处理该订单。结果，水管供应公司失去了这位客户。

（1）请指出水管供应公司遭遇沟通问题的原因。

（2）请列出并说明企业可能遭遇的三种沟通障碍。

（3）请说明水管供应公司为避免沟通失败可采用的方法。

● 案例2：

老张是某个系统集成公司的项目经理，他身边的员工始终在抱怨公司的工作氛围不好，沟通不足。老张非常希望能够通过自己的努力来改善这一状况，因此他要求项目组成员无论如何每周必须按时参加例会并发言，但对例会具体应该如何开展，他却不知如何规定。很快项目组成员就开始抱怨例会目的不明，时间太长，效率太低，缺乏效果，等等，而且由于在例会上大家意见相左，很多组员开始相互争吵，甚至影响到建立融洽的人际关系。为此，老张非常苦恼。

假设你是老张，你会采取怎样的措施来解决这些问题？

课外练习

根据案例试着写会议记录。

汤姆·李是格兰杰建筑公司质量委员会的秘书。该委员会有四位成员，分别来自公司的四个部门：新建筑部、维修部、历史建筑维护部和建筑供应部。他们的职责是制定政策以保证公司的建筑质量。委员会有例会制度。会议每隔四周举行一次，时间为14：00，地点在101会议室。汤姆在2014年1月3日举行的会议上了做了笔记。笔记显示，除詹姆士·赫斯特因外出调查一项引发问题的工作而缺席致歉外，大家都出席了。大家认同了上一次的会议记录，并讨论了其中尚未解决的问题：某客户投诉工期延误、费用超出预算，詹姆士负责调查该项投诉。詹姆士本应在3日的会议上提交调查报告，但因他缺席，委员会无法决定是将此问题挪到下次会议讨论，还是提前召开一个特别会议来讨论。委员会主席宣布看到詹姆士的报告后再做决定。3日的会议议程主要是听取每个部门的报告。报告应概述上次会议以来所进行的工作，说明工作中遇到的问题以及解决方案，反映投诉意见及所做的回应。所有部门的总结报告都是正面的，表明客户对正在进行的工作感到满意，没有投诉意见。由于没有其他事项，会议在14：45结束。

请根据本案例信息写一份格兰杰建筑公司质量委员会2014年1月3日的会议记录。

第十章 商务谈判礼仪

学习目标

◆ 了解商务谈判礼仪的含义
◆ 认识礼仪在商务谈判中的重要作用
◆ 掌握商务谈判常用的礼仪规范

引 例

刚归国的于泽，结识了新朋友飞和慧。飞和慧都是房地产行业的成功新秀。三个人组成了业余羽毛球小组，每周在固定的时间进行两次锻炼。于泽自愿做了小组的负责人，负责订场地。于泽总是遵守时间，在约定的时间之前，先在体育场等待。飞和慧两个人不是迟到就是无故不来，当于泽打电话询问时，慧若无其事地说："我正在和别人吃饭，你打完球也来吧！"有时飞和慧都不来，留下于泽一人沮丧地在球场上等待。

在此之后，学聪明了的于泽，先问好飞和慧的时间，确定他们晚上确实没有客户，再订好球场。但是，飞和慧迟到和失约的事依然发生着。两个月后，三个人终于发生了冲突。忍无可忍的于泽对飞说："如果你们不能来，能否预先电话通知我，以便我有时间找别人。否则，让我在这里苦等是在浪费我的时间。"飞说："这又不是什么大不了的事，何必那么认真？要是不忙，我们能不准时来吗？"于泽说："如果你们尊重别人，也让别人尊重你，就要遵守时间。你们是商人，遵守诺言是商人的信誉，你们如果和客户这样交往，怎么让他们信任你？"不愉快的飞说："我和客户从来都是守约的。中国人的观念不同于西方，你要改一改你的严谨不变的信条，你要学会融进中国文化，否则你会碰得头破血流的。"于泽不解地问："难道不守时间也是中国人的文化？"下一次，于泽学得更聪明，他雇了一位球技高超的陪练。从此，他再也不用为飞和慧的长期不守时而与他们发生冲突了。

不久，慧由于生意发展的需要，想和于泽合作，于泽婉言谢绝了。严谨的于泽认为一个不守时间的人做事"没谱"，他不想承受已经能够看到的挫折。

第一节　商务谈判礼仪的含义与作用

▶▶ 一、礼仪与商务谈判礼仪

（一）礼仪的起源与含义

"礼"字最早出现于殷商的卜辞。最初的"礼"具有原始宗教的性质，是原始人类对大自然和神灵的崇拜形式。所谓"礼之名，起于事神"。原始人类对自然界和自身的一些现象无法做出科学的解释，就把它们看作是大自然的恩赐与惩罚，是神灵的意志，于是开始对自然及神灵产生了敬畏，以求赐福和精神上的安慰，或免除灾祸。为了表示对这种崇拜的虔诚，就创造出了各种方式和程序，随即形成一整套的仪式和行为规范，这就是礼仪的起点。东汉许慎在《说文解字》中说："礼，履也，所以事神致福也。"这里"礼"指的是祭祀各种神灵、祈福的活动。

随着人类社会的发展，在敬神的基础上，礼的含义逐渐拓宽，逐渐形成三个方面的内容，即礼仪——行为之礼，行为规范与待人接物之道；礼制——制度之礼，治理国家的名物制度或典章条文；礼义——观念之礼，思想观念或道德规范。

"仪"本意是指法度、准则和规范，后来才有了仪式与礼节的含义。礼在中国古代是社会的典章制度和道德规范及其思想。在封建时代，礼是维持社会、政治秩序，巩固等级制度，调整人与人之间的各种社会关系和权利义务的规范与准则。孔子在《论语·为政》中说："道之以政，齐之以刑，民免而无耻；道之以德，齐之以礼，有耻且格。"

礼的内容繁多，范围广泛，涉及人类各种行为和国家各种活动。礼的本质就是社会关系，有什么样的社会关系就有什么样的礼。可见，礼仪是指人们在社会交往活动中为了相互尊重而形成的行为规范和准则，是人们为维系社会正常生活而共同遵守的最起码的道德规范。

◉ [专栏10-1]

礼貌、礼节、礼仪的区别与联系

在一般人的表述之中，与"礼"相关的词有三个，即礼貌、礼节、礼仪。它们之间既有区别，又有联系。

礼貌，一般是指在人际交往中通过言语、动作向交往对象所表示的谦虚和恭敬。它侧重于表现人的品质与素养。

礼节，通常是指人们在交际场合相互表示尊重、友好的惯用形式。它实际上是礼貌的具体表现方式。它与礼貌之间的相互关系是：没有礼节，就无所谓礼貌；有了礼貌，就必然需要具体的礼节。

礼仪，则是对礼节、仪式的统称。它是指在人际交往中，自始至终地以一定的、约定俗成的程序或方式来表现的律己、敬人的完整行为。显而易见，礼貌是礼仪的基础，礼节则是礼仪的基本组成部分。换言之，礼仪在层次上要高于礼貌、礼节，其内涵更深、更广。礼仪，实际上是由一系列具体的、表现礼貌的礼节构成的。它不像礼节一样只是一种做法，而是一个表示礼貌的系统而完整的过程。从本质上讲，三者所表现的都是对人的尊敬、友善。

有鉴于此，为了更完整、更准确地理解"礼"，采用礼仪这一概念来对此加以表述，是最为可行的。

资料来源：金正昆. 涉外商务礼仪教程［M］. 第三版. 北京：中国人民大学出版社，2010：2.

从内容上讲，礼仪是由礼仪的主体、礼仪的客体、礼仪的媒体、礼仪的环境四项基本要素构成的。礼仪的主体，指的是礼仪活动的操作者和实施者。它既可以是个人，也可以是组织。礼仪的客体，又叫作礼仪的对象。从内涵上讲，它指的是礼仪活动的具体指向者和承受者。礼仪的客体与礼仪的主体二者之间既相互对立，又相互依存，而且在一定条件下相互转化。礼仪的媒体，指的是礼仪活动所依托的一定的媒介。进而言之，它实际上是礼仪内容与礼仪形式的统一。礼仪的环境，指的是礼仪活动得以进行的特定的时空条件。大体说来，它可以分为礼仪的自然环境与礼仪的社会环境。礼仪，依据其适用对象、适用范围的不同，大致上可以被分为政务礼仪、商务礼仪、服务礼仪、社交礼仪、国际礼仪等几个基本分支。

◉ ［专栏10-2］

中国古代"五礼"

我国古代礼仪的产生，大致可以追溯到远古时期，它起源于原始时期的祭祀活动，至大禹建立夏朝，把礼仪从祭祀活动扩大到了政权建设中，而到西周时期，我国礼仪已发展得十分完备了。现存最早的有关礼仪制度的著作《周礼》，便记述了周朝的礼仪制度。

根据《周礼》记载，周人把礼分为五类，即"五礼"：吉礼、凶礼、军礼、宾礼、嘉礼。这五礼作为我国古代礼仪制度的主要内容历代相袭，许多内容延续至今。

- 吉礼：有关祭祀的典礼，主要是祭宗庙、祭社稷（土神、谷神）、祭天地等。
- 凶礼：有关丧葬哀悼的典礼，带有生者对死者的顾恋悲哀之情。凶礼大致可分为复、殓、殡、葬、服丧五个阶段。
- 军礼：有关军事活动的典礼，包括校阅、用兵、田猎等活动。
- 宾礼：诸侯朝见天子，以及各诸侯国之间相互交往时的礼节，包括朝、聘、盟、会、遇、觐、问、视、誓、同、锡命等一系列的礼仪制度。
- 嘉礼：古代礼仪制度中内容最为庞杂的一种礼仪，涉及日常生活、王位承袭、宴请宾朋等多方面的内容，以婚礼、冠礼、射礼、飨礼、宴礼、贺庆礼最为重要。

（二）商务谈判礼仪的含义

商务谈判礼仪是一般礼仪在商务谈判活动中的体现。商务谈判礼仪是指公司、企业从业人员以及其他一切从事谈判活动的人士在商务谈判活动中应当遵守的行为规范和准则。

商务谈判礼仪的主要内容包括：① 律己之规，亦称形象设计，主要要求商务谈判人员严于律己、维护自尊，并且时时守规矩、处处讲规矩、事事有规矩。主要包括对商务谈判人员自身的言谈话语、举止行为、仪容仪表、穿着打扮等方面的规范。② 敬人之道，具体涉及商务谈判人员在谈判时的各个方面，主要体现对谈判对方的尊重。主要包括商务谈判人员在其面对谈判对象时进行交际与应酬的基本技巧。

▶▶ 二、商务谈判礼仪的作用与原则

（一）商务谈判礼仪的作用

随着社会的发展，礼仪已成为现代社会经济交往的必需，对于商务谈判、商务交往等具有重要的作

用，已成为我们在商务交往中对传统文化礼仪的继承与发展。卡耐基说："一个成功的企业，18%需要专业技术，82%需要有效的人际关系沟通。"而礼仪作为沟通的艺术，是商务谈判的需要，也是人类文明的进步。因此，为了更好地进行现代商务来往，谈判人员必须重视礼仪的作用，从而更好地发挥其积极作用。相反，在重要的场合，违反礼仪、没有礼貌的行为，就会造成不良甚至严重的后果。

1. 营造良好氛围，拉近彼此距离

由于企业是以盈利为目的的这一特性，在日常的商务活动中，我们往往需要处理好与合作伙伴、竞争对手以及客户之间的关系。以礼相待是处理与各方微妙关系的最重要的技巧。在商务交往中做到"约束自己，尊重他人"，才能营造宽松和谐的谈判氛围，自然地缩短双方的距离，容易找到一个双方均能接受、彼此都可受益的结合点。

2. 塑造良好形象，推动交易成功

商务礼仪是企业文化、企业精神的重要内容。掌握一定的商务礼仪可以塑造企业形象，提高顾客的满意度和企业美誉度，并最终能达到提升企业的经济效益和社会效益的目的。在商务谈判中，交易双方可能互相并不了解，而个人形象往往是企业形象的代表，彬彬有礼的言谈举止，渊博的知识，得体的表现，都会给对方留下深刻的印象，并由此对对方企业产生好感，从而减少谈判阻力，推动交易成功。

3. 加深理解，增进友谊

在商务谈判中，双方都要维护各自的经济利益，难免会发生一些冲突。在商务谈判双方相持不下的时候，也要注意礼仪规范，通过理解和沟通，找出双方都能接受的方案，通过交易，双方建立友谊，成为长期的合作伙伴。

● [案例10-1]

周恩来总理如何处理外交失礼事件

周恩来总理是新中国外交礼宾工作的奠基人。他作为总理兼外长近10年，即使在不担任外长期间，他在中央也一直负责外交工作。他一向严谨细致，对礼宾工作倾注了大量心血，对新中国礼宾风格的形成有着重大影响。

中华人民共和国成立后，有的单位或个人在对外接触中，不懂外交礼貌、礼节，对外造成不良影响，让周总理没少操心。

1951年1月1日外交部办公厅交际处在给部领导上呈的报告中说，匈牙利驻华大使宴请我某部一位副部长，该副部长竟迟到两小时。还有，我有关单位的工作人员，收到外国驻华使馆宴会请柬，因事不能出席，事前不通知，事后不道歉。有的负责同志收到请柬，随便派人代替自己出席，使宴会主人很不高兴。

针对发生的这些失礼事件，1951年1月，周恩来指示外交部和国家典礼局（1958年撤销）共同制定《对外宾交际须知》，以国务院名义通令各级政府遵照执行。

《对外宾交际须知》规定：

1）宴会。宴会请柬应提前一周发出，宴会人数避13（西方人士忌讳），服务员要注意礼貌和服装清洁，室内不设痰盂等；参加别国宴会的主要客人，不可轻易不去，不可迟到、早退；尽量关照自己右手的女宾等。

2）谈话。态度要庄重、诚恳，不打听私事，不问女士年龄。谈话要符合身份，不过分恭维，也不过分谦虚等。

3）拜会。守时守约等。

该须知还对西餐、饮酒礼节以及餐巾、刀叉使用等做了说明。

（二）商务谈判礼仪的原则

1. 尊重原则

在商务谈判时，尊敬谈判对方是商务谈判礼仪最基本的原则。孔子说："礼者，敬人也。"参加商务谈判时，首先要尊重对方的利益。有经验的谈判人员都清楚，最理想的洽谈结局，不应当是"你死我活""鱼死网破"，而应当是有关各方的利益和要求都得到一定的满足，即达成妥协。其次要尊重对方的习俗。在商务谈判中应充分了解与交往对象相关的习俗，无条件地对交往对象所特有的习俗加以尊重。例如，在与阿拉伯人打交道时，就必须对其忌食猪肉、忌酒、忌用左手与人接触、忌送雕塑玩偶以及对方在"斋月"期间日间禁止饮食的习俗等，统统认真地表示尊重，否则就可能会冒犯对方。

● [专栏10-3]

西方人忌讳的"13"

"13"这一数字在西方是一个不祥的象征，甚至门牌号、旅馆房号、层号、宴会桌号都要避开"13"。其中的原因有很多，以下就是其中两个比较著名的原因。

其一，传说耶稣受害前和弟子们共进了一次晚餐。参加晚餐的第13个人是耶稣的弟子犹大。就是这个犹大为了30块银圆，把耶稣出卖给犹太教当局，致使耶稣受尽折磨。参加最后晚餐的是13个人，晚餐的日期恰逢13日，"13"给耶稣带来苦难和不幸。此外，传说耶稣是被钉死在13号十字架上的。从此，"13"被认为是不幸的象征，"13"是背叛和出卖的同义词。

其二，西方人忌讳"13"源于古代神话。北欧神话中，巴尔德尔是奥丁的儿子光明之神。他才貌出众，满面春风。当他微笑的时候，人们都感到无比喜悦。他做过一个噩梦，预感到将遭人暗算。众神为此着急，奥丁便派出令官，严令一切鸟兽草木都不得伤害巴尔德尔。但令官没有传令给槲寄生，因为他觉得对这种脆弱无能的植物不需要加以防范。火神洛基却利用这可乘之机，用槲寄生做成利箭。在哈弗拉宴会上，出席了12位天神。宴会当中，一位不速之客——火神洛基忽然闯进来了。闯入的这第13位来客，弯弓瞄准将巴尔德尔射死。

这类的传说很多、很广，特别是关于《最后的晚餐》的传说，在西方已经深入人心，达·芬奇还画了名画《最后的晚餐》，并流传甚广。因此"13"成了西方文化最为忌讳的数字。正因为忌讳，西方人千方百计避免和"13"接触。在荷兰，人们很难找到13号楼和13号的门牌。他们用"12A"取代了13号。在英国的剧场，你找不到13排和13座。法国人聪明，剧场的12排和14排之间通常是人行通道。此外，人们还忌讳13日出游，更忌讳13人同席就餐，13道菜更是不能接受了。而且某月的13日如果与星期五重合，则是极不吉利的预兆，被称为"黑色星期五"。

2. 宽容原则

在维护本公司的利益时，也要换位思考，多体谅对方，理解对方，千万不要求全责备，斤斤计较，"生意不成，仁义在"。在洽谈过程上，不管发生了什么情况，都始终坚持礼敬对手，无疑能给对方留下良好的印象，而且在进一步的商务交往中可以发挥潜移默化的功效。

3. 平等原则

谈判是在双方平等和尊重的基础上展开的。谈判是智慧的较量，更应以理服人。在谈判桌上唯有确凿的事实、准确的数据、严密的逻辑和艺术手段，才能终将获取谈判的成功。此外，在商务谈判时，允许因人而异，根据不同的谈判对象采取不同的具体方法。但对任何谈判对象都必须一视同仁，给予同等程度的礼遇。

● [案例10-2]

萧伯纳与小女孩

英国戏剧家、诺贝尔文学奖获得者萧伯纳有一次访问苏联，在莫斯科街头漫步时，萧伯纳遇到一位聪明伶俐的苏联小女孩，便与她玩了很长一段时间。分手时，萧伯纳对小姑娘说："回去告诉你妈妈，今天同你一起玩的是世界有名的萧伯纳。"

小姑娘望了望萧伯纳，学着大人的口气说："回去告诉你妈妈，今天同你一起玩的是苏联小姑娘安妮娜。"

这使萧伯纳大吃一惊，立刻意识到自己太傲慢了。后来，他经常回忆起这件事，并感慨万分地说："一个人不论有多大成就，对任何人都应该平等相待，要永远谦虚。这就是苏联小姑娘给我的教训，我一辈子也忘不了她。"

4. 诚实守信原则

商务谈判时，必须诚心诚意，言行一致，表里如一，真诚对待对方。在商务谈判时，一旦做出承诺，就必须遵守诺言，真正做到"言必信，行必果"，让对方感到可以信赖。万一由于不可控因素，致使自己单方面失约，或是有约难行，需要尽早向有关各方进行通报，如实地解释，还要郑重地为此事向对方致以歉意，并且按照规定和惯例主动地负担因此而给对方所造成的某些物质方面的损失。

（三）商务谈判礼仪的修养

1. 仪表

仪表或仪容，通常是指人的外观、外貌，是人们个人形体的基本外观。其基本要求是整洁、简约、端庄。此外，加强个人修养，提升文化内涵，将使得内在素质得以升华，且仪表风度也会悄然改变，即所谓的"腹有诗书气自华"。培根说："相貌的美高于色泽的美，而优雅合适动作的美又高于相貌的美，这是美的精华。"商务礼仪中对仪表有如下四个原则要求：

（1）适体性原则

要求仪表修饰与个体自身的性别、年龄、容貌、肤色、身材、体型、个性、气质及职业、身份等相适宜和相协调。

（2）TPO原则

时间（Time）、地点（Place）、场合（Occasion）原则，即要求仪表修饰因时间、地点、场合的变化而相应变化，使仪表与时间、环境、氛围、特定场合相协调。

（3）整体性原则

要求仪表修饰先着眼于人的整体，再考虑各个局部的修饰，使之浑然一体，营造出整体风采。

（4）适度性原则

要求仪表修饰无论是修饰程度，还是在饰品数量和修饰技巧上，都应把握分寸，自然适度，追求虽刻意雕琢而又不露痕迹的效果。

2. 礼貌

与人之间和谐相处的意念和行为，是言谈举止对别人尊重与友好的体现。日常使用的基本礼貌用语包括,"请""谢谢""对不起"。频繁使用"请"字,会使话语变得委婉而礼貌,"请"是比较自然地把自己的位置降低,将对方的位置抬高的最好的办法。正确地运用"谢谢"一词,会使你的语言充满魅力,使对方备感温暖。社交场合学会对他人使用"对不起",向他人道歉,是缓和双方可能产生的紧张关系的一帖灵药。

3. 机智

在商务谈判过程中,谈判者要保持头脑清醒、机智灵活。机智不仅仅用来适当地处理令人不快的事情,也要求仔细考虑对方的利益,然后再选择最合适的表达方式。

第二节 商务谈判中的常见礼仪

▶▶ 一、谈判前礼仪

谈判前礼仪主要包括,合理选择商务谈判的时间、地点、人员;合理收集谈判的资料信息;合理准备服饰,以及准备谈判会场等。其中,谈判会场的准备在本书第五章"商务谈判的准备"中进行了比较具体的阐述,这里就不再赘述。

（一）合理选择商务谈判的时间、地点、人员

商务谈判的时间不能由谈判一方单独做决定,需要双方商议决定,否则视为失礼。要选择对双方最有利的时间进行谈判,避免双方在连续工作之后身心状态处于低潮的情况下进行谈判。

谈判地点最好选择在自己熟悉的地点,因为,自己熟悉的环境有助于争取谈判的主动权。倘若不能争取到,也可以选择谈判双方都熟悉的场所。如果谈判次数较多,可以考虑变换谈判场所,以便缓解紧张的谈判气氛,达到最佳谈判效果。

商务谈判队伍一般由主谈判人、谈判助理、谈判专家和其他谈判人员组成。谈判人员的素质修养与仪表形象始终可以传达一种信息,这种信息与谈判的实质内容一起传递给谈判对象,相互影响与感染。此外,谈判人员的身份、职务一般应与对方谈判代表的身份、职务相当。

（二）合理收集谈判的资料信息

谈判人员要关注与谈判相关的任何情况,并提前进行调查研究,收集大量的资料信息。准备谈判资料信息,主要是为了根据主题行情,评估对方的实力;调查和掌握对方的文化背景和社会风俗,了解多方的法律制度,以便在谈判中掌握主动权。

（三）合理准备服饰

仪容外表的整洁大方,是对对方的尊重。在商务交谈中,相互尊重,着装得体,交际的氛围就显得正式、宽松,有利于商务谈判有序展开。

1. 选择合适的着装

外表礼仪是国际商务谈判中最基本的礼仪。体面的着装不仅是外观美丽,而且也代表着高品质和受人尊敬。对于男性,他们应该穿商务西装,并且戴领带。男士穿西装时应注意"三个三"。第一,三色原则。全身的颜色不能多于三种。第二,三一原则。腰带、鞋子、公文包一个色,首选黑色。第三,三

个错误。袖子上商标没拆,没穿西装、套装打领带,穿白色袜子或尼龙丝袜搭配西装。对于女性而言,职业套裙是最好的选择。有一点女性需要注意的,那就是不要佩戴太多的珠宝首饰。

礼仪专家总结了商务谈判着装五忌:第一,忌露。谈判人员工作与外出时,着装不能露出肚脐、脊背等。第二,忌透。衣服再薄、天气再热,也不能使内衣、背心等若隐若现,也不能让内衣外穿之风刮进商界。第三,忌紧。制服过于紧身,让内衣、内裤的轮廓显露在外,这是既不文雅也不庄重的。第四,忌异。谈判人员不是时装模特,不能过分新奇古怪,招摇过市。第五,忌乱。不可穿着不讲究,卷袖子,敞扣子,颜色过乱,饰物乱配,衣服脏、破、皱,不烫不熨,油垢、牙膏遗迹明显。

2. 选择合适的妆容与发型

毫无疑问,奇怪的发型、浓重的化妆、过多的首饰都将破坏商务人士的形象。头发应保持适当长度,整洁、干净,保持经常修剪,不宜涂抹过多的头油、发胶,不应有头皮屑等。对男士而言,不宜留长发,脑后的头发不得接触到衬衣的领口处,头发不得遮盖住耳朵,鬓角不要过长;对女士而言,披肩发要整齐,不要看上去没有经过梳理,不要留怪异的发型,刘海不要长过眉头、挡住眼睛。男士尽可能不要留胡子,即使留也应整齐,脸部应保持干净,注意鼻毛不要露在外面;女士不宜化过浓的妆,眉毛、嘴唇不要用例如黑色等怪异颜色化妆。此外,最好不要佩戴墨镜,除非你的眼睛不太舒服。

◉ [专栏10-4]

职业女性、男性着装的规则

● 职业女性着装规则:

1)不穿黑色皮裙,尤其在涉外交往中,表明不是良家妇女。
2)正式的高级场合不光腿。这是不成文规定。
3)袜子不能出现残破。
4)鞋袜要配套。特别是套装要求穿高跟鞋,不露脚趾、脚跟。
5)不能在裙袜之间露一截腿肚子。国外称之为没有教养的女人的基本特征。

● 男士穿西装的规则:

在正式场合,男士应穿西装套装。男士穿上合体的西装会显现一种庄重与潇洒。

1)西装上衣纽扣的讲究:在站立时应该扣好。穿两个纽扣的西装,一般只扣上面一粒,但也可以都不扣或两个都扣上,千万不要只扣下面一粒。穿三个纽扣的西装,可以只扣中间一粒或扣上边两粒,当然也可以全部扣上或全部不扣。穿双排纽扣的西装,应把全部扣子都扣上。如此,会给人潇洒的感觉。坐下来时,将最下面一粒扣子解开,等站立起来时再扣上,尽显西装的风格。

2)配好衬衫,少穿内衣,穿出西装的内涵。衬衫袖子的长度与领子的高度分别比西装上衣的袖子稍长和领子稍高,这样的衬衫才是与西装最般配的。

3)领带(领结)是西装的灵魂,在西装的穿着中起着画龙点睛的作用。

4)在西装的口袋里面放太多东西会给人累赘、不雅的感觉。

5)穿西装,一定要穿皮鞋,光亮的皮鞋会给人留下良好的整体感。

▶▶ 二、谈判中礼仪

(一)迎送礼仪

迎来送往是经济谈判中经常发生的行为,是常见的社交活动,也是商务谈判中一项基本礼仪。一般来说，在谈判中，对重要客商、初次打交道的客商要去迎接；一般的客商，多次来的客商，不接也不失礼。总之，谈判方对应邀前来参加谈判的人员，对将要来到和即将离去的客人，都应根据其身份、交往性质、双方关系等因素，综合考虑安排相应的迎送。

1. 确定迎送规格

对来宾的迎送规格，一般应遵循"对等原则"，如果需要顾及双方关系和业务往来等具体情况，也可以安排破格迎送和接待。对等原则是说，确定迎送规格时，应主要根据来访者的身份和访问的目的，适当考虑双方关系，同时注重通用惯例，综合平衡地进行迎送工作。

在迎送实践中，当因为机构设置不同，当事人身体不适或不在迎送地等一些原因而不能完全对等接待时，便可灵活变通，由职位和身份相当的人士作为主人的替代者。当事人不能亲自出面迎送时，还应从礼貌出发，亲自或通过别人向迎送对象做出解释，表示歉意。

2. 准确掌握抵离的时间

迎候人员应当准确掌握对方抵达时间，提前到达机场、车站，以示对对方的尊重，只能是迎候人员等候客人，不能让客人在那里等待。送别人员亦应事先了解对方离开的准确时间，提前到达客人住宿的宾馆，陪同客人一同前往机场、码头或车站，也可直接前往机场、码头或车站恭候客人，送别客人。在客人临上飞机、轮船或火车之前，送行人员应按一定顺序与客人一一握手话别，并表达期待下次再会的意愿。

3. 做好接待的准备工作

应确定客人抵达日期，考虑住宿安排问题。对方尚未启程前，先问清楚对方是否已经自己联系好住宿，如未联系好，或者对方是初到此地，可代其预订旅馆房间，最好是等级较高、条件较好的旅馆。客人到达后，通常只需要稍加寒暄，即陪客人前往旅馆，在行车途中或在旅馆简单介绍一下情况，征询一下对方意见，即可告辞。客人到达的当天，最好只谈第二天的安排，另外的日程安排可在以后详细讨论。

（二）会见礼仪

会见礼仪指见面之际应该遵守的礼仪，主要包括称呼、握手、介绍以及交换名片等礼仪。

1. 会见中的称呼礼

称呼礼指人与人打交道时所用的礼貌称谓。在商务活动中，不称呼对方就直接开始谈话是非常失礼的行为。这种行为不仅使对方觉得不受尊重和重视，而且会觉得过于唐突，缺乏商务人士必备的素质。在一些会客、迎送等彼此接触不多而时间又比较短暂的场合中，称呼对方时容易发生张冠李戴的现象。这样不仅失礼、令人尴尬，而且还会影响交际效果。

一般称呼可以分成：职务性称呼，如李总经理、王董事长等；职称性称呼，如张工程师、马会计师、许教授等；军衔性称呼，如于将军、杨少将、孙营长等；学衔性称呼，如李博士、孙硕士等；行业性称呼，赵老师、董大夫、严警官等。

涉外商务活动中，对商界人士可直接用职务来称呼，也可称对方为"先生""女士"或"小姐"等。对政界人士，可直接用行政职务来称呼，如"部长阁下"。对各界人士，可用其职称和学衔为主称呼，同时加上姓或先生，如"皮特博士""法官先生"。对宗教人士，可直呼其神职，也可在神职前加上姓氏称呼。

商务人士在正式场合不宜使用庸俗的称呼，诸如"哥们儿""兄弟""小妞"等，否则会显得缺乏修养。在正式的商务场合，当面以绰号称呼他人是不尊重对方的表现，无论双方的关系多好，一旦在正式场合，就得使用正式的称呼。

2. 会见中的握手礼

所谓握手礼仪，是握手时需要注意的可操作性的技巧。握手在世界各国都是一种非常通行的礼仪，在我国是最重要的见面礼。握手是沟通思想、交流感情、增进友谊的重要方式，握手可以作为见面、告辞、和解的礼节。但有以下情况时，可不必握手，采用对方理解的其他方式致意效果会更好：当对方右手负伤时；当对方携带较多重物时；当对方正忙于其他事物时；当对方和自己距离较远时；当时环境不适宜握手时。

（1）握手行礼的方式

握手时行礼者要注视受礼者，并适当寒暄问候。使受礼者感到行礼者态度认真诚恳且自己被关注。握手时距受礼者约一步远，两脚立正。双脚并拢或脚尖展开站成"八"字步，上身稍微前倾，肘关节微曲抬起至腰部，目视对方伸出右手，握手时力度要适中，力量过轻，有气无力，会让人觉得缺乏热情；力量过重，有挑衅之嫌。行礼者与受礼者间距适度，不要太远或太近，否则都不雅观，尤其是不可将对方的手拉近自己的身体区域。谈判双方握手的时间以三至五秒为宜，握手时间太短，有敷衍对方之嫌；握手时间过长，则热情过度。握手时只可上下摆动，而不能左右摆动。

（2）握手的次序

在握手时应由尊者先伸手，这是给尊者"优先选择权"，即：上级与下级握手，应由上级先伸手；长辈与晚辈握手，应由长辈先伸手；女士与男士握手，应由女士先伸手。主人与客人握手的情况特殊，在迎客时应由主人先伸手，而送客时应由客人先伸手。在商务活动场合，如果握手双方符合其中两个或两个以上顺序时，一般以先职位再年龄，先年龄再性别的顺序握手。如一位年长的职位低的女士和一位年轻的职位高的男士握手时，应男士先伸手。

（3）握手的禁忌

握手时不可东张西望或在握手时与他人打招呼；不可交叉握手；不可戴着手套握手；不可在握手时将另一只手放在衣袋里；不可用不洁或有疾之手与他人相握；不可在握手时戴着墨镜，只有患有眼疾或眼部有缺陷者方能例外；不可在与他人握手之后立即擦拭自己的手掌。

● [专栏10-5]

其他主要的见面礼节

（1）鞠躬礼

鞠躬礼作为一种交际的礼节，主要表示下级对上级、同级之间、初次见面的朋友之间对对方由衷的尊敬或深深的感谢之情。行鞠躬礼时，双手应摊平扶膝，与受礼者相距2～3步远，面对受礼者，身体上部向前倾15°～90°，前倾度数越大则表达的敬意越深。行鞠躬礼时必须注目，不可斜视，受礼者也同样。行礼时不可戴帽。脱帽时，脱帽所用的手应与行礼之边相反。如向左边的人行礼，应用右手脱帽；向右边的人行礼，则用左手脱帽。

礼毕恢复直立姿势时，双眼应有礼貌地注视着对方，如视线移向别处，会让人感到即使行礼也不是诚心诚意的。上级或长者还礼时，可以欠身点头或同时伸出右手以答之，不鞠躬也可。

鞠躬礼盛行于日本、朝鲜等国。日本人习惯行60度至90度的鞠躬礼，双手摊平扶膝，同时表示问候。

（2）拥抱礼

拥抱礼是指两人相对而立，右臂偏上，左臂偏下，右手扶在对方左后肩，左手扶对方右后腰，按各自的方位，两人头部及上身都向左相互拥抱，然后头部及上身向右相互拥抱，再次向左拥抱后，礼毕。它是一种在欧美各国熟人、朋友之间表示亲密之情的礼节。

（3）合十礼

合十礼又称合掌礼，是南亚和东南亚一些佛教国家流行的见面礼节，即把两个手掌在胸前对合，掌尖和鼻尖基本平行，手掌向外倾斜，头略低。遇到这种情况应以合十礼相还。

（4）吻面礼

吻面礼是上级对下级、长辈对晚辈以及朋友、夫妻之间表示亲昵或爱抚的一种见面礼节，多采用亲脸或额头、贴面颊、吻手或接吻等形式。见面时如表示亲近，可以采用如下方式：女子之间相互亲脸，男女之间互贴面颊，长辈亲晚辈的额头，男子对高贵的女宾行吻手礼等。吻礼多见于西方、东欧、阿拉伯国家。

3. 会见中的介绍礼仪

在与来宾见面时，通常有三种介绍方式：一种是自我介绍，第二种是介绍他人，第三种是集体介绍。

（1）自我介绍

自我介绍是没有中间人的情况下，把自己介绍给其他人，以便使对方认识自己。在自我介绍时，本人要镇定，充满信心，微笑要亲切自然，眼神要友善坚定，先向对方点头致意，得到回应后，再介绍自己的姓名、单位、部门、职务，并可随之递上名片。

（2）介绍他人

在介绍他人时，首先，要了解介绍人和第三方是不是想相互了解和认识。然后，要澄清被介绍人与介绍人的关系，这样被介绍人和第三方容易相互理解并且建立信任。最后，要注意介绍顺序。

介绍顺序的原则一般遵守"尊者优先知情权"的原则：先将职位低的人介绍给职位高的人；先将年轻者介绍给年长者；先将男性介绍给女性；先将主方人士介绍给客方人士。介绍顺序各国的情况不太一样，应在会见之前了解清楚。当所要介绍的双方符合其中两个或两个以上顺序时，一般以先职位再年龄、先年龄再性别的顺序做介绍。如要为一位年长的职位低的女士和一位年轻的职位高的男士做介绍时，应将这位女士介绍给这位男士。

（3）集体介绍

若被介绍者双方地位、身份大致相似或难以确定时，应遵循"少数服从多数"的原则，即先将人数少的一方，介绍给人数多的一方。若被介绍双方地位、身份存在明显差异时，应以地位、身份高者为尊。

介绍时应注意的问题：面带微笑，目视对方，举止端庄得体；语言应清晰明了；头衔应冠在姓名之后；被介绍者双方应起身或欠身，以示相互尊重。介绍后，双方应依照礼仪顺序握手，可寒暄几句，也可交换名片；为他人介绍后，介绍者应略停片刻，引导双方交谈后再离开。

4. 会见中的名片礼仪

名片是现代人的自我介绍信和社交联谊卡。在现代社会中，不会使用名片的人是没有社会交际的人。在商务谈判中，名片是自我介绍的简便方式。

(1) 名片的样式

目前国内最通用的名片规格为 9cm×5.5cm。一般名片选用白色、米色、淡蓝色、灰色等庄重朴素的色彩。公务名片内容，包括：左上角的归属，包括单位名称、所在部门、单位标志等；中间部分的称谓，包括姓名、职务、学术技术职称等；右下角的联络方式，包括地址、邮编、办公室电话等。

(2) 名片的递送与接收

递送名片时应面带微笑，双目注视对方，将名片的正面朝向对方，用双手的拇指和食指分别持握名片上端的两角送给对方，并略伴寒暄，如"请多关照"等。名片递送的一般顺序是，由尊而卑，由近而远，顺时针依次进行。如果自己这一方人较多，则让地位较高者先向对方递送名片。

接收名片时，应尽快起身或欠身，面带微笑，用双手接住名片的下方两角，并略伴寒暄，如"非常荣幸"等。名片接到手后，应认真看一下，并通读一遍，稍加赞许后妥善保管好。一般应将名片收藏于名片夹或包中，不可将名片弃置于桌上或放在裤子口袋里。

(3) 名片的索取

名片的索取有主要有四种方法：① 交易法。君欲取之，必先予之。即一方主动给对方递上自己的名片，一般而言，对方也会礼貌地给主动的一方递上自己的名片，以示相互间的友好与尊重。② 明示法。给对方递送名片的同时，礼貌地说："这是我的名片，请多关照。能否有幸与您交换一张名片？" ③ 谦恭法。可以向对方说："不知以后如何向您请教？"谦恭要讲究对象，一般与比自己位高年长者交往时采用此法。④ 联络法。跟与自己年龄、职位等相当者交往并想获取对方名片时，可向对方说："不知以后如何与你联系？"

（三）交谈礼仪

在一定意义上，国际商务谈判过程就是交谈的过程，恰当、礼貌地交谈不仅能增进谈判双方之间的了解、友谊和信任，而且还能促使谈判更加顺利、有效地进行；反之，若违背了交谈礼仪，将会使谈判破裂。因此，在谈判活动中，必须讲究和遵守交谈的礼仪。

1. 尊重对方

在交谈中，只有尊重对方、理解对方，才能赢得与对方感情上的接近，从而获得对方的尊重和信任。交谈时，应注意不打断对方、不补充对方、不纠正对方、不质疑对方、不独占讲坛。交谈中，自己发言时，要注意给别人发表意见的机会；别人讲话时，应寻找机会适时地发表自己的看法。要善于聆听对方的谈话，不要轻易打断别人的发言。一般不谈与话题无关的内容，在交谈中，应目视对方，以示关心。对方发言时，不应左顾右盼、心不在焉或注视别处，显出不耐烦的样子；不要老看手机、伸懒腰、玩东西，显得漫不经心。

2. 及时肯定对方

在谈判过程中，当双方的观点相似或基本一致时，应抓住机会，及时加以肯定，如有可能，还要想办法加以补充，发展双方一致的观点。在对方赞同我方意见和观点时，我方应以动作语言如点头、微笑等表示感谢。这种有来有往的相互交流，易于使双方谈判人员感情沟通，从而为达成一致奠定基础。

3. 语言表达自然得体

交谈时要泰然自若，语速慢一点，声音轻一点话，要让对方听得懂，语言要礼貌。

同时，要注意谈话距离要适当，说话手势不要过多、过大，不要用手指指着别人。

交谈内容，不应涉及倾向性或格调不高的内容，如不能非议自己的祖国、非议党和政府、非议现有的规范等；不涉及别人的隐私，如收入、年龄、婚姻、健康状况、个人经历、政治和宗教信仰等；不涉及国家秘密与行业秘密；不随便非议交往对象；不在背后议论领导、同行和同事；不涉及庸俗低级的话题。对方不愿回答的问题不要寻根究底，对方反感的问题应示歉意并立即转移话题，不对某人评头论足，不讥讽别人，也不要随便谈论宗教问题。交谈中要针对对方的国别、民族、风俗，恰当运用礼貌语言。

三、谈判后礼仪

（一）宴请礼仪

在商务谈判中，谈判双方互相宴请或进行招待，是整个谈判过程中不可缺少的组成部分。举行宴会或招待会，可以制造一种宽松融洽的气氛。在这种气氛中，能够加深双方的了解，增进彼此的友谊，也为谈判成功打下良好的基础。

1. 宴请的礼仪

作为宴会主办单位，应事先确定举办宴会的目的、名义、参加者及时间、地点等。正式宴请一般需要发出请柬，事先口头约定也应补发请柬。请柬一般应提前1到2周发出，以便对方有所准备。请柬应注明时间、地点、席次号，并注明请被邀请者答复是否出席。

按照国际商务礼仪的惯例，商务宴请的礼仪一般遵循"5M"原则：

约会（meeting）：在宴请时，考虑宴请的对象、宴请的人数等，并通过征求主宾的意见，确定宴请的时间。

费用（money）：在宴请时，既要热情待客，又要量力而行，反对铺张浪费。既要突出档次，又要避免大吃大喝。

环境（medium）：宴请地点恰当与否，体现主人对客人的重视程度。宴请的地点可依据客人的身份和重要程度确定，通常选择环境幽雅、卫生方便、服务优良的饭店或宾馆。

在国际惯例中，在就餐时排列桌次，通常讲究采用圆桌，并且各桌的就餐者宜为双数。在正式的宴会厅内安排桌次时，应遵循以下五大原则，即"面门为上"，"居中为上"，"以右为上"，"以远为上"，"临台为上"。

菜单（menu）：在安排菜单时，要了解客人的个人禁忌、民族禁忌。既要照顾到客人的口味，又要体现特色与文化，同时还要考虑费用。

举止（manner）：在餐桌上，举止要优雅、文明礼貌。

2. 赴宴礼仪

赴宴者在接到请柬后，应看清宴会日期和时间、地点，一般在宴会开始前15分钟到达即可。如不能赴宴，必须提前通知对方，并表示感谢和惋惜。出席宴会前，最好稍做梳洗打扮，注意自己的衣着和精神。应当事先准备好名片。被介绍给他人时，用双手捧着名片相赠，切不要将递给对方的名片随便丢在桌上。接名片时也应用双手去接，接到后，要认真看一下，可有意识地重复对方的姓名和职务，以示尊敬和仰慕，不要漫不经心地将对方的名片放在桌上或随手塞进口袋。

进餐前，应自由地与其他客人交谈，交谈的面可以宽一些，可以找老朋友，也可以找新朋友。进餐时，举止要文明。祝酒一般由主人和主宾先碰杯，再由主人和其他人碰杯，人多的话，也可同时举杯示意。在主人或主宾致辞或祝酒时，其他人应暂停进餐，停止交谈，注意倾听。饮酒应控制在自己的酒量的三分之一，以免饮酒过量。敬酒给外宾要适度，不能劝酒。宴席上，可以用公用餐具给客人添菜，不能用自己的餐具让菜。

在酒席上一般不要谈及生意，尤其是涉外谈判。谈话不要涉及他人隐私，对政治宗教问题也要慎重，此外还应注意尊重主人的民族习惯。如果有事要早退，应事先向主人说明，到时再告别，悄悄离去，不必惊动太多的人，以免影响整个宴会气氛。

[案例10-5]

西餐礼仪

（1）入座

最得体的入座方式是从左侧入座。当椅子被拉开后，身体在几乎要碰到桌子的距离站直，领位者会把椅子推进来，腿弯碰到后面的椅子时，就可以坐下来了。用餐时，上臂和背部要靠到椅背，腹部和桌子保持约一个拳头的距离。最好避免两脚交叉的坐姿。

（2）上菜顺序

正式的全套西餐上菜顺序是：① 前菜和汤；② 鱼；③ 水果；④ 肉类；⑤ 乳酪；⑥ 甜点和咖啡；⑦ 餐前酒和餐酒。

没有必要全部都点，点太多却吃不完反而失礼。稍有水准的餐厅都欢迎只点前菜的客人。前菜、主菜（鱼或肉择其一）加甜点是最恰当的组合。点菜并不是由前菜开始点，一般是先选一样最想吃的主菜，再配上适合主菜的汤。

（3）用餐时的基本礼仪

- 喝汤、咀嚼绝不出声。
- 不在公开场合大声地发出打嗝声。
- 不碰撞杯、盘。不要移动餐盘，不许和同伴交换餐点。
- 刀叉轻放，不发出刮盘声。
- 讲话时不挥舞刀叉，或用刀叉指着人。
- 不弯腰埋头吃饭。这模样实在很穷酸、狼狈。
- 切食物只切一口大小，并且一口放进嘴里，不要只咬半口。
- 不要翻看盘底的厂牌名。
- 每上一道菜，从最外侧的左、右一副刀叉开始使用。
- 使用放在右前方的杯子，不要拿到别人的杯子。

（4）餐具摆放

中餐的餐具只有一双筷子，而西餐餐具却是琳琅满目的一整排。西餐的餐具摆放虽然多，但其实只是为四道菜而准备。这四道菜是前菜、汤、鱼、肉，只是餐具全都一并摆出来而已。刀叉的摆法是个信号，借此告诉侍者什么时候收走盘子。若刀叉置于盘子两侧时，表示仍在进行饮食中，相反地，刀叉平行摆放时，表示用餐完毕。另外一种摆法，在大众化的餐厅用餐时，从头到尾只用一副刀叉，盘子收走了，用过的刀叉还会留在桌上继续吃下一道菜。这时，不要把刀叉直接贴放在桌上，而是将刀口放在叉齿间，并且刀刃朝下。当你用餐完毕后，可顺手将盘上的刀叉并拢，并且保持刀刃的方向是朝内状态，不仅能使你的桌面变得更为整洁，也方便服务生收拾餐具。

（5）不使用餐具的食物吃法

点心可用手直接取用，有些食物是不用餐具而用手拿着吃的，称为 Finger Food，通常餐前酒与正餐之前都会先送上这类食物。Finger Food 的功用是，喝餐前酒之前，先填一下肚子可以保护胃膜。另外，人在空腹的时候，血糖会降低，吃一点东西会使心情况稳许多。比较常见的咸点心是 Canapé，这是小片的薄面包或是饼干上面放火腿、燻鱼等。一般都是三块，直接用手拿着吃就行了。要一口吃完，不要只咬一半，这样反而不雅。

（6）正确的餐巾用法

餐巾是进餐时重要的用品，不但是你坐下来之后接触到的第一个用品，也是离席时最后的用品。因此从餐巾用法可以看出你的餐桌文化造诣。餐巾本来就是拭脏的用品，别舍不得用脏它。餐巾正确的用法为，摊开在腿上，往前折三分之一到二分之一。用餐巾擦拭嘴巴时，只要单手拿起餐巾的一角，轻轻地按压嘴角就行。喝酒前，用餐巾按一下嘴唇，免得油污和口红在酒杯上留下印子。不小心吃到小骨头时，也用餐巾掩着再取出来。忍不住咳嗽、打喷嚏时，将脸侧一边，用餐巾遮掩一下。除了擦脸、擦汗之外，餐厅一切都要用餐巾。餐巾不可以像围兜兜似的挂在胸前。

餐毕离开时要等主人或女士将餐巾放在桌上后，才将自己的餐巾放到桌上。此外，餐巾是拭脏的用具，所以当其他人仍在享受食物时，不应该将玷污了的餐巾放在桌上。最后要离席时的餐巾不必摺整齐，正确摆法是放在咖啡杯的左边。若只是暂时离席，可将餐巾放置在座椅上，不用摺整齐，表示你只是暂时离开，之后会回座位。

有一点是很多人易犯的错误，餐毕离开时，用过的餐巾不要折叠整齐。只要把餐巾略叠成四分之一大小放在桌上左边即可，或将膝上的餐巾从中间挑起来，就这么放在桌上。将用过的餐巾折叠整齐是具有讽刺的意思，表示你对这个餐厅不满意，而且不会再来，所以用毕餐点后一定要格外注意！

资料来源：美食课堂：一张图学会各种西餐礼仪［BE/OL］.（2014-10-27）［2018-08-16］. 搜狐美食 http：//chihe.sohu.com/20141027/n405501454.shtml.

（二）赠礼礼仪

商务谈判人员在交往中，相互馈赠些礼品，表达了友好和增进双方友谊的愿望；同时，也表达了对本次合作成功的祝贺和对再次合作能够顺利进行的期望。但是，只有合乎礼仪的赠送行为，才能达到这样的目的。因此，选择适当的时机，针对不同的对象，选择不同的礼品馈赠，便成为一门很强的学问。赠送礼品，可以选择具有一定纪念意义或有民族特色、地域特点，或是受礼人喜爱的小礼品。诸如，手工艺术品、花束、书籍、画册、日用品、食品等。在国际商务交往中，西方社会较重视礼物的意义和感情价值，而不是值多少钱，因此给国际友人赠送礼物时，要注重礼物的纪念价值、实用性和民族特点。

赠礼有以下五个基本原则：

（1）轻重原则

通常情况下，礼品的贵贱厚薄，往往是衡量交往人的诚意和情感浓烈程度的重要标志。然而礼品的贵贱厚薄与其物质的价值含量并不总成正比。在商务交往中，馈赠礼物的贵贱厚薄都应以对方能愉快接受为尺度。

在国际商务谈判中，欧美国家的人们在送礼方面较注重的是礼物的意义而不是其货币价值。因此，在选择馈赠礼品时不必追求礼品的贵重，有时馈赠贵重的礼品效果反而不好，对方会怀疑你此举是否想贿赂他或另有图谋。这样，不但不能加深相互间的友谊，反而会引起对方的戒备心理。但是，在亚、非、拉和中东地区，人们往注较注重礼物的货币价值，所以，在与这些国家进行的商务谈判中，赠送礼品不仅要投其所好、投其所需，而且还要分量足够，才能产生一定的效果。

（2）时机原则

一般来说，时间贵在及时，超前或滞后都达不到馈赠的目的；机会贵在事由和情感及其他目的的需要。所以，在合适的时间，送上合适的礼物是最恰当的。日本人通常是第一次见面时送出礼品，法国人则希望下次重逢时馈赠礼品，英国人多在晚餐或看完戏之后乘尽兴时赠送礼品，中国人则以在离别前赠送礼品较为自然。

（3）效用原则

一般来说，随着人们经济状况不同，文化程度不同，追求不同，对于礼品的实用性要求也就不同，在物质生活较低时，馈赠时选择实用性的礼品，如食品、水果、衣料、文具等；而在生活水平较高时，馈赠时选择艺术欣赏价值较高、趣味性较强和具有思想性纪念性的物品。馈赠礼品，需要注意对方的习俗和文化修养。

（4）偏好原则

赠礼前一定要了解受礼者的身份、年龄、性格、职位、习惯、喜好等。例如，在阿拉伯国家，不能以酒作为馈赠礼品，不能给当事人的妻子送礼品；在英国，人们普遍厌烦有送礼人单位或公司印记的礼品，而日本人则不喜欢有狐狸图案的礼品。

（5）禁忌原则

赠礼前一定要了解受礼者的禁忌。类似于中国人不愿意收到"钟"这样的礼物一样，国外也有很多礼品忌讳。比如：由于欧洲人对数字"13"的忌讳，不要赠送与数字"13"有关的礼物；日本人忌讳数字"9"，并且反感带有狐獾图案的礼物。总之，商务人员一定要提前了解谈判对象国家的风俗民情，避免造成不必要的误会。

本章小结

- 礼仪指人们在社会交往活动中为了相互尊重而形成的行为规范和准则，是人们为维系社会正常生活而共同遵守的最起码的道德规范。从内容上讲，礼仪是由礼仪的主体、礼仪的客体、礼仪的媒体、礼仪的环境四项基本要素构成的。
- 商务谈判礼仪是一般礼仪在商务谈判活动中的体现。商务谈判礼仪是指公司、企业从业人员以及其他一切从事谈判活动的人士，在商务谈判活动中应当遵守的行为规范和准则。
- 商务谈判礼仪的作用：营造良好氛围，拉近彼此距离；塑造良好形象，推动交易成功；加深理解，增进友谊。
- 商务谈判礼仪的原则：尊重原则、宽容原则、平等原则、诚实守信原则。
- 谈判前礼仪主要包括，合理选择商务谈判的时间、地点、人员；合理收集谈判的资料信息；合理准备服饰等。
- 谈判中礼仪主要包括：迎送礼仪、会见礼仪和交谈礼仪。
- 迎来送往是经济谈判中经常发生的行为，是常见的社交活动，也是商务谈判中一项基本礼仪。具体包括：确定迎送规格、准确掌握抵离的时间、做好接待的准备工作。
- 会见礼仪指见面之际应该遵守的礼仪，主要包括称呼、握手、介绍以及交换名片等礼仪。

- 恰当、礼貌地交谈不仅能增进谈判双方之间的了解、友谊和信任，而且还能促使谈判更加顺利、有效地进行，在谈判活动中，必须讲究和遵守交谈的礼仪。具体包括：尊重对方、及时肯定对方、语言表达自然得体。
- 谈判后礼仪主要包括：宴请礼仪和赠礼礼仪。
- 按照国际商务礼仪的惯例，商务宴请的礼仪一般遵循"5M"原则，即：约会（meeting）、费用（money）、环境（medium）、菜单（menu）、举止（manner）。
- 赠礼的五个基本原则：轻重原则、时机原则、效用原则、偏好原则、禁忌原则。

重要概念

礼仪、商务谈判礼仪、服饰礼仪、迎送礼仪、会见礼仪、交谈礼仪、称呼礼仪、介绍礼仪、握手礼仪、名片礼仪、宴请礼仪、赴宴礼仪、赠礼礼仪

习　题

1. 选择题

1) 世界上各个国家的礼仪标准大不相同，商务谈判时应参照　　　　（　）
  A. 以各国标准为主，交往中哪个是主方就参照哪个国家的礼仪标准
  B. 以综合国力为主，交往中哪个国家强就参照哪个国家的礼仪标准
  C. 经过不断磨合和交流得到的一套大家都认可的礼仪规则系统
  D. 经双方相互协商而定

2) 下列商务礼仪运用不合礼仪规范的是　　　　（　）
  A. 与泰国人见面时行合十礼
  B. 递名片时一定要双手接双手送
  C. 握手时为表示诚意，可以用双手去握对方的手
  D. 接收名片时，如未带名片夹，可以放在西装内袋里

3) 名片是现代商务活动中必不可少的工具之一，下列有关名片的礼仪正确的是　　　　（　）
  A. 为显示自己的身份，把尽可能多的头衔都印在名片上
  B. 为了方便对方联系，名片上一定要有自己的私人联系方式
  C. 在用餐时，要利用好时机多发名片，以加强联系
  D. 接过名片时要马上看并读出来，再放到桌角以方便查看

4) 在某一次商务谈判中，某谈判人员最好的自我介绍的方式是　　　　（　）
  A. 我是×××，请多指教。
  B. 我是×××集团总裁×××，是××大学毕业的，×××教授是我的老师，×××部长曾是我

的同学，我曾在××公司当过总经理。

　　C．我是××集团总裁×××，请多指教。

　　D．我是×××集团总裁×××，毕业于××大学，籍贯是××。

　5）在商务场合，为一位年长的职位低的女士和一位年轻的职位高的男士作相互介绍时，应该（　　）

　　A．先介绍女士　　　　B．先介绍男士　　　　C．先介绍谁都可以

2．判断题

　1）迎送规格主要依据前来谈判人员的身份和目的、己方与被迎送者之间的关系以及惯例三方面情况来确定。

　2）在商务介绍中，一般把地位高者介绍给地位低者，且不一定以职务相称。　　（　　）

　3）在商务谈判中，谈判人员双手接过对方的名片后，应立即放在自己的皮夹中。　（　　）

　4）只要对谈判对方文化背景进行认真研究，就能解决谈判中遇到的所有问题。　（　　）

　5）在商务谈判中，可以采用跷二郎腿的姿势就座。　　　　　　　　　　　　　（　　）

3．思考题

　1）参与商务谈判的着装要求有哪些？

　2）怎样才能做好迎送礼仪工作？

　3）怎样才能做好会见礼仪工作？

　4）赴宴时应注意哪些礼仪？

　5）如何理解礼仪在商务谈判中的作用？

4．案例分析

礼仪下的谈判交锋

　　20世纪80年代初，日本大阪电器株式会社与美国家用计算机公司根据双方高层人士达成的合作意向，派员洽谈一项微机软件的专利购销合同。日方代表是技术部正、副经理山田规与片冈聪，美方则是总经理助理高韩。

　　高韩是中国台湾人，留美获法学学位后曾在纽约一家律师事务所短期供职，取得律师资格后受雇于美国家用计算机公司，因年纪轻、头脑灵活、办事认真而受到总经理器重。山田规与片冈聪是久经征战的谈判老手，素以老练沉稳著称，尤善把握促使对方妥协让步的火候，这对"黄金搭档"认定与对手见面之际即是谈判开始，而对手离开日本时才是谈判的结果。

　　9月10日下午，高韩带着一大堆分析日本人心理的书和株式会社的情况简报飞抵大阪机场。日本代表山田规和片冈聪恭恭敬敬把高韩送上一辆大轿车的丝绒正座，自己却挤在折叠侧椅上正襟危坐。

　　"你们为什么不和我坐在一起呢？正座很宽敞的。"高韩客气地说。"哦，不，你是重要人物，我们尊贵的客人，您应该舒服地休息一下。"片冈聪礼貌地回答，高韩感觉很舒服。

　　车行不久，山田规亲切地问："高韩先生，您会说本地话吗？""你是指日语吗？"高韩反问道。"是的，在日本我们谈判时都用日语。"山田规谨慎地说。"这个，我不会，我想谈判时可以用英语。不过，我可以学几句对话，我带着日文字典呢。"高韩很有把握地说。

　　至此，山田规和片冈聪已从短暂的接待中发现对手年少得志，觉察出对手言谈举止中透着年轻气盛。双方继续随便地闲聊。山田规颇似关心地问："您是不是一定要准时搭机回国？如果是，我安排这辆车准时送您到机场。""谢谢您的关心。"高韩说罢，伸手从口袋里掏出返程机票交给山田规。

　　山田规接过仔细一看，班机是9月25日15：00，看完又郑重地递给片冈聪，仿佛把这件尊贵客人

交办的事宜，必须一丝不苟地完成似的。

大轿车很快在一座高级宾馆门前停下，日方一直把高韩送进预定的套间。高韩性急地问："什么时候开谈？"山田规笑吟吟地答道："早点开谈当然很好，可并不重要，我们是贵公司的老客户，双方有着良好的合作记录。我们从来没有使贵公司任何一位贸易代表感到为难。请放心，凡是可以做出的让步，我们一定说服董事长同意。"此番表白无疑是释放一颗"定心丸"，高韩全无拒绝之意。山田规又说："助理先生首次来日本，我们非常希望您休息得好一些，顺便浏览一下日本的风光，领略一下日本民族的风土人情，欣赏一下日本的传统文化。即使开始谈判，我们也将尽力使您劳逸结合，让您休闲、工作皆有所获。"

说罢双双鞠躬，告辞离开。

第二天一早，日方的盛情款待便开始了。高韩白天被主人带去游览山川风光、名胜古迹，晚上被领着听"雪浪花"、泡歌伎馆。自然景观尚未看完，人文景观接踵而来，从天皇的皇宫到东京的神社全部看了一遍。主人甚至还替高韩报名参加日本禅宗的英语讲座，使之在了解日本宗教过程中加深体会日本人的"好客文化"。同时，东道主用独具风味的日本料理、大和民族的传统晚宴招待客人。

很快过去了11天，到了9月22日上午，双方才坐到谈判桌前，然而例行公事的寒暄、开谈等谈判程序又用去了半天。下午各方报价，高韩的卖价是1 000万美元，山田规的买价是800万美元，双方差额达200万美元。于是开始了讨价还价，按惯例各方一上来都是坚守自己的意愿。谁知谈判尚未深入，却又不得不提早结束，因为主人安排打高尔夫球的时间到了。高韩至此感到自己受到捉弄，但又无可奈何。

9月23日上午，继续交锋。距归期只有两天的高韩直接压盘，用900万美元的报价把双方差额降为100万美元。但日方代表毫不让步，说自己开价是经董事长批准的最高限价，所以800万美元是无权更改的。高韩顿时急躁起来。但不论高韩怎样论述，日本代表只是静静听着，至此，谈判陷入僵局。

9月24日上午举行会谈，高韩首先发言："美国名人杰姆斯曾说过，只要在事情结束前到达，你就绝不会太迟，所以我认为，尽管我们双方正式开谈的时间晚了一些，但要达成令各方满意的协议还是来得及的。二位，我们大多数重要的让步都会在接近截止时限的那一刻发生。你们知道了我的截止期限就在明天，但是请两位考虑一下，如果我改变截止期限，将会发生什么结果？"

日方代表很是震惊，沉默片刻之后，两人以"说服董事长"为由，匆忙离开谈判厅，紧急商量对策。下午再谈，山田规说："我们几次恳求董事长，总算使他同意让价10万美元。"高韩说："按谈判讨价还价的程序看，我们还得争论三个回合，但没时间了。明天上午我得收拾行李，如果没有成交的可能，我就打道回府了。"这一招确实有效，山田规和片冈聪当即决定做出大幅度的让步。

9月25日一早，山田规约谈的电话打到宾馆，并且保证以诚恳的妥协态度协商交易。第三回合谈判准时开始。片冈聪说："高韩先生，我们诚心诚意接待您的，只是安排得过于紧凑，请不要介意。我们之间是有希望成交的，经董事长同意本公司同意让价50万美元，我们希望以850万美元成交。"

高韩笑着说："贵公司在让价方面确实做出了努力，但调整的50万美元仍不是我们公司所能接受的最低价。看来，我只能把谈判经过如实向总经理汇报了。最后，再次谢谢你们的款待。"高韩走出谈判厅，认为谈判破裂无疑。

午饭过后，日方送高韩到机场，山田规似乎异常恳切地说："为了促成我们之间首次交易，我提议将价格提高到880万美元。您如果同意，我们现在就签订合同。"于是，在大轿车上，双方就合同条款谈判、就在即将到达机场时，双方以880万美元完成了这笔交易，高韩回到美国，总经理劈头说："日本人报价应是950万美元。"

根据以上案例所提供的资料，试分析：

（1）社交礼仪在谈判中有什么作用？

（2）你赞同日本人的做法吗？

（3）美方代表如果要避免自己的失误，应该怎样做？

资料来源：郭秀君. 商务谈判［M］. 北京：中国林业出版社，2008：335－336.

课外练习

上网调研中外不同的馈赠礼品的礼仪、礼品设计的特点和发展趋势。

第十一章

国际商务谈判

> **学习目标**
>
> ◆ 了解国际商务谈判的含义，理解国际商务谈判的基本特征
> ◆ 掌握国际商务谈判的工作要求
> ◆ 了解世界主要国家的商人从事商务谈判的风格

 引 例

奥康与 GEOX 公司的成功合作

浙江奥康集团是中国知名鞋业生产企业，GEOX 公司是世界鞋业巨头之一。2003 年 2 月 14 日，两家企业达成协议：奥康负责 GEOX 公司在中国的品牌推广、网络建设和产品销售，GEOX 公司借奥康之力布网中国，而奥康也借 GEOX 公司的全球网络走向世界。在中国入世之初，GEOX 公司把目光对准了中国，意图在中国建立一个亚洲最大的生产基地。2002 年年初，GEOX 公司总裁波莱加托先生开始到亚洲市场调研。经过一段时间的实地考察，他将目标对准了中国奥康集团。但奥康能否接住 GEOX 公司抛过来的"红绣球"，实现企业发展的国际化战略，最终起决定作用的是商务谈判制胜原则的精彩运用。

进行谈判前的准备

"凡事预则立，不预则废"，进行商务谈判，前期准备工作非常重要。只有事先做好充足准备，谈判者才会充满自信，从容应对谈判中出现的突发事件、矛盾冲突，才能取得事半功倍的谈判结果。更进一步说，即便只有 1% 成功的希望，也要做好 100% 的准备，不管自己在谈判中处于优势还是劣势。

GEOX 公司曾用两年时间对中国市场进行调研，先后考察了 8 家中国著名的鞋业公司，为最终坐到谈判桌前进行了周密的准备。谈判中，波莱加托能把几十页的谈判框架、协议条款熟练背出，令在场的人大吃一惊。波莱加托的中国之行排得满满的，去奥康考察只有 20% 的可能，谈判成功预期很低，合作机会也很小，波莱加托竟做了如此周密的准备，是值得国内企业家们学习和借鉴的。

尽管奥康对与 GEOX 公司合作成功的心理预期也是极其低的，但他们的宗旨是：即便是只有 0.1% 的成功机会也绝不放过。奥康为迎接波莱加托一行进行了周密的准备和策划。首先，他们通过一位香港翻译小姐全面了解对手公司的情况，包括对手的资信情况、经营状况、市场地位、此行目的以及谈判对手个人的一些情况。其次，为了使谈判对手有宾至如归的感觉，奥康公司专门成立了以总裁为首的接待班子，拟订了周密的接待方案。从礼仪小姐献给刚下飞机的谈判方波莱加托一行的鲜花，到谈判地点的选

择、谈判时间的安排、客人入住的酒店预订，整个流程都是奥康公司精心策划、刻意安排的，结果使得谈判对手"一直很满意"，为谈判最终获得成功奠定了基础。

谈判情感注入

奥康集团总裁王振滔努力寻找奥康与 GEOX 公司的共同点，并把此次谈判的成功归结为"除了缘分，更重要的是奥康与 GEOX 公司有太多相似的地方"。的确，GEOX 公司以营销起家，短短 10 多年时间，年产值就达 15 亿欧元，产品遍及全球 55 个国家和地区，增长速度超过 50%，由一家酿酒企业跨入世界一流制鞋企业行列。而奥康是从 3 万元起家，以营销制胜于中国市场，15 年的发展，产值超过 10 亿元。年轻、富有远见和同样的跳跃性增长轨迹，奥康与 GEOX 公司在很多方面是如此惊人地相似，难怪两位总裁惺惺相惜。

为了营造氛围，消除利益对抗，奥康在上海黄浦江包下豪华游轮宴请谈判对手，借游船赏月品茗的美好氛围消除利益冲突引发的对抗，平衡谈判双方实力，此举可以称为谈判领域的经典案例。

在 2003 年 2 月 14 日，也就是西方传统情人节，GEOX 公司与中国皮鞋业巨头奥康集团签订了合作协议。此后，在中秋月圆之夜，王振滔与波莱加托举杯对饮，共谋发展大计。追求浪漫是现代人共同的价值取向，选择中西方传统节日中秋节、情人节为此次合作增添了浓郁的文化氛围和浪漫气息，是奥康营造和谐氛围，智取此次谈判，并为今后长远合作的精心之作。结果正如王振滔所愿，波莱加托对王振滔亲自策划的这些活动非常满意，也对奥康集团的策划能力有了更深的认识。

谈判毕竟不是为交友而来，谈判者花在联络感情上的时间总是有限的，如果找一种方法，能够用较少的成本赢得对手的友谊和好感，那就非赠送礼物以表情达意莫属了。王振滔选择寓含奥康和 GEOX 公司完美无缺之意的"花好月圆"青田玉雕，送给波莱加托先生。礼物虽轻，但表达了赠送人的情真意切。谈判双方建立起真诚的友谊和好感，对日后的履约和合作具有重要的意义。

以让步对障碍进行回避

GEOX 公司有备而来，拟订了长达几十页的协议文书，每一条都相当苛刻，为了达成合作，双方都做了让步。但在两件事上出现了重大分歧，一是对担保银行的确认上，奥康一方提出以中国银行为担保银行，对方不同意，经过权衡，双方本着利益均衡的原则，最后以香港某银行为担保银行达成妥协。另一件事是双方关于以哪国法律解决日后争端的问题产生了分歧，此问题使谈判一度陷入破裂边缘。波莱加托提出必须以意大利法律为准绳，但因王振滔对意大利法律一无所知而予以坚决抵制。王振滔提议用中国法律，也因波莱加托对中国法律一窍不通而遭到了其坚决反对。眼看所做的努力将前功尽弃，最后还是双方各让了一步，以第三国（英国）法律为解决争端的法律依据而达成妥协。

奥康和 GEOX 公司的合作无疑是一项互利的合作。王振滔认为，GEOX 公司看中的不仅仅是奥康的"硬件"，更多的还是其"软件"，是一种积极向上、充满活力的企业精神，还有奥康人一直倡导的"诚信"；而奥康看中的则是 GEOX 公司这艘大船，它要借船出海，走一条国际化的捷径。从表面上看，谈判双方既得利益是不均衡的，奥康所得（借船）远远低于 GEOX 公司所得（奥康的硬件和软件），因此，引来诸多专业人士或担忧或谴责，王振滔平和的背后并不缺少商人的精明："许多人预言我们是'引狼入室'，而我们是'与狼共舞'，'携狼共舞'。"

国际商务谈判是商务谈判的重要组成部分，是国内商务谈判的延伸和发展。世界经济一体化的步伐不断加快，中国已经在世界经济的大舞台上扮演着重要的角色。我国作为国际贸易大国，对外经济贸易多元发展，不论是进行国际间的贸易买卖、技术引进、劳务合作，还是合资合作，都需要进行国际商务谈判。国际商务谈判是对外经济贸易工作中不可缺少的重要环节。因而有必要了解和学习国际商务谈判的特殊性。

第一节　国际商务谈判的特征与要求

▶▶ 一、国际商务谈判的含义

国际商务谈判是国际商务活动的重要组成部分，它是指在国际商务活动中，不同国家之间的商务活动主体为满足某一需要或达成商品交易，相互之间就交易条件进行磋商的行为过程。

国际商务谈判是国内商务谈判的延伸和发展，既具有国内商务谈判的共性，又具有国际商务谈判的特殊性。国际商务谈判的主体分别属于不同的主权国家。从我国的视角来看，国际商务谈判中利益主体的一方，通常是外国的政府、企业或公民（在现阶段，还包括我国的香港特区、澳门特区和台湾地区的企业与商人）；另一方，是中国的政府、企业或公民。不同国籍的利益主体需要就共同关心或感兴趣的问题进行磋商，协调和调整各自的经济利益或政治利益，相互妥协从而达成协议。可以说，国际商务谈判是对外经济贸易活动中普遍存在的一项十分重要的经济活动，是调整和解决不同国家和地区政府及商业机构之间不可避免的经济利益冲突的必不可少的一种手段。

◉ ［案例11-1］

中国的一场苦战：2009年中国铁矿石价格谈判

（一）谈判背景

世界铁矿石交易分为长期协议和现货交易两种方式，分别对应长期合约价格和现货交易价格。当前国际铁矿石的长期协议价格谈判机制始于1981年。铁矿石贸易市场属于寡头市场，目前国际上有三家主要的铁矿石生产商，分别是巴西淡水河谷公司、澳大利亚的必和必拓公司、英国的力拓集团。在2008年的铁矿石谈判中，虽然维持了传统的协议框架，但实质谈判机制已被瓦解，取而代之的是一对一的相机谈判机制。

从国际国内的形势来看，铁矿石在2009年降价已经是大势所趋。我国铁矿石的对外依赖度仍然很高，同时我国作为世界铁矿石最大买家，面对寡头市场，在谈判中缺少话语权。另外，我国国内力量不统一，在对外谈判中缺乏权威的领导。2009年，中钢协代表我国钢铁企业参与铁矿石谈判。与三巨头相比，我国参与铁矿石国际谈判比较晚，谈判经验相对缺乏，技巧不够成熟。特殊的国际、国内环境决定了2009年的中国铁矿石价格谈判必然步履艰难，难以预测。

（二）谈判的过程和策略

根据谈判形势的变化，2009年的中国铁矿石谈判分为四个阶段。第一轮谈判从2008年10月到2009年1月；第二轮谈判从2009年2月到4月；第三轮谈判从2009年5月持续到6月底，在预定时间内谈判破裂；第四轮谈判更应该说是谈判的加时赛，持续到2009年8月17日，以中钢协与澳洲第三大矿商FMG达成降价幅度协议而落幕。

第一轮谈判可以分为前后两个阶段，前半阶段，谈判形势于中方有利。此时，中钢协的谈判策略是主动强势出击，力求大幅压低铁矿石价格；而三巨头的谈判策略是尽量拖延，等待转机，暗度陈仓。在第一轮谈判的后半阶段形势出现逆转，中方由主动变为被动，三巨头摆脱被动局面。此时，中钢协的谈判策略是全力补救，内外出击；三巨头的谈判策略是继续拖延，接招拆招。

第二轮谈判从2009年2月开始，可以说谈判的形势并不明朗，双方有守有攻。中钢协的谈判策略是团结铁矿石买方阵营，坚持强硬立场，不达目的不罢休；三巨头的谈判策略是继续拖延，心理攻坚，协力固守，蓄势待发。

第三轮谈判从2009年5月开始，亚洲阵线全面瓦解，中国大陆"孤军奋战"。中钢协的谈判策略是坚持初衷，强硬依旧，做好谈判破裂的准备；而三巨头的谈判策略是转守为攻，四面出击，针对买方阵营各个击破。

在加时赛中，谈判各方的心理博弈升级到了正面交锋。此时中钢协强硬态度松动，但仍期待铁矿石降幅高于力拓集团与新日铁住金株式会社达成的首发价。而三巨头强烈施压，使中钢协只能另寻出路，转向澳洲第三大铁矿石供应商FMG，寻求突破，并最终与FMG达成2009年度铁矿石采购协议。

二、国际商务谈判的特征

国际商务谈判既具有一般商务谈判的特点，又具有国际经济活动的特殊性，一般商务谈判的特点在本书第一章已经做过阐述，在此不再赘述。与国内商务谈判相比，国际商务谈判的特征主要有：

（一）国际性

国际性是商务谈判的最大的特点，又称为跨国性。国际商务谈判的主体属于两个或两个以上的国家或地区，代表了不同国家或地区的利益。谈判结果可能会导致资产的跨国转移，必然要涉及国际贸易、国际结算、国际保险、国际运输等一系列问题。因此，国际商务谈判在适用法律方面不能完全以任何一方所在国家或地区的法律为依据，而要以国际商法为准则，并以国际惯例为基础。谈判人员要熟悉各种国际惯例，熟悉对方所在国的法律条款，熟悉国际经济组织的各种规定和国际法。这些问题是一般国内商务谈判所无法涉及的，要引起特别重视。国际商务谈判的国际性特征是其他特征的基础。

（二）政策性

国际商务谈判既是一种商务交易的谈判，也是一项国际交往活动，常常涉及谈判主体所在国家之间的政治和外交关系，因此，在国际商务谈判中谈判主体所在国或地区的政府常常会干预和影响谈判。国际商务谈判必须贯彻执行国家的有关方针政策和外交政策，特别是对外经济贸易的一系列法律和规章制度。各类国际商务谈判的参与者，都通过各种渠道积极寻求我国政府以及有关的外国政府或地区当局的支持或认可。

（三）跨文化性

由于国际商务谈判的谈判者代表了不同国家和地区的利益，商务谈判不仅仅是谈判各方基于经济利益的交流与合作，也是各方所具有的不同文化之间的碰撞与沟通。在不同国家或地区、不同民族之间进行的国际商务谈判更是如此。由于谈判主体来自不同的国家和地区，有着不同的社会文化背景和政治经济体制，人们的价值观、思维方式、行为方式、语言及风俗习惯各不相同，从而使影响谈判的因素更加复杂，谈判的难度更加大。

（四）困难性

困难性是由国际性、政策性和跨文化性派生而来的。国际商务谈判的参与者所面临的环境比国内商务谈判的参与者所面临的环境更加复杂多变，谈判的影响和制约因素比一般国内商务谈判要多很多，谈判的不确定性和协议执行过程中的风险也更大。因此，谈判者在进行国际商务谈判前必须特别重视市场调查研究工作，了解国外的经济情况和市场情况，花费更多的时间与精力来适应沟通方式的差异、时间和空间概念的差异、决策结构的差异、法律制度的差异、谈判认识上的差异、经营风险的差异、谈判地点的差异等。

三、国际商务谈判的基本要求

（一）树立正确的国际商务谈判意识

国际商务谈判意识是促使谈判走向成功的精髓。谈判人员谈判意识的正确与否，将直接影响到谈判方针的确定及谈判策略的选择，影响到谈判中的行为准则。正确的国际商务谈判意识主要包括：谈判是协商，应争取双赢；谈判中既存在利益关系，又存在人际关系，要注意平衡二者之间的关系；既要着眼于当前的交易谈判，又要放眼未来，考虑今后的交易往来。

（二）坚持平等互利的原则

在国际商务谈判中，要坚持平等互利的原则，既不强加于人，也不接受不平等条件。所谓平等互利，是指国家不分大小，不论贫富强弱，在相互关系中，应当一律平等。在相互贸易中，应根据双方的需要和要求，按照公平合理的价格，互通有无，使双方都有利可得，以促进彼此经济发展。平等是国际商务谈判得以顺利进行和取得成功的重要前提。在国际商务谈判中，平等性要求包括谈判各方地位平等、谈判各方权利与义务平等、谈判各方签约与践约平等。国际商务谈判协议条款的拟订必须公平合理，有利于谈判各方目标的实现，使各方利益都能得到最大限度的满足。

（三）做好国际商务谈判的准备工作

国际商务谈判的复杂性，要求谈判者在开展正式谈判之前做好相关的调查和准备工作。

1. 熟悉国家政策、国际商法和国际惯例

国际商务谈判的政策性特点要求谈判者必须熟悉双方国家的有关政策，尤其是外交政策和对外经济贸易政策，同时，还要了解国际商法，遵循有关国际公约和国际商务惯例。如《联合国国际货物买卖合同公约》《国际贸易术语解释通则》《跟单信用证统一惯例》等。

2. 具备良好的外语技能

语言是交流磋商必不可少的工具，语言本身是文化的重要组成部分，学好有关外语也能更好地了解对方的文化。良好的外语技能有利于双方良好的沟通，提高交流效率，避免沟通过程中的障碍和误解。许多国家的人都认为，对方懂得自己的语言是对自己民族的尊重。

3. 国际商务谈判的调查准备

首先要充分地分析和了解潜在的谈判对手，明确对方企业和可能的谈判者的个人状况，分析政府介入的可能性，以及一方或双方政府介入可能带来的问题。

其次，要对谈判的环境进行详尽的调查，评估各种潜在的风险及其可能产生的影响，拟定各种风险防范措施。再次，合理制订谈判计划，选择比较好的谈判地点，对对方的策略开展反策略的准备。准备多种谈判方案，应对突变情况。

（四）正确认识和对待文化差异

国际商务谈判的跨文化性要求谈判人员必须了解谈判对手的商业文化，正确认识和对待文化差异。

文化习俗的差异反映了不同文化中的民族与自然、地理环境等斗争的历史，文化习俗没有高低贵贱之分，尊重对方的文化是对国际商务谈判人员最起码的要求，"入乡随俗，出国问禁"。从事国际商务谈判的谈判人员要善于从对方的角度看问题，善于理解对方看问题的思维方式和逻辑判断方式。

第二节 文化差异对国际商务谈判的影响

国际商务谈判受到各自国家或民族的政治、经济、文化等多种因素的影响，其中最难以把握的就是文化因素。文化上的差异往往导致国际商务谈判中文化碰撞甚至冲突，相当一部分谈判因此而失败，直接影响了国际商务活动的顺利进行。

由于世界各国历史传统、政治制度、经济状况、文化背景、风俗习惯以及价值观等存在明显差异，所以各国谈判者在商务谈判中都会形成不同的谈判风格。每一位谈判人员来到谈判桌前时，都带着自己文化的深深烙印。因此，在进行国际商务谈判之前，谈判人员必须熟悉各国文化的差异，认真研究对方谈判人员的文化背景及特点，把握对方的语言表达方式、价值观、思维方式、风俗习惯，做好充分的准备，以此建立并加强自己的谈判实力，掌握谈判的主动权。

▶▶ 一、影响国际商务谈判的文化因素

（一）语言表达方式

1. 语言表达的差异

语言是由语音、词汇、语法构成的符号系统，语言是人类进行交流的工具，是信息传递的媒介。语言是文化的重要载体之一，语言直接反映一个民族的文化特征，也是不同文化间的重要区别，是最难把握的文化要素。在国际商务谈判过程中，中西方谈判者由于各自的语言文化的差异性谈判，双方在语言理解方面很可能产生误差。

在国际商务谈判中，中方谈判代表总是含蓄间接地表达自己的观点，沟通方式迂回婉转，较少采用威胁、命令和警告性言论，把和谐看作实现利益的先决条件，追求长期性的友谊和合作。在谈判中尽量避免摩擦，不当面拒绝对方的要求，以免伤害双方的感情。然而，欧美国家的语言沟通方式是直接而简单的，人们认为争辩是发表个人意见的方式，有利于问题的解决，观点的分歧不会影响到人际关系。在谈判中，西方谈判者往往直接做出肯定或否定的表态，喜欢用确切明了的语言表达自己的意向，和谈判对手共同努力解决分歧，达成共识。中西方谈判者语言表达方式的不同很可能导致谈判双方对对方所传递的语言信息得出错误的判断，从而导致谈判失败。

2. 非语言表达的差异

非语言沟通的表现形式主要分为三大类：第一种为无声语言，包括停顿和体语；第二种是类语言，主要是指说话时的语速、语调、重音和笑声；第三种是时空语言，主要是指环境和时间。由于中西方谈判者在非语言沟通方式上的文化差异，当一方谈判者发出某种非语言信号时，具有不同文化背景的谈判对手极易误解这些信号，甚至谈判人员同样的动作语言有可能传递着截然相反的信息。如，大多数国家"点头"表示"是"，而尼泊尔人、斯里兰卡人、有些印第安人和因纽特人用点头表示"不"。阿拉伯人

认为站得近些表示友好，而英国人认为保持适当的距离才合适。观察阿拉伯人同英国人谈话就会发现，阿拉伯人往前挪，英国人却往后退。谈话结束时，两个人离最开始谈话的地方可能相当远。西方谈判者喜欢目视谈判对手的面部或眼睛，以表示对谈话内容的兴趣和态度，然而中东一些国家的谈判者则不习惯正视对方，通常转动目光以避免与对方对视。

在国际商务谈判中，如果谈判者没有敏锐的跨文化交流意识，便会对对方的语言和非语言沟通方式感到困惑，甚至产生误解，影响谈判结果。

● [案例11-2]

在曼谷的困惑

简·雷诺兹是新加坡一个重要的贸易协会执行理事，她是一位对人友好热情的美国人，她已在新加坡居住十年，和那里的人们一直相处得很好。被邀请作为曼谷的一个泰国妇女组织的年度会议主席，简·雷诺兹很高兴。尽管雷诺兹女士是一位经验丰富的演讲者和讨论引导者，但对她来说，这是第一次在泰国作为会议主席。在简·雷诺兹向朋友和同事们征求意见时，他们提醒她说，泰国妇女在公众场合有些害羞，她们当众表达观点和看法时可能会有些犹豫。

所以，在那天上午的会议中，当第一位和随后两位泰国妇女平静地发表有意义的评论与建议时，简·雷诺兹感到很高兴。她以特殊的方式表达她的兴奋，扬起眉毛从椅子上站起来，振动着双臂，激动地感谢这三位发言的泰国女士，并称赞她们的表现。雷诺兹女士自信地大声说话，以便让所有与会者都能够听见。

会议继续，但因某些原因整个会场没有回应。实际上，泰国妇女们也不再回答这个会议主席的问题，会议中其他人一直保持沉默。

散会后，有两位在会议中发言的泰国妇女走近简·雷诺兹并含泪问道："为什么会上您对我们这样生气？我们不知道做了什么让您这样心烦。"简·雷诺兹慌忙回答说她根本就没生气，也并不心烦，但这两位泰国妇女还是嘟囔着说了声"再见"，便伤心地离开了。

那天下午，简·雷诺兹回到她住的酒店，因泰国与会者们的反应而感到极其的困惑。她很奇怪为什么会议在那样一个良好开始之后会突然变得糟糕了。

资料来源：宋超英. 商务谈判 [M]. 兰州：兰州大学出版社，2005：296-297.

（二）价值观

价值观是基于人的一定的思维感官之上而做出的认知、理解、判断或抉择，也就是人认定事物、判定是非的一种思维或取向，从而体现出人、事、物一定的价值或作用。在阶级社会中，不同阶级有不同的价值观念。价值观具有稳定性和持久性、历史性与选择性、主观性的特点。价值观对动机有导向的作用，同时反映人们的认知和需求状况。各国商务文化千姿百态，各不相同，其根本原因就在于价值观的差异。国际商务谈判中价值观方面的差异远比语言及非语言行为的差异隐藏得深，因此也更难以克服。价值观差异对国际商务谈判行为的影响主要表现为因客观性、时间观、竞争和平等观、人际关系、性别偏见等差异而引起的误解。

1. 客观性

商务谈判中的客观性反映了行为人对人和事物的区分程度。西方人特别是美国人具有较强的客观性，美国人看重的是经济和业绩，对事不对人，根据事实进行决策，公事公办、不徇私。然而在裙带关系重要的东方和拉丁美洲文化中，经济的发展往往是在家族控制的领域内实现的，认为"把人和事分开"简直就是不可思议的,在这些文化背景中的人认为事情是由人做的,做事的人不同,做出的事情就不同。

2. 时间观

不同文化具有不同的时间观念。爱德华·T. 霍尔把时间的利用方式分为两类:单一时间利用方式和多种时间利用方式。单一时间利用方式强调"专时专用"和"速度"。北美人、瑞士人、德国人和斯堪的纳维亚人具有此类特点。这些国家的人时间观念很强,对他们来说,时间就是金钱,不守时是很严肃的问题。单一时间利用方式就是线性地利用时间,仿佛时间是有形的一样。

而多种时间利用方式则强调"一时多用"。中东和拉丁美洲文化具有此类特点,时间观念则相对较弱,并认为时间应当是被享用的。多种时间利用方式涉及关系的建立和对言外之意的揣摩。在多种时间利用方式下,人们有宽松的时刻表,时间观念淡薄,存在意料之中的延期。

在国际商务谈判中,当采用不同时间利用方式的谈判者进行谈判时,就需要彼此调整,以便建立起和谐的关系,并要学会适应不同时间利用方式的工作方式。

● [案例11-3]

中西方时间观差异案例

一个极其尴尬的约会

保罗是一位60岁的新西兰人,他对守时赴约的要求极其严格,所以他的中国雇员认为他不知道什么是轻重缓急。一天,有位广告代理商与他约好来谈一则广告设计问题,由于司机不熟悉来公司的路线而且又遇交通堵塞,广告代理商迟到了半个小时。当广告代理商匆忙赶来时,保罗却没有与代理商谈论广告之事,反而起身离开了办公室。保罗的中国助理知道老板平时就是这样对待约会迟到的人,但是今天这项广告的设计工作事关后面好几件工作。他虽然很生气,但是又拿老板没办法。

简析:在这个案例中,外国雇主在中国做生意时,对中国人的守时要求过于苛刻,造成了中方有关人员感情上受到伤害,同时又影响了后面的工作。中方的广告代理商在遇到一系列客观因素导致约会迟到的时候,如果能够在路上及时与外方老板取得联系并说明情况,可能事情会有一个较好的结果。

对最后时限模棱两可的回答

在一家外企公司里,每当老板询问中国员工能否在一个最后期限之前完成某项工作时,中方雇员常常回答"差不多吧"。而外国老板却希望员工能够明确给予一个肯定或否定的回答。

简析:中国雇员之所以不愿意给予一个干脆的回答,是因为他们一方面不愿意违背上级的要求,另一方面又觉得做事应该给自己留有余地,因此喜欢采用一种模棱两可的答复方式。实际上,中国雇员在外国公司里,应该放弃服从上级领导的传统意识,学会与外国雇主共同探讨最后期限的能力。

资料来源:马小鸿. 文化冲突视角下中西方时间认知差异案例探析 [J]. 技术与市场,2014 (12).

3. 竞争和平等观

国外有专家借助模拟谈判实验的结果来反映竞争和平等观念差异对国际商务谈判的影响。模拟谈判实验观察了来自不同文化的商人小组参加同样的买卖游戏所得到的"谈判蛋糕",以此来体现商务谈判的竞争和合作的关系。考察模拟谈判实验的结果可发现,就美国文化和日本文化而言,日本人最善于做大"蛋糕",而美国人的"蛋糕"大小一般。相反,美国人对利润的划分相对而言较日本人公平,日本人划分蛋糕的方式较为有利于买方。日本人划分利润的理念是对买方相对比较有利,因为日本人认为顾客就是上帝，卖方往往会顺从买方的需要和欲望；美国人对利润的划分相对比较公平，认为买卖双方是平等的，在美国人看来，利润划分的公平性比利润的多少更重要。

4. 人际关系

谈判过程是一种社会交往的过程，当事人在谈判过程中的行为举止、为人处事，对于谈判的成败至关重要。中国是以人际关系为导向的民族，通常将创造和谐的气氛和深厚感情作为谈判的手段。因此，中国的谈判成员在接触西方谈判者时会热情款待对方，通过这样的方式提升彼此关系。在谈判中，希望能够与谈判对象构建长期的商业伙伴联系。而西方人则以最大利益为最终目的，往往将各单合同的签订视为独立的行为，而不是建立长期的合作关系。

5. 性别偏见

不同的文化中，人们对男性和女性的看法存在很大差异。在很多地方，如亚洲、阿拉伯国家、拉丁美洲甚至一些欧洲国家，女性和男性的待遇有很大差异，女性一般不会进入高级管理层，女性在这些国家中并未得到过多的尊重，她们甚至不被允许参与一些正式场合。在男性占支配地位的社会中，妇女的传统角色使得妇女不可能与东道国的谈判者建立起成功的关系。与来自日本、阿拉伯、拉丁美洲国家的商人进行交谈时不可涉及妇女问题，派女性作为商务代表与之谈判也会让这些国家的商人感到不快。

● [专栏11-1]

谈判桌上女性的"天然优势"遭遇两难处境

在西方国家，对社会性别与谈判关系的研究已有多年，产生了丰富的研究成果。但相关研究在中国还不够深入。其实有两个要点值得我们注意：一是，尽管女性在谈判中会遇到包括"两难处境"在内的各种困难，但重要的是，女性应先学着积极、主动地谈起来；二是，女性所处的这种"两难处境"要求女性努力平衡各方观点，恰当应对各种局面，虽然艰难，但也必须尝试着做起来。

美国总统唐纳德·特朗普曾经给女性提出建议："至少要有一定程度的性感"，要"善用上帝给的资本"。这一说法可以转换成这样一个问题：在谈判桌前，女性到底是否应该利用"性力量（sexual power）"？

"性力量"——女性在谈判桌上的"天然优势"？

特朗普的说法会让人联想到美国全国广播公司出品的一档职场创业型真人秀节目《飞黄腾达》（*The Apprentice*），特朗普正是该节目中的老板和导师之一。

在节目第一季前四集的男队与女队较量中，女队连赢四场，而她们的战术无一例外地都与女人的"性力量"有关：她们用给男顾客拥抱、亲吻等办法，高价售卖柠檬水；通过穿着性感衣服，以及在广告中使用男人性器官的寓意等达成目标。连女队的成员都说："我不认为那叫谈判，那根本就是色诱。"

特别值得一提的是，在第四集中，为了完成经营餐厅的任务，女队采用了美国"著名""特色"餐厅hooters的战术，穿着紧身暴露的衣服。她们还做出各种调情动作，靠与顾客拼酒来赚高附加值的酒钱……要知道，在美国，餐厅hooters的营销方式本身受到很多诟病。但节目导师特朗普只重结果——看到女生队取得连胜佳绩，他总结说："我开始考虑，以后可能再也不雇男人了。"但是，节目从第五集开始发生了变化，人员重组、男女混合，任务特质也发生了变化，不再能够单纯利用"性力量"取胜。而且，第一季最终获胜的是一位男性。

尽管《飞黄腾达》的不少情节让人偶有似曾相识之感，但节目毕竟是节目。在现实生活中，在活生生的谈判实践中，女性能否通过调情、抛媚眼这类手段，利用"性力量"影响男性对手呢？

2005年，美国杜兰大学做了一项"开拓性"调查，被调查的164名工商管理硕士研究生中有49%

认为，为了获得职业上的进步，她们至少会运用10种具有性意味的行为中的一种，比如挑逗性地交叉双腿或倚靠在桌上、让男性能顺着衬衫领口看下去等。51%的人说自己从不这么做。从工资收入上看，不使用性手段的人的平均收入为75 000～100 000美元，而使用的则为50 000～75 000美元。《今日美国》在介绍这次调查的文章中特别强调，这次填补空白的调查正好反驳了唐纳德·特朗普给女性的建议。该研究的负责人说："这真是一个女性主义的故事，因为我们认为在工作场所使用性力量的后果是消极的。"西方的另一项调查则从不同角度提供了意见。在《时尚芭莎》的一项关于工作场所女性行为态度的调查中，受访的500个女性专业人士中有86%称，假如能够让她们晋升，她们愿意高兴地和男性同事调情。

以《时尚芭莎》的调查为切入点，美国谈判学者研究了女性在谈判桌上使用"性力量"的问题。作者首先讨论了女性利用调情来在工作中获得好处的一般看法和受过训练的专业谈判者对于调情的消极看法。接着检视了调情对谈判者印象形成的影响，以及这种做法是否有助于帮助女性在别人那里达到受欢迎程度和工作能力强弱之间的平衡。作者发现，在谈判桌前，调情既有好处也有坏处。虽然调情可以增加女性的受欢迎程度，但这么做的人会被认为比约束其"性权力"的人更不可靠。这显然是一种"两难处境"。

这样，问题好像就不仅是"调情是否起作用"的问题了，而是涉及社会文化、习俗对女性及其社会性别角色的期待，以及对特定领域专业性的设定问题。事实上，女性在谈判中面临各种不同类型的"两难处境"。

"两难处境"——女性在谈判中的不利地位

在西方传统的社会性别刻板印象中，存在着对男/女、男性特质/女性特质的二元对立的思维模式：女性合群、男子独断；女性是人际关系导向、关注他人福利的，男子是自我导向、聚焦任务的、注重控制和掌控他人；女性具有关怀特质、乐于助人、富于同情心，男子是富于侵略性、强力的、有决断的；等等。"女性特质"常被看作是女性的优势，但事实上，这些特点在某些特定的语境中，往往成为女性发展的障碍。例如，人们常会提出这样的问题：女性热爱和平，如果第二次世界大战时她们掌握了权力，反法西斯国家是否还能取得胜利？

在这种语境中，美国女性主义谈判专家认为，女性在谈判中比男子面对更多困难：合群、倾向于通过交流进行集体决策的女领导人，可能被指责为主体性不足；但主体性强、作风独断的女领导人，又可能被批评为缺乏群体意识。再如，女领导人说话坚定果断不被看好，温柔平和也会受责难，人们更容易拒绝女性的影响，等等。女性只有在以提升他人而不是自己利益为目的进行谈判的时候，她们所表现出来的自信的讨价还价行为才能得到认可。男子和女性的行为相同，可能仅仅因为他们的性别差异而获得不同的评价，也可能因为评价者的性别差异而得到不同的评价。无论评价者的性别如何，他们都倾向于打压女性谈判者。

正是考虑到女性在谈判中面临的这种"两难处境"，facebook（脸谱）首席运营官谢丽尔·桑德伯格曾强调："我们不是谴责女性不敢去谈更高的薪水，而是要承认她们在维护自己利益方面如此勉强完全是有正当理由的，因为这么做很容易让结果事与愿违。"

对谈判中"天然优势"与"两难处境"问题的再思考

通过前面的分析，笔者希望在此着重谈几点想法。第一，尽管女性在谈判中是否应调情、施展女性"性力量"问题上面临"两难处境"，但从整体来看，女性主义学者对于女性在谈判中利用此类手段达成目标持反对立场。女性主义学者强调的"两难处境"所涉及的更多的是性别刻板印象给女性参与谈判带来的障碍和困境。第二，前文提到杜兰大学的实验结果是，使用"性力量"的女性普遍收入少、地位低。对此可以有一种解释：收入少、地位低的女性，正是因为并没有更有力的讨价还价的条件，所以才在谈判中利用调情等"性力量"。"性力量"可能会被想象成才华不足时的补充力量，尽管其有潜在的危害性。第三，2016年6月27日的英国《每日邮报》刊出《这是通往成功的穿着秘密吗？》一文，报道了巴黎第四大学的研究人员所做的一项研究显示，求职者在简历上使用穿着低胸上衣的照片，可以增加面试机会，竟然高达普通装束的5倍之多。相关研究者称："这个结论相当令人震惊且影响消极，但不必太吃惊——它们需要我们做进一步研究。"看样子，无论是对研究者还是大众传媒，关于谈判桌上"性力量"的讨论还远没有结束。

资料来源：李英桃. 谈判桌上女性的"天然优势"遭遇两难处境［N］. 中国妇女报，2016-08-02（B2）.

（三）思维方式

基于客观存在的思维差异，不同文化的谈判者呈现出决策上的差异。如东方人呈现综合思维，由整体到分层再到细节，而西方人偏好分析思维，从细节入手，概括归纳，得出结论；东方人重视原则，先谈原则，西方人重细节，认为细节是问题的本质，原则只是一种形式；东方人受其社会习俗、道德伦理等方面的影响，在思维形式上表现出顾及他人的主张和态度，谈判是以集体为核心，谈判小组成员全力支持首席代表人发言，而西方人的思维模式强调个体差异，小组成员互相尊重对方的思维，互不干涉，表现出彼此独立的个性。

当面临一项复杂的谈判任务时，东方人常采用通盘决策方法，重视对所有问题整体讨论，不存在明显的次序之分，通常要到谈判的最后，才会在所有的问题上做出让步和承诺，从而达成一揽子协议。然而西方人通常采用顺序决策方法，将大任务分解为一系列的小任务，将价格、交货、担保和服务合同等问题分次解决，每次解决一个问题，从头至尾都有让步和承诺，最后的协议就是一连串的小协议的综合。

（四）风俗习惯

风俗习惯指个人或集体的传统风尚、礼节、习性。是特定社会文化区域内历代人们共同遵守的行为模式或规范。主要包括民族风俗、节日习俗、传统礼仪等。风俗由于是历史形成的，它对社会成员有一种非常强烈的行为制约作用。风俗是社会道德与法律的基础和相辅部分。比如，在泰国，左手被认为是不洁的，所以在交换名片时不可用左手递出名片；信仰伊斯兰教的沙特阿拉伯商人在斋月不进行商务活动；大多数北美人是不愿意在晚饭的时候谈生意的；在西方国家主要的社交饮料是咖啡，而在我国主要是茶水。

在国际商务谈判中，了解文化差异并辩证地对待这些差异是极其重要的。只有分析和了解这些影响因素，才能在国际商务谈判实践中跨越文化差异引起的障碍，实现求同存异和双赢。

▶▶ 二、文化差异对国际商务谈判的影响

（一）存在谈判双方发生误解的风险

不同国家文化间在语言表达方式、价值观、思维方式、风俗习惯等因素上存在差异，这给国际商务谈判中的沟通制造了误解和障碍。当两种语言都有类似的表达但含义却有很大差别时，以及某种表达只

在一种语言中存在时，极易引起沟通上的混淆，并存在发生误解的风险。例如，我国有一款闹钟品牌是"山羊闹钟"，但出口贸易时，外商要求改品牌名称。"山羊"一词，在汉语里没有什么特殊意义，而其英文名称 goat 在英语中却表示"色鬼"的意思。那么"山羊牌闹钟"就变成"色鬼牌闹钟"了。再如，中国人招待客人时，一般都准备了满桌美味佳肴，不断地劝客人享用，自己还谦虚。"没什么菜，吃顿便饭。薄酒一杯，不成敬意。"行动上多以主人为客人夹菜为礼。西方人会对此大感不解，明明这么多菜，却说"没什么菜"，这不是实事求是的行为。而他们请客吃饭，菜肴比较简单，席间一般不劝客，吃喝由客人自便自定。谈判者在进行国际商务谈判时，应提前进行充分地准备，了解这些文化差异，方能避免因文化差异而造成的误解，取得国际商务谈判的成功。

◉ [案例11-4]

文化差异引发的耐克广告禁播

2017年11月下旬，耐克广告片耗资一亿美元的耐克篮球鞋广告片"恐惧斗室"在我国央视体育频道和地方电视台播出。《恐惧斗室》篮球鞋广告片讲的是：一位篮球运动员（美国NBA巨星勒布朗·詹姆斯）进入一个五层高的建筑，在每层的"恐惧斗室"（分别名为"夸张失实""诱惑""嫉妒""自满""自鸣得意"），对手包括武者、美女、金钱、两条盘龙等，詹姆斯逐层挑战这些对手，直至取得最后的胜利。在"夸张失实"单元，台阶旁立着两个与中国渊源深厚的石狮，詹姆斯与身穿长袍道家模样的老者"争斗"，詹姆斯将老者击倒，然后上篮得分。在"诱惑"单元：与敦煌壁画中的飞天造型相似的仕女暧昧地向詹姆斯展开双臂。詹姆斯扣碎了篮板，"飞天形象"随之粉碎。在"嫉妒"单元：身穿中国武术着装，手拿双节棍的外国人向詹姆斯叫嚣，还没回过神，詹姆斯远远灌篮得分。在"自鸣得意"单元：篮板旁出现两条中国龙的形象，二龙变成吐出烟雾和阻碍詹姆斯的妖怪，詹姆斯晃过所有障碍，投篮得分。

11月26日，《华商晨报》以《耐克广告"中国形象"被击败》为题报道了耐克广告涉嫌侮辱民族风俗，事情曝光后引来一片声讨。11月30日，耐克公司发表声明，声明称"恐惧斗室"广告宣扬了一种积极的人生态度。其中运用的各种元素都是一种比喻形式。广告经过各个经环节审查。12月3日，国家国家新闻出版广电总局发出《关于立即停止播放"恐惧斗室"广告片的通知》。

耐克公司随即发表声明称："恐惧斗室"宣扬了一种积极的人生态度，耐克公司希望借此鼓励年轻人直面恐惧，勇往直前，广告运动的各种元素只不过是一种比喻形式。声明还说：耐克公司在中国投放广告前是经过慎重考虑的，公司认为可以借助詹姆斯的偶像力量来激励中国青少年不断进取、战胜自我。我们可以善意地认为广告创意人想传达的是美国人普遍的价值观："年轻人要直面恐惧，战胜恐惧，勇往直前，走向成功。"这一价值观在所有的文明中都是被接受的。但问题是，"勇往直前"的是美国篮球明星，而对"勇往直前"形成阻碍的是身穿长袍的中国老者、身穿网眼装的中国妇女、两条中国龙的形象。"恐惧斗室"误读、滥用中国文化元素所引起的反感阻碍了中国人理解和接受其"普世"价值观。

很多人都表示"恐惧斗室"中看到的是"中国功夫"不堪一击，飞天在"勾引"男主角，中国龙似乎是制造妖怪的恶势力；中国功夫、飞天、龙这些被绝大多数中国人（包括海外华人）认同的、凝结着中华民族传统文化精神、体现国家民族尊严的形象，具有严肃性、庄重性和象征性的标志，全部被体现美国价值观的勒布朗·詹姆斯打败。中国社会科学院近代史研究所研究员认为："广告公司无论在哪个国家，目的就是最好地推销产品。所以广告公司应对所在国家的文化、民众心理有深刻了解。国内民众之所以对此类广告的表现形式特别敏感，恐怕是与中国近代史所遭遇的屈辱分不开的。"

由于历史、地理等方面的原因,形成了不同国家或地区、不同民族间文化的差异。因此在进行跨文化沟通时一定要正视文化差异,"入乡随俗"。跨文化广告必须尊重各地区的文化传统,融入销售地的本土文化中去,迎合受众的消费心理。

(二) 谈判风格的差异使谈判陷入僵局

谈判风格是谈判者在谈判活动中表现出来的气度和作风,它主要体现在谈判者谈判过程中的行为、举止和谈判的方法、手段上,谈判风格对于谈判过程中谈判双方的交往方式、交往关系,甚至谈判结果有着直接的影响。不同的谈判作风及控制谈判进程的不同方法,使国际商务谈判存在议程无法统一的风险。在日本、中国,为维持良好的人际关系,谈判者更愿意采取非对立和非直接冲突的方式来解决问题;而西方的谈判者则力求阐明自己的观点、语言表达直接、是非分明,表现出很强的攻击性和好辩性,西方人的这种直白的表达方式会伤害到东方人的自尊心,因为东方人会认为对方不给自己面子。而东方人谈判时委婉的表达方式则会令西方人不适应,因为他无法真实地领会东方人的态度。这些差异将使谈判过程变得艰难,甚至导致谈判陷入僵局。

(三) 伦理与法制的差异使谈判破裂

由于历史、政治、教育等的不同,不同国家和地区的人在伦理或法制上也会存在差异。东方人往往着重于从伦理道德上考虑问题,而西方人恰恰相反,他们着重于从法律上考虑问题。比如,日本人不喜欢谈判中有律师参与,他们认为带律师参加谈判,一开始就考虑日后纠纷的处理,是缺乏诚意的表现。当合同双方发生争执时,日本人通常不选择诉诸法律这一途径,而是愿意坐下来重新协商。而西方人则恰恰相反,他们对于纠纷的处理习惯用法律的手段。美国人在进行商务谈判时,特别是在国外进行商务谈判时,一定会带上自己的律师,而他们最常说的一句话是:"我要征求律师的意见。"不同的理论和法制,就会产生不同的谈判效应,对待法律不同的态度也会给合同的履行和管理带来困难,并最终可能导致谈判失败。

国际商务谈判就是不同文化的碰撞,文化差异对国际商务谈判产生了巨大的影响,只有了解和接受文化差异,才能避免谈判中的障碍,最终达成国际商务谈判的成功。

● [案例11-5]

安利在中国的两次转型

不管法规要求如何,我们都有信心调整以达到它的要求,正如我们在中国所经历的。中国是有特殊国情的一个市场,我们会加以尊重。我们不怕更多的变更和改变。

——安利公司(Amway)全球总裁狄克·狄维士(Dick Devos)

安利公司1959年创立于美国,是世界知名的日用消费品生产商及销售商,业务遍及80多个国家和地区,营销人员超过300万人。2002年,安利在全美500家最大私营企业中排名第27位;在50大家居与个人用品制造企业中排名第4位;公司总资产达380亿美元。近50年以来,直销一直被安利公司看作最有效的营销方式,然而,当安利公司兴冲冲地将其直销模式带入中国的时候,却遭遇了前所未有的尴尬。

安利公司自1992年进入中国市场就开始引入"多层次直销"。当时,中国市场正处于从计划经济向社会主义市场经济转型中,随着安利直销业务的发展,各种非法传销同时混入市场,扰乱了市场秩序。1998年4月,中国国务院颁布了禁止传销经营活动的通知,安利全球统一营销模式在中国市场受挫,其巨大的知名度甚至成为非法传销的代名词。作为一个有40年直销文化传统的公司，在"保持传统，离开中国"还是"改变自己，适应中国"的痛苦抉择中，安利做出重大决策：根据中国当时特殊的市场背景与特点，对经营模式实施转型，即海外安利和中国安利采取不同的营销模式。1998年7月，安利（中国）以"店铺＋推销人员"的新方式重张开业。它把原来分布在中国的20多家分公司改造为第一批店铺，并陆续进行扩充；所有产品进入店铺并实行明码标价，由消费者自行选购，杜绝推销员自己定价带来的问题；通过考试将部分推销人员变为安利的合约雇员，营销人员的收入均从公司获得，推销员之间不再存在上下线关系。此前，安利（中国）在传销被禁止后，销售总额立刻狂跌。1998年，安利（中国）的销售额只有3.2亿元。然而从1999年开始，安利（中国）的业绩开始上升，而且一路狂升，增至1999年的6.4亿元。至2001年，其营业额已达48亿元，2002年更升至60亿元，在2004年达到了历史性的170亿元，安利的转型获得了成功。

2005年9月，中国国务院颁布《直销管理条例》和《禁止传销条例》允许在中国市场进行直销，但在允许直销的同时禁止传销。这对安利而言既是好消息，也是坏消息，这意味着安利能回到直销，但是要取得在中国的直销资格，就要放弃其在海外的"多层次"模式，转而建立中国式的直销新业务模式。由此带来安利（中国）的第二次转型。

安利再次选择了适应中国环境，并于2006年12月获得中国商务部颁发的直销牌照。安利（中国）因此要推出全新业务制度和全新员工制度，在奖金拨付比例、产品定价、计酬制度等方面都要做出调整。安利新业务模式的重点是：构建完善的教育培训体系，推出全新的营销员工制度及广设服务网点。例如，安利新的直销模式当中，禁止团队计酬；设置了直销员、营销员和服务网点负责人三种员工身份；妥善安排未受直销经营许可地区的直销员。

第三节　国际商务谈判风格的比较

▶▶ 一、商务谈判风格的含义

在各种国际商务谈判实践中，来自不同国家背景和历史渊源的谈判者，其价值观念、消费习俗、生活方式、文化背景等差异较大，因而形成了不同的谈判方式和表达特点，谈判桌上所表现出来的就是不同的谈判风格。所谓谈判风格主要是指在谈判过程中谈判人员所表现出来的言谈举止、思维习惯及实施控制谈判进程的方式等特点。每一个谈判人员来到谈判桌前都带有深深的文化烙印，它决定着谈判人员的思维方式和谈判风格。谈判风格对谈判的速度、谈判的节奏、谈判的方式方法、谈判的议题、谈判的气氛、谈判的态度、谈判双方的交往方式和交往关系，甚至谈判结果，都有着直接的影响。因此，在国际商务谈判中，了解并熟悉谈判对手的谈判风格，对于把握谈判的方向和进度，灵活有效地运用谈判技巧具有重要意义。

二、不同国家商人的谈判风格

（一）亚洲商人的谈判风格

1. 日本商人的谈判风格

日本是一个礼仪之邦，日本人所做的一切事情，都会受到礼仪的严格约束。日本商人最为闻名于世的是他们的团队精神，这也是日本文化所塑造的以集体为核心的价值观念和精神取向。在商务谈判中，如果与日本人建立了良好的个人关系，赢得了他们的信任，谈判就成功了一半。

（1）注重关系

日本人倾向于信任与尊重的道德观，重视人际关系。日本人在同外商进行初次商务交往时，更倾向于选择那些熟人介绍来的，喜欢进行直接面谈。日本人在国际商务活动中，重视销售额远胜于重视利润，很注意规模效益，把扩大市场占有率放在首位，不为小利而冲动，而是全面长远地进行权衡。

（2）决策程序

日本文化所塑造的价值观念与精神取向都是集体主义的，以集体为核心。日本人认为压抑自己的个性是一种美德，人们要循众意而行。集体观念使得日本人不太欣赏个人主义和自我中心主义的人，他们往往组团前去谈判，同时也希望对方能组团参加，并且双方人数大致相等。

在日本企业中，决策往往不是由最高领导层武断地做出的，而是要在公司内部反复磋商，凡有关人员都有发言权。企业高层领导通常派某人专门整理所需决策的情况，集中各方面的意见，然后再做出决策。谈判团内角色分工明确，但每个人都有一定的发言决策权，实行谈判共同负责制。日方谈判团如果事先没有准备过或内部没有协商过的问题，他们很少当场明确表态或拍板定论，而是要等到内部协商后才表态。

（3）沟通方式

日本是个注重礼仪的国家，日本人最重视人的身份地位。在日本传统的等级社会中，人人都对身份地位有明确的概念，知道该行使的职权、如何谈话办事才是正确与恰当的言行举止。在公务场合，年轻的、职位低的人应该服从年长者和具有较高职位的人。在日本很少有女性能够进入公司管理层，因而大多数男士在商务场合不习惯与女士平等地打交道。

要面子是日本人最普遍的心理。日本人从不直截了当地拒绝对方。在谈判磋商过程中若出现意见分歧，日本人倾向于不愿将冲突公开化。他们比较讲究以婉转的、含蓄的方式或旁敲侧击来对待。

在国际商务谈判中，日本谈判者特别有耐心，几乎毫不退让地坚持原有条件。一次又一次地商谈，他们始终重复原有的主张，提出同一个目标。在许多场合，日本谈判者不愿率先采取行动并表明自己的意图，而是通过各种渠道千方百计地打探谈判对手的最后期限和底线。只要能找到一点办法，他们就不会轻易妥协。

（4）时间观念

日本商人的决策一般都是集体决策，因而决策过程较慢。他们在时间压力下，仍然心平气和、沉着冷静。与日本商人谈判需要花费大量的时间来发展与他们的私人关系，也需要预留更多的谈判时间。但日本商人执行合同的时间观念较强，也不接受谈判迟到的行为。

（5）合同观念

日本商人有一套自己对待合同的标准和原则。他们认为商务往来中相互信任最重要，不必签订详细的合同。他们看重个人信誉和企业商誉，大量依赖口头协议，即使有书面形式的合同，内容也较简短。日本商人认为合同仅作为处理纠纷时的参考资料，并且合同可以随着经济环境的变化做出合理调整。

● [专栏11-2]

日本人的谈判方式

美国谈判学专家罗伯特·M. 马奇认为，日本人的谈判方式很具有东方特色，与美国人相比，"第一，谈判方式不同。美国人自我主张性强，说话合情合理，具有重点，同时直截了当，富有竞争性；日本人个性很强，说话间接含蓄，待人接物彬彬有礼。第二，发生争论时所持态度不同。美国人期待争论；日本则回避争论。第三，谈判过程中最先显露的是各自所属的文化。"

美国学者韦思·卡肖研究了日本工商企业的谈判方式，向外国谈判人员提供了以下谈判要诀：

1）只要是正式的谈判，就不能让妇女参加。日本妇女是不允许参与大公司的经管活动的，一些重要的社交场合也是不带女伴的。

2）千万不要选派年龄小的人去同日本人谈判。因为日本企业内部很讲究论资排辈，到了能够参与谈判的时候，已有一定的年纪了，而如果谈判对方派乳臭未干的年轻人去同日本的高级经理人员谈判，有不尊重人家之嫌。

3）不要把日本人礼节性的表示误认为是同意的表示。在谈判中，日方代表可能会不断地点头，并且嘴里说："哈依（是）！"但是日本人这样说往往是在提醒对方，他在注意听。

4）当日方谈判代表在仔细推敲某一个问题时，总是一下子变得沉默不语，这一点常常使外国人莫名其妙。有趣的是，每当日方代表沉默时，西方人就容易掉进圈套。等他们醒悟过来时，已是后悔莫及。

如美国国际电话电报公司与日本公司谈判，在一切都谈妥后，美国人就在双方均已认可的合同上签了字。可当这份合同送到日本公司的总裁那里请他签字时，这位总裁却坐在那里一动不动，沉思默想，见此情形，美国人以为日本人不肯签字，于是急忙提出再付给日方25万美元。其实，美国人只要再耐心等几分钟，他就能为公司省下这一大笔钱。

5）故意含糊其词，是日本谈判代表的又一特点。日本人自己总是不愿明确表态，他们常常说："我想听听贵公司的意见。"这一招就足以将外国谈判代表引入歧途。

6）日本谈判代表的报价，往往水分很高，然后慢慢地讨价还价，他们把这称为"摘帽子"。

有次，上海某公司的业务员，上午和一位日商洽谈，他开了一个水分很高的价，日本人笑了笑，和中方人员耐心地谈了一上午，最后以降价60%成交，中方人员觉得这样报价不错。下午来了个美国人，中方人员如法炮制，结果美国人大吼一声："这简直是讹诈！"然后拂袖而去。

要想在同日本人的谈判中取得成功，要诀就是要善于隐藏自己的真实想法；要有修养，要彬彬有礼；要有无限的耐心。一句话，要像地道的日本人。

资料来源：林逸仙，等. 商务谈判[M]. 上海：上海财经大学出版社，2004：123、127-128.

2. 韩国商人的谈判风格

韩国商人在长期的贸易实践中积累了丰富的经验，常在不利于己的贸易谈判中占上风，被西方国家称为"谈判的强手"，主要原因在于，韩国人非常重视谈判前的咨询准备工作，往往在谈判前会对对手经营项目、规模、资金、经营作风以及有关商品的行情等进行咨询和了解，对谈判内容和对方的情况摸得十分清楚，因而谈判方案很难让对手寻到破绽。值得注意的是，韩国人既受儒家文化的影响，同时也受美国文化的影响。韩国商人的个性中既有受儒家思想影响很深的一面，如重礼仪、爱面子；又有独立性强、性格直率的一面，如谈判逻辑性强、做事有条理、重视谈判技巧的应用。

3. 南亚和东南亚商人的谈判风格

南亚和东南亚主要包括印尼、新加坡、泰国、菲律宾、印度、马来西亚、巴基斯坦、孟加拉等国。

1）印尼商人大多有较强的宗教信仰，要特别注意在其斋月期间白天是不能进食的。尽量避免谈论宗教和民族问题；喜欢在家中款待客人，可随时造访；谈判过程漫长，有条件最好聘用代理人绕过比较繁多的政府办事机构。

2）新加坡商人乡土观念很强，家族企业较多。在企业中，团体的同甘共苦精神也很强烈，他们有敬业乐战精神，同时也很讲关系、爱面子，这些特性与我国极为相似。不喜欢谈论政治、宗教问题，喜欢对方夸奖本国的文明、管理和经济发展的成就。新加坡商人时间观念很强，有准时赴约的良好习惯，认为准时赴约是对客人的尊重和礼貌。新加坡人一般很重信义，珍惜朋友之间的关系，履约信誉很好。

3）泰国商人讲究保持融洽气氛。为避免直接会谈时的融洽气氛被破坏，大多数泰国商人选择通过翻译来进行交谈。保持心态平和是泰国商人的习惯，他们常常不会表现出愤怒，而是常常面带微笑。泰国商人崇尚艰苦奋斗、勤奋节俭。他们生意大多是家族管理，不信赖外人。要与泰国人结成深厚的友谊并非易事，但一旦建立，他们会非常信任对方。他们也比较喜欢诚实、善良、讲情义的合作伙伴。另外，泰国商人也比较重视个人面子，泰国人认为年长的人具有较高的社会地位，尤其是年长的男士。

4）菲律宾人商业意识较弱，了解外贸业务的商人有限。菲律宾商人善于交际，喜欢在家中聚会，在菲谈判应入乡随俗，举止有度。菲律宾商人喜欢谈论家庭的作用，但要避免谈论政治、宗教、社会状况等问题。他们的时间观念相对较弱，约会往往要晚到一段时间。

5）印度是个古老的国家，社会层次分明，等级制度森严。印度商人观念传统，思想保守。在做生意时印度商人并不喜欢速战速决，而是慢慢来，以静制动。与印度商人需要很长时间才能建立深度关系，调查对方公司信誉难度较大。女性一般不参加谈判，男士不能单独与女士谈话。印度与巴基斯坦关系微妙，交谈时应尽量避免此类话题。印度商人时间观念不强，但要求对方守时。巴基斯坦和孟加拉商人与印度商人有许多共同之处。

6）马来西亚人注重人际关系，注重礼节和等级制度。按照马来西亚的传统观念，老年人、在组织当中担任重要职务的人以及马来西亚贵族都具有较高的社会地位，年轻些的商务访问者应该听从那些地位较高的马来西亚人的意见。马来西亚人对"面子"十分敏感。如果某人失去耐心并发火，将被看成丢面子的事情。直接提出反对意见，也将被认为是傲慢自大的表现。许多马来西亚人喜欢讨价还价，也喜欢面对面的谈判形式。为了避免不必要的损失，开价或提出报价单时要留有一定的余地。在解决纠纷时，他们更注重关系而非合同条款。在许多马来西亚人看来，律师的存在是缺乏相互信任的表现。

◉ [专栏11-3]

和中国人谈生意是门大学问

[美] 大卫·克拉克

每次谈生意，我都会有一种既兴奋又害怕的感觉。前不久，我跟随一个商务代表团到中国谈判组建合资企业。每次到中国谈生意，都会有一种既兴奋又害怕的感觉。渐渐地，在和中国人打交道的过程中，我总结出了自己的经验。

1. 山珍海味和礼节

尽管中国的城市一般不像纽约、伦敦和巴黎那样有那么多的夜总会和豪华餐厅，但中国人仍然愿意在酒店举行大型宴会，而且宴席上摆满了山珍海味，有着各种数不清的礼节。他们会安排我们去游览长城、香山和其他一些名胜古迹。我们在北京的每一天晚上都被安排得满满的。尽管存在着文化差异，但我发现中国人很有幽默感，他们的眼睛里闪着光芒。我相信这是他们情感的自然流露，但后来发现，这其实也是谈判的一个组成部分。

2. 筋疲力尽的"推磨"阶段

中国人的时间观念与我们不同。从中国历史上看，中国的大学者们的大智慧是经过长期艰苦的研究和领悟得来的。这些大学者受人尊重，他们的研修活动就是以不变应万变。因此，中国人是不会像西方人那样看重时间的。中国人凡事看得远，显得从容不迫，他们的"文明"要比我们长远得多，而科学技术对中国人而言，仅是他们生活和文明的一个方面。中国人凡事力求完美，尽力完善我们的协议，以便在谈判结束时每个人都很愉快。因此，当宴会和游览告一段落时，我们发现，访问进入了漫长的令人筋疲力尽的"推磨"阶段。我们声明，我们保证提供世界上最好的设备及技术支持。我们想从庞大的中国市场分得一杯羹。但令人意外的是，我们的中国伙伴却并不急于进入正题。他们转而问我们是谁，从什么地方来，住得怎么样，吃得怎么样，觉得宴会怎么样，问我们喜不喜欢前一天看的杂技表演。一句话，他们愿意同我们讨论任何事情——除了给我们一部分中国市场和向中国转让技术。我们代表团中的老总们感到很伤心，他们本想带着成捆的订单，或至少是一份合资企业的合同踏上归途。

3. "关系"和"面子"

与西方商业文化相反，中国人的东方气质决定他们比较含蓄内敛，他们要谈成一桩生意更在乎的是周围人的看法。生活中，左右逢源是最好不过的，这就是中国人所说的"关系"。这个观点深深植根于中国文化中，它暗示每一群人都有可能凌驾于另一群人之上。但是，它也意味着一种"低调"的处事态度。因此中国人的谈判团队中最安静、最不起眼的那一位往往才是该团队的真正负责人。通常，在肤浅层次上，"关系"意味着中国人力求与谈判对手建立某种特殊关系，他们友好地欢迎西方人，这有助于缓和谈判出现分歧时的气氛。与"关系"紧密相连的是"面子"，这反映了中国人对自尊的敏感度。任何不自在的言语和行为都有可能让中国人"丢面子"。因此，如果一个西方人在谈判桌前哪怕有轻微的局促不安，都会使中国人"丢面子"，从而有可能导致谈判失利。

4. "兵不厌诈"

谈判充满了从"兵法"或"游击战"发展而来的、有时令西方谈判人员毛骨悚然的战略和战术。他们有时用"擦边球"来迷惑对方，有时则让对方落入设置好的圈套。这种方式的游戏，被战略家们称为"兵不厌诈"。这些战略和战术包括下面几种：

敌疲我扰（将对手安排在偏僻的令人不太舒服的位置或者利用时差所造成的疲倦）；

磨掉对手的锐气，中国有五千年的历史，似乎对引进技术再等五年也在情理之中；

提起过去西方列强对中国犯下的罪行，让西方谈判对手感到内疚；

分化、离间对方谈判团队，使用中国文化中的"迷惑术"来混淆对方视线，让谈判对手摸不透谈判底牌；

以退为进，做些小让步；

充分利用中国传统文化的方方面面来获得西方人的尊重，比如讲座、饭局礼节、讲究形式的拜访及传统的郊游等；

充分利用对手的旅行时间,谈判的最后"让步"往往安排在机场大门口。

5．"学无止境"

与中方谈判对手在一起时,最需要足智多谋。令人奇怪的是,中方一般不认为达成协议就可以结束谈判了,他们通常还要对已经签订的合同条款提出改动意见。这对西方人来说,是缺少信用的表现,但这也是中国人长期以来形成的哲学观念——"学无止境"。接下来,谈判被看作永恒友谊的一部分和一起工作的象征。这种"综合诉求"旨在平衡游戏中各个要素,以便在不期而遇时能达到和谐。

资料来源：冯砚,丁立. 商务谈判［M］. 北京：中国商务出版社,2010：298 - 300.

（二）欧洲商人的谈判风格

欧洲共有 43 个国家和 1 个地区,呈现出比较明显的地区差异性。可以按地理位置将欧洲分为东欧、西欧、南欧、北欧和中欧,所属各国如下：

东欧：爱沙尼亚、拉脱维亚、立陶宛、白俄罗斯、俄罗斯、乌克兰、摩尔多瓦。

西欧：英国、爱尔兰、荷兰、比利时、卢森堡、法国、摩纳哥。

南欧：罗马尼亚、保加利亚、塞尔维亚、马其顿、阿尔巴尼亚、希腊、斯洛文尼亚、克罗地亚、波斯尼亚和黑塞哥维那、意大利、梵蒂冈、圣马力诺、马耳他、西班牙、葡萄牙、安道尔。

北欧：芬兰、瑞典、挪威、冰岛、丹麦。

中欧：波兰、捷克、斯洛伐克、匈牙利、奥地利、德国、瑞士、列支敦士登。

1. 东欧商人的谈判风格

东欧人总体来看待人谦恭、平易近人、言行活跃,但情绪易于波动。他们看重现实利益,对各种交易条件都要权衡利弊。但准备工作较随意,应在谈判前约法三章。东欧人特别看重别人的尊重,注重友情和信任。与东欧商人在谈判中获得的承诺,应立即用严格的书面形式明确,以确保利益。

俄罗斯商人具有东欧商人比较典型的谈判风格。

（1）注重关系

俄罗斯人热情好客,注重建立私人关系,他们的商业关系往往是建立在个人关系基础之上。俄罗斯人主要通过参加各种社会活动来建立各种关系,增进彼此友谊。这些社会活动包括拜访、宴会、舞会、展会等。在与俄罗斯商人谈判之前应花时间赢得他们的好感、诚意与信任,建立相互信任的人际关系,继而发展为商业关系。

（2）决策程序

俄罗斯人还是带有明显的计划体制的烙印,在俄罗斯社会生活的各方面都带有集权特征。俄罗斯商人比较偏好进行小组谈判,等级地位观念重,责任分工通常不明确。他们通常进行由上到下的等级决策,或者集体成员的一致决策,因而决策时间较长。

（3）沟通方式

俄罗斯商人的谈判能力很强,十分善于与外国人做生意,在讨价还价上堪称行家里手。在进行正式洽谈时,他们喜欢按计划办事,如果对方的让步与他们原定的具体目标相吻合,容易达成协议；如果有差距,要他们让步则特别困难。甚至他们明知自己的要求不符合客观标准,也不妥协让步。

（4）时间观念

俄罗斯商人受到官僚主义办事拖拉作风的影响,绝不会让自己的工作节奏适应外商的时间表,做事断断续续,办事拖沓。俄罗斯商人比较遵守约定时间,在商务交往中,需要事先预约。

（5）合同观念

俄罗斯商人重视合同，在谈判中，他们会认真审核每个条款的细节。一旦达成谈判协议，他们会要求按照合同条款严格执行，并且很少答应变更合同条款的要求。

2. 西欧商人的谈判风格

（1）英国商人的谈判风格

第一，注重关系。英国是老牌资本主义国家，等级观念较强。在对外交往中，英国人比较注重对方的身份、经历、业绩，而不像美国人那样更看重对手在谈判中的表现。他们谈判态度谨慎、认真，也不轻易相信别人。英国人性格保守、传统，具有优越感，但与他们一旦建立了友谊，他们会十分珍惜，长期信任你。

第二，决策程序。英国商人比较看重秩序、纪律和责任，组织中权力自上而下流动，等级性强，决策多来自上层。

第三，沟通方式。英国人谈判稳健，善于简明扼要地阐述立场、陈述观点，之后便是更多地沉默，表现出平静、自信而谨慎。在谈判中，与英国人讨价还价的余地不大，灵活性差。

第四，时间观念。英国人严格遵守约定的时间，通常与他们进行商务活动要提前预约，并提早到达，以取得他们的尊重和信任。

第五，合同观念。英国人一般依靠合同条款解决问题，但国际上对英国商人比较一致的抱怨是，其出口商品经常不能按期交货。所以，在与英国人签订的协议中，要制定严格细致的索赔条款。

（2）法国商人谈判风格

第一，注重关系。法国商人很重视交易过程中的人际关系，因此，通过内部关系来办事，比通过正常渠道要容易和迅速很多。在谈论业务之前，法国人希望对对方谈判代表有一定的了解，并建立和谐的关系。

第二，决策程序。法国公司中家庭企业居多，法国的管理者具有独裁管理的风格，他们不愿意采取委托管理的方式，重视个人力量，很少有集体决策的情况。在商务谈判中，多实行个人负责制，因此谈判效率较高。

第三，沟通方式。法国人对自己悠久和灿烂的文化遗产十分自豪，这是双方寒暄的最好话题。法国人大多十分健谈，喜欢在边聊边谈中慢慢转入正题。法国人对自己的语言十分骄傲，习惯于用法语作为谈判语言。

第四，时间观念。法国人时间观念不强，不喜欢为谈判制定严格的日程安排。在公共场合下，如正式宴会，会有一种非正式的习俗，那就是主客身份越高，他就来得越迟。所以要与他们做生意，就需要学会忍耐。

第五，合同观念。法国人比较注重信用，一旦签约会比较好地执行协议。在合同条款中，比较重视交货期和质量条款。

3. 南欧商人的谈判风格

（1）意大利商人的谈判风格

第一，注重关系。意大利人和法国人有许多共同之处。在做生意方面，两国都是非常重视商人个人的作用，也非常注重个人关系对商业关系的影响。意大利人的国家意识要比法国人淡薄一些。法国商人经常以本国的优越性而自豪，而意大利人则不习惯提国名，却常提故乡的名字。由于历史和传统的原因，意大利人不主动向外国的风俗习惯和观念看齐。

第二，决策程序。意大利人在谈判中做决策较慢，并不是因为需要集体商议，而是不想仓促答复，所以向他们提出限制期限是很有必要的。

第三，沟通方式。意大利人性格外向，情绪多变，喜怒都常常表现出来。在谈话中，他们的手势也比较多，肩膀、胳膊、手甚至整个身体都随说话的声音而扭动，以至于有的专家认为，听意大利人说话，简直是一种欣赏。他们谈判时精力充沛、思维敏捷，有时在对方没说完之前，就猜测到下面的内容，所以经常会突然打断对方的谈话，而对某些问题进行答复和评论。

第四，时间观念。意大利商人时间观念较差，常常不遵守约会时间。甚至有的时候未打招呼就不赴约，或单方面推迟会期，他们工作不讲究效率。即使是精心组织的重要活动，也不一定能保证如期举行。

第五，合同观念。意大利商人对产品质量、性能以及交货日期等事宜都不太关注，虽然他们当然希望所买或销售的产品能正常使用，但是在价格方面寸步不让。这一点与德国人明显不同，德国人宁愿多付款来取得较好质量的产品和准确的交货日期，而意大利人却宁愿节约一点，力争少付款。谈判中双方争论的焦点往往是在价格上。

此外，在意大利从事商务活动，必须充分考虑其政治因素。特别是涉及去意大利投资的项目时，更要慎重从事，先了解清楚意大利一方的政治背景。否则，如果遇到政局发生变动，就难免蒙受经济损失。

（2）西班牙商人的谈判风格

西班牙人天性开朗而温顺，随和亲切，但有一定的距离感。西班牙人注重穿戴，不愿看到穿戴不整洁的人坐到谈判桌上来。西班牙商人考虑问题比较注重现实，但工作缺乏计划性，事业的成败经常是靠运气。在商品交易中，西班牙人注重人际关系。西班牙人认为直截了当地拒绝别人是非常失礼的，出于社交礼仪，拒绝某人时绝不说"不"；同时，即使是同意了，也只是说"可以考虑考虑"。西班牙商人的时间观念不强，以自我为中心，团队成员间协调性不强，合作精神欠缺，经常会出现团队内部冲突和争论，因而决策速度较慢。他们强调维护个人信誉，一旦签订合同，一般都非常认真地履行。一般不愿意承认自己的错误，即使按照合同遭受了一点损失，也不愿公开承认他们在签订合同时犯了错误，更不会主动地要求对合同进行修改。

4. 北欧商人的谈判风格

北欧五国有着相似的历史背景和文化传统，历史上多受他国侵扰，曾互相结盟或宣布中立以求平安。这种文化背景下使北欧人自主性强，他们大多是基督教信徒，态度平和、谦恭、坦率。

（1）注重关系

北欧商人善于同外国客商搞好关系，不喜欢无休止地讨价还价，不愿争论细枝末节的问题。瑞典、挪威、丹麦三国在对外贸易中，中间商起着很大作用。通常他们会邀请受欢迎的谈判伙伴去参加蒸汽浴，增进彼此之间的友谊，塑造和谐的谈判气氛。节假日神圣不可侵犯，尽量避免在节假日谈生意。

（2）决策程序

平等的社会文化和深入人心的民主意识，使北欧人认为一个人说了算会增加决策的风险，并滋生腐败问题。因而在北欧，大多数决策是集体讨论的结果，个人愿意主动提出建设性意见以求做出积极的决策，因而决策的时间也比较长。

（3）沟通方式

在谈判中，北欧人要比美国和德国人平静得多。在开始寒暄阶段，常表现出沉默寡言，他们从不激动，讲话慢条斯理，所以谈判初期很容易被对方压服。北欧人的长处在于工作计划性强，凡事按部就班。北欧商人在谈判前会进行充分准备，他们低调的性格特点决定了他们不善于交际和言谈，谈判中表述强调逻辑性和条理性，心中对价格有上下限，报价在此范围内就会同意，不喜欢过多地讨价还价。他们在谈判中很坦率和直爽，不隐藏自己的观点。与北欧人谈判时应该对他们坦诚相待，采取灵活积极的态度。

（4）时间观念

在社交场合严格守时，但商业约会常常不守时，也有时候不及时回复电邮和信函，并且不认为这是严重的问题。

（5）合同观念

北欧商人非常注意产品质量、认证、环保、节能等方面的因素，重视程序甚至高于对价格的关注。在付款方式上不喜欢用 L/C，比较倾向于用 T/T 和 D/P，因为他们认为自己的信誉和商业道德较高。北欧商人重视合同，崇高契约精神，签订合同之后就会按合同条款一丝不苟地执行，一般不会轻易毁约，也不轻易接受合同变更。

5. 中欧商人的谈判风格

德国商人的谈判风格和特点是中欧国家商人谈判风格的代表。

（1）注重利益

德国人的突出特点是自信、保守、刻板、严谨。德国商人办事谨慎、准备周密、注重工作效率，制订谈判计划讲究逻辑严密。他们对发展个人关系和商业关系都很谨慎，不大重视在建立商务往来之前先融洽个人关系。但一旦建立商务关系并赢得他们的信任之后，就会有希望长期保持。

（2）决策程序

德国人强调个人才能，个人意见和个人行为对商业活动有很大影响。各公司或企业纪律严明，遵守严格的组织秩序，决策大多自上而下做出。

（3）沟通方式

德国商人在谈判前准备充分，对要谈判的标的物以及对方公司的经营、资信情况等均进行详尽认真的研究，掌握大量翔实的第一手资料，以便在谈判中得心应手。他们的谈判思维极具系统性和逻辑性，缺乏灵活性和妥协性，他们总是强调自己方案的可行性，善于讨价还价，千方百计迫使对方让步。他们对企业的技术标准要求相当严格，对自己的产品极有信心，在谈判中常会以本国的产品为衡量标准。如果与德国人谈生意，务必使他们相信你公司的产品可以达到他们要求的标准。

（4）时间观念

德国人时间观念非常强，忌讳在商业约会中迟到。对在商务交往中迟到的对象，德国人会毫不掩饰他们的不信任和厌恶。

（5）合同观念

德国人素有"契约之民"的称号，他们追求公正、合理的理性精神，崇尚契约，对合同条款的所有细节认真推敲，一旦签订合约就会严格遵守。所以和德国人做生意，也必须学会信守合同，如果出现签了合同之后又要求更改交货期、付款期等条款的情况，那这很有可能就是你和这位德国商人的最后一笔生意。

◉ [专栏11-4]

知己知彼，百战百胜——看欧洲企业的个性脸谱

现在，越来越多的外国企业走进中国，与中国企业"过招儿"或是聘请中国人为其打工。俗话说，"知己知彼，百战不殆"，了解得多一些，才能更好地与他们打交道。

英国企业

英国人使用谨慎的言辞、有限的手势、低接触的形体语言，喜欢保持坚定沉着的姿态。其企业与人员的特点如下：

1) 守时，时间观念强。
2) 重要问题都在面对面的会议上解决，而非通过电话或书面文件解决。
3) 注重礼节、等级和地位差异。
4) 保守而不善表达。

西班牙企业

西班牙是欧洲面积第二大国，地区特色鲜明。汽车制造业是西班牙的重要出口产业。其企业与人员的特点如下：

1) 注重关系网、重视礼节。
2) 工作努力、节俭，感情内敛，缺乏幽默。
3) 喜欢使用含义丰富、拐弯抹角的语言。
4) 重视社会地位和等级，女性很少能担任较高的职务。
5) 注重敏捷的思维和自主性，商务谈判时容易激动。

荷兰企业

荷兰是经济大国，属于经济开放型国家。荷兰的银行业已成为其日益重要的支柱产业之一，服务业、保险业和酒店管理在市场上也有一定的主导地位。其企业与人员的特点如下：

1) 重视对雇员的培养和分配。
2) 企业管理层次清晰，管理人员的素质高，重视新知识、新技术。
3) 比较正式、保守，在商务谈判时要穿正式西装，谈判不喜欢拐弯抹角。
4) 时间观念强，讲究准时。
5) 做生意喜欢相互招待宴请。

瑞典企业

瑞典人以强大的机械制造业倍感自豪，如爱立信、伊莱克斯等大公司就是中国人所熟悉的品牌企业。其企业与人员的特点如下：

1) 注重平等、效率。
2) 生意为先，通常无须第三方的介绍或推荐，瑞典人会采取主动自荐。
3) 讲究高效率，磋商时喜欢立刻进入正题。
4) 谈判开始的提价符合实际，而不是以一个夸大的数字开始。
5) 感情保守的交流方式及出了名的谦让和克制力。

丹麦企业

丹麦的工业相当发达。目前世界海上航行船舶的主机大多是由丹麦制造或用丹麦专利生产的。丹麦

善于结合本国特点,设计制造出有自己特色的产品,这也是他们的成功之道。其企业与人员的特点如下:

1) 具有适应发展、抓住机遇的能力。
2) 中小企业居主导地位。
3) 实行职业轮换的制度,保证整个劳动力的更新。
4) 工作时间内十分严肃,态度保守、认真。
5) 凡事按部就班,计划性强,做生意采取较温和的姿态。
6) 拥有很强的法制观念,很注重道德。

资料来源:知己知彼,百战百胜——看欧洲企业的个性脸谱 [EB/OL]. (2004-09-03) [2018-08-20]. http://edu.sina.com.cn/l/2004-09-03/83077.html.

(三) 美洲商人的谈判风格

1. 美国商人的谈判风格

美国人性格外向,他们的喜怒哀乐大多通过他们的言行举止表现出来。在谈判中,无论在陈述观点,还是表明对对方的立场态度上,都比较直接而坦率。美国商人有如下的谈判风格:

(1) 自信心强,自我感觉良好

美国是世界上经济技术最发达的国家之一。国民经济实力也最为雄厚,不论是美国人所讲的语言,还是美国人所使用的货币,都在世界经济中占有重要的地位。英语几乎是国际谈判的通用语言,世界贸易有50%以上用美元结算。所有这些,都使美国人对自己的国家深感自豪,对自己的民族具有强烈的自尊感与荣誉感。美国人的自信,还表现在对本国产品的品质优越、技术先进性毫不掩饰的称赞上。他们认为,如果你有十分能力,就要表现出十分来,千万不要遮掩、谦虚,否则很可能被看作是无能。如果你的产品质量过硬,性能优越,就要让购买你产品的人认识到。美国谈判人员有着与生俱来的自信和优越感,因此他们在谈判人数的确定上充分体现了精干的原则,谈判班子较小,只由少数的几个人组成。

(2) 注重利益而非关系

美国人做生意,往往以获取经济利益作为最终目标。所以,他们有时对日本人、中国人在谈判中要考虑其他方面的因素如由政治关系所形成的利益共同体等表示不可理解。他们认为,做买卖要双方都获利,不管哪一方提出的方案都要公平合理。美国人做生意时更多考虑的是做生意所能带来的实际利益,而不是生意人之间的私人交情。不注意在洽谈中培养双方的感情和友谊,而且还力图把生意和友谊清楚地分开。

实用的价值观在美国传统文化中占有突出的地位。他们一般不沉湎于无现实意义的纯理论探讨和抽象思辨,而倾心于做那些对人生、对社会有实用价值的事情。即使是宗教也带有浓厚的实用主义色彩。美国人认为个人利益是或者应该是至高无上的;一切价值、权利和义务都来源于个人。它强调个人的能动性、独立行动和利益。

(3) 时间观念

美国是一个高度发达的国家,生活节奏比较快。这使得美国人特别珍惜时间,注重活动的效率。在美国人的企业里,各级部门职责分明、分工具体。因此,谈判的信息收集与决策都比较快速、高效。加之他们个性外向、坦率,所以,他们谈判的一般特点是开门见山,报价及提出的具体条件也比较客观,水分较少。在谈判过程中,他们连一分钟也舍不得浪费去进行毫无意义的谈话。美国谈判人员为自己规定的最后期限往往较短，力争每一场谈判都能速战速决。如果谈判一旦突破其最后期限，谈判很可能破裂。

（4）对合同的态度

美国是一个高度重视法制的国家。美国人的法制观念根深蒂固，律师在谈判中扮演着重要的角色。凡遇商务谈判，特别是谈判地点在外国的，他们一定要带上自己的律师。美国人认为，交易最重要的是经济利益。为了保证自己的利益，最公正、最妥善的解决办法就是依靠法律、依靠合同，而其他都是靠不住的。美国人特别看重合同，因此，美国人在商业谈判中对于合同条款的讨论特别详细、具体，也关心合同适用的法律，以便在执行合同中能顺利地解决各种问题。他们一旦签订了合同，就非常重视合同的法律性。在他们看来，如果签订合同不能履约，那么就要严格按照合同的违约条款支付赔偿金和违约金，没有再协商的余地。所以，他们也十分注重违约条款的洽谈与执行。

2. 加拿大商人的谈判风格

加拿大商人大多为英国裔和法国裔，这两种主流的加拿大商人都属于保守型。英裔商人谨慎、保守、注重信誉。喜欢设置关卡，一般不会轻易答应对方提出的条件和要求，因此和他们谈判不能急于求成。他们做生意喜欢稳打稳扎，不喜欢过分进攻、激进的推销方式。但一旦达成协议，他们就会严格履约。法裔商人和蔼可亲，平易近人，但涉及谈判的实质性内容，往往节奏较慢、难以捉摸。他们常常签约容易但具体执行时问题较多，因此合同条款必须订得详细、明了、准确方可签约。加拿大商人反对夸大和贬低产品的宣传，与他们进行商谈时，议价时得预留一定的利润空间，保证未来的发展，但不要留得过多。加拿大商人十分讲究工作效率。

3. 拉丁美洲各国商人的谈判风格

拉丁美洲各国人具有强烈的民族自尊心，以自己国家悠久的传统和独特的文化而感到自豪。因此，在拜访该地区的客户之前，考察一下看是否需要翻译，这是明智的做法。拉美人生活节奏比较慢，性情悠闲开朗，时间观念不太强。休假较多，在洽谈中经常会遇到参加谈判的人突然请了假。拉美商人很看重密切而持久的关系，应避免以直接的、冷酷的方式来接触预期的商业伙伴，而应通过参加贸易展览会或加入贸易代表团来接触感兴趣的贸易方，或安排一次由商会、贸易协会、政府机构或银行参加的会议来将自己引见给拉美公司。在商务谈判过程中他们可能会打断你的话，但他们并不认为这是一种无礼的行为。在订立合同条款时一定要写清楚，以免事后发生麻烦与纠纷。此外，还需注意拉美商人往往不太遵守付款或交货的日期。

（四）其他地区商人的谈判风格

1. 澳大利亚商人的谈判风格

澳大利亚商人重视办事效率，他们往往和第一次见面的客人进行简短的寒暄后，即着手进行谈判。因重视办事效率，派出的谈判人员一般都具有决定权，同时也希望对方的谈判代表同样具有决定权。他们也不喜欢开始报价高再慢慢讨价还价的方法，而一般会采用招标的方式，最低价成交。澳大利亚商人责任心极强，精于谈判技巧，不太容易签约，一旦签约，废约的事情则较少发生。澳大利亚商人成见较重，非常注重与人交流的第一印象。澳大利亚行业范围狭小，信息传递很快。因此，在谈判中讲话要小心。

2. 犹太商人的谈判风格

犹太人素有"世界商人"之称，具有很强的商业意识，经商才华出众。犹太人参加谈判时总是有备而来，他们会在谈判之前阅读大量的相关资料，搜集相关情报。他们认为，在谈判中能做到从容不迫、应对自若，就能够随心所欲地控制谈判节奏，但前提和关键就是付出艰辛的前期努力，尽可能地做好一切准备。同犹太人做生意会很难讨价还价，其交易条件也会比较苛刻，并且在谈判中也不会轻易接受对方的条件。他们对于协议条款总是认真斟酌，以便在市场行情发生变化时，能够做出有利于己方的解释或寻找漏洞而拒绝履行合同。

◉ [专栏11-5]

跟犹太人学谈判技巧

在社交场所或谈判席前，犹太人能够幽默风趣，随机应变，对答如流。其实，他们都不是天才，关键是他们充分做好了谈判前的一切准备。犹太人认为，从容不迫、应对自若，就能够随心所欲地控制谈判节奏，但前提和关键是付出艰辛的前期努力，尽可能地做好大量的准备。

作为犹太人的杰出代表，基辛格被称为20世纪最杰出的谈判专家。在谈判前，他非常注重做好周密的事前准备和掌握详尽的背景资料。为了实现中美关系的正常化，基辛格曾赴我国访问。临行前，他照例要求有关人员进行彻底的调查。他的部属根据多方面提供的资料加以反复审核修正后提交了一份报告。这份报告除了核心的中美问题以外，还包括美苏、中苏、中印、中巴关系等翔实材料，基辛格在赴北京的前一周将这份报告呈尼克松审阅，并另外附上他自己所做的详细分析和综合评述。事实上，即使对中美关系不甚了解的政治家，只要读了这份报告，就会成为卓越的内行。为此，基辛格总结为："谈判的秘密在于知道一切，回答一切。"在他看来，事先调查谈判对手的心理状态和预期目标，正确判断双方对立中的共同点，才能胸有成竹，不会让对方有机可乘；相反，不知根底，在谈判时优柔寡断，不能立即回答对方的问题，会给别人权限不够或情况不熟的印象。

犹太人这种充分做好谈判前准备工作的方式，在世界商界和外交界都获得了广泛的重视与普遍的认可，是一种"凡大事谋定而后动"的成熟智慧。现实中，有许多人很愿意成为一个成功的谈判专家，可是却太不愿意去承受成功之前必须经历的艰辛和努力，又怎会不半途而废呢？

提领而顿，百毛皆顺

犹太人主张，在谈判中要尽量和有决定权的人谈判。为什么呢？因为在他们眼中，每一个组织都有等级制度，平稳地和每一个等级人员交涉谈判，一级级地，直到满意为止，这是低效率和浪费时间的行为。高阶层的人掌握更核心的决策权，谈判的级别越高，越能满足自己的要求。

因此，如果他们考虑要和某个人打交道，首先会弄清楚他身处什么职位、他能做哪种程度的决策。谈判开始时，精明的犹太人会很礼貌地向对方询问："您能帮助我解决这个问题吗？"或者说"您能够决定达成我们的共识吗？"如果回答是否定或犹豫的，他们会找借口来终止谈判，立即再找其他的高层人物。在20世纪60年代的中东和谈中，以色列的领导人排除很大困难，要求与美国总统直接面对面和谈。当美国终于同意遵循中东和平方案时，他要求卡特总统做出承诺，卡特总统最后只好说："我无权做一个明确肯定的国家承诺，但是我个人保证，如果美国的议会不批准这个合约，我就辞职。"对此，犹太人终于达到了目的。

在谈判时，犹太人也明白没有人有绝对的决定权，所以，他们只能寄希望于那些有适当或有相当权力的人谈判。有了协定之后，犹太人就会尽力执行，兑现他们的承诺，为自己千辛万苦争取到的权益提交满意的注解。

时时动笔，博闻强记

在谈判中，犹太人学识渊博，简直跟博士一般。即使吃饭时，他们的话语也会滔滔不绝，从不让人觉得冷场。当犹太人向人讲述洋海域特有鱼群的名字、汽车的构造、植物的分类和品种。对方会以为他们是这方面的专家。

犹太人的博闻强记并不是天生的。他们一方面精于心算，另一方面又非常勤奋，时时动笔。只要是看中的东西，他们都要记录，以增加他们的知识。犹太人爱做记录，却并不随身携带笔记本。而是买到香烟抽完后，把烟盒里的锡箔纸抽出来，在背面做记录，给人很随意的感觉。回家后，他们还要重新整理。在谈判中，犹太人也是用这样的方法做记录。日期、金额、期限、地点……样样都清晰明白，没有失误。谈判中的这种记录实际上是犹太人商业交易的备忘录。一次，犹太人和日本人洽谈了一笔合同。"好像谈判时交货日期定的是某月某日，先生您记得有误吧？"时间一到，对方想拖后耍赖。犹太人微微笑，说道："是吗？也许我们记错了，可这张记录是这样的。"在清楚地记载着时间、地点、见证人、谈话内容的原始记录面前，对方哑口无言。

广博的知识对犹太人而言，不仅是用来作为谈话的资料和改变谈话的气氛，更重要的是知识可以开阔他们的视野，使谈判更准确、更实际，从而选择解决问题的最佳途径。因此，犹太人在谈判中很少吃亏。

真诚相待，以情感人

谈判可以说是一种较量，不可避免地会有争执。但犹太人认为双方不管怎样利益冲突，都必须真诚相待、不伤感情。因为他们认为，当对方感到失了面子，他会变得充满敌意，冷漠无情，危及眼前和长远的合作。

一次，隶属于两个商业组织的犹太人约定谈判。到了会场，发现其中一个团体十人中竟多了一位，其中肯定有一人是不邀自来的。为不伤及情面，于是另一方有礼貌地说："我们这次双方约定各为十名成员。如果有多余的人来参观赴宴的，我们在另一个房间专门有美酒佳肴款待。"很快对方有一人快步走了出去。这时大家都震惊了，因为他是最有名望、大家知道一定会受到邀请的那人。他为了不给未受邀请的人难堪，宁愿牺牲自己的机会和声誉。很快误会澄清了，是对方有一个职员来送急电，并非参与谈判的。双方在互谅互敬的友好氛围中，缔结了永久的合作关系。

在"狭路相逢勇者胜"的谈判中，能够用心良苦、主动从对方感受考虑，并采取巧妙的行动，最大限度取得对方的信任和友谊。这种"敬人者人必敬之"、充满人性光辉的思想，往往是赢得尊重和财富的最佳源泉。

资料来源：MBA智库·文档. 跟犹太人学谈判技巧［EB/OL］.（2004-03-20）［2018-08-20］. https://doc.mbalib.com/view/eb8e00320155f1dbd8ecc42e12e955af.html.

3. 阿拉伯商人的谈判风格

阿拉伯世界以宗教划派，以部族为群，通用阿拉伯语，信仰伊斯兰教，有很强的家庭主义观念。他们性情固执，比较保守，家族观念、等级观念很强，不轻易相信别人，不希望通过电话来谈生意。不太讲究时间观念，会随意中断或拖延谈判，决策过程也较长，喜欢讨价还价，喜欢同人面对面地争吵，不喜欢一见面就谈生意。阿拉伯商人极喜欢讨价还价，不还价就买走东西的人，还不如讨价还价后什么也不买的人受尊重。他们希望合作者在谈判过程中同意对价格和条件做出重大的让步，常用 IBM 的做法抵挡对方进攻：I 是神的意志；B 是明天再谈；M 是不要介意。几乎所有阿拉伯国家的政府，都坚持让外国公司通过代理商来开展业务，代理商从中获取佣金。一个好的代理商对业务的开展大有裨益。

● [案例 11-6]

凯瑟琳的困惑

某工厂的副总裁吉拉德突然中风，英国总公司第二天派了一位高级主管凯瑟琳直飞利亚德接替他的职务。凯瑟琳到沙特阿拉伯还身兼另一个重要任务，就是介绍公司的一项新产品——电脑与文字处理机，准备在当地制造行销。凯瑟琳赶到利亚德，正赶上当地的"斋月"，接待她的贝格先生是沙特国籍的高级主管，一位年约50岁的传统生意人。虽然正值斋月，他还是尽地主之谊，请凯瑟琳到他家为她洗尘。因时间接近，她一下飞机就直接赴约，当时饥肠辘辘，心想在飞机上没吃东西，等一会儿到了贝格先生家再好好吃一顿。

见面之后一切还好，虽然是在"斋月"，贝格先生仍为来客准备了吃的东西。凯瑟琳觉得饭菜非常可口，于是大吃起来，然而她发觉主人却一口都不吃，就催促主人和她一起用膳。狼吞虎咽间，她问贝格是否可在饭后到他的办公室谈公事。她说："我对你们的设施很好奇，而且还迫不及待地想介绍公司新产品。"虽然凯瑟琳是个沉得住气的人，然而因为习惯，偶尔会双腿交叠，上下摇动脚尖。贝格先生一一看在眼里，在她上下摇动脚尖时，他还看到了凯瑟琳那双黑皮鞋的鞋底。顷刻之间，贝格先生刚见面时的那股热忱已然消失得无影无踪。

● [专栏 11-6]

我同阿拉伯人谈生意

在西亚、北非的阿拉伯人世界里，有着迷人的神奇色彩，特别是在那里有着丰富的石油和旅游资源。这里的生意场，更展示着奇特的色彩。

那是1993年冬，黎巴嫩、以色列战事频繁，我去叙利亚大马士革洽谈贸易。

接待我方的客户卡麦芝先生，50多岁，身材魁梧，和蔼热情，他和他的一位朋友及女儿一起来参加洽谈。同所有的阿拉伯人一样，卡麦芝一见面不是先谈生意，而是谈了好长时间的客套话，又给我倒水、送饮料。这种以礼待客的做法，在阿拉伯商场是需要注意的，如果一见面就谈生意，被认为是极不好的习惯。即使最忙的政府官员，都要花额外时间先接待客人以示礼貌。因此不管有多忙，都应该抽出一点时间来对待这种接待。

洽谈业务进行了一个半小时，还没有达成共识。在谈判之中，我发现洽谈进行得缓慢而稳重，对样本、样品和报价都询问得很细。实际上，我在阿联酋、科威特和突尼斯洽谈业务时，都有这种感觉，迅速做出决定，不是阿拉伯人的习惯，模棱两可，犹豫不决，多花时间，多提问题，是常见的事。所以，我们和卡麦芝先后经过三次洽谈，才签订了合同。

在阿拉伯的生意场上，拜访是做好生意的一个好方法。我到埃及的一家客户洽谈钢材业务，洽谈中，我发现客户很重视陪我们走访客户。这家客户劳埃先生主动陪我们从开罗到亚历山大去看一家钢铁厂，在工厂除了看生产环节外，还陪我们到工厂的销售、生产、原料等各个业务部门，回到开罗后，还走访与此生意有关的政府部门。开始，我们感到时间短，侧重销售环节就可以了，通过走访，我们了解了他们的做法，一是礼节上的表示，二是为加深对客户的印象。

我公司和科威特一家客户洽谈废钢板业务，这批1万多吨废钢板，是海湾战争中被炸油库的钢板。从签订合同到执行合同中，我发现阿拉伯人做生意非常注意个人关系，这也是在阿拉伯国家做生意的关键，因此尽早了解对方，是很重要的。由于我们派人赴科威特直接与供货商洽谈，并到仓库看货，使这笔生意及时到货，并取得了好的效益。

阿拉伯人对宗教是十分虔诚的。有一次，我们从苏伊士到西奈的一个工厂去，半路上，正赶上斋月祷告的时间到了，我们的车子立刻停了下来，客户和司机都到路旁教堂里去祷告，我们等了好长时间，我们感觉斋月最好不安排拜访。在阿拉伯国家，你若去拜见高级官员，或财大气粗的富翁，有的要等上两三天，你要有耐心，因而要给自己留有足够的时间。

在阿拉伯国家做生意要注意客户的信誉。在沙特阿拉伯国际博览会，一家新客户同我公司签订了无帽螺丝钉合同，尽管只有10吨货，但由于这个商人只是小商小贩，资信不好，以运费昂贵等为由不履约，给我们造成了损失。

同阿拉伯人做生意，还有许多学问。阿拉伯人说"是"时，意思可能是"也许"；当他说"也许"时，很可能是说"不"。你很少得到一个直接的"不"的答复，因为这被认为是不礼貌的。他会说"in-shian"代替"不"，意思是"如果真主愿意的话"，而且，还发现"Yes"未必是"是"，一个微笑和一个缓缓点头似乎表示同意，但事实上只是一种礼貌。阿拉伯人很友善，对客人表示不同意是不礼貌的行为。

资料来源：郭秀君. 商务谈判［M］. 北京：中国林业出版社，2008：345-346.

4. 非洲商人的谈判风格

地理上，非洲分北非、东非、西非、中非和南非，不同地区、不同国家的非洲人在种族、历史、文化等方面的差异极大，因而他们的国情、生活、风俗、思想等方面也各具特色。非洲各部族内部的生活具有浓厚的大家庭主义色彩。非洲人的权利意识很强，生活节奏较慢，十分看重礼节。非洲商人性格刚强，脾气倔强，比较好客，自尊心很强。非洲商人与谈判对象见面时，通常习惯是握手，同时希望对方称呼他们的头衔。非洲各国中，南非经济实力最强，南非商人的商业意识较强，讲究信誉，付款守时，一般会派有决定权的人负责谈判，不会拖延谈判时间。

本章小结

- 国际商务谈判是国际商务活动的重要组成部分，它是指在国际商务活动中，不同国家之间的商务活动主体为满足某一需要或达成商品交易，相互之间就交易条件进行磋商的行为过程。
- 国际商务谈判是国内商务谈判的延伸和发展，既具有国内商务谈判的共性，又具有国际商务谈判的特殊性。与国内商务谈判相比，国际商务谈判的特征主要有：国际性、政策性、跨文化性、困难性。
- 国际商务谈判的基本要求：树立正确的国际商务谈判意识，坚持平等互利的原则，做好国际商务谈判的准备工作，正确认识和对待文化差异。
- 影响国际商务谈判的文化因素有：语言表达方式、价值观、思维方式、风俗习惯。
- 文化差异对国际商务谈判的影响：存在谈判双方发生误解的风险，谈判风格的差异使谈判陷入僵局，伦理与法制的差异使谈判破裂。
- 所谓谈判风格主要是指在谈判过程中谈判人员所表现出来的言谈举止、思维习惯及实施控制谈判进程的方式等特点。
- 不同国家的商人有不同的谈判风格。了解各国商人的谈判风格对于从事国际商务谈判具有十分重要的指导意义。从谈判关系的建立、决策程序、沟通方式、时间观念、合同观念等角度，比较容易理解和把握不同国家商人的谈判风格。

重要概念

国际商务谈判、商务谈判风格

习 题

1．选择题

1）在商务谈判过程中，商人喜欢且善于讨价还价的国家是 （   ）
A．日本　　　　　B．英国　　　　　C．美国　　　　　D．澳大利亚

2）在商务交往和谈判中，商人时间观念不强的国家是 （   ）
A．日本　　　　　B．英国　　　　　C．美国　　　　　D．阿拉伯

3）主张"先谈原则，后谈细节"的商人，主要是 （   ）
A．北欧　　　　　B．德国　　　　　C．美国　　　　　D．中国

4）在商务谈判过程中，强调集体决策的国家是 （   ）
A．北欧　　　　　B．法国　　　　　C．美国　　　　　D．意大利

5）你正在为从英国制造商那里购买一套动力系统而进行谈判，你觉得最难达成协议的是 （   ）
A．价格条款　　　B．信用条款　　　C．交货条款　　　D．质量条款

2．判断题

1）国际商务谈判与国内商务谈判一致，以实现商业利润为目标，以价格谈判为核心。 （   ）
2）在国际商务谈判中，要以国际商法为准则，并以国际惯例为基础。 （   ）
3）德国人喜欢"一锤子"买卖，比较急于求成。 （   ）
4）阿拉伯商人在谈判过程中常常会随意中断谈判，前去迎接新来的客人，与之谈判或聊天。 （   ）
5）法国商人比较喜欢为谈判制定严格的日程安排。 （   ）

3．思考题

1）用两三个实例分析说明国际商务谈判的特征和基本要求。
2）试举例分析，人们在国际商务谈判中的行为受文化差异的影响。
3）在与外国商人进行谈判时，对其与我方不同的谈判风格，我方谈判人员应该怎么做？
4）中西方商务谈判风格有何不同？
5）请收集资料分析课本之外任一国家的谈判风格。

4．案例分析

● **案例1**：非洲某国两年前开始对其国家某政府部门大批成套设备进行选择性招标采购，金额达几千万美元，投标方涉及英国、德国、南非及中国的十几个大公司。而各大公司各有优势，其中一些与该

国家还有一定渊源。如德国以技术过硬、态度严谨、产品质量高著称；而该非洲国家以前曾是英国的殖民地，历史渊源更深；南非公司与当地印巴人关系较好，而印巴人在政府中有一定的势力。在这种情况下，中国A公司准备参与竞争并积极做准备。

在正式谈判前，A公司首先仔细分析了该国的历史背景和社会环境及谈判对手的特点。非洲国家历史上多为英属或法属殖民地，其法律程序较为完善，尤其是原英属殖民地国家，其法律属英美法系，条款细致而成熟，政府工作程序延续英国管理条例，部门分工很细，并相互牵制且配置一系列监察部门，监督各部门工作。

但非洲国家又有自己的一些特点，即当地有势力的部族与上层社会、政府部门有千丝万缕的关系，熟悉当地法律、法规习惯做法与禁忌，影响着政府部门的各利益集团的决策。如果能有效利用当地有势力的部族为中方的工作服务，可以四两拨千斤，是达到目的的有效途径。另外，该国存在不同的民族，信仰不同的宗教，在谈判前一定要搞清其宗教派系，避讳其禁忌的话题和其他禁忌。

在分析谈判对手后，A公司决定一方面组织国内人员按正常程序准备投标文件、联系工厂并报价，一方面派出团组到当地进行商务谈判。人员配置：公司总经理（副董事长）1人、主谈1人、翻译1人、当地公司负责联络此事的代表1人。

此次派团组首先面见项目决策者，其最主要目的，一是建立正面的联系，二是探询对方意图并尽可能多地掌握各方面情况，以便为下一步工作指明方向。到达该国后，A公司通过正常渠道拜会了项目决策者。

A公司出席人员为公司领导、主谈判手及翻译，对方出席人员为项目决策者、副手及秘书。见面后的开场白领导回顾了中国与该非洲国家的传统友谊，追忆中国政治上支持其独立及经济上对其长期援助的历史，表明中方的态度：我们是一家人，要互相扶持，共同向前迈进。力图创造良好气氛以便提出要求。

接着主谈开始跟项目决策者及其副手谈A公司对于此项目的兴趣、A公司的实力、产品的质量及价格优势。对方是非洲上层社会的人，受过良好的教育，语速适中、声音平和，英文良好而且很注重礼仪，即便在40℃的高温下，他们见客人都是西装革履。对方的态度很友好，但语气很含糊，只说会按程序办事，应允会把中国公司作为有资格中标的公司之一来考虑。

领导的拜会，结果是积极的，首先接触的目的基本达到，建立了正面的联系，了解到一些情况。但显然，光正面接触是不够的，需侧面做一些工作。领导向国内做了汇报，决定拨出一定的资金，给予谈判手一定的时间及便利来促成这件事。领导安排好公关相关事宜后，留下其他人员继续工作，自己先行回国。

其他人员依计划工作期间，领导不再露面，但并不是不再关注此事，逢该国重大节日，以及对方人事的变动，领导都会发传真祝贺，通过贺电也向对方传递一些中国经济形式的信息，如国内人民币升值压力有可能导致价格的变动，从而造成我们价格优势减弱的可能性，以敦促对方尽快推进此事进程等。

而A公司当地的联系人及代理不断将谈判对方以及竞争者的消息传递给A公司，以便A公司及时掌握对方的第一手资料。A公司留在该国继续工作的人员及当地联系人通过消息灵通人士了解到某部族酋长在当地很有势力，与政府部门上下关系很密切，且长袖善舞，于是就花了一段不短的时间与之接触并建立了基于互相信任基础上的良好私人关系。A公司从开始和他做一些小生意，逐渐过渡到几百万美元的生意。由于给他的利润很丰厚，且A公司对他的承诺都能按时兑现，让他体会到A公司是可以信赖的朋友，然后再逐渐让他了解A公司的想法，即A公司希望得到这个项目，委托他作为这个项目的代理，利益共享，使其有主人的感觉，觉得是一起在完成一项有挑战性的工作。因为项目很大，设备使用部门、合同签订部门，以及资金划拨部门互相牵制，而政府部门也有自己的派别和利益分割，互相不会妥协，这时往往是那些没有政府身份而有相当影响力的人扮演了协调者的角色，由他们出面说服相关部门的官员接受条件，从而达成共识、形成合力，促使合同签订部门推进合同进程。A 公司给其代理报价，由他确定最终报价及佣金分配，从而给了他很大的活动空间。而所有游说活动 A 公司并不出面，以免授人以柄，但代理人创造条件，以非正式会面的形式，使 A 公司的主谈判手与相关部门的工作人员接触，并就产品的性能、特点等技术问题交换意见。

通过一次次与相关部门的接触和侧面的工作，A 公司逐渐浮出水面。这期间有的竞争者采取报低价，并从预计差价中划出一部分利润以现金或贵重礼物的形式以拉拢某些人为其暗中做工作，这些活动虽给 A 公司的工作进程造成了一定的影响，甚至阶段性阻滞，但另一方面的问题很快就出现了：不同的利益集团与派别，相互之间斗争在所难免，收受贿赂的官员在另一势力的揭发下有的被当地监察部门调查，调离了工作岗位，使上述公司所托非人；有的官员因为分赃不均，不停地索要礼物，使行贿公司不堪重负。这对 A 公司很有利。

A 公司眼看时机成熟了，就通过代理穿针引线，顺利地获得选择招标的订单并获得对方政府的正式邀请与其公开正式就合同细节问题展开谈判。此时，公司领导再次出访与对方直接面谈，最终获得了此项目。

问题：

1) 最终 A 公司为何能获得此项目？
2) 在这个跨文化谈判的案例中你有哪些获益？

● **案例2**：日本航空公司决定从美国麦道公司引进 10 架新型麦道客机，指定由常务董事任领队，财务经理为主谈人，技术部经理为助谈人，组成谈判小组去美国洽谈购买事宜。

日航代表飞抵美国稍事休息，麦道公司立即来电，约定次日在公司会议室开谈。第二天，3 位日本绅士仿佛还未消除旅途的疲劳，行动迟缓地走进会议室，只见麦道公司的一群谈判代表已经端坐一边。谈判开始，日航代表慢吞吞地喝着咖啡，好像还在缓解时差所带来的不适。精明狡猾而又讲究实效的麦道主谈人，把客人的疲意视为可乘之机，在开门见山地重申双方购销意向之后，迅速把谈判转入主题。

从早上 9 点到 11 点 30 分，3 架放映机相继打开，字幕、图表、数据、电脑图案、辅助资料和航行图表应有尽有，欲使对方仿佛置身于迪斯尼乐园的神奇之中，会不由自主地相信麦道飞机性能及其定价都是无可挑剔的。孰料日方 3 位谈判代表自始至终默默地坐着，一语不发。

麦道的领队大感不解地问："你们难道不明白？你们不明白什么？"

日航领队笑了笑，回答："这一切。"

麦道主谈人急切地追问："'这一切'是什么意思？请具体说明你们什么时候开始不明白的？"

日航主谈人随意地说："对不起，从拉上窗帘的那一刻起。"日方助谈人随之咧咧嘴，用点头来赞许同伴的说法。

"笨蛋！"麦道领队差一点脱口骂出声来，泄气地倚在门边，松了松领带后气馁地呻吟道："那么你们希望我们再做些什么呢？"日航领队歉意地笑笑说："你们可以重放一次吗？"别无选择，只得照办。当麦道公司谈判代表开始重复那两个半小时的介绍时，他们已经失去了最初的热忱和信心。是日本人开了美国人的玩笑吗？不是，他们只是不想在谈判开始阶段就表明自己的理解力，不想用买方一上来就合作这种方式使卖方产生误解，以为买方在迎合、讨好卖方，谈判风格素来以具体、干脆、明确而著称的美国人哪会想到日本人有这一层心思呢？更不知道自己在谈判开始已输了一盘。

谈判进入交锋阶段，老谋深算的日航代表忽然显得听觉不敏，反应迟钝。连日来麦道方已被搅得烦躁不安，只想尽快结束这场与笨人打交道的灾难，于是直截了当把皮球踢向对方："我方的飞机性能是最佳的，报价也是合情合理的，你们有什么异议吗？"

此时，日航谈判代表似乎由于紧张，忽然出现语言障碍。他结结巴巴地说："第……第……""请慢慢说。"麦道主谈人虽然嘴上是这样劝着心中却不由得又恨又痒。"第……第……""第一点吗？"麦道主谈人忍不住地问。日航主谈人点头称是。"好吧，第一点是什么？"麦道主谈人急切地问。"价……价……价……""是价钱吗？"麦道主谈人问。日航主谈人又点了点头。"好，这点可以商量。第二点是什么？"麦道主谈人焦急地问。"性……性……""你是说性能吗？只要日航方面提出书面改进要求，我方一定满足。"麦道主谈人脱口而出。

至此，日航一方说了什么呢？什么也没说。麦道一方做了什么呢？在帮助日方跟自己交锋。他们先是帮日方把想说而没有说出来的话解释清楚，接着还未问明对方后面的话，就不假思索地匆忙做出许诺，结果把谈判的主动权拱手交给了对方。

麦道轻率地许诺让步，日航就想得寸进尺地捞好处。这是一笔价值数亿美元的大宗贸易，还价应按国际惯例取适当幅度。日航的助谈人却故意装着全然不知，一开口就要求削价20%。麦道主谈人听了不禁大吃一惊，再看看对方是认真的，不像是开玩笑，心想既然已经许诺让价，为表示诚意就爽快地让吧，于是便说："我方可以削价5%。"

双方差距甚大，都竭力为自己的报价陈述大堆理由，第一轮交锋在激烈的争辩中结束。经过短暂的沉默，日方第二次报价削减18%，麦道还价是6%。于是彼此又唇枪舌剑，辩驳对方。尽管双方已经口干舌燥，可谁也没有说服谁。麦道公司的主谈人此刻对成交已不抱太大希望，开始失去耐心，提出休会："我们双方在价格上距离很大，有必要为成交寻找新的方法。你们如果同意，两天以后双方再谈一次。"

休会原是谈判陷于僵局时采取的一种正常策略，但麦道公司却注入了"最后通牒"的意味，即"价钱太低，宁可不卖"。日航谈判代表将不得不慎重地权衡得失，价钱还可以争取削低一点，但不能削得太多，否则将触怒美国人，那不仅丧失主动权，而且会连到手的6%让价也得不到，倘若空手回日本怎么向公司交代呢？他们决定适可而止。

重新开始谈判日航一下子降6%，要求削价12%；麦道公司增加1%，只同意削7%，谈判又形成僵局。沉默，长时间的沉默。麦道公司的主谈人决定终止交易，开始收拾文件。恰在此时，口吃了几天的日航主谈人突然消除了语言障碍，十分流利地说道："你们对新型飞机的介绍和推销使我方难以抵抗，如果同意削价8%，我方现在就起草购销11架飞机的合同。"（这增加的一架几乎是削价得来的）说完他笑吟吟地站起身，把手伸给麦道公司的主谈人。"同意！"麦道的谈判代表们也笑着起身和3位日本绅士握手："祝贺你们用最低的价钱买到了世界最先进的飞机。"的确，日航代表把麦道飞机压到了前所未有的低价位，日本航空公司以最低的价格购进了世界上最先进的飞机。

资料来源：冯砚，丁立. 商务谈判［M］. 北京：中国商务出版社，2010：300-302.

问题：

1）美、日两国商人的谈判风格有何不同？
2）日本商人是如何赢得胜利的？
3）在与美、日两国商人进行谈判时应注意哪些问题？

课外阅读

细数铁矿石贸易商兴衰沉浮的十几年

从 2017 年 3 月上旬开始，中国的铁矿石港口库存就登上了 1.3 亿吨大关。那么这 1.3 亿吨矿，到底是谁买的？使得铁矿石港出现这么大的增长。根据数据统计显示，这 1.3 亿吨铁矿之中，有大约 61% 的铁矿石权属于贸易商，一般我们将其称作贸易矿，代表可转卖的铁矿。剩余 39% 则属于非贸易矿，其货主主要为钢厂，需要指出的是，这部分库存之中，也有拿出来转卖的可能性。三月初，港口贸易矿库存规模达到近 8 600 万吨，其在港口库存中的占比达 66%。此时贸易商开始有意识地控制库存规模增长，整个三月之中贸易库存的规模基本保持在稳定的水平上。我们有理由认为，进入三月之后，高企的港口库存使得贸易商开始意识到危机的存在，开始有意识地控制进货节奏。

一、2002—2012 年，黄金十年

1. 贸易商疯狂生长的土壤

2002—2012 年是中国铁矿石飞速发展的黄金十年，随着铁矿石价格的疯狂上涨，产生了一大波铁矿石贸易商。然而，自 2003 年年底，宝钢集团作为中国钢铁业的谈判代表，进行铁矿石谈判后，外界以及行业内一度给铁矿石贸易商们贴上"倒爷"的标签。在中国日益沸腾的钢铁业和进口铁矿石"双轨制"的刺激下，铁矿石倒爷队伍变得愈来愈强大。铁矿石价格双轨制是指国内钢铁企业向国外铁矿石企业购买铁矿石实行两种定价模式：一是长期协定价格（长协价），一些具有资质的企业独有。二是现货价格，价格高于长协价，不具有资质的小企业采用。

现货价格这一定价机制的存在，给铁矿石贸易商的生存提供了土壤，因此在黄金十年，贸易商拼了命经由各类渠道弄几船铁矿石，运到国内一倒手，就赚得盆满钵满。

2. 贸易商的"寄主们"

中小铁矿石贸易商素来都是依附大矿商和国内钢厂而生存的。贸易商假如有钢厂，尤其是国有大钢厂撑腰，更容易与矿山间接签署长协合同。中钢协的一名专家用"寄生"来描述贸易商与钢厂的关系，"他们的本钱根本就是外交本钱和关系成本"。

3. "赌徒"般的贸易商

那两年，为避免贸易商倒矿，中国政府对铁矿石进口治理日趋收紧，对财务支出、货物交易明细等都要审核。铁矿石贸易商的对策就是压单压货，"把上一年进口的矿石，在港口上压一年，到下一年再给客户，价钱按下一年结算。"这意味着倒爷们差不多成了赌徒。假如第二年铁矿石大涨价，便可大赚；假如下跌，就要败尽家业。而在黄金十年铁矿石涨势如虹的时候，贸易商们可谓是乐得合不拢嘴。然而没有人能预测准市场的前景如何，贸易商没有料想的行业调整，泄洪般的降价，让整个铁矿石贸易行业如履薄冰。在 2014 年 9 月 3 日，普氏指数跌至 83.75，达近年的历史新低；低利润下的钢企，谨慎严格的原材料采购，收紧的银行业贷款，真正的行业冬季真的已经来了。

二、寒冬袭来

经历上一个十年的高速发展后，大宗商品繁荣不再。铁矿石的熊市让很多贸易商丢了饭碗，还拖累着承接上岸的港口。多位贸易商直言，铁矿石价格的波动，让贸易风险陡增。在"寒冬"期间，活下来的贸易商有一半就很不错了，即使能活下来，也只是在勉强维持，说不定哪天就关门了。

1. 铁矿石价格暴跌

在钢铁产业链条上，铁矿石贸易商只是其中一环。对于这些贸易商来说，2014年每吨铁矿石10美元、8美元的利润，已无法和2009年前每吨数十美元的利润相比。到2015年，利润更是少得可怜，生存成了头等大事。一吨赚一块钱就可以了，不赔就烧高香了。利润的下降，根源在于铁矿石价格的急剧下跌。2014年1月份，普氏62%铁矿石指数尚在130美元/吨，2017年4月初则一度跌至50美元/吨关口，15个月内的跌幅超过六成。规模中等的贸易商勉强还能靠关系做一些订单，小贸易商只能观望或者退出，贸易商们面临着谁出手谁就赔钱的尴尬境地。

2. 港口抢"饭碗"

除了铁矿石价格下跌这一根本性因素的冲击，贸易商们还面临港口和矿山直接合作带来的挤压。2015年7月2日，交通运输部和国家发改委联合发布通知，允许40万吨级船驶入。7月4日，载重40万吨的"远卓号"海轮在青岛港卸下了35.1万吨巴西铁矿石。矿石价格的下行，正挤压贸易公司的生存空间，而国际矿山与用户直接对接将是趋势，港口"超市"的地位将越发重要。

3. 融资变得很难

贸易商和银行的关系，就像猫捉老鼠，然而谁是猫、谁是老鼠都分不清。如今的银行忙于收贷。在一位银行人士看来，银行也有苦衷，为了防止坏账，最直接的办法就是抽贷。但对靠银行融资的贸易商来说，一旦还上贷款，就很难再贷出来。举一个例子，一个贸易商贷了7亿元人民币，每月利息为200多万元人民币，现在他连利息都远远赚不到。利息都还不上，怎么可能去还成本？这样银行怎么办？因此2014—2016年是铁矿石贸易商难熬的三年，在此期间中小贸易商纷纷在寒冬中倒下，但是2017年年初，铁矿石价格重回90美元/吨大关，给了幸存的贸易商们一个喘息的机会，虽然目前价格呈现了下降的趋势，但仍给了贸易商不小的信心！

资料来源：搜狐财经．[EB/OL]．（2017-04-23）[2018-08-20]．http://www.sohu.com/a/136213587_498755.

参 考 文 献

[1] John Eatwell, Murray Milgate, Ptter Newman. The New Palgrave Dictionary of Economics[M]. Third Edition. London: Palgrave MacMillan Press, 1987.

[2] Geert Hofstede, Gert Jan Hofstede, Michael Minkov. Culture and Organizations: Software of the Mind[M]. London, England: McGraw-Hill, 1991.

[3] Thompson, L. & Hrebec, D. Lose-lose agreements in interdependent decision making[J]. Psychological Bulletin, 1996, 120(3).

[4] 戴维·A.拉克斯,詹姆斯·K.西贝尼厄斯. 三维谈判[M]. 梁卿,夏金彪,译. 北京:商务印书馆,2009.

[5] 迪帕克·马尔霍特拉,马克斯·H.巴泽曼. 哈佛经典谈判术[M]. 吴奕俊,译. 北京:中国人民大学出版社,2009.

[6] 菲利普·科特勒,凯文·莱恩·凯勒. 营销管理[M]. 第14版. 王永贵,等,译. 北京:中国人民大学出版社,2012.

[7] 金伯莉·J.达夫. 社会心理学:挑战你的成见[M]. 宋文,李颖珊,译. 北京:中国人民大学出版社,2012.

[8] 利·L.汤普森. 商务谈判[M]. 第5版. 北京:中国人民大学出版社,2013.

[9] 迈克尔·A.希特,R.杜安·爱尔兰,罗伯特·E.霍斯基森. 战略管理[M]. 原书第6版. 吕巍,等. 译. 北京:机械工业出版社,2005.

[10] 罗伯特·怀特沙特. 脸部语言[M]. 天津:百花文艺出版社,2001.

[11] 罗伊·J.列维奇,布鲁斯·巴里,戴维·M.桑德斯. 商务谈判[M]. 程德俊,译. 北京:机械工业出版社,2015.

[12] 朱·弗登博格,让·梯若尔. 博弈论[M]. 北京:中国人民大学出版社,2010.

[13] 白远. 国际商务谈判:理论、案例分析与实践[M]. 北京:中国人民大学出版社,2012.

[14] 车文博. 当代西方心理学新词典[M]. 长春:吉林人民出版社,2001.

[15] 丁建忠.《商务谈判》教学指引[M]. 北京:中国人民大学出版社,2003.

[16] 丁建忠. 商务谈判教学案例[M]. 北京:中国人民大学出版社,2005.

[17] 金正昆. 涉外商务礼仪教程[M]. 第3版. 北京:中国人民大学出版社,2010.

[18] 樊建廷. 商务谈判[M]. 大连:东北财经大学出版社,2001.

[19] 冯娟娟,孙秀兰. 谈判与社会心理[M]. 北京:经济科学出版社,1995:73-74.

[20] 冯砚,丁立. 商务谈判[M]. 北京:中国商务出版社,2010.

[21] 甘华鸣,许立东. 谈判[M]. 北京:中国国际广播出版社,2001.

[22] 龚荒. 商务谈判——理论·策略·实训[M]. 北京:清华大学出版社,2010.

[23] 郭秀君. 商务谈判[M]. 北京:中国林业出版社,2008.

[24] 郭念锋. 心理咨询师(基础知识)[M]. 北京:民族出版社,2005.

[25] 海云明. 情感智商[M]. 北京:中国城市出版社,1997.

[26] 胡介埙,王征,唐玮. 商务沟通:原理与技巧[M]. 第三版. 大连:东北财经大学出版社,2017.

[27] 黄卫平,重丽丽. 国际商务谈判[M]. 北京:机械工业出版社,2012.

[28] 蒋三庚. 商务谈判[M]. 北京:首都经济贸易大学出版社.2006年.

[29] 李爽,于湛波. 商务谈判[M]. 北京:清华大学出版社,2015.

[30] 李品媛. 现代商务谈判[M]. 第3版. 大连:东北财经大学出版社,2016.

[31] 李月菊,张悦清. 透过三则实例看国际商务谈判僵局的成因与化解[J]. 对外经贸实务,2010(2).

[32] 李英桃. 谈判桌上女性的"天然优势"遭遇两难处境[N]. 中国妇女报,2016-08-02(B2).

[33] 林逸仙,蔡峥,赵勤. 商务谈判[M]. 上海:上海财经大学出版社,2004.

[34] 马小鸿. 文化冲突视角下中西方时间认知差异案例探析[J]. 技术与市场,2014(12).

[35] 聂元昆. 商务谈判学[M]. 北京:高等教育出版社,2009.

[36] 潘肖珏,谢承志. 商务谈判与沟通技巧[M]. 上海:复旦大学出版社,2010.

[37] 彭聃龄. 普通心理学[M]. 第4版. 北京:北京师范大学出版社,2010.

[38] 桑百川,李伟,刘敏. 上海自由贸易试验区:新一轮全球化下的突破口[J]. 三联生活周刊,2013(42).

[39] 宋超英. 商务谈判[M]. 兰州:兰州大学出版社,2005.

[40] 王景山. 商务谈判[M]. 西安:西北工业大学出版社,2009.

[41] 文章. 销售实战一本通[M],北京:中国纺织出版社,2014.

[42] 奚恺元. 别做正常的傻瓜[M]. 北京:机械工业出版社,2006.

[43] 夏圣亭. 商务谈判技术[M]. 北京:高等教育出版社,2000.

[44] 徐春林. 商务谈判[M]. 第2版. 重庆:重庆大学出版社,2007.

[45] 杨震. 模拟商务谈判[M]. 北京:经济管理出版社,2010.

[46] 姚凤云,苑成存,朱光. 商务谈判沟通与管理沟通[M]. 北京:清华大学出版社,2011.

[47] 于杨利. 谈判[M]. 北京:中信出版社,2010.

[48] 袁良. 赢合谈判[M]. 北京:中国经济出版社,2010.

[49] 张志平. 情感的本质与意义:舍勒的情感现象学概论[M]. 上海:上海人民出版社,2006.

[50] 张守刚. 商务沟通与谈判[M]. 第2版. 北京:人民邮电出版社,2016.